# 南 河 浜

## ——崧泽文化遗址发掘报告

浙江省文物考古研究所

文物出版社

北京 · 2005

封面设计：隗　伟

责任印制：陆　联

责任编辑：肖大桂

**图书在版编目（CIP）数据**

南河浜：崧泽文化遗址发掘报告／浙江省文物考古研究所著 . - 北京：
文物出版社，2005.11
　ISBN 7-5010-1749-2

　Ⅰ.南…　Ⅱ.浙…　Ⅲ.崧泽-文化遗址-发掘报告-嘉兴市
Ⅳ.K878.05

　中国版本图书馆 CIP 数据核字（2005）第 045136 号

# 南 河 浜
## ——崧泽文化遗址发掘报告
浙江省文物考古研究所

\*

文 物 出 版 社 出 版 发 行

北 京 五 四 大 街 ２ ９ 号

http://www.wenwu.com

E-mail：web@wenwu.com

北京盛兰兄弟印刷有限公司印刷

787×1092　1/16　印张：41　插页：2

2005 年 11 月第一版　2005 年 11 月第一次印刷

ISBN 7-5010-1749-2/K·920　定价：420.00 元

# NANHEBANG

——Report on the Excavation of a Songze Culture Site

By

Archaeology Institute of Zhejiang Province

**Cultural Relics Publishing House**

Beijing·2005

　　本报告为"崧泽文化与良渚文化比较研究"课题成果之一,该研究计划获得国家文物局"全国文物、博物馆系统人文社会科学重点研究课题"基金资助。本书出版受国家文物局专项补助资金支持。

主　　　编：刘　斌

副 主 编：蒋卫东

编　　　委：田正标　　赵　晔　　王宁远　　徐　军

撰　　　稿：刘　斌　　蒋卫东

鉴定报告：韩康信　　金幸生　　王开发　　张玉兰

　　　　　　姜立征　　郑云飞　　张正权　　潘碧华

　　　　　　承焕生　　高蒙河　　董传万　　何礼璋

　　　　　　闻　广

英文提要：秦　岭

日文提要：高蒙河

# 目　录

# 插图目录

12

# 图版目录

# 序

张忠培

南河浜遗址的发掘，是继上海青浦崧泽遗址发掘之后关于崧泽文化的一次最重要的考古工作。1996 年在这遗址的发掘过程中，我和严文明教授受国家文物局的委托，检查工地时，就去查看过南河浜遗址的考古工作。这个遗址的考古做得细致、认真、规矩，给我留下了深刻的印象。次年评十大考古发现时，有关方面将南河浜遗址申报参评，我在评委会议上积极推荐，但未获得通过。对此，我一直深感遗憾！

1977 年 10 月在南京召开的"长江下游新石器时代文化学术讨论会"上，苏秉琦先生就江淮地区考古学文化区、系、类型问题，发表了重要意见。他指出这一地区应分为以下三个地区，即：微山湖—洪泽湖以西的苏鲁豫皖四省相邻的地区；以南京为中心的宁镇地区；太湖—钱塘江地区。这为该地区的考古学研究指明了方向。在这次南京学术讨论会上，太湖—钱塘江地区的新石器时代文化的研究，被学者给予了相当的关注，不少文章讨论了从马家浜到良渚文化的序列。会议上对以崧泽中层为代表的遗存，当时有如下三种意见，一种主张把它归入马家浜文化，另一是将它归入良渚文化，第三种意见是把它作为从马家浜文化到良渚文化的一个过渡阶段。最后一种意见，则是普遍的共识。我没有参加这个会议，所以，我是从这次会议之后发表于期刊和《文物集刊（1）》（《长江下游新石器时代文化学术讨论会论文集》，文物出版社，1980 年）的一些论著中才了解到一些情况的。1977 年，我写的讲稿中已将崧泽中层为代表的遗存称之为崧泽文化作为授课内容，可见，我的这一认识，和这次南京会议上的第三种意见基本上是相同的。

《南河浜——崧泽文化遗址发掘报告》将南河浜遗址发掘所见遗存，分为两期五段，认为早期一段与马家浜文化紧接，晚期二段处于良渚文化出现的前夜，所以这五段经历了崧泽文化自始至终的整个时期。在以往发掘的崧泽文化遗存中的任一地点，均未见过这样一个完整的崧泽文化分期编年的序列。因此，南河浜遗址遗存的分期，就为探讨崧泽文化的文化分期树立了一个较为完整的标尺。同时，刘斌他们在这本报告中还指出了不同地区某些同时期的崧泽文化遗存的器物类型组合方面的一些区别，这就为崧泽文化类型划分的研究提供了一些线索。总之，刘斌他们对南河浜崧泽文化遗存的发掘与研究，较以前对同类遗存的工作，为确认马家浜文化经崧泽文化转化为良渚文化这一谱系诸文化的关系，以及崧泽文化的分期与类型的探讨，提供了更为充实和较系统的资料，并提出了更值得关注的见解，从而，切实推进了相关问题的研究。

在长江下游的苏浙两省境内，除马家浜——崧泽——良渚这一谱系文化外，还存在着另外一些谱系的文化。例如，与马家浜文化同时，在钱塘江与杭州湾的南侧地区，还分布着河姆渡文化和跨湖桥为代表的遗存。又如在崧泽文化时期，宁绍平原则生存着河姆渡第四期文化的居民，江淮地区居住着龙虬庄文化、北阴阳营文化和薛家岗文化等诸文化的居民。从目前的发现与研究来看，除崧泽文化过渡到了良渚文化外，其他与崧泽文化同时的诸文化，都没有延续到良渚文化时期，而且，包括这些文化分布地区在内直到淮河北岸地区，西至鄱阳湖，南达闽北，东到舟山群岛诸沿海地区，都被良渚文化居民所占据，至于良渚文化的影响所及，则更为广泛。可见，马家浜——崧泽——良渚这一谱系是一支强劲的文化。其强劲的势头，于崧泽文化时期就已显露出来。在这一谱系文化居民殖民扩张、兼并土地之时，其他诸谱系文化居民的命运，则是有待考古学进而关注和探讨的问题。

南河浜遗址的发掘，还首次发现了崧泽文化的"祭坛"，并较好地揭示了这"祭坛"的形成过程。这是颇有意义的。因为如像以往那样，将良渚文化"祭坛"视为良渚文化进入文明时代的一重要标识性的现象的话，那么，这一发现就为文明的起源的研究，提供了重要的线索。

讲到文明起源的研究，我这里想谈一点看法。目前搞三代断代工程的学者，在断代工程尚未最后了结之时又搞起了文明探源工程。山西和河南的龙山时代遗存成了文明探源的对象。何谓龙山时代？龙山时代的年代位于二里头文化之前。二里头文化是夏文化，二里头文化时期是夏时期，这是学术界的共识。关于二里头文化的年代，学界有不同的认识，一种意见认为它涵盖夏朝的全部年代，另一种意见认为它只包含自公元前19世纪以后的夏时期。同时，关于龙山时代的年代，也有不同意见，有的学者认为它的年代下限已进入夏纪年，另一些学者认为它的年代在夏朝之前。夏朝之前是尧舜禹禅让时期。故龙山时代的年代，或纵跨尧舜禹时期和夏朝的早期，或仅涵盖尧、舜、禹时期。文明探源，顾名思义是在文明形成时期之前探索文明的起源。文明探源工程既以龙山时代为对象，那么，他们就以如下两点认识为前提。一是认为龙山时代尚未进入文明时代；二是夏朝是文明形成时期。如是，我认为如下两点应引起探源工程学者的关注。

其一，既认为夏朝是文明形成时期和龙山时代的年代下限已进入夏纪年，那么，在龙山时代进入夏纪年的年代范围内探索文明的起源，岂不是在文明形成时期探索文明的起源了？如果这一问题确实是问题的话，文明探源工程的工作当不能以进入夏纪年的那部分龙山时代遗存为对象。

其二，即以未进入夏纪年的那部分龙山时代遗存为对象，或认为龙山时代的年代整体上都位于夏纪年以前的时期，也存在如何理解尧、舜、禹时代的社会性质问题，即是否已进入文明时代的问题。

一般都以启接禹之"帝"位作为夏朝的始年。自禹以前为"大同"之世，自启以后为"小康"之世。《礼记·礼运篇》说："大同"者，"天下为公，选贤与能"，"不独亲其亲，不独子其子"之世也；"小康"者，"天下为家，各亲其亲，各子其子"，"货力为己"，"大人世及以为礼"之世也。治史者，一般都以启接禹之"帝"位作为原始社会和文明社会的分水岭。这一认识，从《史记·五帝本纪》诸文献来看，仍有讨论的必要。

我在《中国古代的文化与文明》一文，据我对《史记·五帝本纪》释读曾指出，尧、舜、禹各有其国，"皆有疆土，以奉先祀"，在其国中行"大人世及以为礼"，即王位行父子或家族内继承制。尧、舜、禹诸"国"组成"国联"，"国联"的帝位，则"选贤与能"，实行"禅让制"，或实为轮流坐庄。所以，尧、舜、禹时代，是"国"与"国联"并存的时代，是于这两种不同的政治实体中同时各行"大人世及以为礼"和"选贤与能"的"禅让制"的时代。在这个时代，禹当将其国的"后"这一职位传给其子启，却不能将其在"国联"担任的"帝"这一职务授予启，而只能"以天下授益"。为了掩盖启接禹的"国联""帝"位的篡权性质，美化启篡夺"国联""帝"位的行为，《史记·夏本纪》写道："帝禹……三年之丧毕，益让帝禹之子启，而辟居箕山之阳。禹子启贤，天下属意焉。……故诸侯皆去益而朝启，曰吾君帝禹之子也"。如此这般，诸国"后"就将"国联"之"帝"位恭手尊之于启了。如果将《礼记·礼运篇》中的"天下"等同"国联"，那么，尧、舜、禹时代则是"国联""帝"位"天下为公"和国"后"之位"大人世及以为礼"的文明时代了。果真如此的话，以河南和山西的龙山时代遗存作为探索文明起源对象的文明探源工程，岂不又陷入或部分陷入（如认为龙山时代上限的年代超出尧、舜、禹时代的话）于文明时代探索文明起源了吗!?

无疑，关于文明形成的时间问题，自然可不以我的认识为据，但探源工程如果真要探索文明起源的话，则必须认真地面对《史记·五帝本纪》和《史记·夏本纪》，同时，也必须认真地面对苏秉琦已做过的文明探源的研究。当然，在龙山时代或尧、舜、禹时代探索文明起源的未来结果，终能搞出这个时代确处于文明起源的时代，或识别出这个时代的文明特征及其所处文明时代的某一发展阶段的话，那也是了不得的贡献。我对文明探源工程仍寄予期待，因为去探索总比不做什么事为好。

起稿于 2004 年 6 月 26 日

成稿于 6 月 27 日下午

# 第一章　概述

## 第一节　地理环境与历史沿革

浙江省东临大海，其境内西部和南部为山地，中部是丘陵和盆地，仅东北部为平原。陆域面积山地和丘陵约占 70.4%，平原和盆地约占 22.4%，河流与湖泊约占 5.2%，海涂约占 2.0%。在地理位置上属于亚热带季风气候区，冬季受蒙古高压控制，盛行西北风，以干冷天气为主；夏季受太平洋副热带高压控制，多为东南风，以湿热天气为主。春秋两季为过渡时期，气旋活动频繁，锋面雨甚多，冷暖变化较大。夏秋季节常常遭受到热带风暴和台风的袭击。其气候的总体特点是，季风交替规律显著，年温适中，四季分明，热量丰富，雨量充沛。年平均气温在 15～18℃ 之间，无霜期 230～270 天。年平均降水量从北往南，由 1100 毫米递增到 1900 毫米。降水主要集中在 4 至 9 月，以春雨、梅雨和台风雨为主。7 至 8 月间往往晴热少雨，常有旱象。

杭嘉湖平原是浙江省最大的平原，位于杭州湾和钱塘江以北，太湖以南，西依天目山山地余脉，东边与东太湖平原及长江三角洲平原相连接。全区地势平坦，高低起伏不大，海拔高度一般为 2～4 米。平原南缘临杭州湾一带地形较高，海拔约 3.5～5.5 米；西侧接近丘陵地的菱湖、德清地带，以及东北隅的平望、震泽附近地区最为低洼，海拔仅约 1.5～2.5 米；其余地区多为 2.5～3.5 米。平原上河网密布，湖泊众多，尤以西侧和东北隅最为集中。

在地质构造上，长江以南和钱塘江、杭州湾以北的太湖周边地区，现代沉积层的形成基本一致。在这一地区的全新世沉积层下面，普遍存在一层硬质黏土层，并且在黄海和东海的大陆架上也广有分布。这层硬土层形成于晚更新世晚期，距今约 2.5～1.5 万年，多属河湖相沉积在干冷的气候条件下，脱水黏结而成。在晚更新世末，最后一次冰期引起了全球性的海退，距今 1.5 万年前左右海平面达到了最低位，海岸线退至现在东海大陆架边缘水深 155 米处。海平面的下降，引起长江、钱塘江及其支流的下切。长江谷地刻蚀地面以下一般为 60～70 米，钱塘江下蚀约 40～45 米，两岸支谷也相随有一定深度的刻蚀。杭州湾北岸，在金山卫以西有一支谷向北伸展，杭州附近也有一支谷，北通湖州。两处支谷谷底深达 20~25 米。在沉积与冲蚀的作用下，使这一地区的晚更新世地面变得沟壑纵横，起伏不平。杭嘉湖一带晚更新世地面除孤立的石质山地矗露外，地表呈 5~10 米左右起伏，常覆有一暗绿色硬土层。从长江三角洲南部晚更新世晚期古地形的等深线分布，我们可以对这一地区总的地势有一个大致的印象。在中西部接近山地的区域与今长江口附近，地势较低。上海地区一般在 -20 米左右；太湖西北部沿茅山东麓和宜溧山北麓与平原交接处一般在 -10 米左右，常州以东，无锡、江阴一带也多为 -10 米左右的洼地，在全新世初期的海侵中形成海湾，在江阴虞门桥附近与古长江谷地沟通；太湖西南部湖州至杭州一线，一般在 -15~ -25 米左右，在全新世初期形成与钱塘江谷地沟通的海湾。而苏锡常平原、洮滆平原、杭嘉湖平原的大部分地区，吴江、青浦、嘉善以及大部分的太湖水域地势较高，一般在 -5 米左右[①]（图一）。全新世时期，随着世界气候的转暖，冰川消退，海平面上升。约至距今 10000 年时，海面已升到 -40 米左右。距今 9000 年时，海面在 -25 米左右，至距今 8000 年时，海面在 -10 米左右，距今 7500 年时，海面在 -5 米左右。随着海平面的上升，地层的沉积，首先在晚更新世晚期那些地势较高的地区形成适宜人类栖居的陆地，低洼的地区也被逐渐填平，并留下了许多的湖泊与河流。这一地区的自然生态与相对独立的地理格局，直接影响着新石器时代人类文化的分布与发展，在距今约 7000 年~4000 年间，形成了马家浜文化、崧泽文化及良渚文化一脉相承的文化区系。

如今杭嘉湖平原，河流纵横，水域发达。地貌高低错落，多呈现台地与水田交错分布的现象，水田与台地的相对高差一般在 2 米左右。台地上一般种植桑、麻、竹子，水田则以种植水稻和油菜为主。历代的村庄也一般坐落于台地之上。这些台地一般均系人工堆筑而成，一部分形成于三国特别是唐宋以后，与政府屯田开垦，兴修水利，鼓励农桑有关；另一部分则主要形成于新石器时代，与马家浜文化、崧泽文化以及良渚文化的人类营建居住址及墓地有关。

嘉兴地处杭嘉湖平原的东北部，为省辖市，下辖海宁、桐乡、海盐、平湖、嘉善五个市县。原市分设秀城、秀州两区，两区地势略呈南高北低之态，平均海拔约 2.7 米。境内除胥山为自然小山外，别无山峰丘陵。这里水网密布，河道纵横，田连阡陌，村庄相望，是典型的江南水乡。素有"鱼米之乡，丝绸之府"的美誉。主要河流有京杭运河、长水塘、平湖塘、嘉善塘、盐嘉塘、新塍塘、三店塘等。与河流相连有许多小型的湖泊，主要有南湖、梅家荡、连泗荡、天花荡、南官荡等。水域面积约占全区总面积的 15% 左右。

嘉兴有文字记载的历史，始见于春秋时代。史称长水，又称槜李。为吴越交界之

---

① 严钦尚、许世远等著：《长江三角洲现代沉积研究》，华东师范大学出版社，1987 年。图一采自 84 页。

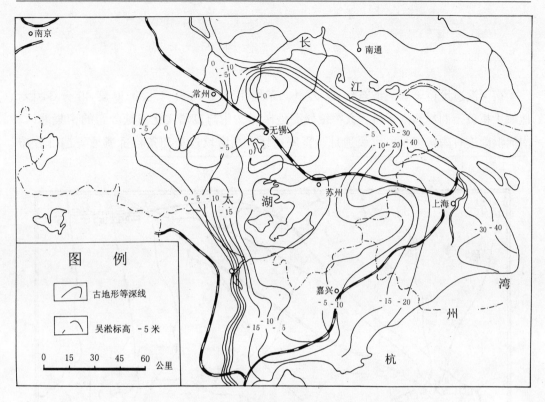

图一　长江三角洲南部晚更新世晚期古地形等深线图

地，屡经战火。秦代在此置由拳县，隶属会稽郡。至东汉永建四年（129 年），将会稽郡一分为二，浙西称吴郡，由拳县隶属吴郡。三国吴黄龙三年（231 年），由拳"野稻自生"，时以为祥瑞之兆，遂改名为禾兴县。吴赤乌五年（242 年），更名为嘉兴县，嘉兴之名始于此。唐代嘉兴县又几经废立。至后唐庄宗同光三年（925 年）吴越国在嘉兴设置开元府，此为嘉兴第一次建立州府级政权，后于长兴元年（930 年）撤销，天福五年（940 年）又置秀州。北宋徽宗政和七年（1117 年）改秀州为嘉禾郡，南宋升为嘉兴军府。元代改为嘉兴路。明复为嘉兴府，直至清末。

　　自三国至隋唐，历代多在嘉兴屯兵种田，发展农桑，使嘉兴之地利得到了很大发展。五代吴越时期以及宋代，更是沿东海及钱塘江大规模兴建海塘，治御潮患。而在境内则实施塘浦工程，兴修圩田。每隔五里至七里设一纵浦，又隔五里至七里设一横塘。开纵浦以通江，挖横塘以分水势，使浜、泾、港、湖相连，增加了抗洪储水能力。在许多的塘浦河流上还修建水闸，旱可以运水种田，涝可以引水出田。形成了圩岸内以围田，外以隔水，圩圩环水，水水相通，高低相承的地理风貌。不仅排灌得宜，还兼得运输之便。使嘉兴成为旱涝保收的农业基地。圩田塘浦系统是这里的古代人民千百年来在与自然斗争中的创造，也是我国农业史上的进步。

## 第二节　工作概况

　　南河浜遗址位于嘉兴城东约 11 公里。东经 120 度 96 分，北纬 30 度 40 分 34 秒。地属大桥镇云西村和南子村。大桥镇周围是崧泽文化与良渚文化遗址分布的密集地区，南河浜附近有陶墩遗址、大坟遗址、蒋庵遗址、高墩坟遗址和雀幕桥遗址等遗址分布（图二）。

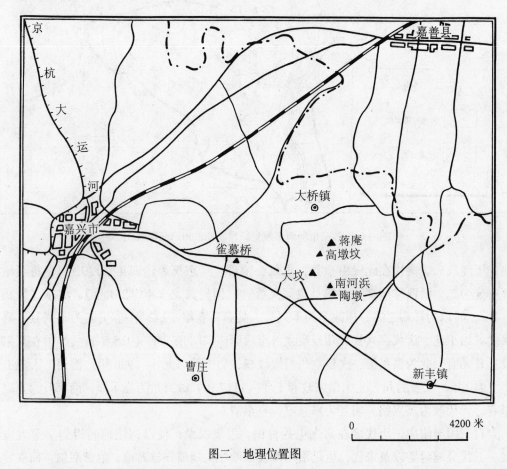

图二　地理位置图

　　1996 年春，为配合沪杭高速公路的建设，浙江省文物考古研究所组织对沿线的取土地点进行考古调查。我们在嘉兴市博物馆联系工作时，正逢大桥镇的文化站站长金赴勇前来报告，说大桥镇的陶墩遗址附近正在取土破坏。陶墩遗址为嘉兴市级文物保护单位，是这一区域规模最大的一处遗址土墩，相对周围水田高约 6 米，东西长约 80 米，南北宽约 40 米。该墩的主要部分 1994 年曾遭当地砖瓦厂取土破坏，出土了大量的崧泽文化至良渚文化的陶器、玉器等文物。因此，我们知道这一地区的重要性，于是马上赶到了现场。施工的挖土机和运输车正干得热火朝天，南河浜遗址的东北部已被挖去了很大的一部分，从挖土剖面上可以看出有2米多厚的文化堆积，地上散乱着许多崧泽文化的陶片。我们确认这是一处崧泽文化的遗址，并决定马上进行抢救性考古发掘。依据暴露的地层堆积状况和对地貌的分析，我们当场划定了两块重点区域，请施工部门给予保留。在回杭州进行了短暂的准备后，遂于4月下旬正式进点，进行了抢救性发掘，至11月中旬结束。

南河浜遗址发掘期间，在崧泽文化祭台发现以后，邀请了国家文物局专家组张忠培先生、严文明先生，国家文物局考古处关强先生以及南京博物院邹厚本、张敏先生，上海博物馆宋建先生，上海大学文学院高蒙河先生等许多专家学者，前来工地，对首次发现的崧泽文化祭台进行现场论证，提出了许多宝贵意见，给予发掘工作很大的帮助（图版二、三）。

南河浜遗址的发掘，得到了浙江省高速公路指挥部，嘉兴市与嘉兴郊区高速公路指挥部，以及工程承包公司的大力支持与协作。嘉兴市与嘉兴郊区文化局、嘉兴市博物馆、大桥镇政府、大桥镇文化站以及云西村、南子村等当地各级领导与相关人员，在发掘期间都给予了考古工作以热情的关怀和帮助。

考古发掘领队：刘斌。

参加发掘的主要人员有：刘斌、蒋卫东、田正标、赵晔、徐军、方忠华、葛建良、周建初等。

# 第二章　地层堆积

## 第一节　遗址与发掘概况

南河浜遗址面积约2万多平方米，是由相对高度约2米左右的不规则台地组成。所在高地海拔高度约为3.5～4.9米，周围水田海拔高度约为2.3米。遗址的南部为南河浜自然村，北部为高速公路的取土范围。遗址北部的地貌略呈"回"字形，中心和四周为高地，内部有一周低凹地带，宽约20～30米，与高地相对高差约1米。中心部位的高地略呈长方形，为东北—西南走向，长约40米，宽约20米。依据遗址北部的自然地貌与剖面分析以及配合工程的需要，我们将发掘范围分作A、B两区。A区以中心的高地为范围，布10×10米探方8个（T101、T102、T201、T202、T301、T302、T401、T402）；B区在A区东侧相距30米的高地上，布10×10米探方2个（T1、T2）。共计发掘面积约1000平方米（图三；图版一）。

A区　文化堆积丰厚，自地表至生土，可以分作14个堆积层。共清理良渚文化墓葬4座，崧泽文化墓葬85座，灰坑22座，房屋遗迹7座以及崧泽文化的祭台一座。

B区　文化堆积较为简单，自地表至生土，共分为5层。清理明清时期及商周时期灰坑各1座，崧泽文化墓葬7座及灰坑1座。

两区共出土陶器600余件，玉器64件，石器80余件及骨角牙器10余件。

从发掘情况看，南河浜遗址的文化内涵，主要以崧泽文化为主。只在局部有良渚文化和商周时期的文化堆积与遗迹。如果从更大的时空范围考察，南河浜遗址与陶墩遗址，应是一个连绵相续的聚落整体。遗憾的是由于发掘上的限制，而不能从聚落的全局上认识遗址的布局与变迁。南河浜遗址的发掘区，仅仅像一扇窗口，可以使我们窥见这一遗址的一角在一段时期内所经历的变化。

## 第二节　地层堆积

南河浜遗址是一处面积较大，延续时间较长的遗址。我们的发掘范围只占了该遗址的很小一部分，对于整个遗址的文化堆积以及遗迹的构成与分布情况，尚难有较全面的

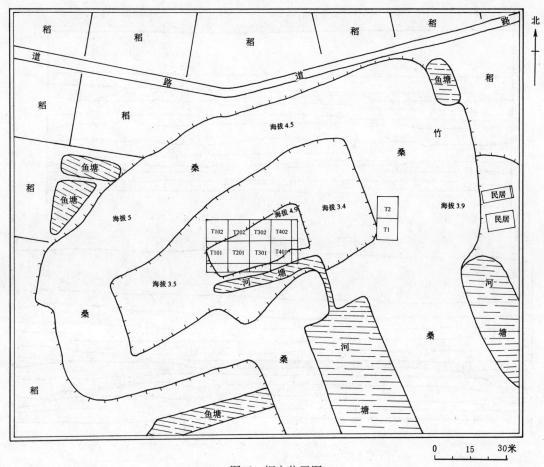

图三　探方位置图

认识。仅从相距 30 米的两个发掘区域看，地层堆积与遗迹构成即有较大的差异，反映出不同时期遗址的变迁与发展。由于受现在地貌的分割与取土工程的破坏，所以未能对两个发掘区做地层上的沟通。以下分别就两个区的地层堆积情况进行介绍。

一、A 区地层堆积

A 区是一处相对独立的台地，地形较为规整，地表平坦，其上种植桑树。自地表至生土，文化堆积厚度约 3 米左右，可分为 14 个大的层次。下面以 T201 西壁、北壁剖面（图四），T301～T401 北壁剖面（图五），T302、T301 东壁剖面（图六）为例，介绍如下：

第 1 层：表土，为灰褐色黏土，土质疏松。厚约 0.5～1 米。含少量砖瓦及瓷片。

第 2 层：黄褐色黏土层，土质较硬。深约 0.8～1 米，厚约 0.17～0.4 米。该层遍布整个发掘区。内含少量青花瓷片、白瓷片及砖瓦等物。为明清时期堆积。

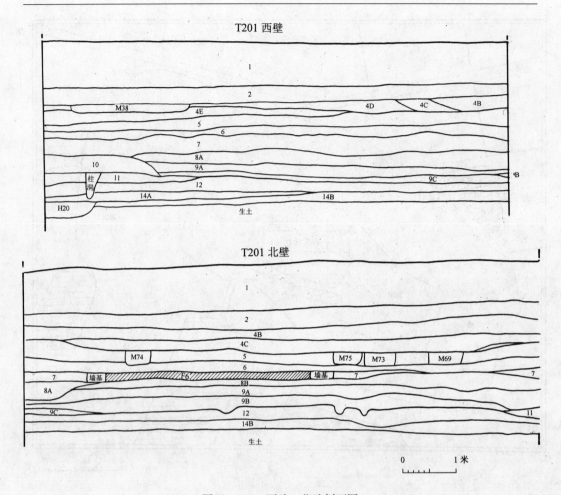

图四　T201 西壁、北壁剖面图

开口于 2 层下的遗迹有：F1、H4、H5、H25、M8～M57、M62～M64、M66、M68、M78、M83、M87～M94 以及祭台的顶面。

第 3 层：黄色土层，土质较硬。深约 1 米，厚约 0～0.45 米。该层仅分布于 T202 东南部及 T302 与 T402 北半部，在 T401 东北部也有局部堆积。内含细小的红烧土颗粒及良渚文化陶片，以夹砂红褐陶的横截面为窄"T"字形的鱼鳍形鼎足及泥质黑皮陶的喇叭形豆把等为其时代特征。属于良渚文化的生活堆积（附录一，1）。

开口于 3 层下的遗迹有：H7 和 M65（图七）。

第 4 层：为祭台废弃后，在较短时期内搬运填筑形成的地层。分布于祭台的东北西三面（南面已被破坏而情况不明），依据土质土色的差异，可以分作 6 个小的层次。从其分布情况可以看出，该层的堆筑是以祭台及其西南部的 T301 南半部为起点，而逐渐向外扩展的。其目的是在于营筑一个与建筑 F1 及埋葬上层墓有关的更大的台基。

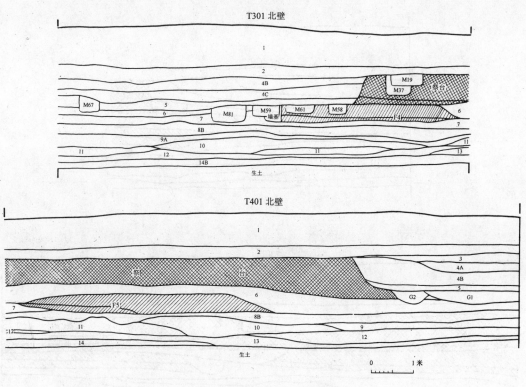

图五　T301～T401 北壁剖面图

4A 层：是以灰褐色胶状黏土为主的斑杂土层，呈团块结构，土质较硬。深约 1～1.3 米，厚约 0～0.45 米。主要分布于 T202、T302、T402 的大部分及 T301 北部与 T401、T402 的东扩部分。为向北、向东倾斜的坡状堆积。包含物较少。

4B 层：为黄褐色黏土层，土质略软。深约 1～1.5 米，厚约 0～0.6 米。主要分布于 T101、T201、T301 的北部，T202、T302、T402 的大部及 T401、T402 的东扩部分。呈向北、向东的倾斜堆积。包含物较少。

4C 层：为青黑色胶状黏土，呈团块结构，土质较硬。深约 1～1.5 米，厚约 0～0.4 米。主要分布于 T201 西部和北部及 T301 北部。呈向北倾斜的坡状堆积。包含物极少。

4D 层：为灰黄斑杂的花土层，土质略软。深约 1.1 米，厚约 0～0.5 米。主要分布于 T301 中部，T201 西部和北部以及 T101 东部。包含物较少。

4E 层：为较纯净的浅黄色土层，土质较硬。深约 1 米，厚约 0～0.35 米。主要分布于 T301 南部与 T201 东南部。堆积面平整，为 F1 的营建地面。包含物极少。

4F 层：为黄褐色花土层，土质较硬。深约 1.2 米，厚约 0～0.45 米。主要分布于 T201 东南部与 T301 东南部，为 F1 的营建堆积。包含物较少。

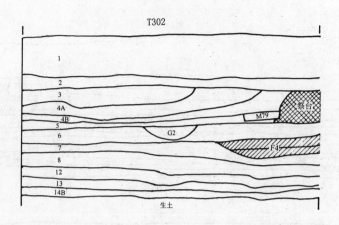

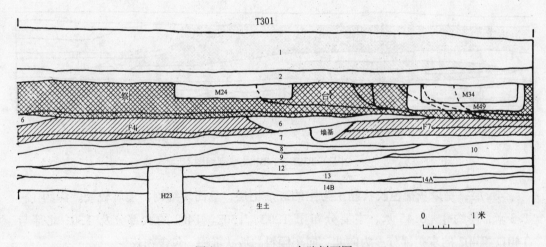

图六　T302、T301 东壁剖面图

　　4 层由于主要搬运自然沉积的黄土和青褐色胶泥在短期内形成，所以包含物极少。层内陶片以掺和有机质的粗泥红褐陶的扁凿形鼎足和夹砂红褐陶的刻划纹Ⅵ式鱼鳍形鼎足以及泥质黑皮陶的带突棱的喇叭形豆把等，为其时代特征。属于崧泽文化的人工堆筑层。该层直接叠压在祭台的覆斗状斜坡上，为祭台废弃后的扩建层（附录一，2~5）。

　　开口于 4 层下的遗迹有：H6、H8、H9、H11、H12~H14、H15、H17、H26 及 M60、M67、M69~M77、M79、M80、M82、M84、M86、M95、M96（图八）。

　　第 5 层：灰黄色土层，土质较硬。深约 1.4~1.8 米，厚约 0~0.4 米。主要分布于 T101、T202、T302、T402 的大部，T201、T301 的北部以及 T401、T402 的东扩部分。略呈南薄北厚的斜向堆积。内含灰烬、红烧土块及较多的陶片。以粗泥红褐陶的 A 型 Ⅱ式扁铲形鼎足和压印竖向瓦楞纹的Ⅳ式、Ⅴ式鱼鳍形鼎足以及泥质黑皮陶的分节豆把等，为其时代特征。该层直接叠压在祭台的坡脚上，为祭台使用时的活动堆积（附录

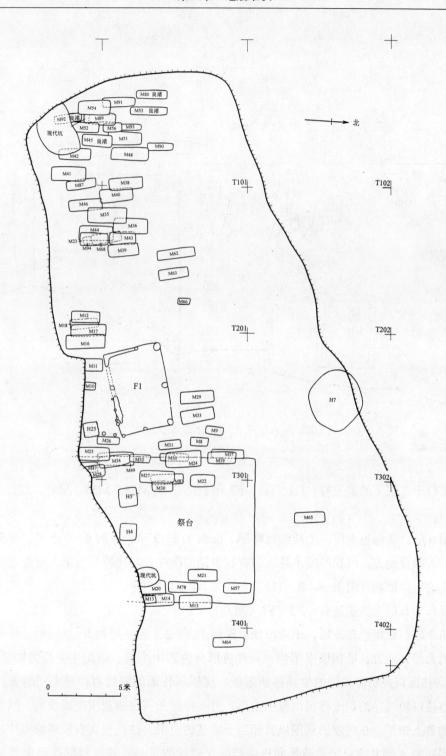

图七 A区第 2、3 层下遗迹平面图

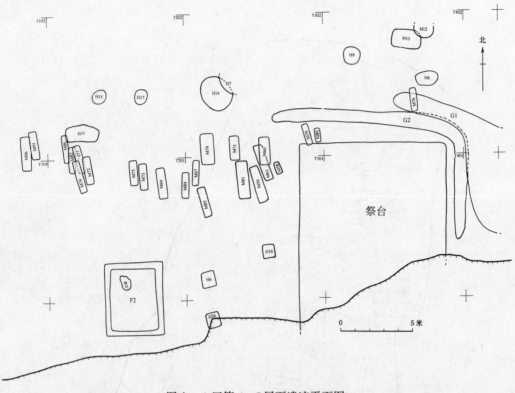

图八　A区第4、5层下遗迹平面图

一，6、7）。

　　开口于5层下的遗迹有：G1、G2、F2和H16以及M58、M59、M61、M81、M85（图八）。

　　第6层：灰绿色土层，土质细纯略硬。深约1.8~2米，厚约0~0.5米。分布于发掘区的大部分地方，堆积厚度不均。包含有少量的陶片，时代特征与第5层接近。为崧泽文化的生活堆积（附录一，8~11）。

　　开口于6层下的遗迹有：F3~F7（图九）。

　　第7层：黄褐色花土层，土质较硬。深约1.8~2.2米，厚约0~0.6米。分布于发掘区的大部分地方，堆积厚度不均，局部可以分为若干小层。该层主要是为铺垫F3~F7的居住面以及房屋周围的生活区所形成。房屋居住面的铺垫有两种不同的方式，一种是直接以较纯净的黄土将房屋范围垫高；另一种是先将房屋范围挖成浅坑，然后再以纯净的黄土垫平。在房屋的周围以及相当于墙基的范围，往往包含有较多的陶片。以粗泥红褐陶的A型Ⅱ式扁铲形鼎足和压印竖向瓦楞纹的Ⅲ、Ⅳ式鱼鳍形鼎足为其时代特征。为崧泽文化的房屋营建和使用堆积（附录一，12~15）。

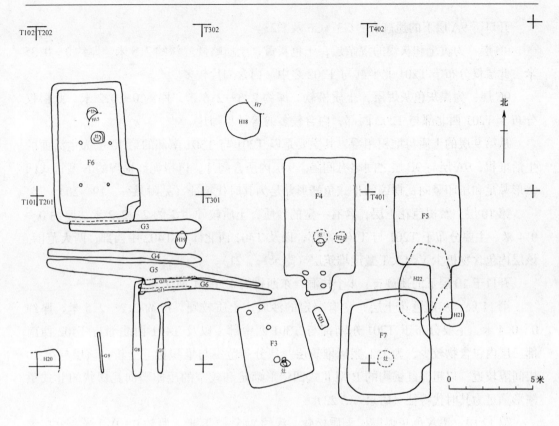

图九　A区第6层及以下遗迹平面图

第8层：灰黄色花土层，局部团块较大，土质较松。可以分作A、B两层。

8A层：土色略灰。深约2.1米，厚约0~0.4米。除T201南部外，在整个发掘区范围内均有分布。

8B层：土色略黄。深约2.1~2.3米，厚约0~0.4米。只分布于T201与T302内。

8层顶面堆积较为平整，与T201南部的第10层顶面构成同一平面。其作为第9层之后，扩充以第10层为基础的台地范围的目的是十分明确的。在8层层面上没有遗迹分布，它与第7层应是一个连续的堆筑过程。层内包含陶片较少，时代特征与第7层接近（附录一，16~18）。

开口于8层下的遗迹有：H18、H19。

第9层：灰黑色土层，含较多灰烬，土质松软。可以分为3小层。

9A层：含灰烬成分较多，土色深黑。深约2.3~2.5米，厚约0~0.3米。分布于T201北半部，T202与T301大部，以及T401南半部和T402东部。以T201南部与T301西南部，以及T401西北部与T402西南部为中心，向周围呈坡状斜向堆积。内含较多的兽骨与陶片。

开口于 9A 层下的遗迹有：G3～G6 及 H23。

9B 层：为黄土和灰烬的混杂层，土色灰黄，土质略硬。深约 2.5 米，厚约 0～0.35 米。此层仅分布于 T201 北半部与 T202 之中。内含陶片较多。

9C 层：为黑灰色灰烬层，土质松软。深约 2.5～2.6 米，厚约 0～0.2 米。此层仅分布于 T201 西北部与 T202 西部，内含较多的兽骨与陶片。

从第 9 层的土质与堆积相看，其主要是以 T201 与 T301 南部的第 10 层为生活面的生活堆积，9A 层与 9B 层之间略有间隔。9 层内所含陶片，以粗泥红褐陶的 B 型Ⅲ式凹铲形鼎足和压印竖向瓦楞纹的Ⅲ式鱼鳍形鼎足为其时代特征（见附录一，19、20）。

第 10 层：黄褐色花土层，含有一定的沙质，土质较硬。深约 2～2.2 米，厚约 0～0.4 米。主要分布于 T201 与 T301 南部，以及 T401 西北部与 T402 中西部，两大范围。该层内包含物极少，为人工搬运堆筑层（附录一，21）。

开口于 10 层下的遗迹有：4 个柱洞，东西排列于 T201 西南部。

第 11 层：灰褐色花土层，含有一定的沙质，土质较硬。深约 2.2～2.5 米，厚约 0～0.4 米。主要分布于 T201 东南部与 T301 西南部，以及 T401 西北部与 T402 西南部。层内包含物较少，为人工搬运堆筑层。从分布范围与堆积相等分析，该层与第 10 层间隔较近。以粗泥红褐陶的 B 型Ⅱ式凹铲形鼎足和较窄的压印竖向瓦楞状的Ⅱ式鱼鳍形鼎足为其时代特征（附录一，22）。

第 12 层：黑灰色灰烬层，土质松软。深约 2.5～2.8 米，厚约 0～0.3 米。分布于发掘区的大部分地方，仅在 T201 东南部与 T301 西南部以及 T401 西北部与 T302 之中，第 13 层隆起的地方，未见分布，呈坡状堆积。层内包含较多的兽骨与陶片。所出鱼鳍形鼎足更窄，以压印一条竖槽的Ⅰ式鱼鳍形鼎足以及 B 型Ⅰ式凹铲形鼎足为其时代特征。为崧泽文化的生活堆积（附录一，23、24）。

第 13 层：灰褐色黏土层，土质细密略硬。深约 2.5～2.8 米，厚约 0～0.35 米。分布于 T201 东南部与 T301 西南部，T401 与 T302 的大部以及 T402 南部。层内包含物较少。

开口于 13 层下的遗迹有：H21。

第 14 层：依土色差别可以分为 A、B 两层。

14A 层：灰黄色黏土层，土质结构较细密略硬，深约 2.6～2.8 米，厚约 0～0.4 米。仅分布于 T201 与 T301 南部。层内包含物较少。

开口于 14A 层下的遗迹有：H20 及 G7～G11。

14B 层：青黄斑杂黏土，土质松软。深约 2.8～3.1 米，厚约 0～0.35 米。分布于发掘区的大部分地方。层内包含物极少。所出陶片特征与 12 层相近。除 B 型Ⅰ式凹铲形鼎足与Ⅰ式窄鱼鳍形鼎足外，还有夹砂红陶双目式圆锥形鼎足、牛鼻形器耳等马家浜文化因素（附录一，25）。

开口于 14B 层下的遗迹有：H22 与 H24。

14 层以下为生土层，生土为黄褐色黏土，土质较硬，生土面较平整。

二、B区地层堆积

B区位于A区以东30米的台地上，探方位置选择在台地的西边。地表种植桑树。自地表至生土，文化堆积厚度约2.8米左右，可以分为5个层次。下面以T1、T2东壁和T1北壁（图一〇）为例，分别介绍如下：

第1层：表土，为灰褐色黏土，土质较松软。厚约1.05~2米。发掘区大部分区域堆积较均匀，T2北部陡然增厚，反映出该台地北部近现代加筑的现象。层内含有少量的砖瓦瓷片。

开口于1层下的遗迹有：H1（明清）、J1（明清）。

第2层：黄褐色黏土层，土质较硬。深约1.2~1.4米，厚约0~0.95米。分布于发掘区的大部分地方，仅T1西南部不见。内含青花瓷片等遗物，为明清时期的堆积层。

开口于2层下的遗迹有：H2（西周）。

第3层：黄色黏土层，含较多的铁锈斑，土质较硬。深约1.7~1.8米，厚约0~0.8米。分布于发掘区的大部分地方。内含少量陶片。以掺和有机质的粗泥红褐陶的扁凿形鼎足和夹砂红褐陶的刻划纹鱼鳍形鼎足以及泥质黑皮陶的带突棱的喇叭形豆把等，为其时代特征。与A区第4层年代相当，为崧泽文化的堆积层。

开口于3层下的遗迹有：M1~M7及H3（图一一）。

第4层：灰黑色土层，含较多的红烧土颗粒及灰烬，土质较硬。深约1.8~2米，厚约0~0.6米。仅分布于T1的东北部与T2东部。内含少量陶片。以粗泥红褐陶的凹铲形鼎足与压印竖向瓦楞纹的鱼鳍形鼎足，为其时代特征。年代约相当于A区的第8层，为崧泽文化的生活堆积（附录一，26）。

第5层：浅黄色黏土层，土质纯净较硬。深约2~2.5米，厚约0.1~0.4米。分布于整个发掘区。包含物极少，仅见少数碎小陶片，年代应与A区的第13、14层相当。

5层以下为生土层，生土为黄褐色黏土，土质较硬。生土面较平整。

## 第三节 遗址的形成过程与遗迹分布

从地层的堆积相与各层的遗迹可以看出，南河浜遗址经历了长期垫土加高与扩大范围的过程，而最终形成。仅从发掘区的1000平方米，便可以看出在这一过程中，遗址

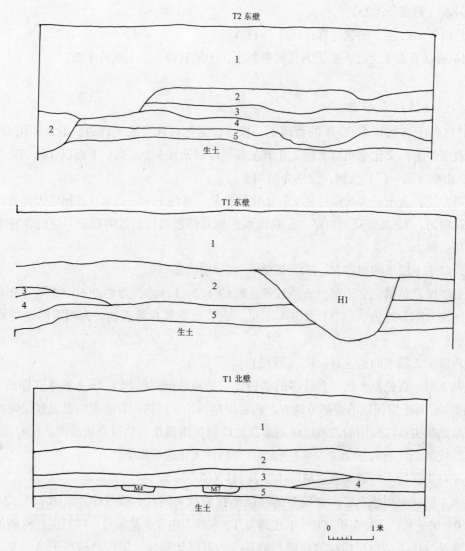

图一〇　B区T2、T1东壁和T1北壁剖面图

的功能曾几度变迁。从而向我们展示出，这一聚落与文化不断发展演化的生动一角。

归纳该遗址的形成过程，大致有如下几个大的阶段：

一、在A区的第7层与第8层以前，发掘区一直处于遗址的边缘地带。主要的生活区应位于发掘区以南。在14层时，A区很可能是农田的范围。在T201南部14A层以下发现的纵横小沟（G7～G11），即可能是与农田有关的遗迹。

第12层与第9层为灰烬层，含有较多的兽骨与陶片，应为人类直接的生活废弃堆积，呈由南向北的斜向坡状堆积相，反映出生活区域逐渐向北扩展的趋向。由第10层和11层构成的生活台面，已延伸到了T201与T301的南部。G3～G6以及第10层下的

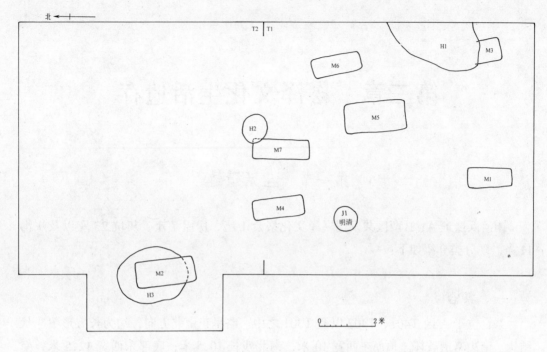

图一一　B区T1、T2遗迹平面图

柱洞，即应是与房屋建筑有关的遗迹。

　　二、第7层与第8层是一次大规模的加高扩建过程。在建成的第7层台面上，A区成为主要的居住区，在这里建筑了F3～F7。与此同时，B区成为墓地，埋入了M1～M7。

　　三、在F3～F7废弃以后，A区成为祭祀场所与墓地。在A区的东部堆筑起了祭台，在A区的西南部建筑了F2，并且同时在祭台的西侧与F2的北侧开始埋墓。形成了第5层下与第4层下的两批墓葬。

　　四、祭台与F2废弃以后，又进行了一次大面积的加高与扩建，其范围及于B区。在A区形成了与祭台顶面持平的第4层，在以第4层为基础的新的台地上，A区再次成为墓地，并且在A区的中南部建立起了F1。

　　五、在崧泽文化之后，这里成为良渚文化聚落的边缘。在A区仅形成了小范围的第3层堆积以及零星的几座墓葬。

# 第三章　崧泽文化生活遗存

## 第一节　生活遗迹

南河浜遗址 A、B 两区共发现崧泽文化祭台 1 座、房屋 7 座、灰坑 23 座以及灰沟 11 条。现分类介绍如下：

### 一、祭台

祭台位于 A 区 T401、T402 以及 T301 之中。略呈正南北方向，约为长方形覆斗状结构，南边略遭破坏。顶面东西宽 10 米，南北残长 10.5 米；底部东西宽 12.5 米，南北残长 13 米。现存垂直高度约 1 米，坡面斜高约 1.2 米。在祭台的北面与东面，有两条灰沟（G1、G2）呈环绕之势，应与祭台的修筑和使用有关。

祭台的顶面，在 2 层下显露；祭台的坡脚被第 4 层和第 5 层叠压。打破祭台顶面的遗迹有：H4、H5 和 M13～M15、M19～M22、M24、M25、M27、M28、M30、M32、M34、M47、M49、M50、M57、M78、M83；打破祭台坡脚的遗迹有 M79。

祭台是以不同的土质逐次筑成，平剖面呈现明显的条块结构。从剖面上叠压祭台坡脚的灰烬夹层分析，该祭台应是经过两次向东和向南的扩筑，而最终形成的。最初的祭台面积约为 6×7 平方米，是由三部分土质组成。约经过一段时间使用之后，向南用青胶泥以贴筑的方法扩展约 0.5 米；向东用褐色黏土和灰色黏土分两次贴筑，扩展约 1.2 米。再经过一段时间使用之后，又分别向南和向东扩筑，从而形成现存的规模。

筑台所用土质较为纯净，包含物较少，土质坚硬。两次扩筑均采用向外分层贴筑的方法，平面土质土色呈条状分布。最初的土台的三部分筑土，基本为从下到上一次性筑成，内含杂色土块略呈水平均匀分布，三块土质之间交界线垂直而整齐，分析筑台时应采用了夯筑技术。

祭台上除废弃以后被晚于它的墓葬和灰坑打破之外，无任何地面建筑和其他使用遗迹。仅围绕于祭台东面和北面的两条沟中的灰烬，可以让我们想像那祭奠中的一笼篝火。另外，在祭台西北部的 G2 之中出土有一件完整的夹砂陶缸，出土时缸内盛满颗粒均匀的细砂，经鉴定这些砂主要为石英质砂粒。从砂的硬度和出土状态分析，我们认为这些砂可能与加工玉器有关。因此，祭台除了作为祭祀场所之外，还可能是从事一些重要工作的场地（图一二、一三；图版四、五、六、一一）。

二、灰沟

灰沟共发现11条，均位于 A 区。其中 G1、G2 应与祭台有关，分布于 T402 南部与 T401 东扩部分；G3～G6 性质相同，应与第 10 层或第 11 层上的建筑有关，主要分布于 T201 与 T301 之中；G7～G11 则可能与耕种灌溉有关，主要分布于 T201 南部。现将各沟情况分组介绍如下：

1. G1、G2

G1、G2 均开口于第 5 层下，打破第 6 层。G1 位于 G2 的外侧并打破 G2。而 G2 的东北转角处被第三次扩建的祭台坡脚所叠压，由此可以推断 G1 应与第Ⅲ期的祭台有关，而 G2 应与第Ⅰ、Ⅱ期的祭台有关。两沟均为矩尺形，环抱于祭台的东面和北面，呈敞口圜底结构。沟内填土以草木灰为主，含少量的陶片以及红烧土块等。所见器形有鼎、豆、罐、澄滤器等，以压印竖向瓦楞状的Ⅲ式鱼鳍形鼎足和 A 型Ⅱ式扁铲形鼎足，为其时代特征。G1 长约 13 米，宽约 1.3～3 米，深约 0.3 米；G2 长约 21 米，宽约 0.7～1.2 米，深约 0.3 米（图一二）。

2. G3～G6

G3～G6 均开口于 9A 层下，打破 9B 层。G3、G4 只分布于 T201 北部，G5、G6 向东延伸至 T301 之中。四条小沟均呈长条形，东西方向，南北平行分布于 9B 层的坡状堆积上。除 G3 底部较平外，其余均为圆弧底。沟内填土与 9A 层相同，为黑色草木灰，包含物较少，应是在 9A 层形成时填满。分析这些小沟的性状，可能与第 10 层或 11 层上建筑周围的护坡排水有关。G3 长 7.67 米，宽 0.55～0.85 米，深约 0.13 米；G4 长 8.9 米，宽 0.4～0.5 米，深约 0.1 米；G5 长 12.25 米，宽 0.5～1.3 米，深 0.2 米；G6 长 6.95 米，宽 0.36～0.96 米，深 0.25 米（图一四）。

3. G7～G11

G7～G11 均开口于 14A 层下，打破 14B 层。仅分布于 T201 东南部。G7、G8、G9 为南北方向，略呈东西平行排列；G10 与 G11 为东西方向，南北平行排列。G7、G8、G9 均向南延伸入发掘区以外。G7 与 G9 北端为封闭状；G8 北端与东西向的 G10、G11 相连通。这些小沟均为圆弧形底，深度约 0.1 米左右。沟内填土为青灰色，无包含物。G7 在发掘区内的长度为 3.5 米，宽约 0.2～0.35 米；G8 在发掘区内的长度为 4.9 米，宽约 0.25～0.55 米；G9 在发掘区内的长度为 1.9 米，宽约 0.15 米；G10 在发掘区内的长度为 2.8 米，宽约 0.2 米；G11 在发掘区内的长度为 2.8 米，宽约 0.2 米（图一五）。

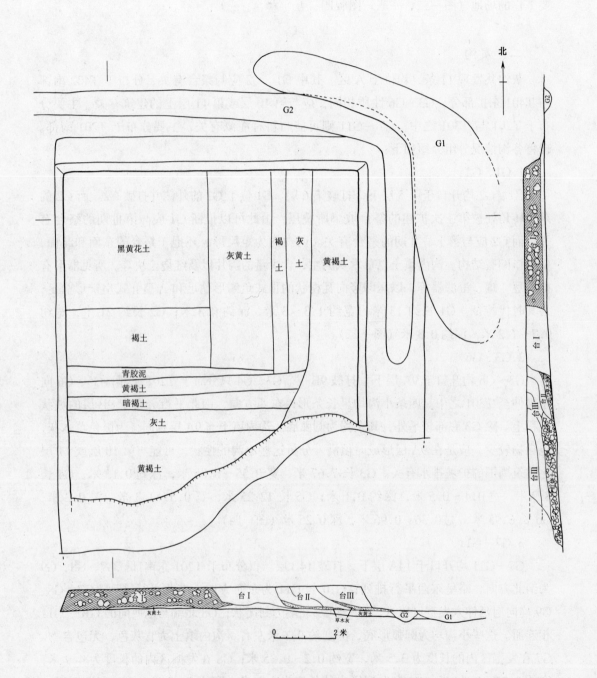

图一二　祭台遗迹平、剖面图

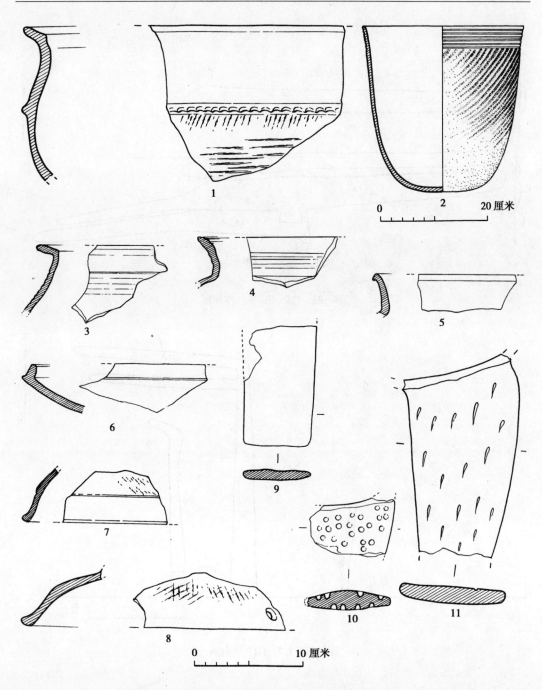

图一三 祭台及 G1、G2 出土器物

1.陶甑 JT:1 2.Ⅰ式夹砂缸 G2:1 3.鼎口沿 G2:8 4.陶罐 G2:14 5.陶罐 G2:11 6.A 型Ⅳ式豆 JT:
12 7、8.Ⅲ式器盖（G2:4、G2:5） 9.A 型Ⅱ式铲形鼎足 JT:7 10、11.Ⅴ式鱼鳍形鼎足（JT:5、JT:6）
（2.夹砂红褐陶，6.泥质灰陶，余为粗泥红褐陶）

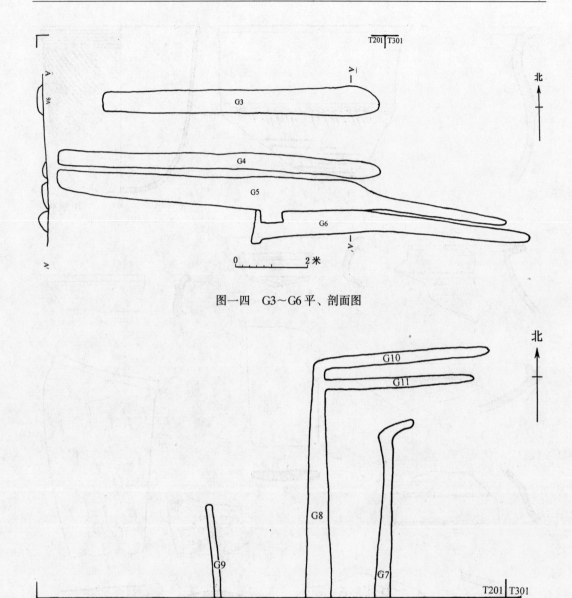

图一四　G3~G6平、剖面图

图一五　G7~G11平面图

三、房屋

　　房屋共发现7座，均位于A区。分别开口于第2层下，第5层下和第6层下，分属于三个不同的层面。现按层位分别介绍如下：

### 1. F1

F1 位于 T301 西南部,开口于第 2 层下,建筑于第 4 层层面上。为长方形地面建筑,方向约为 345 度。东西长约 5.6 米,南北宽约 3.9 米。南边与西南角可见明显的墙体,墙宽约 0.3 米,墙基深约 0.35 米。南面保留较好的一段墙体上部约 0.07 米为红烧土,下部基槽内约 0.3 米为褐色黏土。在北面与东面未发现明确的墙体与基槽,仅以柱洞可以确立房屋的范围。在四面相当于墙基的位置共发现柱洞 11 个,其中北边和东西两边的柱洞较大,而南边的柱洞较小。位于西北角和东北角上的 1 号、3 号两个柱洞最大,直径均超过 0.5 米,深度也近 0.5 米;南边的 6 个柱洞直径则仅有 0.04~0.05 米,深度也不过 0.2 米。1~5 号的大型柱洞,均以红烧土块填实,并含有较多的陶片,十分坚实;而 6~11 号的小型柱洞,则以略加烧过的红褐色烧土填实。南北面不同的柱洞情况,应该是建筑形式的一种反映。

F1 的活动面是以较纯净的黄土堆垫而成,是在堆筑第 4 层时,就预先设计完成的,其范围略大于房屋的柱洞范围。在房屋范围的北部叠压着房基垫土,有局部的生活堆积,包含较多的灰烬、红烧土与陶片。在 F1 内未发现灶等生活使用遗迹,也没有明确的门道。分析有两种可能存在,一是表面被上层破坏,所以未见灶等生活设施;另外,在 F1 外围的东南西北四面均分布有墓葬,根据柱洞的情况以及 F1 的位置等因素分析,F1 的北面很可能是无墙的敞开结构。其功能或许非一般性的生活居舍,而是跟墓地有着密切的关系(图一六)。

### 2. F2

F2 位于 T201 南部及其向南扩方的部分,开口于第 5 层下,建筑于第 6 层层面上。为长方形地面建筑,方向约为 355 度。东西宽约 4.25 米,南北长约 5 米。四周有较为明显的墙基,其中北墙中段墙基不明显,推测应是门的位置。基槽壁较为竖直,底部较平整。基槽宽约 0.3~0.55 米,深约 0.18~0.27 米。基槽内填土为深黄色,土质较为坚硬。在基槽和房屋范围内未发现柱洞遗迹。

F2 在修建过程中采用了先堆筑台基,然后再挖槽筑墙的营建方式,首先在 T201 南部堆筑起范围约 10 米见方的台基,台基垫土分为三层:第①层为浅黄色花土,含有粉砂质,土质较硬,包含物极少,厚约 0.05~0.25 米;第②层为深灰色花土,土质较硬,无包含物,厚约 0.05~0.25 米;第③层为深灰色与黄褐色交杂的花斑土,土质较硬,无包含物,厚约 0.1~0.25 米。

在 F2 内位于西北角的位置,有一个残存的灶。灶的上部形态不明确,仅存有灶底的烧结面。在中心部位是一个圆形的小坑,直径约 0.16 米,深约 0.04 米。表面呈灰黄色,坑边有明显的泥筑的痕迹。在灶心小圆坑的周围,为深红色的烧土范围,略呈椭圆形,长约 0.48 米,宽约 0.36 米,深约 0.12 米,土质较硬;再外围为红褐色的烧土范

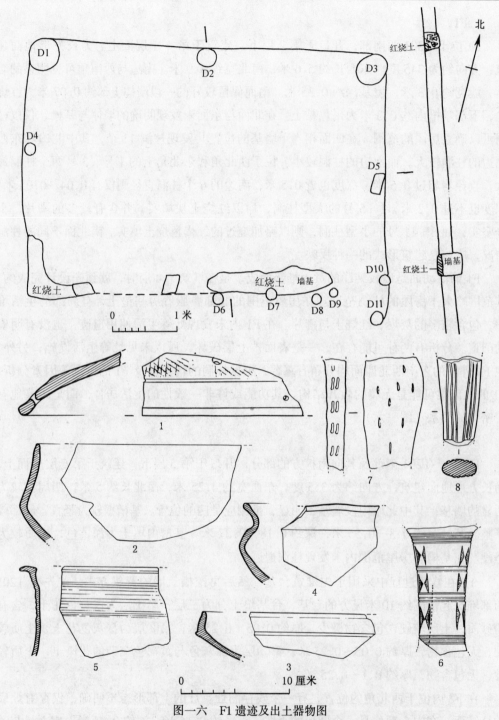

图一六　F1遗迹及出土器物图

（出土编号即图中器物号，其余遗迹单元同）1.Ⅳ式器盖　2.豆盘　3.A型Ⅳ式豆盘　4.盆　5.鼎　6.A
型Ⅳ式豆把　7、8.Ⅴ式鱼鳍形鼎足　（1、5、7、8.粗泥红褐陶，2.泥质红陶，3、4、6.泥质灰陶）

围，呈不规则形态，长约 0.95 米，宽约 0.65 米，深约 0.01～0.06 米，土质略松。形成这种红烧土呈不同质地分布的现象，应是从灶心向外温度逐渐降低的缘故（图一七；图版八，1）。

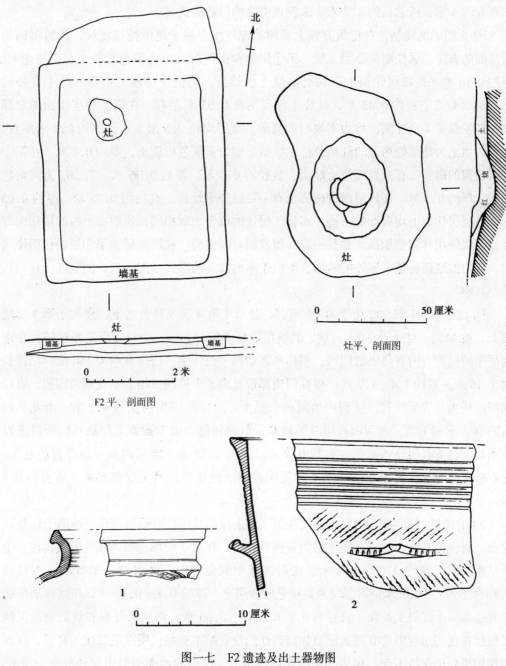

图一七 F2 遗迹及出土器物图

1.Ⅲ式陶釜 2.陶甑 （皆粗泥红褐陶）

### 3. F3

F3 位于 T301 南部及其向南扩方的部分，开口于第 6 层及 F1 和 F2 的垫土之下，建筑于第 7 层层面上，其东北角被 H16 打破。为长方形地面建筑，方向约为 348 度。东西宽约 4 米，南北长约 4.7 米。未发现明确的门道的遗迹。

F3 无明确的墙基，在建筑方式上采用了先将整个房子范围挖成浅坑，然后再铺垫居住面的方法。居住面共分为 3 层：第①层为黄褐色黏土与浅黄色粉沙土交杂的花土，厚约 0.16 米。在该居住面上有两处红烧土的灶面，均位于房屋的南部。灶 1 直径约 0.35 米，灶 2 直径约 0.45 米，红烧土厚度均在 0.05 米左右。在第①层居住面的北部和中部发现了 4 个柱洞，均为不规则的圆形，直径均在 0.3 米左右，深约 0.4 米左右，柱洞内填土为略加烧烤过的红褐色烧土。第②层为黄灰色粉质土，厚约 0.1 米。在第②层居住面的南部，有一处红烧土灶面，直径约 0.5 米，厚约 0.06 米。第③层为黄褐色黏土，厚约 0.1 米。在该层面的南部也有一处红烧土灶面，直径约 0.35 米，厚约 0.05 米。三层居住面上均有灶的遗迹，而且 3 层灶的位置大致相同，说明房屋内的居住面曾经过三次使用和铺垫加高，并且一直保留着原有的格局。在第②层和第③层居住面使用时，屋内的地面要低于屋外的地面，类似于半地穴式的形式（图一八；图版九，1、2）。

### 4. F4

F4 位于 T301 东北部和 T302 东南部，开口于第 6 层及祭台之下，建筑于第 7 层层面上，被 M58～M61 及 M81 打破，其使用堆积叠压着 H16。为长方形地面建筑，在南面居中的位置有向外凸出的门道，整体形态如同"凸"字。门道方向为 180 度。门道长约 1.15 米，宽约 1.4～1.7 米。仅在门道部位发现 5 个柱洞，均为不规则椭圆形，直径和深度均为 0.3 米左右，柱洞内填灰褐色黏土；房屋范围东西宽约 4.2 米，南北长约 6.75 米。房屋的西、北两面有明显的墙基，东面和南面由于被第 6 层破坏，所以未发现墙基。西墙有明显的基槽，宽约 0.4 米，深约 0.35 米，墙基内填土为青黄色黏土，含有较多的陶片；北墙在居住面上可见明显的墙的遗迹，但无挖槽现象，墙宽约 0.4 米。

F4 的建筑方式与 F3 相似，是先在第 7 层上挖出浅坑，然后再用较纯净的土铺垫居住面。居住面可分为 2 层：第①层为黄褐色花土，在房子中部主要为较纯的浅黄色，土质呈粉砂质，厚约 0.15～0.2 米。在南部居中的位置有一个红烧土的灶面，直径约 0.45 米，厚约 0.08 米；第②层为黄褐色粉砂质土，厚约 0.1～0.15 米。在南部居中的位置也有一个红烧土灶面，直径约 0.8 米，厚约 0.06 米。两层居住面和灶的遗迹反映了房屋在使用过程中曾有两次铺垫加高，灶的位置基本重叠说明在第二次加高后，房屋的使用格局仍保持不变。在第②层居住面使用时，屋内的地面要低于屋外地面，与 F3 相似是一种浅的半地穴形式（图一九～二一；图版九，3～6）。

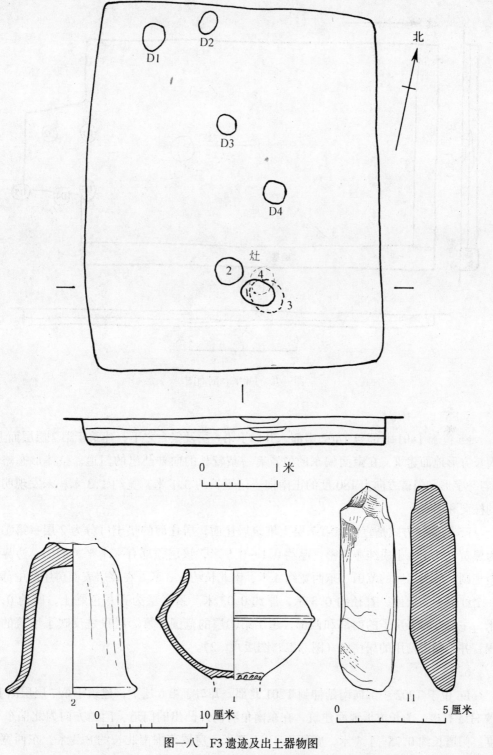

图一八  F3遗迹及出土器物图

1. 罐形豆  2. 器盖  11. Ⅱ式石凿  （1. 泥质灰陶，2. 粗泥红褐陶）

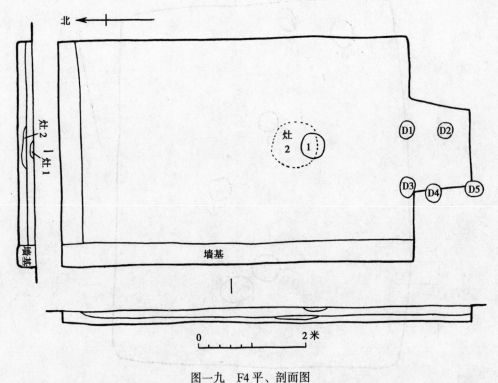

图一九　F4平、剖面图

5.F5

F5 位于 T401 北部与 T402 南部，开口于第 6 层及祭台之下，建筑于第 7 层层面上。为长方形地面建筑，在南面偏东的位置有一条较长的向外凸出的门道，整体形态略呈"刀"字形。门道方向为 180 度的正南向。门道长约 3.1 米，宽约 1.3 米。未发现明确的柱洞和墙基。

F5 的建筑方式是直接在第 7 层上堆筑居住面，居住面的垫土可分为 2 层：第①层为黑黄色花土，土质纯净细密，厚约 0.1～0.5 米，该层顶部有一个平整的面，边界清晰规则，应为房屋的范围。东西宽约 4 米，南北长约 5.3 米。在该层表面房屋的中部有一个红烧土的灶面，直径约 0.3 米，厚约 0.03 米。第②层为青灰色黏土，厚约 0.15 米，主要分布于房子的南部和西部，超出第①层的范围。第②层只是反映了堆筑的过程，并不构成使用的居住面（图二二；图版八，2）。

6.F6

F6 位于 T202 中部向南延伸到 T201 北部，开口于第 6 层下，建筑于第 7 层层面上。被 H15 打破。为长方形地面建筑，在东南角有向外凸出的门道。门道方向为北偏东 90 度。门道长约 0.75～1.1 米，宽约 1.4～1.7 米。房屋范围南北长约 8.3 米，东西宽约 4.5 米。在房屋的四周有明显的墙基，基槽宽约 0.3～0.5 米，深约 0.18～0.3 米。墙

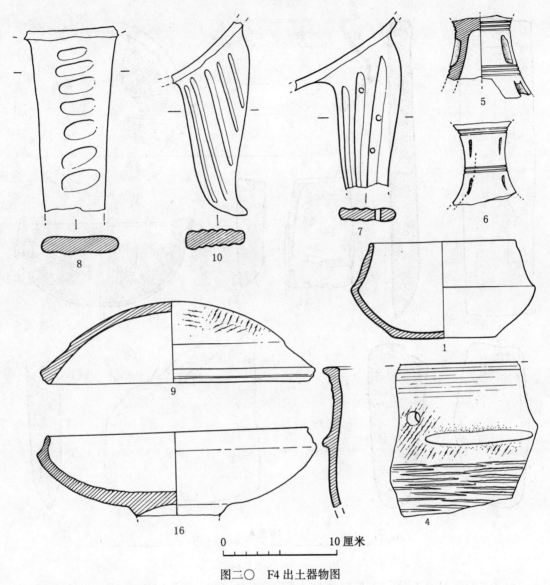

图二〇　F4 出土器物图

1. 钵　4. 甑（粗泥红褐陶）　5、6. A 型Ⅲ式豆把　7、10. Ⅳ式鱼鳍形鼎足　8. A 型Ⅱ式铲形鼎足　9. Ⅲ式器盖　16. A 型Ⅲ式豆盘（1、5、6、16. 泥质灰陶，余为粗泥红褐陶）

基内填土为青黄色花土，含有大量的陶片，显然是为加固墙体而有意掺入的。

　　F6 的建筑方式是先将房屋范围挖成浅坑，并开槽筑墙，然后再在屋内铺垫居住面。屋内垫土共分为五层，其中四层表面有红烧土灶面，因此可确定为四个生活面：第①层为浅黄色粉砂质土，土质较硬，厚约 0.1 米，分布于房子的北部，与南部高起的第②层形成平面。在该层面的中部有 4 个圆形柱洞，直径约为 0.15~0.2 米，深约 0.38~0.4 米。柱洞内填土为黄褐色黏土。在房屋的北部有一个红烧土灶面，略呈圆形，直径约

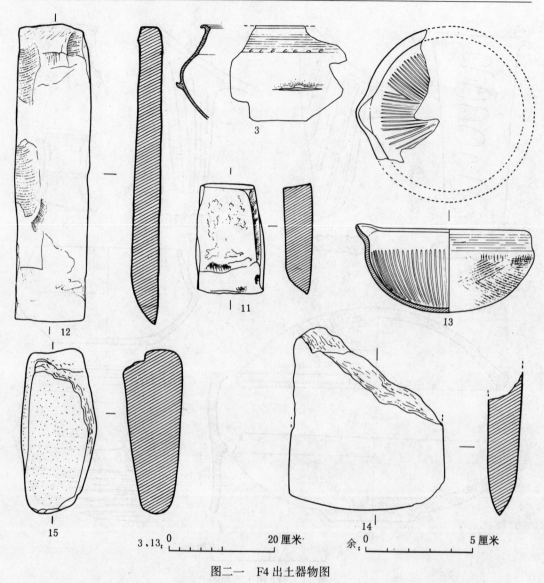

图二一　F4 出土器物图

3.Ⅲ式鼎　11.Ⅲ式石锛　12.Ⅱ式石锛 13.Ⅰ式澄滤器　14.石钺　15.砺石（3、13.粗泥红褐陶）

0.65 米，厚约 0.09 米。被 H15 打破。第②层为块状灰褐色土，土质较硬略有黏性，厚约 0.02～0.18 米，分布于整个房屋，南部略高。在该层面的北部与上层灶 1 相对应的位置，也有一个红烧土灶面，略呈圆形，直径约 0.75 米，厚约 0.07 米。被 H15 打破。第③层为块状黄褐色土，土质较硬略带沙性，厚约 0.03～0.15 米，分布于房屋的大部分地方。在该层表面房屋中部偏北的位置，有一个红烧土灶面，略呈圆角方形，边长约 0.64 米，厚约 0.1 米，居中部分为深红色，边缘部分为红褐色。第④层为浅黄色粉砂质土，土质较硬，厚约 0.05 米，仅分布于房屋的中部。在该层表面与灶 3 相对应的位

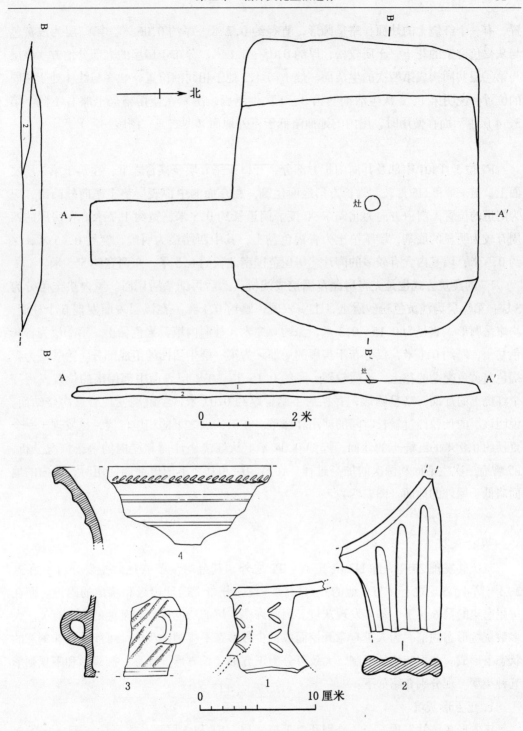

图二二　F5 遗迹及出土器物图

1.A型Ⅱ式豆把　2.Ⅳ式鱼鳍形鼎足　3.带把杯　4.Ⅱ式夹砂缸

（1、3.泥质灰陶，2.粗泥红褐陶，4.夹砂红褐陶）

置，有一个红烧土的灶面，略呈圆形，直径约 0.7 米，厚约 0.06 米。第⑤层为浅黄色与灰褐色交杂的花土，土质较松，厚约 0.05~0.1 米，分布于房屋的大部分地方。该层与第④层共同构成第四次的生活面。灶 1 与灶 2 处于相同的位置，灶 3 与灶 4 处于相同的位置，说明第 1、2 次生活面与第 3、4 次生活面，房屋在使用格局上略有不同。第 3、4 层生活面在使用时，屋内的地面略低于屋外地面（图二三；图版一〇）。

7.F7

F7 位于 T401 南部及其向南扩方部分，开口于第 6 层及祭台之下，建筑于第 7 层层面上。被 H4 和 H5 打破。为长方形地面建筑，在东面的中部表层垫土略向外凸出，应为门道的位置。门道方向为北偏东 90 度。门道长约 0.5 米，宽约 1.7 米。在房屋的四周有较为明显的墙基，墙基垫土为青褐色黏土，其中西墙最为明确，宽约 0.45 米，深约 0.3 米，墙基内含有较多的陶片。房屋范围南北长约 6.5 米，东西宽约 5.5 米。

F7 的建筑方式也是先将房屋范围挖成浅坑，然后再铺垫居住面。屋内垫土可分为 3 层：第①层为浅黄色粉砂质土，土质较硬，厚约 0.1 米。在该层表面发现 6 个柱洞，均略呈圆形，直径为 0.15~0.3 米，深约 0.3 米，柱洞内填黄褐色黏土。第②层为青灰色黏土，厚约 0.1 米，仅分布于房屋的局部。为第一层生活面的组成部分。第③层为青褐色与黄色交杂的花土，土质较硬，厚约 0.15 米。在该层表面中部偏南的位置发现一个红烧土的灶面，略呈圆形，直径约 1 米，厚约 0.07 米，经解剖发现有三次烧结面。说明该层的灶曾经过较长时间的使用和修整。在第③层之下的相应位置，也发现了一个直径约 0.9 米的红烧土的灶面，厚约 0.04 米。从红烧土灶面和屋内的垫土情况分析，F7 曾有三次生活面和两次的加高过程。在第③层和其之下的生活面使用时，屋内的地面略低于屋外的地面（图二四）。

四、灰坑

灰坑共发现 23 座，除 H3 位于 B 区 T2 之外，其余均位于 A 区。主要开口于第 2、3 层与第 4、5 层之下，与墓地的开口层位一致，分布于遗址边缘和墓地的附近。而在房屋密集的第 6 层下，却未发现灰坑。因此许多灰坑的功能可能和墓地的祭祀有关。大多数灰坑形态规范，为人工有意开挖而成；少数形态不规则的浅坑，可能是在非刻意的状态下形成。依据灰坑的形制，大致可分为正方形、长方形、圆形、椭圆形和不规则形五种类型。现分别介绍如下：

1. 正方形灰坑

正方形灰坑共发现 6 个，分别开口于第 2 层、F1 和 5 层下，主要分布于 A 区的南部。坑口均接近正方形，坑壁竖直，坑底平整。这种灰坑一般较深，坑内均未发现有意放置的遗物，填土往往以挖出的土直接回填或另取纯净的黄土填入。从这类灰坑的形制

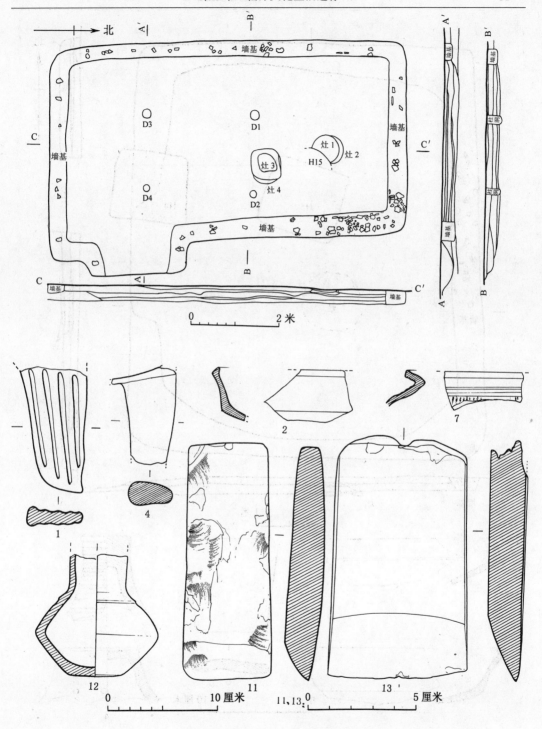

图二三 F6 遗迹及出土器物图

1、4.Ⅳ式鱼鳍形鼎足 2.B型Ⅲ式豆盘 7.Ⅱ式釜 11.Ⅱ式石锛 12.A型Ⅱ式壶 13.Ⅲ式石锛（1、4、7.粗泥红褐陶，2、12.泥质灰陶）

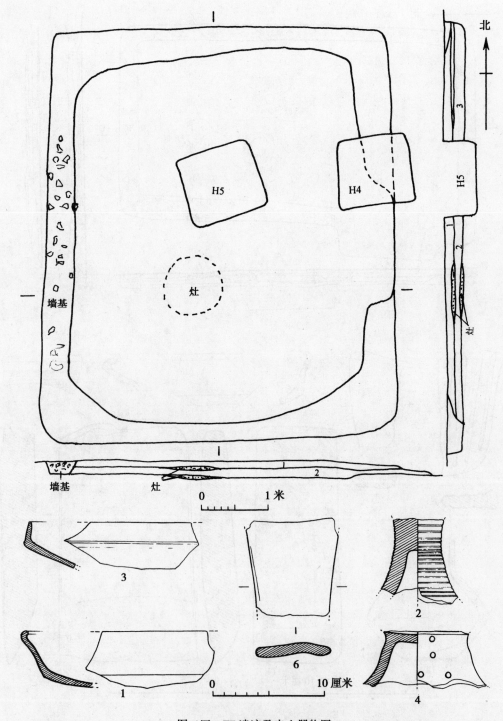

图二四　F7 遗迹及出土器物图

1.B型Ⅲ式豆盘　2.A型Ⅲ式豆把　3.A型Ⅱ式豆盘　4.A型Ⅲ式豆把　6.A型Ⅱ式铲形鼎足　（6为粗泥红褐陶，余为泥质灰陶）

和分布地域分析，与 F1、F2 及墓地有着密切联系，所以推测应可能与祭祀有关。

H4 位于 T401 南部，开口于第 2 层下，打破祭台，坑底打入生土。坑口略呈正方形，边长约 1.12 米，坑深约 2.2 米，坑壁竖直，坑底平整。坑内填土为青褐色花土，夹杂红烧土块，无包含物。显然是将挖坑的土直接回填（图二五，1）。

H5 位于 T401 南部，开口于第 2 层下，打破祭台及第 6 层。坑口略呈正方形，边长约 1.1~1.16 米，坑深约 1.04 米，坑壁竖直，坑底平整。坑内填土为青褐色花土，夹杂红烧土块，无包含物。显然是将挖坑的土直接回填（图二五，3；图版七，1）。

H6 位于 T301 西南部，开口于 F1 下，打破 F2 垫土。坑口略呈正方形，边长约 1 米，坑深约 1.25 米，坑壁竖直，坑底平整。坑内填土为灰褐色土，含少量草木灰及陶片，坑边有 0.05 米的板灰痕迹（图二五，4）。

H25 位于 T301 东南部扩方部位，开口于第 2 层下，打破 F1、F3 及第 7~14 层。坑口略呈正方形，边长约 1.05~1.15 米，坑深约 2 米，坑壁竖直，坑底平整。坑内填土为黑褐色花土，包含少数陶片。显然是将挖坑的土直接回填（图二五，7）。

H26 位于 T301 西南部扩方部位，开口于 F1 下，打破 F2 垫土及第 7~11 层。坑口略呈正方形，边长约 1.06~1.16 米，坑深约 1.3 米，坑壁竖直，坑底平整。坑内填土为淡黄色，含少数陶片（图二五，2）。

H16 位于 T301 东南部，开口于第 5 层下，打破 F3。坑口略呈正方形，边长约 0.9 米，坑深约 0.6 米，坑壁竖直，坑底平整。坑内填土为灰褐色，含少量的草木灰与陶片（图二六，2）。

2. 长方形灰坑

长方形灰坑共发现 2 个，分别开口于第 4B 层与 14B 层下。坑口为长方形，坑壁较竖直，坑底平整。

H13 位于 T402 东北部，开口于第 4B 层下，打破 5、6、7、8 层。坑口略呈长方形，长约 1.9 米，宽约 1.3 米，坑深约 1 米，坑壁竖直，坑底平整。坑内填土为黑褐色花土，含有较多的陶片（图二七~二九；图版一八，3、4；图版一九）。

H24 位于 T301 东南部，开口于第 14B 层下，打破生土层。坑口略呈长方形，长约 1.69 米，宽约 0.8 米，坑深约 0.2 米，坑壁斜直，坑底平整。坑内填土为黑褐色黏土，包含有少量的陶片和动物骨头（图二五，6）。

3. 圆形灰坑

圆形灰坑共发现 8 个，分别开口于 3 层、4B 层、8 层、9 层以及 13 层下。主要分布于 A 区的北部，无明显规律。坑壁一般斜直，坑底较平。

H7 位于 T302 北部，开口于第 3 层下，打破 4~14 层，坑底打入生土。坑口近圆形，坑壁不规则，坑底较平。坑口直径约 4 米，坑深约 2.8 米。坑内填土可分为 4 层：

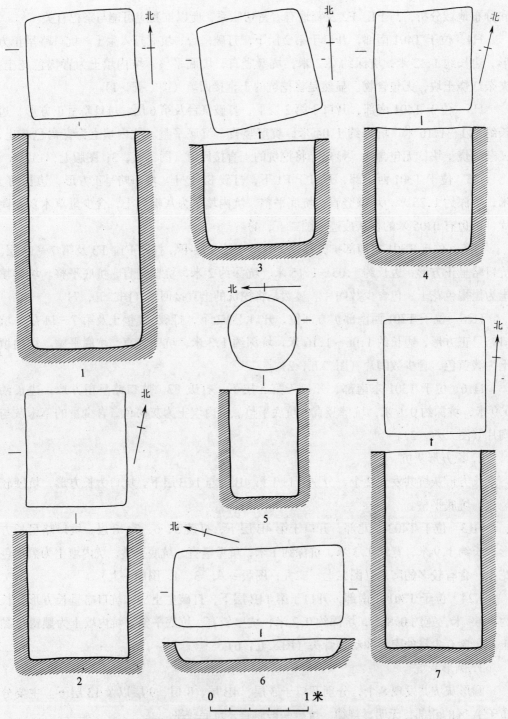

图二五　H4～H6、H25、H26平、剖面图

1.H4　2.H26　3.H5　4.H6　5.H23　6.H24　7.H25

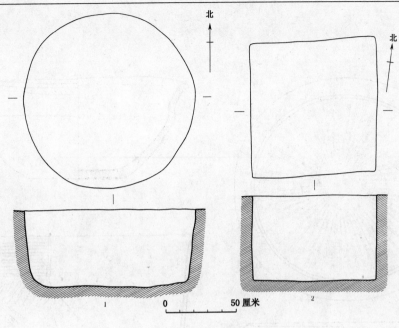

图二六 H9、H16 平、剖面图
1.H9 2.H16

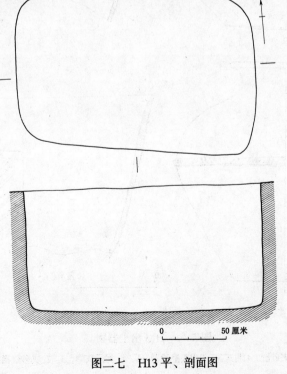

图二七 H13 平、剖面图

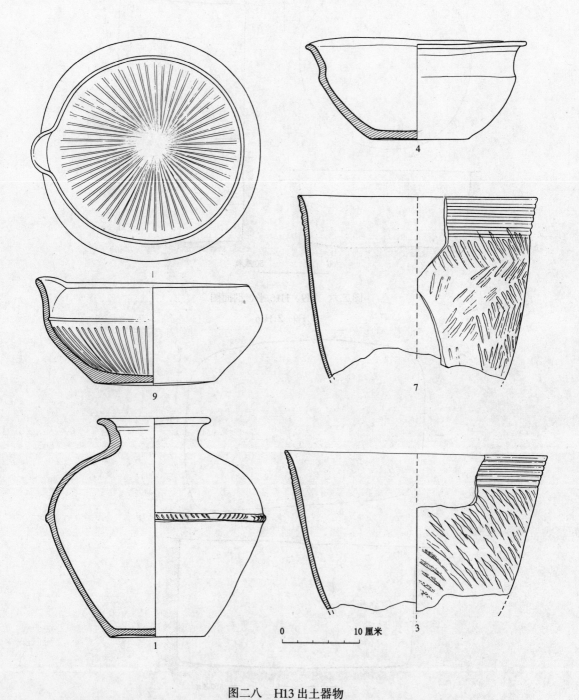

图二八　H13 出土器物

1.A型Ⅲ式罐　3、7.Ⅰ式夹砂缸　4.Ⅲ式盆　9.Ⅱ式澄滤器（1、4.泥质灰陶，3、7.夹砂红褐陶，9.粗泥红褐陶）

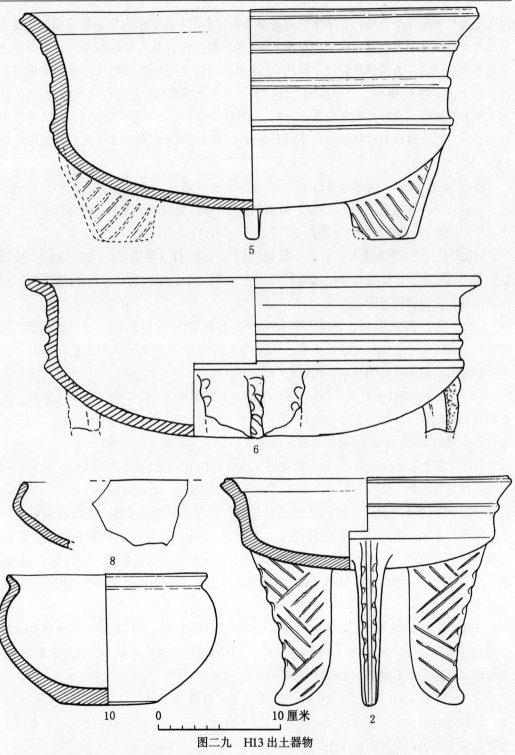

图二九 H13 出土器物

2、5.V式鱼鳍形足鼎 6.B型Ⅲ式铲形足鼎 8.A型Ⅱ式豆 10.Ⅱ式盆（2、5、6粗泥红褐陶，8、10泥质灰陶）

第①层为黑褐色花土，厚约 0.7 米，近底部含有较多的灰烬，层内特别是近底部含有大量的陶片；第②层为青灰色花土，厚约 0.45 米，层内包含有大量的陶片，许多为较完整的个体；第③层为黑色灰烬层，厚约 0.35 米，也包含有较多的陶片；第④层为青灰色淤积土，厚约 1.38 米，在该层的上部有多层草木灰淤积面，层内包含物较少。H7 共出土粗泥红褐陶的凿形足鼎复原器 20 件，另外有凿形鼎足 128 个，起码包含 42 个以上鼎的个体；出土复原夹砂红褐陶的鱼鳍形足鼎 1 件以及属于另外 2 个个体的鱼鳍形鼎足 2 件（图三〇~三六；图版一二~一七）。

H9　位于 T402 西北部，开口于第 4B 层下，打破第 5、6 层。坑口近圆形，坑壁斜直，坑底较平。坑口直径约 1.25 米，坑深约 0.55 米。坑内填土为黑灰色含草木灰，包含有少量的陶片（图二六，1；图版七，2）。

H12　位于 T402 东北部，开口于第 4B 层下，打破 H13 及第 5、6、7、8 层。坑口近圆形，坑壁斜直，坑底较平。坑口直径约 1.4 米，坑深约 0.75 米。坑内填土为黑灰色草木灰，无包含物（图三七）。

H15　位于 T202 北部，开口于第 4B 层下，打破第 5、6 层及 F6。坑口近圆形，坑壁斜直，坑底较平。坑口直径约 1 米，坑深约 0.37 米。坑内填土为黑灰色草木灰，包含有较多大块的陶片（图三八；图版二〇）。

H17　位于 T202 东北部，开口于第 4B 层下，打破第 5、6、7 层。坑口近圆形，坑壁斜直，坑底较平。坑口直径约 1.05 米，坑深约 0.35 米。坑内填土为黑灰色草木灰，包含有少量的陶片。该坑的东半部进入探方东壁，未作清理（图三九）。

H18　位于 T302 北部，开口于第 8 层下，被 H7 打破，打破第 9~14 层，坑底打入生土。坑口近圆形，坑壁上部斜敞，下部竖直，坑底较平。坑口直径约 2.2 米，坑深约 1.96 米。坑内填土可分为 6 层：第①层为青黄色花土，厚约 0.4 米；第②层为青黄色土，厚约 0.1 米；第③层为黑色灰烬层，厚约 0.02 米；第④层为青黄色花土，厚约 0.36 米；第⑤层为黑灰色灰烬层，厚约 0.2 米；第⑥层为青黄色黏土，厚约 0.8~1.45 米。每一层堆积均中部下陷呈锅底状，包含物较少，仅有少数陶片和兽骨（图四〇；图版二一，1、2、3）。

H21　位于 T401 东南部，开口于第 13 层下，打破生土。坑口近圆形，坑壁及坑底不规则。坑口直径约 1.55 米，坑深约 0.3 米。坑内填土为青黑色黏土，包含少量陶片。该坑南半部进入探方南壁，未作清理（图四一，2）。

H23　位于 T301 东北部，开口于第 9 层下，打破第 12 层、14B 层，坑底打入生土。坑口近圆形，坑壁竖直，坑底较平。坑口直径约 0.7 米，坑深约 1.1 米。坑内填土为黄色黏土，包含少量陶片（图二五，5）。

4. 椭圆形灰坑

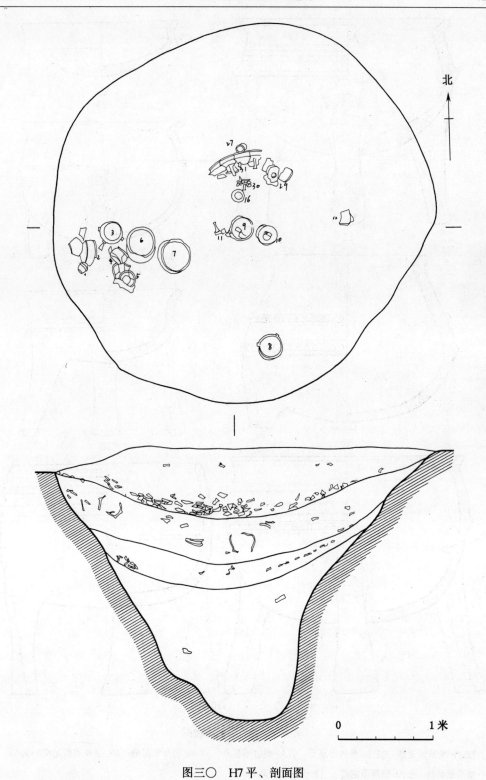

北

图三〇　H7平、剖面图

0　　　　　　　　1米

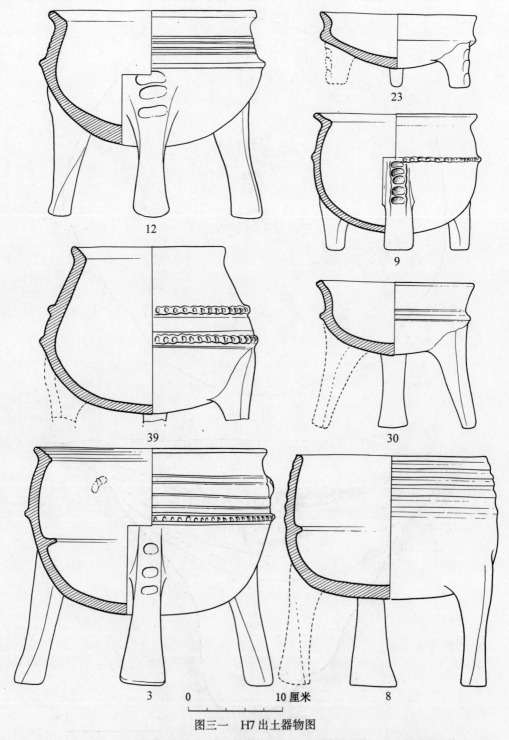

图三一　H7出土器物图

12.Aa型凿形足鼎　23.Ba型凿形足鼎　9.Aa型凿形足鼎　39.Aa型凿形足鼎　30.Ba型凿形足鼎　3.Ab
型凿形足鼎　8.Ab型凿形足鼎　（皆粗泥红褐陶）

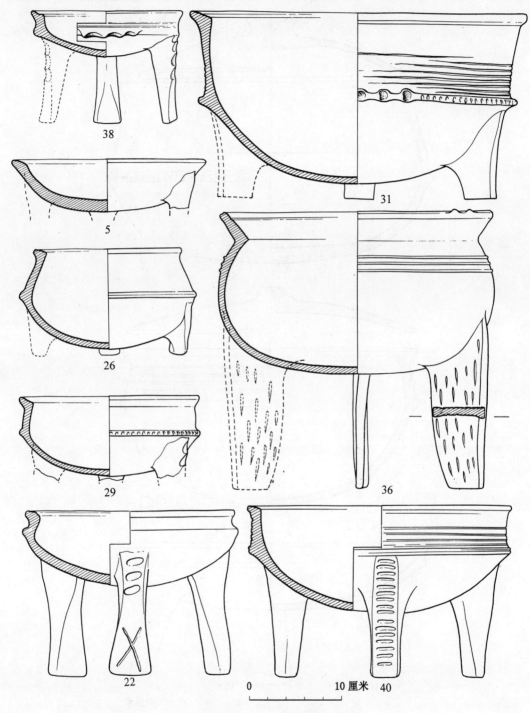

图三二　H7 出土器物图

38.Bb 型凿形足鼎　5.C 型凿形足鼎　26.Aa 型凿形足鼎　29.Aa 型凿形足鼎　22.Ba 型凿形足鼎　31.Aa 型凿形足鼎　36.Ⅵ鱼鳍形足鼎　40.Bb 型凿形足鼎（除 36 为夹砂红褐陶外，余皆粗泥红褐陶）

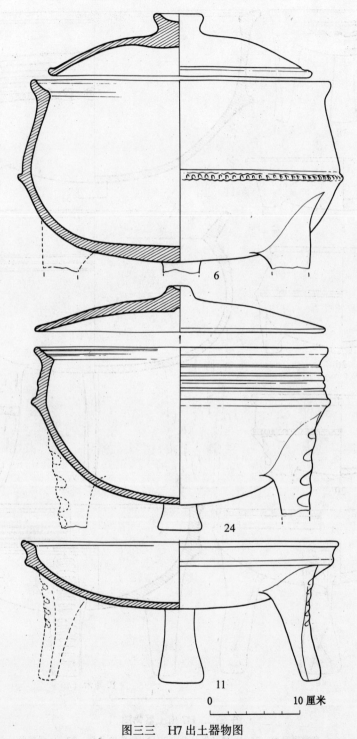

图三三　H7 出土器物图

6.Aa 型凿形足鼎　24.Aa 型凿形足鼎　11.C 型凿形足鼎（皆粗泥红褐陶）

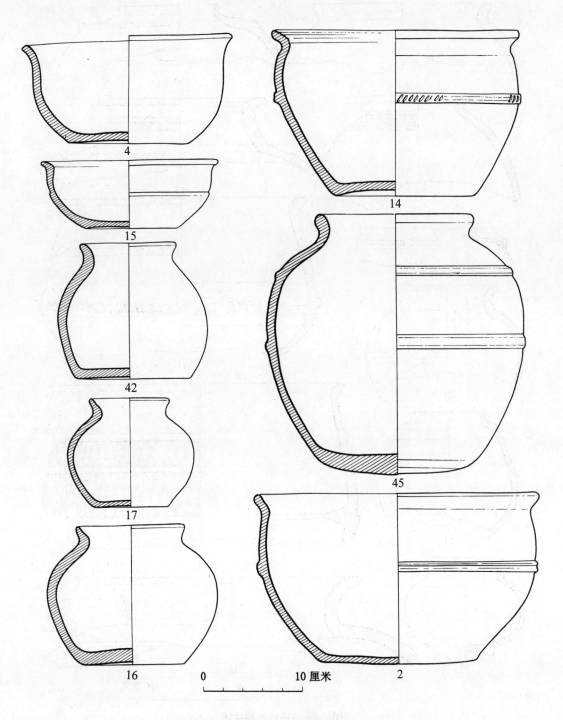

图三四　H7 出土器物图

4、15、14、2.Ⅲ式盆　42、17、16.B 型Ⅱ式罐　45、大型罐（皆泥质灰陶）

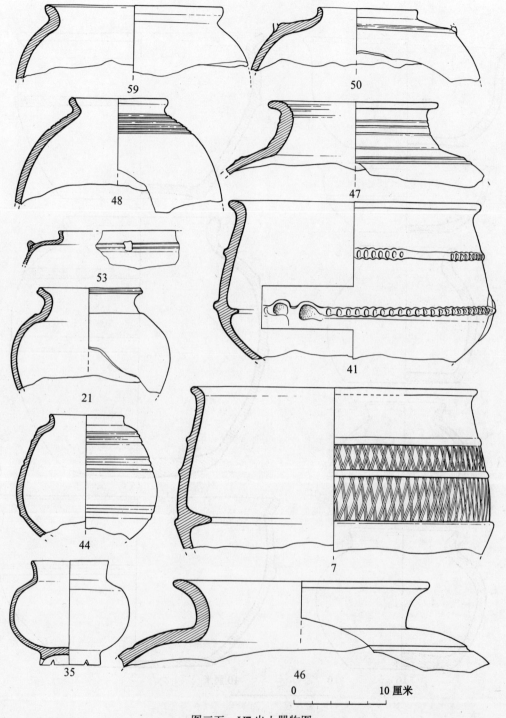

图三五　H7 出土器物图

59、48、50、46、53.大型罐　47.A 型Ⅳ式罐　21、44.中型罐　35.B 型壶　41、7.Ab 型凿形足鼎
（除 41、7 为粗泥红褐陶外，余皆泥质灰陶）

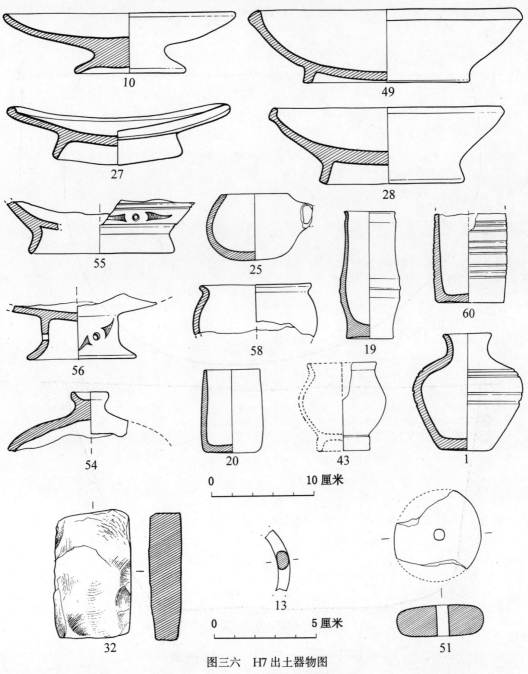

图三六　H7 出土器物图

10、27、49、28. 圈足盘　55、56. B型Ⅱ式豆把　54. 器盖　25. 陶勺　58. 盆　20、60. A型Ⅱ式杯　19. B型
Ⅰ式杯　43. 圈足罐　1. 小口罐　13. A型陶镯　51. B型陶纺轮　32. Ⅲ式石锛　（10、27、51 为粗泥红褐陶，
余皆泥质灰陶）

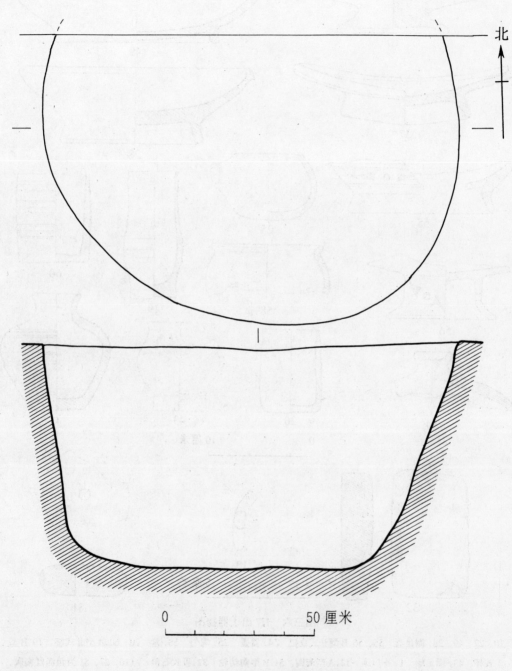

北

图三七　H12 平、剖面图

0　　　　　　　　　　50 厘米

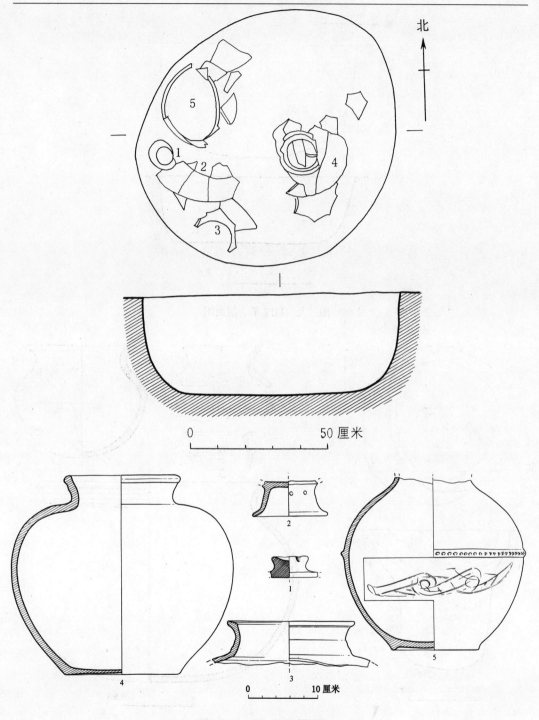

图三八 H15 及出土器物图

1.Ⅳ式杯形盖钮 2.B型Ⅱ式宽把豆 3.A型Ⅲ式罐 4.A型Ⅳ式罐 5.罐 （1为粗泥红褐陶，余皆为泥质灰陶）

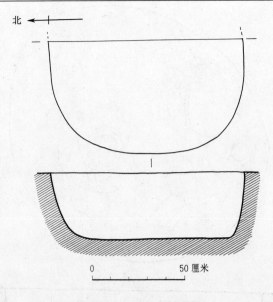

图三九　H17 平、剖面图

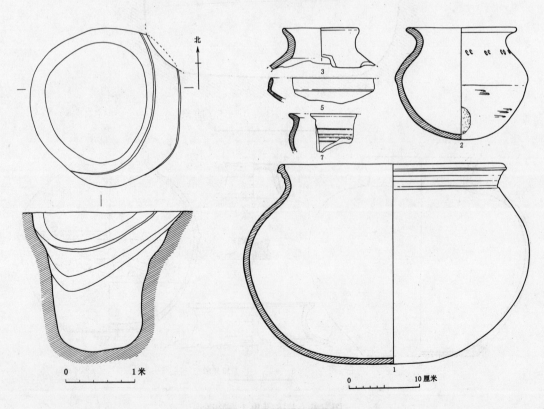

图四○　H18 及出土器物图

1. Ⅱ式釜　2. Ⅲ式鼎　3. 罐　5. 豆　7. 鼎（1、2、7 为粗泥红褐陶，余为泥质灰陶）

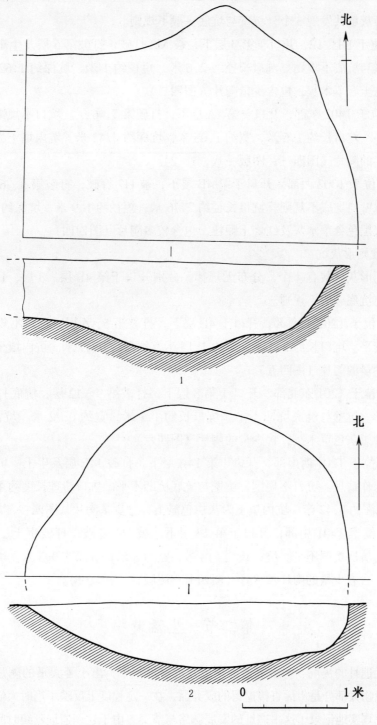

图四一　H20、H21平、剖面图

1．H20　2．H21

椭圆形灰坑共发现 3 个，坑壁与坑底一般不规则。

H3　位于 B 区 T2，开口于第 3 层下，被 M2 打破，打破第 5 层及生土。坑口近椭圆形，坑壁与坑底不规则。坑口长径约 2.6 米，短径约 1 米，坑深约 1.62 米。坑内填土为灰黑色土含草木灰，包含少量陶片（图四二）。

H8　位于 T402 东部，开口于第 4A 层下，打破第 5、6 层。坑口不规则，坑壁与坑底坑凹不平。坑口长约 1.6 米，宽约 1.05 米，坑深约 0.42 米。坑内填土为黑灰色草木灰，含较多的陶片（图四三；图版一八，1、2）。

H14　位于 T302 西部，开口于第 4B 层下，被 H7 打破，打破第 5、6 层。坑口近椭圆形，坑壁与坑底不规则。坑口长径约 2.76 米，短径约 1.9 米，坑深约 0.76 米。坑内填土为灰黑色含草木灰及红烧土颗粒，包含较多陶片（图四四）。

5. 不规则形灰坑

不规则形灰坑共有 4 个，分布无规律，分别开口于第 4B 层、8 层、13 层和 14 层下，坑壁与坑底一般不规则。

H11　位于 T202 西南部，开口于 4B 层下，打破第 5、6 层。坑口不规则，坑壁斜直，坑底较平。坑口长约 2.3 米，宽约 1.15 米，坑深约 0.47 米。坑内填土为黑灰色草木灰，含少量的陶片（图四五）。

H19　位于 T201 东北部，开口于第 8 层下，打破第 9～12 层，坑底打入生土。坑口近椭圆形，坑壁与坑底坑凹不平。坑口长约 1.1 米，宽约 0.72 米，坑深约 1.2 米。坑内填土为黑灰色草木灰，含少量的陶片（图四六）。

H20　位于 T201 西南部，开口于第 14A 层下，打破 14B 层及生土。坑的西南部超出探方，未作清理。坑口不规则，坑壁与坑底坑凹不平。坑口清理长度约 1.6 米，宽约 1.1 米，坑深约 0.42 米。坑内填土为灰白色淤土，含少量陶片（图四一，1）。

H22　位于 T401 中部，开口于第 13 层下，被 H4 打破，打破生土层。坑口不规则，坑壁与坑底坑凹不平。坑口长约 4.8 米，宽约 3 米，坑深约 0.3 米。坑内填土为黑灰色淤土，含有少量的陶片及兽骨（图四七；图版二一，4、5）。

# 第二节　生活遗物

南河浜遗址的灰坑、房屋等遗迹中以及地层堆积中，出土了大量的陶片、石器等遗物，这些遗物大部分是生活直接遗留的废弃品，在一定程度上反映了当时人们的生产与生活情况，也真实地记录了这一遗址的发展脉络与节奏。由于这一遗址延续时间长和无间断性，所以器物的发展演变也为我们认识这一文化和这一阶段的历史，提供了较为完整的时间坐标。依据器物的质地分类，可以分为陶器、石器与骨角器三类。现分类介绍如下。

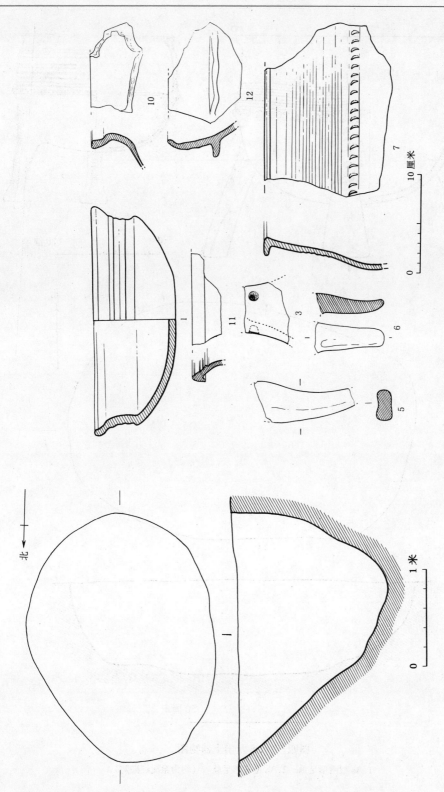

图四二　H3 及出土器物图

1. Ⅰ式钵　11. Ⅱ式釜　10. 罐　12. 带鋬钵　5. Ⅰ式鱼鳍形鼎足　3. A 型 Ⅰ式铲形鼎足　6. A 型 Ⅰ式豆把　7. Ⅱ式鼎口沿（1、3 为泥质灰陶，余为粗泥质红褐陶）

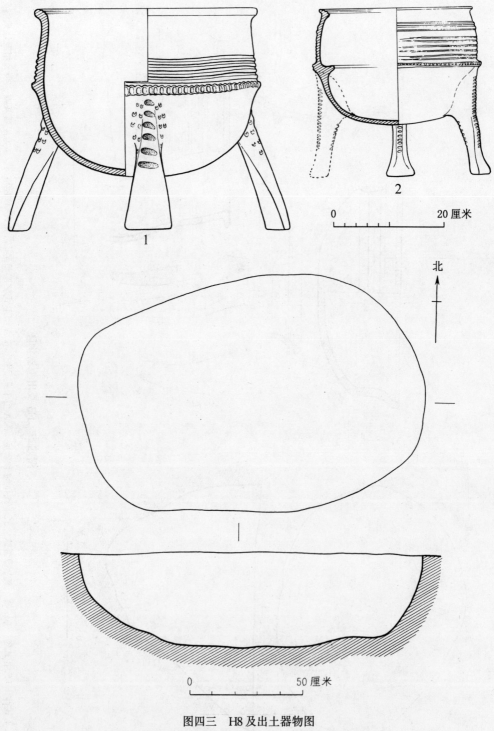

图四三　H8 及出土器物图

1.Aa 型凿形足鼎　2.Ab 型凿形足鼎　（均为粗泥红褐陶）

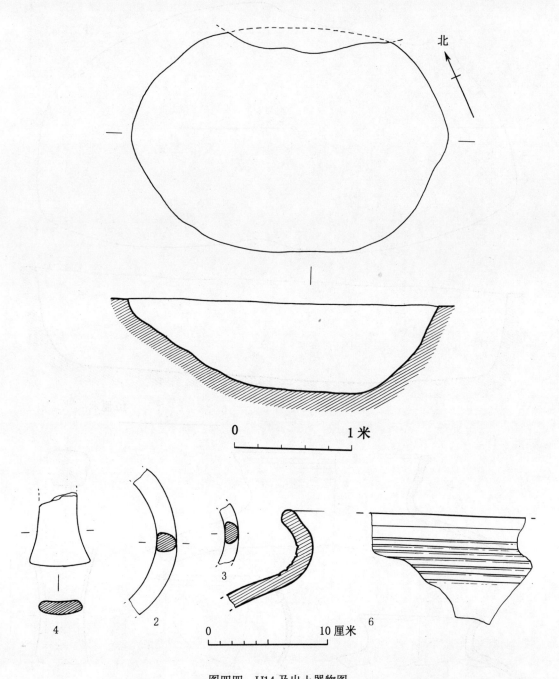

图四四　H14 及出土器物图

4.凿形鼎足　2、3.A 型陶镯　6.罐　（4.为粗泥红褐陶，余为泥质灰陶）

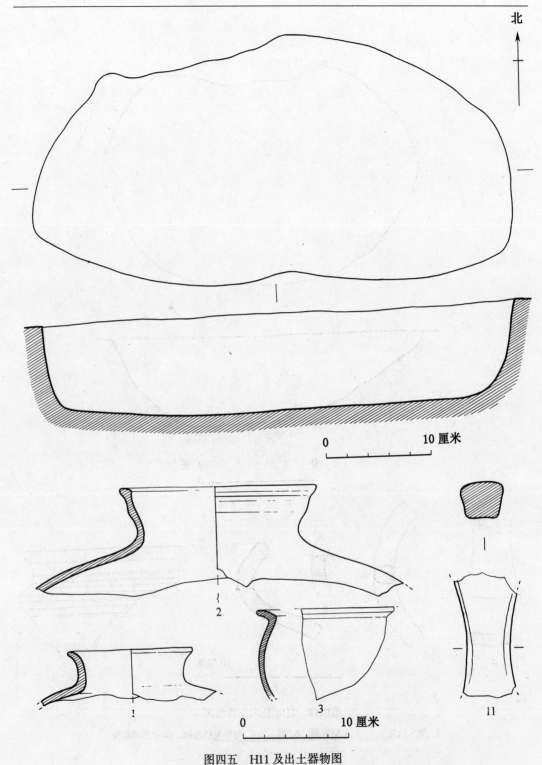

北

0　　　　　　　　10 厘米

0　　　　　　　　10 厘米

图四五　H11 及出土器物图

1.罐　2.A 型Ⅱ式罐　3.Ⅱ式盆　11.凿形鼎足（1、3.泥质灰陶，2、11.粗泥红褐陶）

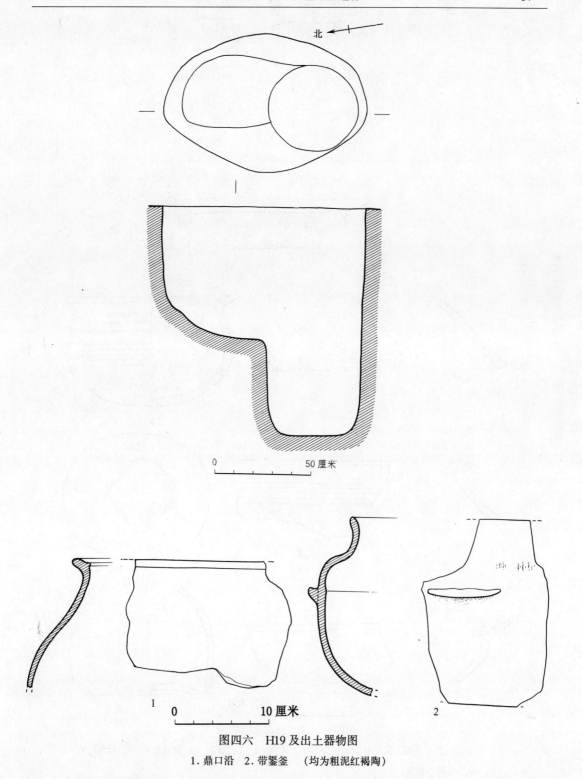

图四六 H19 及出土器物图

1. 鼎口沿 2. 带錾釜 （均为粗泥红褐陶）

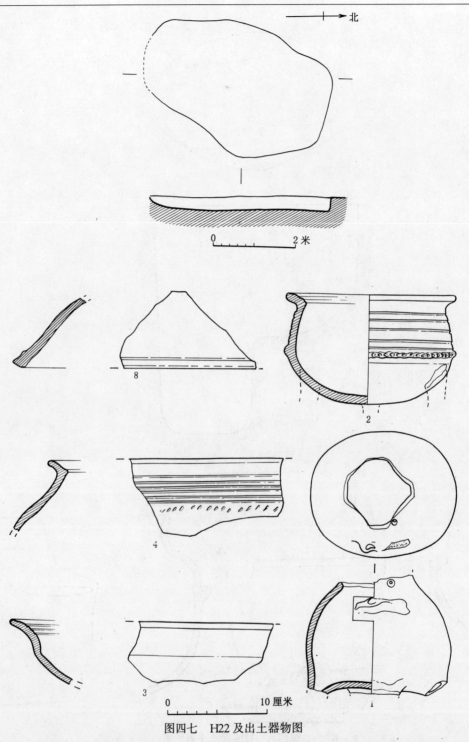

图四七　H22 及出土器物图

1.侧把盉　2.Ⅰ式鼎　3.C型Ⅰ式豆盘　4.Ⅰ式鼎　8.Ⅰ式器盖（3.泥质灰陶，8.粗泥红褐陶，余为夹砂红褐陶）

一、陶器

陶器是新石器时代人们的主要生活器具，由于它的易碎性，所以在生活废弃品中占绝大多数。同时由于陶器的不断更新制作，以及对它的实用性的不断改进与探索，所以陶器的变化频率在所有器物中也往往是最快的。因此陶器可以给我们提供最多的有关当时社会生活及其变化的信息。南河浜遗址地层与生活遗迹中，共出土陶片约 17800 余片，其中口沿、器足和器底等可辨器类的陶片，约占 20％左右，复原和基本完整的陶器仅约 100 余件。根据陶器的质地，可以分为泥质陶、夹砂陶和粗泥陶；根据陶器的颜色，还可以进一步分为泥质灰陶、泥质红陶、夹砂红褐陶和粗泥红褐陶。不同的陶质陶色适应于不同的器类，根据对陶质陶色以及器类的统计，我们可以对不同的陶器种类在器物群中所占的比例及其在不同时期的变化有所了解。现将部分有代表性的探方与遗迹单位的陶片统计结果介绍如下：

T201

地层堆积可分为 14 层，第 4 层以下为崧泽文化堆积。共出土陶片 2841 片，其中泥质灰陶 427 片，约占 15％；泥质红陶 26 片，约占 0.9％；夹砂红褐陶 186 片，约占 6.6％；粗泥红褐陶 2202 片，约占 77.5％。从不同陶系在各层中所占比例看，泥质陶从早到晚数量逐渐增多；夹砂陶从早到晚逐渐减少；粗泥陶早晚比例变化不大。从可辨器形的统计看，泥质灰陶的器类主要有豆、罐、盆、杯等；泥质红陶的器类主要有罐和澄滤器；夹砂红褐陶的器类主要有缸、罐、澄滤器和釜支子等；粗泥红褐陶的器类主要有鼎、釜、澄滤器、罐、釜支子、器盖以及豆等。详见附表一。

T301

地层堆积可分为 14 层，第 4 层以下为崧泽文化堆积。共出土陶片 4519 片，其中泥质灰陶 594 片，约占 13.1％；泥质红陶 96 片，约占 2.1％；夹砂红褐陶 147 片，约占 3.3％；粗泥红褐陶 3682 片，约占 81.5％。从不同陶系在各层中所占比例看，泥质陶从早到晚数量逐渐增多；夹砂陶从早到晚逐渐减少；粗泥陶早晚比例变化不大。从可辨器形的统计看，泥质灰陶的器类主要有豆、罐、盆等；泥质红陶的器类主要有豆、罐和甑等；夹砂红褐陶的器类主要有缸、罐、鼎、澄滤器、器盖和釜支子等；粗泥红褐陶的器类主要有鼎、釜、澄滤器、盆、罐、釜支子以及器盖等。详见附表二。

H7

位于 T302 北部，开口于第 3 层下。共出土陶片 3539 片，其中泥质灰陶 1766 片，约占 50％；泥质红陶 2 片，约占 0.1％；夹砂红褐陶 144 片，约占 4％；粗泥红褐陶 1627 片，约占 46％。从陶系的数量比例看，主要为泥质灰陶和粗泥红褐陶两种。从可辨器形的统计看，泥质灰陶的器类主要有豆、罐、盆、杯等；泥质红陶的器类仅有豆；

夹砂红褐陶的器类主要有缸、罐和鼎；粗泥红褐陶的器类主要有鼎和器盖。另外从鼎的统计看，H7 共出土粗泥红褐陶的凿形足鼎复原器 20 件，凿形鼎足 128 个，起码包含 42 个以上鼎的个体；出土复原夹砂红褐陶的鱼鳍形足鼎 1 件以及属于另外 2 个个体的鱼鳍形鼎足 2 件。详见附表三。

H11

位于 T202 西南部，开口于 4B 层下。共出土陶片 96 片，其中泥质灰陶 49 片，约占 51%；泥质红陶 2 片，约占 2.1%；粗泥红褐陶 45 片，约占 46.9%。从陶系的数量比例看，主要为泥质灰陶和粗泥红褐陶两种。从可辨器形的统计看，泥质灰陶的器类主要有罐、盆和豆；泥质红陶的器类仅有罐；粗泥红褐陶的器类主要有鼎和釜。详见附表三。

H14

位于 T302 西部，开口于第 5 层下。共出土陶片 218 片，其中泥质灰陶 58 片，约占 26.6%；粗泥红褐陶 160 片，约占 73.4%。从陶系的数量比例看，只有泥质灰陶和粗泥红褐陶两种。从可辨器形的统计看，泥质灰陶的器类主要有罐、豆和澄滤器；粗泥红褐陶的器类主要有鼎、釜、器盖和釜支子等。详见附表三。

H18

位于 T302 北部，开口于第 8 层下。共出土陶片 31 片，其中泥质灰陶 8 片，约占 25.8%；泥质红陶 2 片，约占 6.5%；粗泥红褐陶 21 片，约占 67.7%。从陶系的数量比例看，主要为粗泥红褐陶，泥质灰陶的数量较以上举例的晚期灰坑，大为减少。从可辨器形的统计看，泥质灰陶的器类主要有罐和豆；泥质红陶的器类仅有罐；粗泥红褐陶的器类主要有鼎、釜、器盖和釜支子。详见附表三。

H22

位于 T401 中部，开口于第 13 层下。共出土陶片 29 片，其中泥质灰陶 4 片，约占 13.8%；泥质红陶 5 片，约占 17.2%；夹砂红褐陶 5 片，约占 17.2%；粗泥红褐陶 15 片，约占 51.8%。从陶系的数量比例看，主要为粗泥红褐陶，夹砂红褐陶与泥质红陶的数量，明显多于晚期灰坑，而泥质灰陶的数量则更为减少。从可辨器形的统计看，泥质灰陶的器类主要有豆和罐；泥质红陶的器类仅有豆；夹砂红褐陶的器类主要有釜、罐和侧把盉；粗泥红褐陶的器类主要有鼎和釜。详见附表三。

G1

开口于第 5 层下。共出土陶片 101 片，其中泥质灰陶 40 片，约占 40%；泥质红陶 10 片，约占 10%；粗泥红褐陶 51 片，约占 50%。从陶系的数量比例看，主要为粗泥红褐陶和泥质灰陶。从可辨器形的统计看，泥质灰陶的器类主要有罐、盆、杯、豆；泥质红陶的器类有罐和甗；粗泥红褐陶的器类主要有鼎、釜、器盖和釜支子。详见附

表三。

G2

开口于第 5 层下。共出土陶片 179 片，其中泥质灰陶 40 片，约占 22.3%；泥质红陶 3 片，约占 1.7%；夹砂红褐陶 2 片，约占 1%；粗泥红褐陶 134 片，约占 75%。从陶系的数量比例看，主要为粗泥红褐陶和泥质灰陶。从可辨器形的统计看，泥质灰陶的器类主要有罐和豆；泥质红陶的器类有器盖；粗泥红褐陶的器类主要有鼎、釜、器盖和澄滤器。详见附表三。

从陶质和器类的统计我们可以看出，泥质陶主要用以制作饮食器和盛储器，夹砂陶和粗泥陶主要用以制作炊器。在整个陶器中，粗泥红褐陶的数量最多，泥质红陶和夹砂红褐陶的数量最少，泥质灰陶的数量，有从早到晚逐渐增多的趋向。

南河浜遗址贯穿崧泽文化的始终，上承马家浜文化下接良渚文化，地层堆积无间断性。而南河浜遗址的墓地，只存在于该遗址的几个时段。因此地层中的遗物与墓葬中的遗物无法完全对应比较。地层和遗迹单位中所出的陶器，在烧成温度，器形尺寸以及组合比例等方面，与墓葬中的随葬品有一定的差异。地层和遗迹单元中的陶器，一般烧成温度较高，器形个体较大，在形态和装饰风格方面丰富多样。在器物组合中鼎、釜、豆、罐和澄滤器，占有较大的比例。

南河浜遗址所出陶器，以素面为主。有少量的绳纹、弦纹、压印窝点纹、篮纹、附加堆纹、刻划纹、方格纹、锥刺纹以及镂孔等装饰。绳纹主要施于粗泥红褐陶釜、澄滤器、器盖以及釜支子上；弦纹主要施于鼎、釜、罐的颈肩部和夹砂缸的口部；压印窝点纹主要施于鼎的肩部；篮纹主要施于夹砂缸的腹部；附加堆纹主要施于大型的泥质灰陶罐和鼎、釜的肩腹部，主要是为了对拼接部位的加固；镂孔一般仅见于豆把，除了烧制的过程中防止内部膨胀而造成变形破裂原因外，也多是出于装饰上的考虑，所以许多只是半镂刻，而未穿透器壁；刻划纹和锥刺纹是偶见的装饰与记号，无一定规律可循（图四八）。

大部分陶器采用泥条盘筑法并分段拼接成型，个别小件器物直接用手捏成。拼接的部位一般在领部和肩部及腹中部。圈足、鼎足、盖纽和器耳等一般是分别制成，然后再采用贴接的方法组合到一起。器物成型后一般经慢轮修整。绝大部分器物的表面都经过打磨渗浆或另外挂泥浆处理。所以无论哪种陶质都有一层细密光亮的表皮或称陶衣，而内胎一般较为粗松，大部分陶衣经埋藏之后十分容易脱落。泥质灰陶的内部一般为浅灰色或灰褐色，而表皮一般为黑灰色（当地学者习称为黑皮陶）；泥质红陶的内部一般为橙红色，而表皮一般为暗红色；夹砂红褐陶与粗泥红褐陶内部一般为土黄色，而表皮一般为淡红褐色，炊器的表面经过使用一般斑驳不均，有的部分呈现灰褐色。崧泽文化的粗泥红褐陶由于陶土中夹杂了较多的有机质，所以在烧成后胎质变得疏松，胎内往往夹

图四八　陶器纹饰拓片图

1.器盖绳纹（F1:1）　2.器盖绳纹（T201⑤:8）　3.釜绳纹及刻符（T301⑥:6）　4.罐刻划纹（M8:2）
5.陶片刻划叶脉纹（T201⑤:30）　6.纺轮叶脉纹（M63:11）　7.釜刻划符号（T401⑧:4）　8、9.壶刻划
纹（M96:4）　10.刻划纹（M59:1）

杂黑色，陶片的比重一般较轻。在使用与埋藏之后，表面的陶衣脱落，从而显露许多的孔隙。越到晚期，陶胎往往越疏松，而比重愈轻。此为崧泽文化粗泥红褐陶的显著特点。

　　南河浜遗址的陶器，以圈足器和三足器为主，平底器次之，只有少数的圜底器。多数的炊器配有器盖。在少数釜、罐的肩腹部装有鸡冠形耳鋬或牛鼻状器耳。鼎、釜、澄滤器、豆、罐、壶、杯、缸以及釜支子为基本的陶器组合。鱼鳍形足鼎与铲形足鼎贯穿该遗址的始终，并一直并列发展成为主要的文化特征。至遗址的晚期，凿形足鼎突然大量出现，成为鼎的主流，并几乎替代了其他鼎的形式而盛极一时。这应是不同的文化因素在此地交替的社会现象的一种反映。以下就遗址中的主要陶器（或者仅仅是陶器的某一个部分）的发展脉络以及能够代表器物群和装饰手法的多样性的陶器标本，分别进行详细介绍。另外，为了便于阅读，以及使读者对地层中的器物群有一种总体的印象，我们特将具有时代特征的陶、石器标本，做成线图和照片，以地层为单元附录于书后。

**（一）炊器**

**釜** 复原器极少，此类陶片数量不多，但具有较为明显特点，一般为粗泥红褐陶，胎壁较厚，胎内一般呈黑色，器表施红褐色陶衣，颈部以下大多饰有绳纹。器形为侈口束颈、方唇，方唇逐渐上折，至晚期演变为盘口。依口部的变化可分为3式。

Ⅰ式 一般为折沿、方唇。标本 T401⑫:4，粗泥红褐陶。侈口束颈平折沿、方唇，颈部饰数道弦纹（图四九，8）。标本 T201⑪:12，粗泥红褐陶，胎内为黑色。侈口束颈无沿、方唇，颈部饰数道弦纹，颈以下饰竖向绳纹（图四九，5）。标本 T301⑪:4，粗泥红褐陶。侈口束颈斜折沿、圆唇，颈以下饰竖向绳纹（图四九，7）。标本 T301⑩:10，粗泥红褐陶，胎内为黑色。侈口束颈斜折沿、方圆唇，颈部饰数道弦纹（图四九，6）。

Ⅱ式 方唇边缘上折，形成凹沿面。标本 T401⑨:6，夹砂红褐陶。侈口束颈斜折沿、方唇上翘，内沿形成凹面。颈部饰数道弦纹，颈以下饰斜向绳纹（图五〇，1）。标本 T401⑧:9，夹砂红褐陶。侈口束颈斜折沿、方唇上折，内沿形成凹面。颈以下饰斜向绳纹（图五〇，6）。标本 T401⑧:4，粗泥红褐陶。侈口束颈斜折沿、方唇微上翘，颈部刻划交叉符号，颈以下饰横向绳纹（图五〇，3）。标本 T301⑦:22，粗泥红褐陶，胎内较黑。侈口束颈斜折沿、方唇微上折，并向下起垂棱，内沿形成数道凹弦纹，肩圆鼓。颈部饰数道凹弦纹，并刻划交叉符号，颈以下饰斜向与横向交叉绳纹（图五〇，5）。标本 T301⑥:6，夹砂红褐陶。侈口束颈斜折沿、方唇微上折，并向下起垂棱，内沿形成凹弧面。颈部饰数道凹弦纹，并在颈肩部刻划平行短线符号，颈以下饰竖向绳纹（图五〇，2）。标本 T302⑥:2，粗泥红褐陶。侈口束颈斜折沿、圆唇微上折，内沿形成数道凹弦纹，圆肩。颈肩部饰数道凹弦纹。口径 22、残高 14 厘米（图五〇，4）。标本 H18:1，粗泥红褐陶。侈口斜折沿、方唇微上折，并向下起垂棱，扁鼓腹圜底。颈部饰数道凹弦纹。口径 32、高 28.4、最大腹径 41.4 厘米（图五〇，7）。

Ⅲ式 方唇上折部分加高，形成盘口。标本 T401⑦:6，粗泥红褐陶，胎内较黑。侈口束颈、方唇上折，并向下起垂棱，内沿凹弧如盘口。颈部饰数道弦纹，颈以下饰斜向绳纹（图四九，10）。标本 T301⑧:20，粗泥红褐陶，胎内较黑。侈口束颈、方唇，沿上折成盘口。颈部内外饰凹弦纹（图四九，4）。标本 T301⑦:18，粗泥红褐陶。侈口

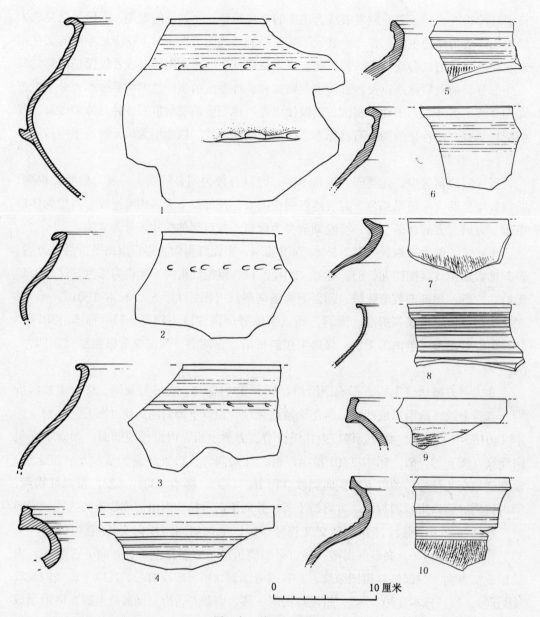

图四九　陶釜、陶鼎

1、2、3.Ⅲ式鼎（F4∶3、T301⑧∶13、T201⑧∶15）　5~8.Ⅰ式釜（T201⑪∶12、T301⑩∶10、T301∶4、T401⑫∶4）　4、9、10.Ⅲ式釜（T301⑧∶20、T301⑦∶18、T401⑦∶6）

束颈、方唇，沿上折成盘口。颈部饰篮纹（图四九，9）。

　　**鼎**　复原器极少，此类陶片数量较多，从口沿可看出一定的发展规律，根据腹片和鼎足的陶质陶色等分析，多数应为鼎的口沿，也有极少数可能为釜。此类陶器一般为粗泥红褐陶或夹砂红褐陶，两类陶质往往没有明确的界线。其器形的特点为侈口折沿，颈

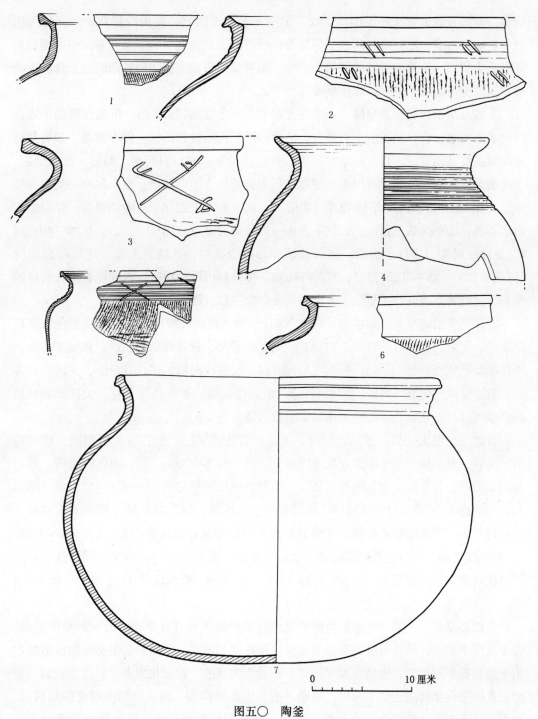

图五〇　陶釜

1~7.Ⅱ式（T401⑨:6、T301⑥:6、T401⑧:4、T302⑥:2、T301⑦:22、T401⑧:9、H18:1）

肩部一般饰有数道弦纹和压印窝点纹。早期一般为方圆唇，斜折沿较宽，颈部较为明显，反映出器身一般较高。其发展规律为折沿逐渐退化，变得窄小而外卷，由方圆唇而渐变为尖圆唇。渐失去明显的颈部，由沿下而直接外折成上腹，肩逐渐圆鼓上耸，反映出器身渐变得扁矮。依发展规律略可分为3式。

Ⅰ式　折沿较宽，胎壁厚，一般为方圆唇。标本 T201⑭A:15，粗泥红褐陶，表面熏烤成黑褐色。侈口斜折沿、唇略方，沿面内凹，折沿处起凸棱，便于加盖。颈肩部饰压印窝点纹（图五一，1）。标本 H22:2，夹砂黑褐陶。侈口斜折沿、圆唇，弧腹圜底，鼎足脱落，从腹部的痕迹看应为鱼鳍形足。上腹部饰 5 道凹弦纹，腹中部饰一周附加堆纹。口径 16.8 厘米，残高 11 厘米（图五一，6）。标本 H22:4，夹砂红褐陶。侈口斜折沿、圆唇，颈部饰数道弦纹，弦纹下方饰一周压印窝点纹（图五一，2）。标本 T401⑫:1，夹砂红褐陶，侈口平折沿、圆唇，颈部饰数道弦纹，弦纹下方饰一周压印窝点纹（图五一，3）。标本 T201⑫:3，粗泥红褐陶，侈口斜折沿、圆唇，内壁可看出较明显的颈部，颈部饰数道弦纹，弦纹下方饰一周压印窝点纹（图五一，7）。

Ⅱ式　折沿略窄，唇部尖圆。标本 T301⑩:9，粗泥红褐陶。器内壁呈黑色。侈口斜折沿、圆唇，沿较早期略窄，内壁有较明显的颈部，颈部饰数道弦纹，弦纹下方饰一周压印窝点纹（图五一，4）。标本 T301⑧:14，粗泥红褐陶，侈口斜折沿、尖圆唇，颈部饰数道弦纹（图五一，8）。标本 H3:7，粗泥红褐陶。平折沿微下卷、尖圆唇，肩颈部饰数道弦纹，弦纹下方饰一周压印窝点纹（图五一，5）。

Ⅲ式　一般为尖唇，卷沿，颈部不明显。标本 T301⑧:13，粗泥红褐陶，侈口卷沿、尖唇，颈部饰一周压印窝点纹（图四九，2）。标本 T201⑧:15，粗泥红褐陶。侈口卷沿、尖唇，扁鼓腹。颈部饰数道弦纹，下部的两道弦纹之间饰一周压印窝点纹（图四九，3）。标本 F4:3，粗泥红褐陶。侈口卷折沿、尖唇，扁鼓腹肩微上耸，下腹部有一对鸡冠耳鋬。颈部饰数道弦纹，弦纹下方饰一周压印窝点纹（图四九，1）。标本 H18:2，粗泥红褐陶。侈口卷折沿圜底釜，圆唇、鼓肩、腹较扁矮。颈部饰一周窝纹，肩以下饰横向篮纹，经修磨而不明显。口径 15.8、高 15.8、最大腹径 19.2 厘米（图五一，9）。

**鱼鳍形足鼎**　在南河浜遗址鱼鳍形足鼎是贯穿始终并且数量较多的一种鼎的形制，由于复原率较小，所以只能以鼎足的发展规律排列其形式。鱼鳍形鼎足是南河浜遗址中出土数量最多的鼎足，也是发展规律和节奏最为明显的一种文化因素，它给了我们一把测量崧泽文化年代的很好的标尺。早期一般为粗泥红褐陶，晚期开始出现夹砂红褐陶。早期以压印竖向瓦楞纹为特点，晚期开始出现刻划纹和戳印纹。压印竖向瓦楞纹的条数，从早到晚逐渐增加，鼎足逐渐加宽。依鼎足的形态、装饰以及陶质工艺的变化，略可以将鱼鳍形鼎足分为 6 式。

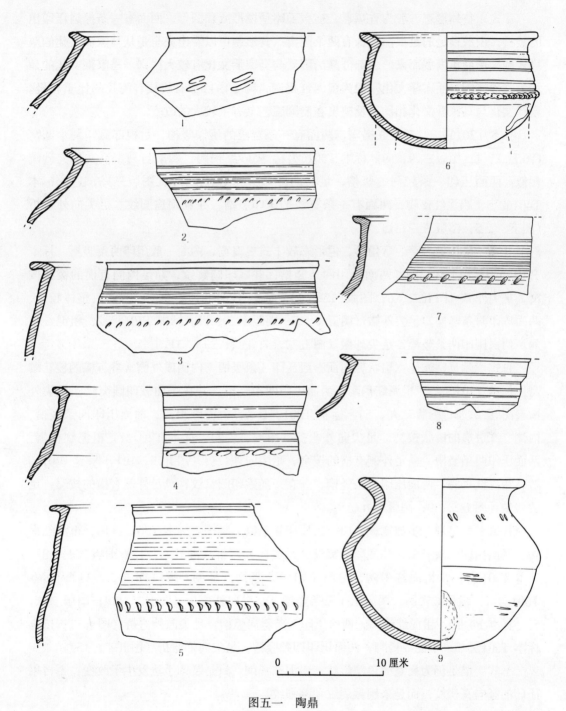

图五一  陶鼎

1、2、3、6、7.Ⅰ式（T201⑭A:15、H22:4、T401⑫:1、H22:2、T201⑫:3）   4、5、8.Ⅱ式（T301⑩:9、H
3:7、T301⑧:14）   9.Ⅲ式（H18:2）

Ⅰ式　整体形态一般为香蕉形，横截面略呈楔形或扁圆形，两面有一条捏扁压印出的竖槽，少数鼎足的足根部还饰有两个圆窝。其形制可以看出完全是从马家浜文化的双目式圆锥形鼎足发展而来。大部分鼎的陶质与马家浜文化有较大区别。马家浜文化的鼎均为夹砂红陶，而崧泽文化一般为粗泥红褐陶，陶土内掺加有机质，陶片的比重较轻。崧泽文化与马家浜文化相比，反映出在制陶工艺上有了较大的改变。

标本 T301⑭:2，粗泥红褐陶，两面有一条宽浅的压印竖槽，足根部戳印两个圆窝（图五二，1；图版三四，5）。标本 T301⑫:1，夹砂红褐陶，陶质与马家浜文化夹砂陶相似。两面压印一条较深的竖槽，足尖向外弯折（图五二，2；图版三三，1）。标本 T401⑫:5，粗泥红褐陶，两面有一条宽浅的压印竖槽，并锥剌扁圆纹。足尖向外弯折（图五二，5；图版三三，1）。

Ⅱ式　整体仍为窄的弯角形，但形态较Ⅰ式更扁宽，两面一般压印两条竖槽。标本 T201⑪:9，粗泥红褐陶。两面压印两条竖槽，并戳印圆窝纹，鼎足内侧有横的棱状按窝，足尖外撇（图五二，6；图版三二，1）。标本 T201⑪:7，粗泥红褐陶。整体较窄，两面压印两条竖槽，足尖外撇（图五二，3；图版三二，1）。标本 T301⑩:2，粗泥红褐陶。两面压印两条竖槽，足尖外撇（图五二，4；图版三一，3）。

Ⅲ式　鼎足整体呈宽扁状，两面一般压印 3 条竖槽，内侧或外侧常常有横的棱状按窝。标本 T201⑧:5，粗泥红褐陶，两面压印两条竖槽，并在一面戳印圆窝纹，足尖外撇（图五二，8；图版二九，5）。标本 T201⑨B:1，粗泥红褐陶，两面压印四条竖槽，内侧有 5 道横的棱状按窝，足尖向外弯折（图五二，7）。标本 T2④:1，粗泥红褐陶，两面压印两条竖槽，鼎足外侧有横的按窝，足尖向外弯折（图五二，10）。标本 T401⑧:7，粗泥红褐陶，两面压印三条竖槽，并在一面戳印圆窝纹，鼎足外侧有横的按窝，足尖残缺（图五二，9；图版二九，5）。

Ⅳ式　鼎足进一步加宽，两面一般压印 4 条以上竖槽。标本 T301⑥:10，粗泥红褐陶，两面压印三条竖槽，并戳印圆窝纹，足尖向外弯折（图五二，12；图版二七，3）。标本 T301⑥:9，粗泥红褐陶，两面压印四条竖槽，足尖外撇（图五二，11）。标本 T301⑦:1，粗泥红褐陶，两面压印三条竖槽，足尖向外弯折（图五二，14；图版二八，5）。标本 F4:10，粗泥红褐陶，两面压印五条斜向竖槽，足尖向外弯折（图五二，13）。标本 T301⑦:2，粗泥红褐陶，两面压印四条竖槽，足尖向外弯折（图五二，15）。

Ⅴ式　鼎足仍为扁宽的鱼鳍形状，粗泥红褐陶。只是装饰手法发生了改变，不再用压印的竖向瓦楞纹，而是采用戳剌纹和刻划纹。

标本（祭台）JT:6，粗泥红褐陶。两面平整，戳剌扁窝纹（图五三，1）。标本（祭台）JT:8，粗泥红褐陶。鼎足中间较厚，内外两侧略薄，两面戳剌圆窝纹（图五三，6）。标本 F1（柱洞 3）:1，粗泥红褐陶。两面戳剌扁窝纹，鼎足内侧也戳剌扁窝纹

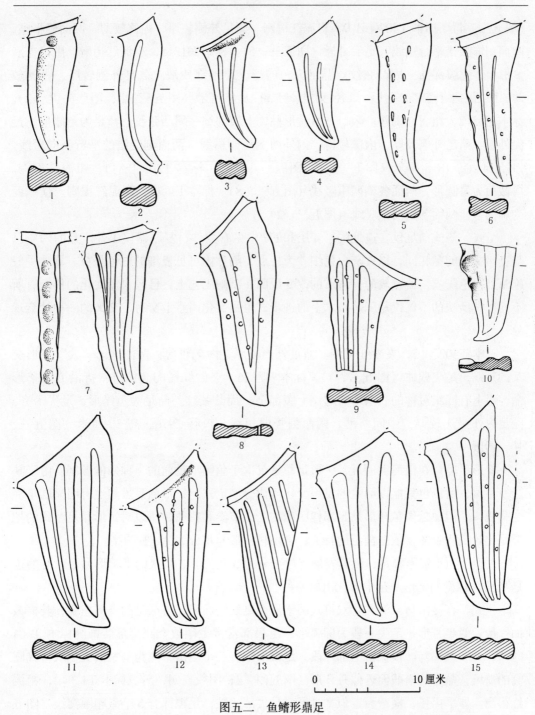

图五二　鱼鳍形鼎足

1、2、5. I 式（T301⑭:2、T301⑫:1、T401⑫:5）　　3、4、6. II 式（T201⑪:7、T301⑩:2、T201⑪:9）　　7～
10. III 式（T201⑨B:1、T201⑧:5、T401⑧:7、T2④:1）　　11～15. IV 式（T301⑥:9、T301⑥:10、F4:10、
T301⑦:1、T301⑦:2）

（图五三，4）。标本T402④B：9，粗泥红褐陶。鼎足外侧较厚，内侧较薄，两面较平整，两面刻饰交错平行短线，足尖外撇（图五三，5）。标本H13：5，粗泥红褐陶。敞口方唇盆形鼎，上腹部饰三周凸弦纹。鼎足为鱼鳍形，下半部残缺。鼎足外侧较厚，内侧较薄，两面刻平行斜向短线。口径38.4、残高18.8厘米（图五三，3；图版一九，2）。标本H13：2，粗泥红褐陶。敞口方唇盆形鼎，上腹部饰一周凸弦纹。鼎足为鱼鳍形，足尖外撇。鼎足外侧较厚，内侧较薄，内外两侧压印横线，两面刻交错的平行斜向短线。口径24、高18.8厘米（图五三，9；图版一八，4）。标本T202④A：1，粗泥红褐陶。横截面为扁圆形，两面各刻两束竖线（图五三，8）。标本F1：11，粗泥红褐陶。横截面为扁圆形，两面各刻两束竖线（图五三，2）。

Ⅵ式　该式鼎足仅在遗址的第4层和H7中见有数件，复原器仅1件。鼎的陶质已与良渚文化的鼎相同，以夹灰白色细砂为特点，陶片内可见极细的白色颗粒。器表一般施暗红褐色陶衣，器壁较薄。陶质的改变说明在制陶工艺上，已较崧泽文化的传统有所不同。其反映的不仅仅是工艺技术上的进步，也是文化因素上交替、交叉的一种社会现象。

标本T302④：5，夹砂红褐陶。鼎足外侧较厚，内侧较薄，两面刻饰"人"字形交叉的短线，足尖残缺（图五三，7）。标本H7：36，夹砂红褐陶。侈口斜折沿方唇釜形鼎，沿上有四组对称的三角形突起，上腹部饰三周凸弦纹。鼎足为鱼鳍形，足尖平齐。鼎足内外两侧较厚，中间略薄，两面刻竖向短线。口径29.6、高30厘米（图五三，10；图版一二，2）。

**铲形足鼎**　在南河浜遗址，铲形足鼎是仅次于鱼鳍形足鼎的一种鼎的形制。由于缺乏复原器，所以也只能以鼎足的发展变化规律分型定式。铲形鼎足虽然也有明显的早晚变化规律，但缺乏像鱼鳍形鼎足那样明确的变化节奏和特征，所以对铲形鼎足型式的把握是比较粗线条的。依据鼎足的特征，可以将铲形鼎足分为A、B两型。

A型　为平铲形鼎足，依其发展规律可分为3式。Ⅱ、Ⅲ式的平铲形鼎足，有的也是从早期B型凹铲形鼎足中异化出的一种。

Ⅰ式　直接由马家浜文化双目式圆锥形鼎足发展而来，将鼎足的外侧捏扁，其横截面一般近似半月形，足尖一般为圆弧形，足根部常常戳印数个圆窝形装饰。标本T301⑭：7，夹砂红褐陶。仅保留上部一段，足根部饰有三个圆窝，应为马家浜文化双目式圆窝的遗风，鼎足的横截面近似月牙形（图五四，2；图版三四，5）。标本T1③：2，粗泥红褐陶。外平内弧，横截面近似半月形，足尖部残缺，足根部有5个戳印圆窝纹（图五四，1；图版三五，6）。标本H3：6，粗泥红褐陶。横截面近似半月形，圆弧形足尖外撇（图五四，3）。

Ⅱ式　足外观如倒梯形，上宽下窄，横截面近似扁方形，足尖较平齐，足根向内

图五三　鱼鳍形足鼎

1~6、8、9.V式（JT:6、F1:11、H13:5、F1（柱洞3）:1、T402④B:9、JT:8、T202④A:1、H13:2）　7、
10.VI（T302④:5、H7:36）

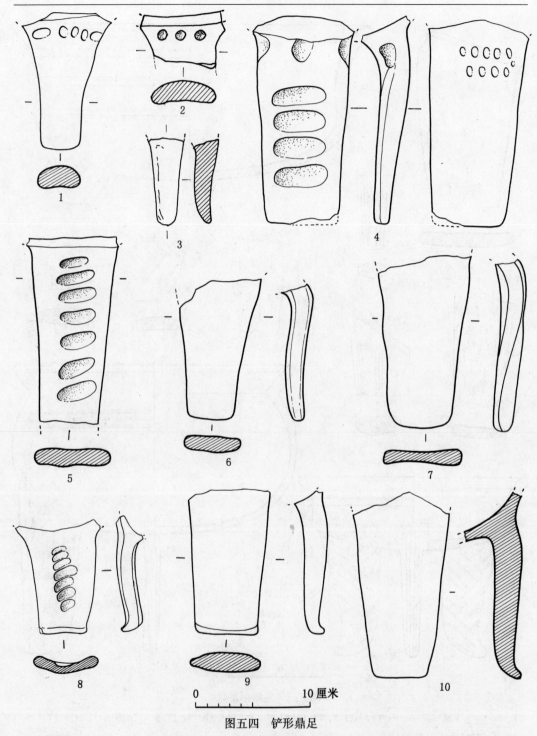

0　　　　　　　　　　　10 厘米

图五四　铲形鼎足

1～3.A 型Ⅰ式（T1③:2、T301⑭:7、H3:6）　　4～7.A 型Ⅱ式（T301⑦:3、F4:8、T302⑥:19、T301⑧:25）

8～10.A 型Ⅲ式（T301⑦:4、T301⑭A:4、T201⑦:1）

弯。足内侧常常有几条横向的按窝。标本 T301⑧：25，粗泥红褐陶。足根部残缺（图五四，7；图版二九，5）。标本 T301⑦：3，粗泥红褐陶。足外侧根部饰两排按压的圆窝纹，根部两侧和内侧也有按窝，足内侧有四条横向的按窝，足尖平齐（图五四，4；图版二八，5）。标本 F4：8，足尖部残缺，足内侧有七条横向按窝（图五四，5）。标本 T302⑥：19，粗泥红褐陶。足根内弯，足尖微外撇（图五四，6）。

Ⅲ式  鼎足整体呈宽扁状，足尖向外弯折。标本 T301⑦：4，粗泥红褐陶。足外侧有七个横向按窝，足内面呈凹弧状，足尖向外弯折（图五四，8；图版二八，5）。标本 T201⑦：1，粗泥红褐陶。足尖向外弯折（图五四，10；图版二八，5）。标本 T301④A：4，粗泥红褐陶。两侧较薄，中间略厚，足尖向外弯折（图五四，9）。

B型  为凹铲形鼎足，依其发展规律可分为 3 式。

Ⅰ式  整体为宽扁状，横截面略呈弓形，足外侧压印竖向凹槽，如同瓦楞状。标本 T201⑭A：6，粗泥红褐陶。外侧压印竖向凹槽，内侧中间起脊，横截面呈折角状，下部残缺（图五五，2；图版三四，5）。标本 T401⑫：6，粗泥红褐陶。外侧压印四条竖向凹槽，足尖平齐（图五五，6）。标本 T301⑩：4，粗泥红褐陶。足外侧隐约可见压印痕迹，横截面略呈圆弧形（图五五，1；图版三一，3）。

Ⅱ式  多为素面，其凹面的形态有两种趋势，一种变得凹弧更深，横截面近半圆形。另一种横截面则为平底，仅两侧上折。标本 T201⑧：7，粗泥红褐陶。横截面近半圆形，下部残缺（图五五，3；图版二九，5）。标本 T401⑨：5，粗泥红褐陶。凹弧浅平，两侧略上折，足尖残缺（图五五，5）。标本 T301⑧：26，粗泥红褐陶。凹弧浅平，两侧略上折，外面压印四条竖槽，足下部残缺（图五五，7；图版二九，5）。标本 T2④：2，粗泥红褐陶。凹弧浅平，两侧略上折，足尖平齐，上部残缺（图五五，4）。

Ⅲ式  足两侧外折，形成外面的凹面，内面平直，外面中部加一条凸脊，横截面略呈"山"字形。标本 T301④A：5，粗泥红褐陶。足尖部残缺（图五五，8）。标本 H13：6，粗泥红褐陶。敞口折沿盆形鼎，鼎足下部残缺，口径 38.6、残高 13.2 厘米。上腹部饰三周凸弦纹。足两侧上折，并压印成花边状，中间附加一条凸脊，也为花边状。横截面略呈"山"字形。口径 38.6、残高 13.2 厘米（图五五，9；图版一九，3）。

**凿形足鼎**  在南河浜遗址中，凿形足鼎只存在于第 5 层以上的地层和遗迹中，使用时间较短。第 4 层中多见凿形鼎足，但复原器极少，复原的凿形足鼎多集中于 H7 中，所以凿形足鼎的前后演变规律不甚明显。依鼎身的形态略可以将凿形足鼎分为 3 种类型。

A型  为釜形鼎，又可细分为 Aa、Ab 两个亚型。

Aa型  复原器 9 件（T302④A：1、H7：39、H7：24、H7：9、H7：29、H7：6、H7：26、H7：12、H8：1）。均为粗泥红褐陶。侈口斜折沿，圆唇、鼓腹、圜底。口沿内侧和

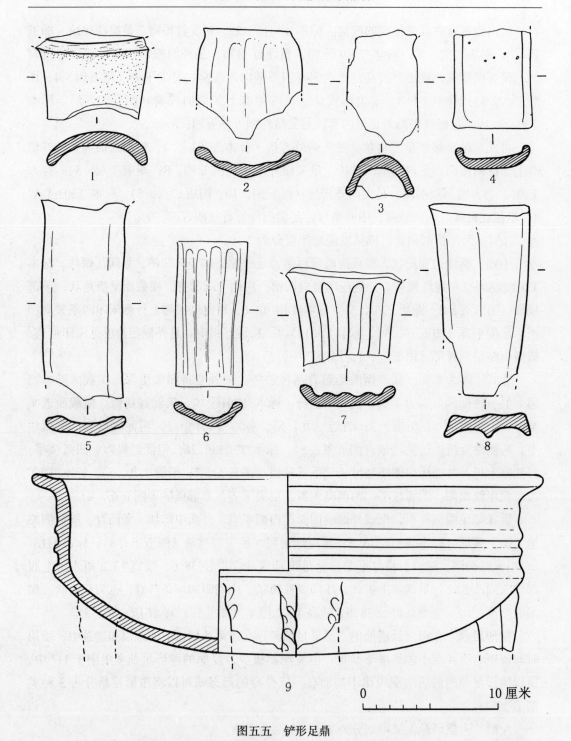

图五五　铲形足鼎

1、2、6.B型Ⅰ式（T301⑩：4、T201⑭A：6、T401⑫：6）　3~5、7.B型Ⅱ式（T201⑧：7、T2④：2、T401⑨：
5、T301⑧：26）　8、9.B型Ⅲ式（T301④A：5、H13：6）

上腹部一般施横的凹弦纹，腹中部均有一条附加堆纹，呈花边状。三个凿形足微外撇。标本 T302④A：1，上腹部隐见浅的凹弦纹，鼎足残缺，足外侧压印横向按窝。口径 38.4、残高 21.4 厘米（图五六，1；图版二五，2）。标本 H7：12，上腹部饰数道凹弦纹，足根部外侧压印三条横的按窝。口径 22、通高 21.6 厘米（图五六，3）。

Ab 型　复原器及半复原器 5 件（H7：8、H7：3、H7：41、H7：7、H8：2）。均为粗泥红褐陶。侈口斜折沿，圆唇、鼓腹、底略平。口沿内侧和上腹部一般施横的凹弦纹。与 Aa 型相比腹一般较深，腹内中部均有一圈隔挡。器表中部均有一条附加堆纹，呈花边状。三个凿形足微外撇。标本 H7：3，上腹部饰数道凹弦纹，并对称贴附三个泥条装饰，足根部外侧压印三条横的按窝。口径 24.6、通高 24.8 厘米（图五六，2；图版一二，3）。

B 型　为盆形鼎，又可细分为 Ba、Bb 两个亚型。

Ba 型　复原器 4 件（H7：22、H7：30、H7：23、H7：38）。均为粗泥红褐陶。侈口束颈斜折沿，圆唇、浅折腹、圜底，颈下折腹处起凸棱。三个凿形足微外撇。标本 H7：22，足根部外侧压印三条横的按窝，足尖部各刻一个交叉符号。口径 23.2、通高 18 厘米（图五六，5；图版一五，4）。

Bb 型　复原器 2 件（H7：31、H7：40）。均为粗泥红褐陶。直口折沿，圆唇、浅腹、圜底，上腹较直。口沿内侧和上腹部一般施横的凹弦纹，腹部中间均有一条附加堆纹。三个凿形足微外撇。标本 H7：40，上腹饰凹弦纹，与下腹交接处有一周凸脊。足外侧压印横的按窝。口径 28.8、通高 18.4 厘米（图五六，4）。

C 型　为盘形鼎，复原器 2 件。均为粗泥红褐陶。敞口窄沿，圆唇、浅腹、圜底。标本 H7：5，足残缺。口径 20.8、残高 5.2 厘米（图五七，7；图版一三，4）。标本 H7：11，斜折沿，沿下有一周凸脊，形成外部束颈的感觉。足微外撇，足外侧压印横的按窝。口径 35.6、通高 15.8 厘米（图五七，8；图版一四，2）。

另外，凿形鼎足还有少数其他的装饰形式。标本 T402④B：6，粗泥红褐陶。足上部外侧加宽，施三个圆窝和弧线组成的图案。当地学者曾称之为鬼脸形足（图五七，2；图版二二，5）。标本 T402④B：8，粗泥红褐陶。整体为凿形，上下较宽，中间略细。足外侧饰六个斜向按窝，足尖部及两侧饰锥刺纹（图五七，3）。

除以上几种鼎足形制外，南河浜遗址还见有少数其他类型的鼎足。从中我们可见其鼎的多样性，以下分别进行介绍。

标本 T201⑭A：8，夹砂红陶。双目式圆锥形鼎足（图五七，1；图版三四，5）。标本 T401⑧：3，夹砂红褐陶。整体为圆柱形，外侧有两条平行的竖向凹槽，足根部有两个按窝，显然是马家浜文化双目式鼎足的遗风（图五七，4）。标本 T201⑨A：15，粗泥红褐陶。整体为弯折的三角形，是将凹铲形鼎足的足尖捏合而成。外侧压印圆窝装饰

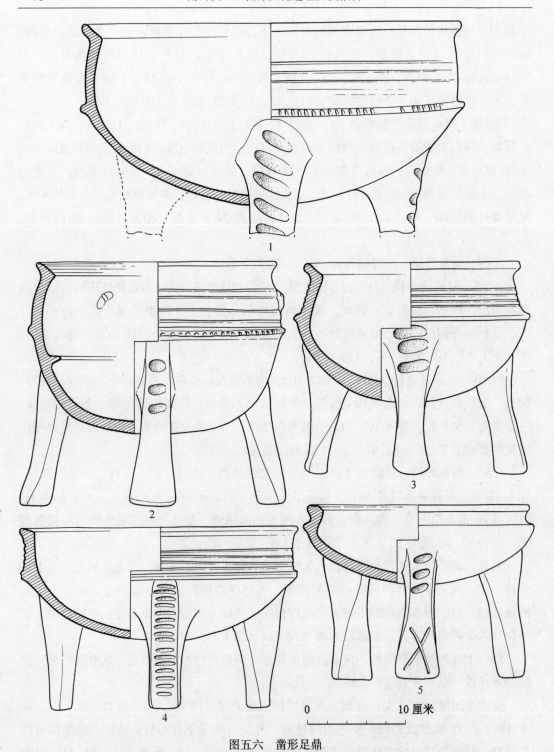

图五六　凿形足鼎

1、3.Aa 型（T302④A：1、H7：12）　2.Ab 型（H7：3）　4.Bb 型（H7：40）　5.Ba 型（H7：22）

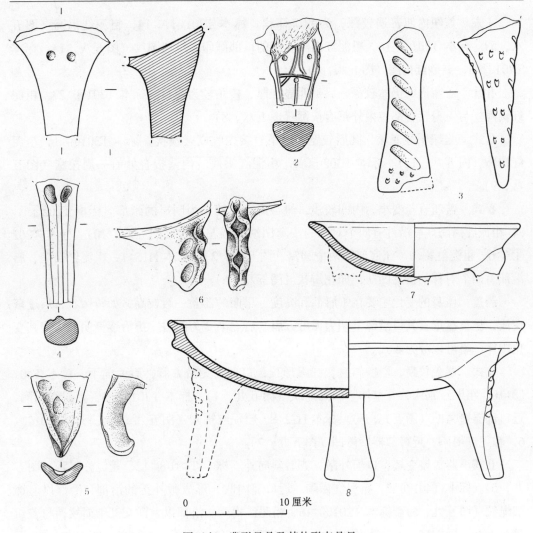

图五七　凿形足鼎及其他形态鼎足

1. 圆锥形鼎足（T201A⑭:8）　　2、3. 凿型鼎足（T402④B:6、T402④B:8）　　4. 圆柱形鼎足（T401⑧:3）

5. 弯角形鼎足（T201⑨A:15）　6. 三角形花边鼎足（T402⑤:7）　7、8.C型凿形足鼎（H7:5、H7:11）

（图五七，5）。标本 T402⑤:7，粗泥红褐陶。整体为侧三角形，外侧捏成花边形，两面饰圆的按窝（图五七，6）。

　　**鼎釜器盖**　南河浜遗址所出器盖，大部分为粗泥红褐陶。许多器盖外面饰交叉绳纹。从器盖的陶质和尺寸分析，大部分应为鼎和釜的盖子。器盖的复原率较少，盖身均为覆钵形，盖纽绝大部分为杯形。虽然盖身和圆形盖纽具有相应的发展序列，但为了叙述和排图的方便，以下将分别进行介绍。

　　杯形盖纽　早期的盖纽一般较高，内凹较深，如同杯状。其发展规律为盖纽逐渐变得矮小，内凹越来越浅。依其形态变化，约可分为4式。

Ⅰ式　盖纽内凹普遍较深，为敞口杯状。标本 T201⑭A：14，粗泥红褐陶（图五八，5）。标本 T201⑫：16，粗泥红褐陶。纽的口部戳印 5 组扁圆纹（图五八，1）。标本 T401⑫：8，夹砂红褐陶（图五八，4）。

Ⅱ式　盖纽内凹仍然较深，唇部明显加厚，棱角较为明显。标本 T301⑧：27，粗泥红褐陶。与盖身接合部位内外都有按窝（图五八，8）。

Ⅲ式　盖纽明显变矮，圆唇较宽，唇下直接内收成束颈状。标本 T301⑥：1，粗泥红褐陶（图五八，12）。标本 T302⑤：4，粗泥红褐陶。内壁接合处有一周按窝（图五八，9）。

Ⅳ式　盖纽直径变小，内凹较浅，纽与盖身连接处为明显的颈部。标本 T202④B：8，粗泥红褐陶。唇沿部有四个对称的按窝凹缺，如花瓣状（图五八，10）。标本 T202④A：6，粗泥红褐陶。纽底部饰两个圆窝（图五八，2）。标本 H15：1，粗泥红褐陶，唇沿部有四个对称的按窝凹缺，如花瓣状（图五八，6）。

**器盖**　盖身的变化主要在于唇部和高度，早期的器盖一般较高，如覆钵状，后逐渐变浅，呈覆盘形。其口沿部早期为无沿方唇，后逐渐变为圆唇，折沿逐渐明显。依其变化规律，略可以分为 4 式。

Ⅰ式　器盖较高，器壁斜直，圆弧形顶，口部为无沿方唇，唇面向下。标本 T401⑫：10，粗泥红褐陶，外壁饰竖向细绳纹（图五九，1）。标本 T301⑭：3，粗泥红褐陶，近口部器壁微凹（图五九，3）。标本 H22：8，粗泥红褐陶（图五九，4）。标本 T301⑩：6，粗泥红褐陶，近口部器壁微凹（图五九，2）。

Ⅱ式　器盖略变矮，口渐外敞，方唇斜向外。标本 T401⑧：12，粗泥红褐陶（图五九，5）。标本 T401⑨：7，粗泥红褐陶。近口部内收，形成微外折的沿部，沿部以上饰细绳纹（图五九，6）。标本 T201⑧：16，粗泥红褐陶。沿部以上饰交叉细绳纹，与盖纽接合处有一周按窝。盖纽直径为 6.8、盖口直径 26.2、通高 8.6 厘米（图五九，7；图版二九，2）。

Ⅲ式　器盖一般较矮，有明显的沿部，沿以上内折成斜平顶，方唇加宽上翘或变为圆唇。标本 F4：9，粗泥红褐陶。沿以上饰交错绳纹。口径 24.8 厘米（图五九，14）。标本 T401⑦：7，粗泥红褐陶。圆唇略上翘，沿部以上饰交叉绳纹（图五九，11）。标本 G2：5，粗泥红褐陶。圆唇，折腹微成斜平顶，沿部以上饰交叉绳纹，沿部有圆穿孔，用于系挂（图五九，13）。标本 T301⑥：2，粗泥红褐陶，方唇加宽上翘，沿部以上饰交叉绳纹（图五九，12）。

Ⅳ式　器盖较矮，一般为折腹斜平顶，圆唇、折沿较为明显。标本 F1：1，粗泥红褐陶。圆唇、沿以上饰交错绳纹，沿部有用于系挂的穿孔（图五九，9）。标本 T301④A：3，粗泥红褐陶。圆唇、沿以上饰交错绳纹（图五九，10）。标本 T301④A：8，粗泥

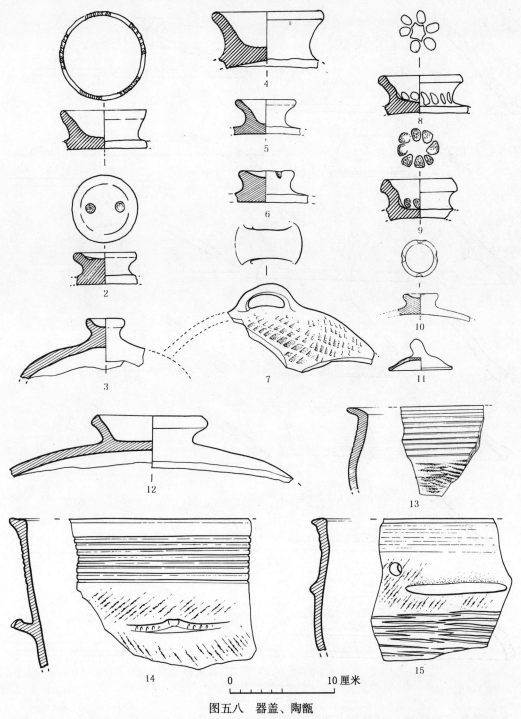

图五八　器盖、陶瓶

1、4、5.Ⅰ式杯形盖纽（T201⑫:16、T401⑫:8、T201A⑭:14）　8.Ⅱ式杯形盖纽（T301⑧:27）　9、12.Ⅲ式杯形盖纽（T302⑤:4、T301⑥:1）　2、3、6、10.Ⅳ式杯形盖纽（T202④A:6、H7:54、H15:1、T202④B:8）　7.桥形盖纽（T302⑥:11）　11.斜柄形纽盖（T201⑨A:11）　13、15.Ⅰ式瓶（T401⑦:10、F4:4）　14.Ⅱ式瓶（F2:1）

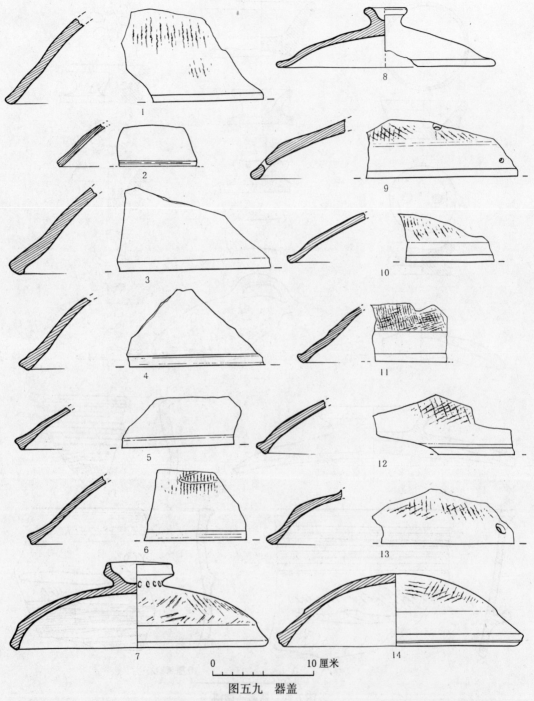

图五九　器盖

1～4.Ⅰ式盖（T401⑫:10、T301⑩:6、T301⑭:3、H22:8）　5～7.Ⅱ式盖（T401⑧:12、T401⑨:7、T201⑧:16）
8～10.Ⅳ式盖（T301④A:8、F1:1、T301④A:3）　11～14.Ⅲ式盖（T401⑦:7、T301⑥:2、G2:5、F4:9）

红褐陶。折沿圆唇，盖纽较小。盖纽直径为 4.4、盖口直径 22、通高 6 厘米（图五九，8）。

除杯形盖纽的釜鼎器盖外，南河浜遗址的地层和遗迹中还见有少数其他种类的器盖。有桥形盖纽和柱形盖纽等，陶质也各有不同。

标本 T201⑨A:11，泥质红陶。盖身较小，而有粗大的斜柄状纽。通高 3、口径 6.1厘米（图五八，11）。标本 T302⑥:11，粗泥红褐陶。桥形盖纽，盖顶为圆弧形，饰扁方格纹（图五八，7）。标本 H7:54，泥质灰陶。圆形盖纽，内凹较浅，纽与盖身有一段颈部相连。盖身残缺（图五八，3）。

**甑**　南河浜遗址的地层和遗迹中出土的甑的数量较少，无复原器。甑是鼎和釜的辅助用器，所以在陶质上一般和鼎釜相一致，为粗泥红褐陶，腹部多饰有篮纹和绳纹。其形态一般为短沿、弧腹、圜底，底部的中间有一个大的圆孔，上腹部一般有耳錾。依甑的口腹部位的形态变化，略可以分作 2 式。

Ⅰ式　为侈口束颈，腹微外鼓。标本 T401⑦:10，粗泥红陶。侈口折沿、圆唇，鼓腹。肩颈部饰凹弦纹，肩以下饰篮纹，下腹残缺（图五八，13）。标本 F4:4，粗泥红褐陶。侈口束颈，方唇外凸，腹微鼓。口部外壁饰凹弦纹，颈部有扁平耳錾，以及穿孔。颈部饰斜向细绳纹，下腹部饰篮纹（图五八，15）。

Ⅱ式　标本 F2:1，粗泥红褐陶。敞口、方唇外凸，腹壁斜直。上腹部有鸡冠形耳錾。颈部饰凹弦纹，颈以下饰细绳纹（图五八，14）。

**釜支子**　南河浜遗址出土有较多数量的釜支子，依据形态的不同，可以分为 A、B两型。

A 型　出土数量较多，复原器 6 件。一般为夹砂红褐陶，整体为猪鼻形，大部分表面饰有绳纹。上半部为实心状，下半部多为空心。早期为圆形的猪鼻状头部，斜直向上，其发展规律为头部渐向内弯，至晚期嘴部向内突出，成鸭嘴状。其底部的发展规律为喇叭口渐向外敞，而内凹的空心越来越浅。依据形态早晚的不同，略可以分为 4 式。

Ⅰ式　标本 T201⑫:1，夹砂红褐陶。头部饰交叉细绳纹，器身饰竖向细绳纹。上下粗细相差不大，底部微呈敞口，底边略成折沿状，内凹空心较深，中部有横向穿孔。通高 17、底径 12 厘米（图六〇，1；图版三三，6）。

Ⅱ式　头向内弯，颈部变细，而下部加宽，呈敞口喇叭状。标本 G5:1，夹砂红褐陶。头颈部饰细绳纹，身上的绳纹被抹平，内凹空心较深，中部有横向穿孔。通高 17.2、底径 13.6 厘米（图六〇，2）。标本 T201⑨B:6，夹砂红褐陶。素面。内凹空心较深，中部有横向穿孔。通高 17.2、底径 14 厘米（图六〇，3；图版三一，1）。

Ⅲ式　嘴部向内突出，成鸭嘴状，底部空心内凹变浅。标本 T302⑥:21，夹砂红褐陶。饰斜向扭曲绳纹，中部有横向穿孔。通高 16.8、底径 12 厘米（图六〇，4；图版

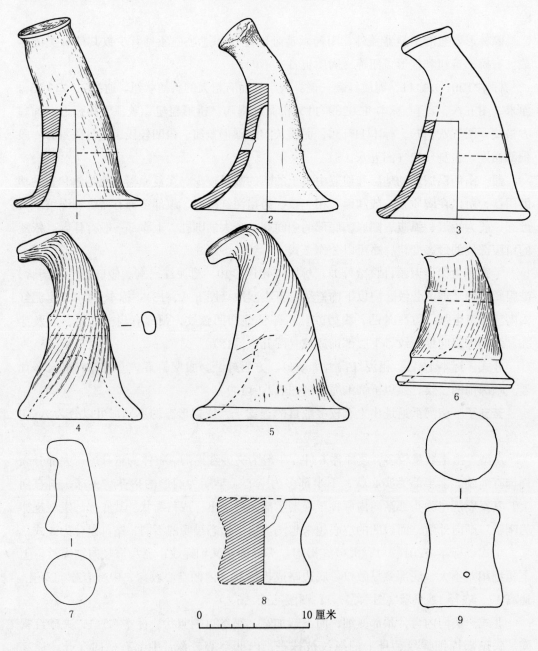

图六〇　釜支子

1.A型Ⅰ式（T201⑫:1）　　2、3.A型Ⅱ式（G5:1、T201⑨B:6）　　4～6.A型Ⅲ式（T302⑥:21、T401⑦:3、T201⑤:9）　　7.A型Ⅳ式（T301④A:6）　　8.B型Ⅰ式（T201⑫:11）　　9.B型Ⅱ式（T201④B:1）

二七，2）。标本 T401⑦:3，夹砂红褐陶。饰斜向扭曲绳纹，中部有横向穿孔。通高 17.6、底径 14.4 厘米（图六〇，5；图版二八，6）。标本 T201⑤:9，夹砂红褐陶。上半部残缺，饰斜向扭曲绳纹，中部有横向穿孔，下部内束如圈足状。残高 12.4、底径 11 厘米（图六〇，6）。

　　Ⅳ式　标本 T301④A:6，粗泥红褐陶。素面、实心、平底，整器略成猪鼻状，器形较小。通高 8、底径 4.8 厘米（图六〇，7；图版二二，3）。

　　B 型　共出土 3 件，复原器 2 件。整体为亚腰圆柱形，其演变趋势为由扁矮渐向瘦高发展。依据形态变化，略可以分为 2 式。

　　Ⅰ式　标本 T201⑫:11，粗泥红褐陶。素面、实心。通高 7.6、底径 8 厘米（图六〇，8）。

　　Ⅱ式　标本 T201④B:1，粗泥红褐陶。素面、实心。通高 9、底径 7.6 厘米（图六〇，9；图版二五，1）。

　　**（二）祭器**

　　**夹砂大口缸**　南河浜遗址地层和遗迹中出土的夹砂缸较少，完整器仅 1 件。从崧泽文化、良渚文化、大汶口文化以及其他相关文化的大口缸的随葬与使用情况分析，我们认为这种夹砂缸应该是与祭祀有关的一种等级较高的特殊用器，在此我们暂将其归为祭器。从少数保留口部和上腹部的大块标本，可看出其发展规律，早期口较斜敞，器壁较薄，上下较为匀称；晚期则略呈直桶状，器壁上部薄，向下而渐厚，唇沿部分与腹部分界明确。口颈部多饰凸弦纹，器身一般饰篮纹。依据形态变化，略可以分为 2 式。

　　Ⅰ式　完整器 1 件。标本 G2:1，夹砂红褐陶。出土时即完整地埋于 G2 之中，缸内盛满颗粒均匀的细砂。敞口、圜底，口颈部饰弦纹，形成凸棱状，腹部饰斜向绳纹。高 30、口径 31.2 厘米（图六一，1；图版一一，1、2）。标本 H13:3，夹砂红褐陶，器表施白色陶衣。大敞口，下半部残缺。口颈部饰弦纹，形成凸棱状，腹部饰斜向篮纹。残高 20、口径 34.8 厘米（图六一，6）。标本 H13:7，夹砂红褐陶，器表施白色陶衣。大敞口，下半部残缺。口颈部饰弦纹，形成凸棱状，腹部饰斜向篮纹。残高 24、口径 31.6 厘米（图六一，3；图版一九，4）。标本 T201⑥:18，夹砂红褐陶。大敞口，口颈部饰弦纹，形成凸棱状，腹部为素面（图六一，2）。

　　Ⅱ式　无复原器。仅从口沿残片看，整器略成直桶形，器壁明显加厚。标本 T402④A:7，夹砂红褐陶。直敞口、尖唇，近口沿部为素面，以一道凹弦纹与腹部隔开，口沿以下饰篮纹（图六一，4）。标本 H7:52，夹砂红褐陶。直口、圆唇外折。颈下部饰四道凹弦纹，腹部饰斜篮纹。残高 12、口径 34 厘米（图六一，5）。

　　**（三）饮食、盛储器**

　　饮食、盛储器主要有壶、杯、豆、盘、盆、钵、罐、澄滤器等，一般以泥质灰陶制

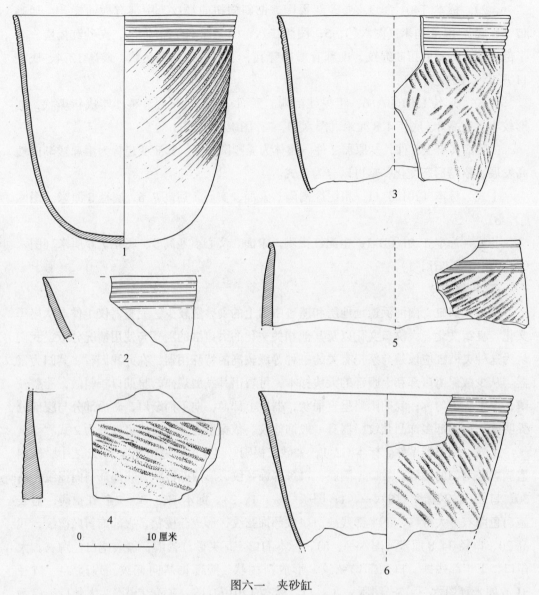

图六一　夹砂缸

1～3、6.Ⅰ式（G2:1、T201⑥:18、H13:7、H13:3）　4、5.Ⅱ式（T402④A:7、H7:52）

成。饮食器具的多样化说明生活分类的细致化与专门化，饮与食，副食与主食的分开，从这些器具的多样性中，使我们可见一斑。

澄滤器　南河浜遗址地层和遗迹中出土的澄滤器数量较多，复原器4件。澄滤器大多为粗泥红褐陶，有少数泥质灰陶。其形态均为敛口、带流，内壁刻放射状或叶脉状密集的细槽，外壁多饰细绳纹。其功能一般认为是淘米滤沙之用，也有学者认为是专用于研磨块茎植物的擂钵。从其陶质的硬度分析，我们认为作为澄滤功能的可能性较大。其早期形态多为内折沿敛口，弧腹、圜底，晚期内折沿变窄，而成折腹鼓肩，多为平底。依据形态的变化，略可以分为2式。

Ⅰ式 内折沿较宽，敛口弧腹。复原器3件。标本T201⑦：2，粗泥红褐陶。敛口内折沿较宽、圜底，器内壁先刻交叉直线，然后再刻放射线，整体如叶脉状；外壁近底部饰交叉绳纹。高15、口径20.8、最大腹径28厘米（图六二，2）。标本T401⑦：20，粗泥红褐陶。敛口内折沿较宽，底圜平，内壁刻放射状细槽，外壁肩部饰弦纹，下腹部饰细绳纹。高12.8、口径23.8、最大腹径28.4厘米（图六二，4；图版二八，1）。标本F4：13，粗泥红褐陶。敛口内折沿较宽、圜底，内壁刻放射状细槽，外壁肩部饰弦纹，下腹部饰细绳纹。高15.4、口径28.2、最大腹径32.4厘米（图六二，1；图版九，4）。

Ⅱ式 内折沿略窄，折腹、鼓肩。复原器1件。标本H13：9，泥质灰陶。敛口方唇，内折沿较窄，折腹鼓肩、平底，内壁刻放射状细槽，外壁为素面。高14、口径24、底径16.4、最大腹径32.8厘米（图六二，3；图版一九，5）。

**豆** 南河浜遗址地层和遗迹中出土的豆数量较多，但复原器较少。绝大多数的豆为泥质灰陶，表面施灰黑色陶衣（或称为黑皮陶）。在早期有少数泥质红陶豆，保留了马家浜文化的工艺特征。由于豆盘和豆把相连的标本不多，所以无法统一划分型式，而只能将豆盘和豆把分别进行研究。南河浜遗址的豆盘主要可以分为3种类型，而豆把主要可以分为2种类型，以下分别进行介绍。

（1）豆盘

A型豆盘 为敛口折腹豆。该类豆盘在南河浜遗址中占绝大多数，为该遗址豆的主流。其发展趋势为豆盘越来越浅，内折沿越来越窄。依其变化规律，略可以分为5式。

Ⅰ式 标本T401⑬：4，泥质红陶，内外施红色陶衣。折腹敛口，折腹处有一道凸棱（图六三，1）。标本T401⑬：5，泥质红陶，内外施红色陶衣。胎壁较厚，折腹敛口，折腹处起凸棱，折腹上部略内凹（图六三，5）。标本T301⑫：4，夹砂红陶，内外施红色陶衣。折腹、略成直口（图六三，9）。标本T201⑫：10，泥质灰陶。折腹、略成直口（图六三，2）。标本T201⑫：9，泥质灰陶，施黑色陶衣。折腹、略成直口，折腹处起凸棱（图六三，3）。

Ⅱ式 标本T301⑪：1，泥质红陶，内外施红色陶衣。折腹口微敛（图六三，4）。标本T301⑩：8，泥质黑陶，内外施黑色陶衣。折腹敛口，沿较窄，折腹处起凸棱（图六三，16）。标本T402⑨：6，泥质灰陶，折腹敛口（图六三，6）。标本H18：5，泥质红陶，施红褐色陶衣。折腹敛口（图六三，7）。标本T301⑧：5，泥质灰陶。折腹敛口，折腹处起凸棱（图六三，11）。标本T301⑧：2，泥质灰陶。折腹敛口，折腹处起凸棱。保留有一段豆把，呈细高喇叭状，中段饰成组的圆形镂孔。残高8.8、口径15.6厘米（图六三，8）。

图六二　澄滤器

1、2、4. Ⅰ式（F4:13、T201⑦:2、T401⑦:20）　3. Ⅱ式（H13:9）

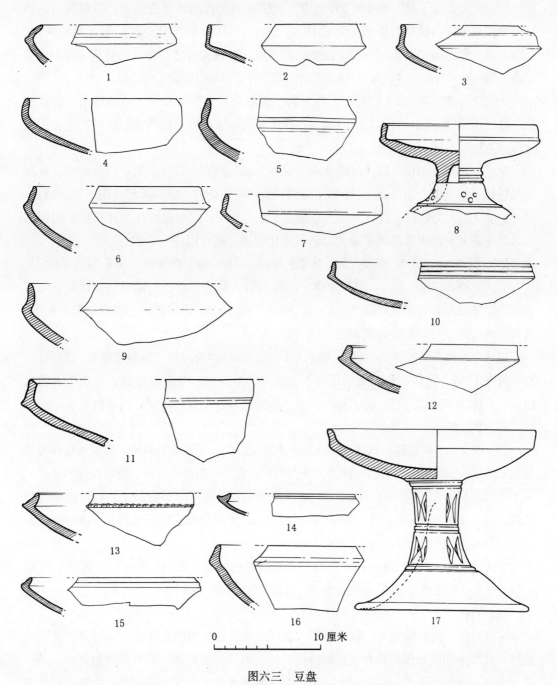

图六三　豆盘

1~3、5、9.A型Ⅰ式（T401⑬:4、T201⑫:10、T201⑫:9、T401⑬:5、T301⑫:4）　4、6~8、11、16.A型
Ⅱ式（T301⑪:1、T402⑨:6、H18:5、T301⑧:2、T301⑧:5、T301⑩:8）　10、17.A型Ⅲ式（T302⑦:2、
T302⑦:11）　12、13.A型Ⅳ式（JT:12、T401⑥:4）　14、15.A型Ⅴ式（T201⑤:21、T201⑤:20）

Ⅲ式　复原器1件。标本T302⑦:2,泥质灰陶,表面施黑色陶衣。折腹敛口,口沿外饰弦纹形成凸棱状,折腹处起凸棱(图六三,10)。标本T302⑦:11,泥质灰陶。折腹直口,喇叭形细高把。豆把上施3组凹弦纹,在弦纹带之间饰2周对角三角形镂孔装饰。高17、口径20.4、底径16.8厘米(图六三,17;图版二八,4)。

Ⅳ式　标本(祭台)JT:12,泥质灰陶。折腹敛口,折沿较窄,折角变小,折腹处起凸棱(图六三,12)。标本T401⑥:4,泥质灰陶,表面施黑色陶衣。敛口折腹,折腹处做成花边状凸棱(图六三,13)。

Ⅴ式　标本T201⑤:21,泥质灰陶,表面施黑色陶衣。敛口折腹,折角越小,折腹处凸棱越上翘(图六三,14)。标本T201⑤:20,泥质灰陶。敛口折腹(图六三,15)。

B型豆盘　为敛口曲腹豆。该类豆盘出土数量较少,但早晚变化规律明显,内勾的折沿越来越长,曲腹弧度越来越大。依其变化规律,略可以分为3式。

Ⅰ式　标本T402⑫:4,泥质灰陶,施黑色陶衣。口微内敛,曲腹弧底(图六四,2)。

Ⅱ式　标本T301⑧:4,泥质灰陶。沿微内勾,曲腹斜敞。与圈足交接面刻划角形细槽,以增加黏合的牢度(图六四,6)。标本T301⑧:3,泥质灰陶,表面施黑色陶衣。敛口、内勾的折沿较长,曲腹斜敞(图六四,8)。

Ⅲ式　标本F6:2,泥质灰陶,施黑色陶衣。敛口、沿内勾,曲腹较竖直(图六四,1)。标本F7:1,泥质灰陶,施黑色陶衣。敛口、沿内勾,曲腹较竖直,底较平(图六四,4)。标本T302⑥:23,泥质灰陶,表面施黑色陶衣。敛口曲腹,内折沿较长,底较平(图六四,3)。

C型豆盘　为敞口弧腹豆。该类豆盘出土数量很少,主要见于早期。其发展规律为豆盘越来越浅,由早期的斜折沿,演变为晚期的平折沿。依据器形特征,略可以分为2式。

Ⅰ式　标本T201⑫:21,泥质灰陶,施黑色陶衣。敞口、弧腹微折,口沿内侧饰凹弦纹,口沿上有穿孔(图六四,9)。标本H22:3,泥质灰陶,施黑色陶衣。敞口、弧腹微折,口沿内侧饰凹弦纹(图六四,7)。

Ⅱ式　标本T201⑤:8,泥质灰陶,表面施黑色陶衣。敞口、平折沿、弧腹。保留一段豆把,为较粗的喇叭形。残高6.8、口径17.6厘米(图六四,5)。

(2)豆把

A型豆把　为细高把豆。该类豆把占南河浜遗址豆把的绝大多数,并且贯穿遗址的始终,其形态和装饰风格具有明显的阶段特征。依其发展规律,略可以分为4式。

Ⅰ式　为细喇叭状,豆把自上而下,为流畅的弧线,延续了马家浜文化喇叭形高把豆的特征。主要有圆形和方形两种镂孔。标本T201⑭A:10,泥质灰陶,表面施黑色陶衣。饰凹弦纹和长方形镂孔(图六五,1)。标本T301⑭:4,泥质灰陶,表面施黑色陶衣。近根部饰3个为一组的圆形镂孔(图六五,3)。标本T401⑫:2,泥质灰陶,表面

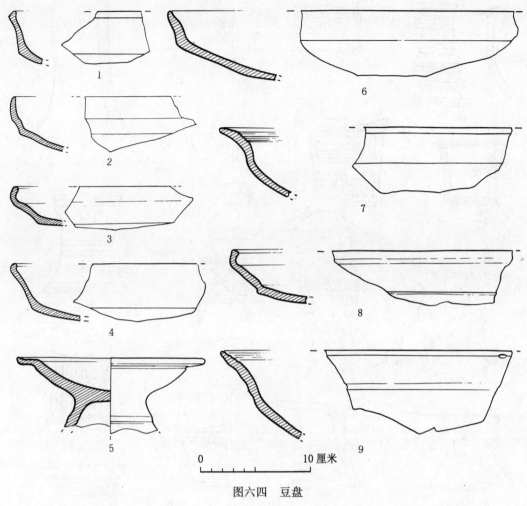

图六四　豆盘

1、3、4.B型Ⅲ式（F2:6、T302⑥:23、F7:1）　2.B型Ⅰ式（T402⑫:4）　5.C型Ⅱ式（T201⑤:8）　6、8.B型Ⅱ式（T301⑧:4、T301⑧:3）　7、9.C型Ⅰ式（H22:3、T201⑫:21）

施黑色陶衣（图六五，4）。标本T301⑩:15，泥质灰陶。饰凹弦纹，及圆形与竖向细条形镂孔（图六五，2）。

　　Ⅱ式　豆把的上段细柄部分加长，根部略粗中部略细，呈亚腰状。装饰风格也趋于多样化，以竖向细条形、方形以及三角形镂孔为主。标本T401⑨:1，泥质灰陶。饰弦纹带和细条形镂孔间隔的纹饰（图六五，19）。标本T1④:1，泥质灰陶（图六五，11）。标本T201⑧:18，泥质灰陶，表面施黑色陶衣。饰弦纹带和长方形镂孔间隔的纹饰（图六五，5）。标本T201⑧:19，泥质灰陶。饰竖向细条形刻槽（图六五，7）。标本T401⑧:2，泥质灰陶，表面施黑色陶衣。饰弦纹带、三角形镂孔和长方形镂孔（图六五，6）。标本T401⑧:1，泥质灰陶，表面施黑色陶衣。饰弦纹带和对角三角形镂孔，在对

图六五　豆把

1～4.A型Ⅰ式（T201⑭A:10、T301⑩:15、T301⑭:4、T401⑫:2）　　5～12、14、19.A型Ⅱ式（T201⑧:18、
T401⑧:2、T201⑧:19、T301⑧:21、T201⑦:15、T401⑧:1、T1④:1、F5:1、T301⑦:12、T401⑨:1）　　13、
15～18.A型Ⅲ式（T301⑥:12、T302⑥:13、T302⑦:4、T401⑦:1、T201⑦:16）

角三角形外部的四个角上还各有一个小圆孔（图六五，10）。标本 T301⑧:21，泥质灰陶，表面施黑色陶衣。饰弧边三角形和圆形镂孔（图六五，8）。标本 T301⑦:12，泥质灰陶，表面施黑色陶衣，并有涂朱痕迹。饰弦纹带和细条形镂孔，镂孔未穿透（图六五，14）。标本 T201⑦:15，泥质灰陶，表面施黑色陶衣，并有涂朱痕迹。饰弦纹带和长方形镂孔（图六五，9）。标本 F5:1，泥质灰陶。饰细条形按窝，形如花瓣（图六五，12）。

Ⅲ式 为喇叭形，中段加粗。装饰手法越加多样化，由原来的凹弦纹演变为凸棱纹，流行圆形、三角形和长方形镂孔。标本 T302⑦:4，泥质灰陶，表面施黑色陶衣。由宽的凹弦纹和凸棱组成的弦纹带将豆把分成若干节，在每一节上饰小的圆形镂孔（图六五，16）。标本 T401⑦:1，泥质灰陶，表面施黑色陶衣。饰弦纹及长方形与三角形相间的镂孔（图六五，17）。标本 T201⑦:16，泥质灰陶，表面施黑色陶衣。饰弦纹和交错相对的三角形雕刻纹（图六五，18）。标本 T302⑥:13，泥质灰陶，表面施黑色陶衣。由弦纹带将豆把分节，在每一节上饰长方形和上下左右相对的三角形雕刻纹（图六五，15）。标本 T302⑥:12，泥质灰陶，表面施黑色陶衣。饰弦纹和圆窝纹（图六六，5）。标本 T401⑥:1，泥质灰陶，表面施黑色陶衣。在弦纹带之间饰圆形和长方形镂孔（图六六，7）。标本 T301⑥:12，泥质灰陶。整个豆把的上半部由弦纹形成瓦棱状，凸棱纹之下饰锥刺纹（图六五，13）。标本 F7:2，泥质灰陶，表面施黑色陶衣。整个豆把由弦纹形成瓦棱状（图六六，6）。标本 F4:5，泥质灰陶，表面施黑色陶衣。饰凹弦纹和长方形镂孔（图六六，8）。

Ⅳ式 为喇叭形，上段细柄部分进一步加长，装饰上仍以弦纹带分节，每一节上饰左右两两相对的三角形雕刻为主要风格。标本 T301④A:15，泥质灰陶。最上面一节雕刻对角三角形装饰（图六六，1）。标本 T301④A:16，泥质灰陶，表面施黑色陶衣。用横竖弦纹和小圆孔形成间隔，在每一单元中饰对角三角形镂孔（图六六，2）。标本 H7:57，泥质灰陶，表面施黑色陶衣。饰弦纹和圆形镂孔（图六六，3）。标本 F1:6，泥质灰陶，表面施黑色陶衣。保留有 3 节弦纹间隔带，每一节上雕刻对角三角形装饰（图六六，4）。

B 型豆把 为矮宽把豆。此类豆把出土数量很少，主要集中于晚期。略可以分为 2式。

Ⅰ式 标本 T201⑦:14，泥质灰陶。喇叭形，近底部外折（图六六，9）。

Ⅱ式 复原器 1 件。圈足的上部较竖直，近底部外撇或外折分段。标本 H7:56，泥质灰陶。饰弧边三角形和圆形组合镂孔（图六六，11）。标本 H15:2，泥质灰陶。饰圆形镂孔（图六六，10）。标本 T402④B:1，泥质灰陶，表面施黑色陶衣。敛口折腹，宽唇内折。矮宽把分为 2 段，上段饰三角形和圆形组合镂孔以及方形镂孔。高 10.8、口

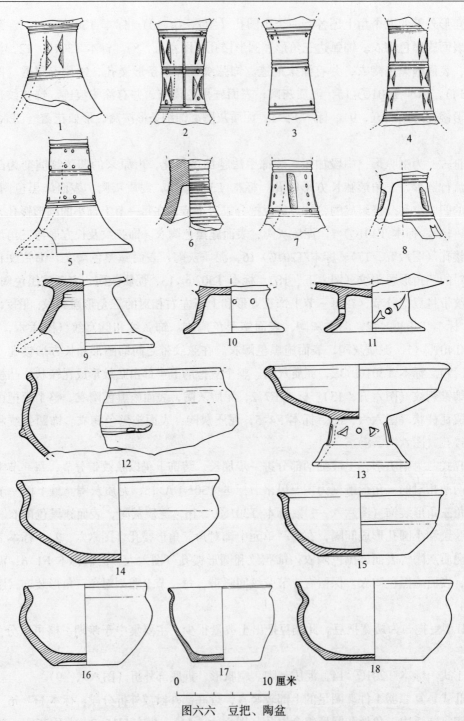

图六六　豆把、陶盆

1~4.A型Ⅳ式豆把（T301④A:15、T301④A:16、H7:57、F1:6）　5~8.A型Ⅲ式豆把（T302⑥:12、F7:2、T401
⑥:1、F4:5）　9.B型Ⅰ式豆把（T201⑦:14）　10、11、13.B型Ⅱ式豆把（H15:2、H7:56、T402④B:1）　12.Ⅰ式
盆（T201⑧:21）　14、16、18.Ⅱ式盆（T201⑤:7、T2④:3、T2③:1）　15、17.Ⅲ式盆（H7:15、T402④A:2）

径18.4、底径10.4厘米（图六六，13；图版二三，3）。

**盆**　南河浜遗址出土的盆数量较少，多集中于晚期。侈口折沿深腹盆，为主要类型，复原器10件。早期为束颈、鼓肩，至晚期口腹较为斜敞，无明显的肩部。依其变化规律，略可以分为3式。

Ⅰ式　无复原器，标本T201⑧:21，泥质灰陶，表面施黑色陶衣。侈口圆唇、斜卷沿、束颈、扁鼓腹，腹中部有宽条形耳鋬（图六六，12）。

Ⅱ式　复原器5件。与Ⅰ式相比最大腹径上移，呈鼓肩状，下腹斜收。标本T2④:3，泥质灰陶。侈口斜折沿、尖唇，束颈、鼓肩，矮圈足底。高8.6、口径13.8、底径7.6厘米（图六六，16；图版三五，1）。标本T2③:1，泥质灰陶。侈口斜折沿、圆唇，沿面略内凹，束颈、鼓肩，平底略内凹。高8.4、口径17.2、底径10.8厘米（图六六，18；图版三五，3）。标本T201⑤:7，泥质灰陶，表面施黑色陶衣。侈口斜折沿、圆唇，束颈、鼓肩，平底略内凹。高9.4、口径22、底径9.6厘米（图六六，14；图版二五，6）。

Ⅲ式　复原器5件。口颈较外敞，无明显肩部。标本H7:15，泥质灰陶。侈口斜折沿微外卷、尖唇，弧腹斜敞，无明显肩部，平底略内凹，外腹部中间有一周凹槽。高6.8、口径17.6、底径9.2厘米（图六六，15；图版一四，5）。标本T402④A:2，泥质灰陶。侈口斜折沿、尖唇，弧腹斜敞，无明显肩部，平底略内凹。高8、口径11.4、底径7.2厘米（图六六，17；图版二三，1）。

**钵**　南河浜遗址地层和遗迹中出土的钵数量较少，复原器3件。其发展趋势为，由敞口折腹，而渐变为敛口折腹、折肩。可分为3式。

Ⅰ式　标本H3:1，泥质灰陶，表面施黑色陶衣。斜折沿略向内勾，束颈、折腹、圜底，颈部饰凹弦纹。高8.8、口径23.2厘米（图六七，11）。

Ⅱ式　标本T401⑥:11，泥质灰陶。敛口、沿内折，折沿上饰凹弦纹，折腹、圜底，折腹与折沿处有凸棱。高11.8、口径24厘米（图六七，12；图版二七，4）。

Ⅲ式　标本T2④:4，泥质灰陶。敛口、沿内折，折沿上饰凹弦纹，折腹、鼓肩，圜平底。高12.8、口径28、底径12厘米（图六七，13；图版三五，4）。

**杯**　南河浜遗址地层和遗迹中出土的杯数量较少，且主要集中于晚期。主要有筒形平底杯和蛋形圈足杯两种类型。现分别介绍如下：

A型　筒形平底杯，复原器3件。均为泥质灰陶，其发展趋势为，由束腰而变为直筒形。依早晚变化，略可以分为2式。

Ⅰ式　复原器1件。标本T201⑤:2，泥质灰陶，表面施黑色陶衣。敞口、束腰、直筒形，平底微内凹。在下腹部两道弦纹带之间，以斜线刻划出四个方格纹方块。高8.6、口径7、底径5.6厘米（图六七，1；图版二六，1）。

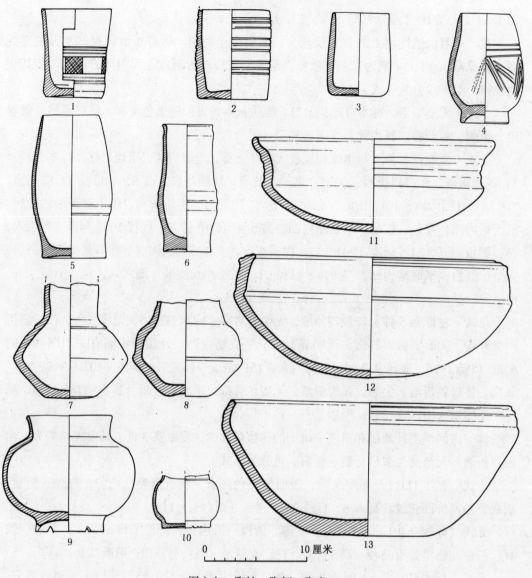

图六七　陶钵、陶杯、陶壶

1.A型Ⅰ式杯（T201⑤:2）　2、3.A型Ⅱ式杯（H7:60、H7:20）　4、5.B型Ⅰ式杯（T402④A:1、T402④A: 11）　6.B型Ⅱ式杯（H7:19）　7.A型Ⅱ式壶（F6:12）　8.A型Ⅰ式壶（T301⑧:7）　9、10.B型壶（H7: 35、H7:13）　11.Ⅰ式钵（H3:1）　12.Ⅱ式钵（T401⑥:11）　13.Ⅲ式钵（T2④:4）

　　Ⅱ式　复原器2件。标本H7:60，泥质灰陶，表面施黑色陶衣。直口尖唇、筒形腹，矮圈足底，表面饰3道凹弦纹带。高8.8、口径7.8、底径7.8厘米（图六七，2）。标本H7:20，泥质灰陶，表面施黑色陶衣。直口尖唇、筒形腹，平底微内凹，素面。高8、口径5.4、底径4.8厘米（图六七，3；图版一五，3）。

　　B型　蛋形圈足杯，复原器3件。均为泥质灰陶，其发展趋势为，垂腹下移，上腹部内收。略可以分为2式。

Ⅰ式　复原器2件。标本T402④A：11，泥质灰陶。敛口尖唇、鼓腹，下腹部饰2道凹弦纹，假圈足底微内凹。高13.8、口径5.4、底径6.4厘米（图六七，5；图版二三，6）。标本T402④A：1，泥质灰陶。敛口尖唇，鼓腹下垂，上腹部饰3道凹弦纹，下腹部刻划斜线纹，矮圈足底。高10.6、口径4.8、底径4.8厘米（图六七，4；图版二三，5）。

Ⅱ式　复原器1件。标本H7：19，泥质灰陶。侈口方唇，上腹呈束腰状，下腹微鼓，饰2道瓦楞纹，假圈足底微内凹。高12.3、口径5、底径4.6厘米（图六七，6；图版一五，2）。

**壶**　南河浜遗址地层和遗迹中出土的壶数量很少，主要集中于中晚期。主要有长颈折腹平底壶和短颈鼓腹圈足壶两种类型。现分别介绍如下：

A型　长颈折腹平底壶，复原器2件，略可以分为2式。

Ⅰ式　标本T301⑧：7，泥质灰陶，表面施黑色陶衣。口部残缺，为长颈折肩、折腹，小平底微内凹。残高9.8、底径4、腹径10.8厘米（图六七，8；图版二九，1）。

Ⅱ式　标本F6：12，泥质灰陶。口部残缺，为长颈斜肩、折腹、平底。残高11.2、底径5、腹径11.2厘米（图六七，7；图版一〇，4）。

B型　短颈鼓腹圈足壶，复原器2件。标本H7：13，泥质灰陶，表面施黑色陶衣。口部略残，短颈、圆鼓腹、假圈足底微内凹，圈足上切出三角形缺口。残高5.2、底径4.8、腹径6.7厘米（图六七，10）。标本H7：35，泥质灰陶。口微外侈，短颈、圆鼓腹、矮圈足，肩上有凸棱，圈足上切出三角形缺口，习称花瓣形圈足。高11.2、口径8.6、底径6.4、腹径13.6厘米（图六七，9；图版一七，3）。

**罐**　南河浜遗址地层和遗迹中出土的罐数量较多，主要有高领罐和折沿罐2种类型。现分别介绍如下：

A型　高领罐，出土数量较多，贯穿遗址的始终，复原器3件。该类罐一般形体较大，小口、鼓肩，下腹斜收，肩部和上腹部常有附加堆纹。早期多为粗泥红褐陶，晚期一般为泥质灰陶。其变化规律为束颈越来越明显，领部变短，肩部越来越上鼓。依其形态变化，略可以分为4式。

Ⅰ式　标本T301⑬：1，夹砂红褐陶。侈口、圆唇，圆弧形高领，束颈、广肩（图六八，7）。标本T402⑩：6，粗泥红褐陶。侈口、方唇，圆弧形高领，束颈、广肩（图六八，2）。

Ⅱ式　标本T201⑨B：3，泥质灰陶。侈口，方唇加厚外折，高领斜直微外敞（图六八，8）。标本T302⑥：1，粗泥红褐陶，施红色陶衣。侈口束颈，方唇较厚，高领外折。颈部饰弦纹，肩部转折处，有一周附加堆纹，肩上施交叉细绳纹。口径20厘米（图六

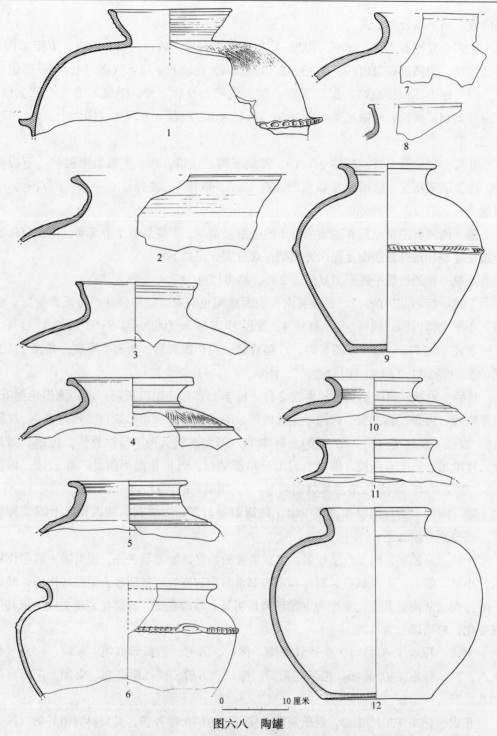

图六八　陶罐

1、3、4、8.A型Ⅱ式（T302⑥:22、H11:2、T302⑥:1、T201⑨B:3）　　2、7.A型Ⅰ式（T402⑩:6、T301⑬:1）

5、12、11.A型Ⅳ式（H7:47、T302④A:1、H15:4）　　6、9、12.A型Ⅲ式（T402⑥:1、H13:1、H15:3）

八，4)。标本 T302⑥:22，粗泥红褐陶，施红色陶衣。侈口束颈，唇部加宽外折，高领斜直外敞。领部饰凹弦纹，肩上施交叉细绳纹，上腹部有鸡冠形耳鋬。口径 19.2、残高 20 厘米（图六八，1）。标本 H11:2，粗泥红褐陶。侈口束颈，唇部加宽外折，高领斜直外敞。颈部上端饰弦纹。口径 19.2 厘米（图六八，3）。

Ⅲ式　复原器 2 件，领部变矮，沿微外卷。标本 T402⑥:1，泥质灰陶。侈口束颈，沿外卷，鼓肩微上耸，肩腹交接处有一周附加堆纹，呈花边状。残高 18、口径 27.8、最大腹径 34 厘米（图六八，6）。标本 H13:1，泥质灰陶。侈口束颈、鼓肩，下腹斜收，平底微内凹。肩腹交接处有一周附加堆纹，呈花边状。高 28.2、口径 14.8、最大腹径 28.8、底径 13.8 厘米（图六八，9；图版一八，3）。标本 H15:3，泥质灰陶。侈口束颈、方唇、鼓肩，平底微内凹。高 28.4、口径 15.8、最大腹径 32.8、底径 16.8 厘米（图六八，12）。

Ⅳ式　为侈口束颈，外卷沿明显，一般有一段向上内收的斜直矮领。标本 H15:4，泥质灰陶。口径 18.8 厘米（图六八，11；图版二〇，2）。标本 T302④A:1，泥质灰陶。侈口束颈，颈根部内凹，肩部饰凸弦纹。口径 14.8 厘米（图六八，10）。标本 H7:47，泥质灰陶。侈口束颈，沿平折、圆唇，颈部饰凹弦纹，肩部饰两道凸弦纹。口径 18.8 厘米（图六八，5）。

B 型　折沿罐，出土数量较多，主要集中于晚期。一般器形不大，属于中型罐。无明显领部，直接束颈折沿。早期腹较扁圆，晚期为溜肩瘦腹或为垂腹。略可分为 2 式。

Ⅰ式　复原器 1 件。标本 T401⑥:1，泥质灰陶，表面施黑色陶衣。侈口方唇，沿微外折，扁圆腹平底，腹部中间有一对耳鋬。高 10.4、口径 9.3、最大腹径 14.8、底径 6.4 厘米（图六九，1；图版二六，3）。标本 T402④B:4，泥质灰陶。侈口卷沿，扁鼓腹（图六九，2）。

Ⅱ式　复原器 5 件。标本 T302④A:6，泥质灰陶。侈口束颈，斜折沿，瘦腹、平底。高 19.2、口径 16.2、最大腹径 20.8、底径 12.4 厘米（图六九，6；图版二五，4）。标本 T302④A:2，泥质灰陶。侈口束颈，斜折沿，溜肩垂腹。高 13.4、口径 10.8、最大腹径 18.8、底径 10.4 厘米（图六九，4；图版二五，3）。标本 H7:16，泥质灰陶。侈口束颈，溜肩鼓腹，平底微内凹。高 14、口径 10.4、最大腹径 17.6、底径 10.4 厘米（图六九，5；图版一四，4）。标本 H7:42，泥质灰陶。侈口束颈，斜折沿，溜肩垂腹，平底微内凹。高 13.6、口径 10、最大腹径 15.2、底径 11.2 厘米（图六九，3；图版一七，4）。

**（四）生产工具**

**纺轮**　南河浜遗址地层和遗迹中出土有少数纺轮，略可以分为 2 种类型。

A 型　为圆台形纺轮，复原器 3 件，略可以分为 2 式。

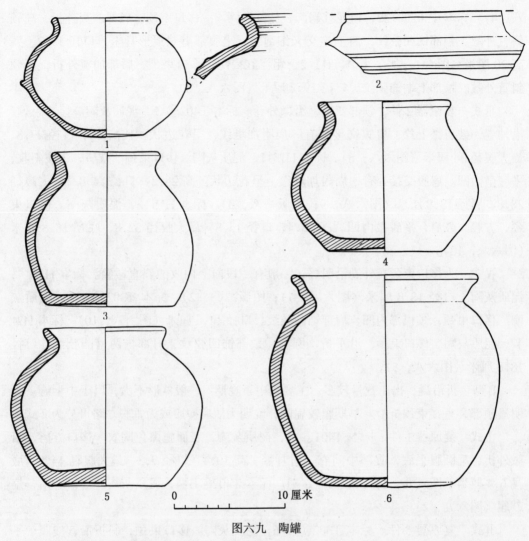

图六九　陶罐

1、2.B型Ⅰ式（T401⑥:1、T402④B:4）　3~6.B型Ⅱ式（H7:42、T302④A:2、H7:16、T302④A:6）

Ⅰ式　标本T301⑫:2，泥质灰陶。略成圆台形，顶面略弧，边缘有一周凹槽。高2、底径6.6、孔径0.6厘米（图七〇，3；图版三三，3）。

Ⅱ式　标本T301⑨:11，泥质灰陶，表面施黑色陶衣。略成圆台形，顶面为弧形，平底。高1.8、底径6、孔径0.8厘米（图七〇，11）。标本T302④A:21，泥质灰陶。略成圆台形，顶面略弧。高1.3、底径4.9、孔径0.4厘米（图七〇，2；图版二二，4）。

B型　为圆饼形，仅发现1件。标本H7:51，粗泥红褐陶。两面为平面，边缘呈圆弧形。高1.5、直径4.5、孔径0.6厘米（图七〇，1）。

网坠　共发现2件。略成圆柱形，两端有捆系绳索用的凹槽。标本T302⑦:12，夹

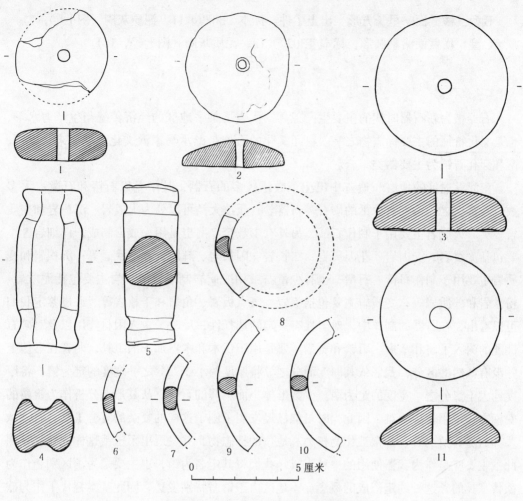

图七〇　陶纺轮、陶网坠、陶镯

1.B型陶纺轮（H7：51）　2、11.A型Ⅱ式陶纺轮（T302④A：21、T301⑨：11）　3.A型Ⅰ式陶纺轮（T301⑫：2）　4、5.陶网坠（T2③：3、T302⑦：12）　6、8、9.A型陶镯（H7：13、T402⑤：11、H14：2）　7.B型陶镯（T302⑤：11）　10.C型陶镯（T302⑤：12）

砂红陶。长 7.5、直径 2.5 厘米（图七〇，5；图版二八，2）。标本 T2③：3，夹砂红陶。两端及竖向各有一周凹槽。长 7.4、直径 3 厘米（图七〇，4；图版三五，6）。

**（五）装饰品**

**手镯**　南河浜遗址晚期的地层和遗迹中，出土有数量较多的手镯。依其横断面划分，略可以分为 3 种类型。

A型　横截面略呈半圆形，出土数量较多，复原器 5 件。标本 T402⑤：11，泥质灰陶。外径 5.6、内径 4.4 厘米（图七〇，8）。标本 H14：2，泥质灰陶（图七〇，9）。标本 H7：13，泥质灰陶（图七〇，6）。

B 型　横截面略呈长方形，出土 1 件。标本 T302⑤:11，泥质灰陶（图七〇，7）。

C 型　横截面略呈圆形，标本 T302⑤:12，泥质灰陶（图七〇，10）。

## 二、石器

石器作为新石器时代的主要生产工具，代表了某一地区的经济传统与生产力水平，也是文化特征的主要标志物之一。崧泽文化的石器是继承马家浜文化发展而来，以锛、凿和穿孔石钺为主要器类组合。

南河浜遗址的地层和遗迹中出土了数量较多的石器，其中尤以石锛和石凿占大多数，石钺次之，另外有少量的砺石等石器。石质按大类可以分为火成岩、沉积岩和变质岩三类。火成岩主要用于制作石钺，另外有少数锛、凿也是用火成岩制成，详细岩性主要包括流纹岩、安山岩、花岗斑岩、二长岩、闪长岩、辉绿岩和玄武岩等；沉积岩和变质岩主要用于制作石锛、石凿，也有少量石钺用变质岩制成。沉积岩主要包括泥质岩、粉砂岩和硅质岩等；变质岩主要包括板岩、斑点板岩、角岩和千枚岩等。通过鉴定我们可以看出，在石器的制作中，对岩性有一定的选择性，反映了古人因材施用以及对矿石性能的深入了解和掌握。石锛和石凿主要是用于伐木和木器加工的工具，两者在形体上并没有截然的区分，我们依其厚度而分之。将厚度约小于二分之一宽度的定为锛；将厚度约大于二分之一宽度的定为凿。少数形体小而扁薄的石锛，从其形态分析作为锛凿的安柄方式使用较为困难，因此当时可能已经发明了刨子这样的复杂的复合工具。石钺从墓葬的随葬情况看，常常被作为权力和地位的标志物，并发展出了玉钺这样的权杖，因此钺主要应是作为武器使用的一种工具。我们将其定名为钺，也主要是为了区别于作为砍伐工具的斧这种约定俗成的概念。本地区由于锛凿特别发达，因此基本替代了作为砍伐工具的斧。遗址中出土的石钺，大多数已经残缺，少数的刃部厚钝而留有砸击的痕迹，所以也不能排除钺偶尔有被用作砍伐工具的可能性。南河浜遗址由于延续时间较长，并且遗址的堆积具有连续性，因此在石器上可以看出早晚明显的发展演变规律。现分别介绍如下：

**石锛**　南河浜遗址地层和遗迹中出土的石锛个体共计 22 件，其中完整器 14 件，残破标本 8 件。石质以流纹岩、泥质岩、板岩和硅质岩居多，细腻而坚硬，肉眼观察多呈深灰色，受沁后有些变为灰白色，层理结构；也有少数为角岩等。石锛的制法一般采用打制成坯，然后再琢磨抛光。刃部和下半部一般磨制抛光较细，顶端和边缘常常留有打制时的石片疤。其形态一般上部略窄，下部较宽，腹面上不起段，两面微呈平面，单面锋，刃部较直。其总的发展规律为早期上端薄而下端厚，至晚期逐渐演变为上端厚而下端薄。依其变化规律略可以分为 3 式。

Ⅰ式　6 件（T201⑩:31、T201⑪:10、T201⑩:11、T302⑧:1、T401⑬:20、T401

⑬：1）。5件完整器，1件残。整器为上端薄而下端略厚，腹面和背面一般等宽，锋面一般较长，锋的上缘一般不规整。标本T401⑬：20，泥质硅质岩，表面呈青灰色，打磨光滑，可见层理结构。上下同宽，上端略薄。长3、宽2.4、厚0.5厘米（图七一，2；图版三四，4）。标本T201⑪：10，黑色硅质岩，隐约可见层理结构。上部略窄薄，下部略宽厚。长3.6、上宽2.3、下宽2.7、上厚0.5、下厚0.8厘米（图七一，3；图版三二，6）。标本T201⑩：11，流纹岩，表面呈灰白条带相间的流纹结构。上下同宽，下部略厚，刃部有崩缺。长10、宽3.6、上厚0.8、下厚1.6厘米（图七一，5；图版三一，6）。标本T302⑧：1，流纹岩，表面呈灰白条带相间的流纹结构。上下同宽，下部略厚，刃部有崩缺。长9.6、宽4.4、上厚0.4、下厚1.1厘米（图七一，1；图版三〇，1）。

Ⅱ式　7件（T301⑧：22、T201⑧：10、T402⑥：13、T401⑥：12、F4：12、T302⑧：3、F6：11）。5件完整器，2件残。整器上下端厚薄较为均匀，腹面和背面一般等宽。标本T301⑧：22，变质粉砂质泥岩，表面呈黑灰色。上部略窄，下部略宽，厚薄均匀。长6.9、上宽3.7、下宽4.3、厚0.8厘米（图七一，7；图版三〇，5）。标本T201⑧：10，泥质硅质岩，表面呈黑灰色，有明显的泥质条带。上部略窄，下部略宽，厚薄均匀。长5.3、上宽2.7、下宽3、厚0.5厘米（图七一，6；图版三〇，2）。标本T402⑥：13，变质硅质泥质岩，表面呈灰白色。上下同宽，背部略窄，腹部略宽，中间略厚，两端略薄。长10.7、背宽2.7、腹宽3、中部厚1.4厘米（图七一，4；图版二七，6）。标本F4：12，变质泥质岩，表面呈灰白色。上下同宽，下部略厚。长13.8、宽3.6、上厚1.1、下厚1.3厘米（图七一，11；图版九，6）。

Ⅲ式　9件（T301⑧：23、F4：11、T401⑥：13、T302④A：15、T302⑥：1、H7：32、F6：13、T302⑤：14、T302⑥：24）。4件完整器，5件残破。整器为上端厚而下端略薄。标本T301⑧：23，板岩，表面呈青灰色，岩石坚硬致密细腻，残件断口略具贝壳状，并可见绢云母。上部略窄厚，下部略宽薄。长4.8、上宽2.7、下宽2.9、上厚0.9、下厚0.6厘米（图七一，9；图版三〇，4）。标本F4：11，变质泥质岩，岩石细腻坚硬致密，隐约可见层理构造，主要由泥质组成，表面呈灰白色。上部略窄厚，下部略宽薄。腹面略宽于背面。长5.2、上宽2.7、下宽3.2、上厚1.4、下厚1.2厘米（图七一，8；图版九，5）。标本T401⑥：13，板岩，表面呈黑灰色。上下同宽，背部略窄，腹部略宽，刃锋较短。长9.4、背宽4.2、腹宽4.5、中部厚1厘米（图七一，10）。

**石凿**　南河浜遗址地层和遗迹中出土的石凿个体共计27件，其中完整器12件，残破标本15件。其形态一般上下等宽，两面微呈平面，腹面一般略宽于背面，单面锋，刃部较直。其石质以及演变规律与石锛相似，略可以分为3式。

Ⅰ式　6件（T401⑬：2、T201⑪：11、T301⑩：20、T302⑧：2、T201⑩：12、T201⑭A：16）。4件完整器，2件残破。整器为上端薄而下端略厚，腹面一般略宽于背面，

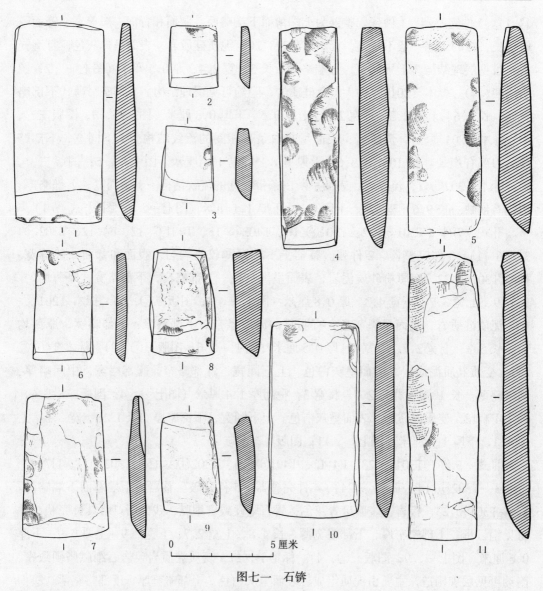

图七一　石锛

1~3、5.Ⅰ式（T302⑧:1、T401⑬:20、T201⑪:10、T201⑩:11）　4、6、7、11.Ⅱ式（T402⑥:13、T201⑧:
10、T301⑧:22、F4:12）　8~10.Ⅲ式（F4:11、T301⑧:23、T401⑥:13）

锋面一般较长。标本 T401⑬:2，变质泥质粉砂岩，表面呈青灰色。上端略薄，下端略厚，背面较平，腹面略呈凸弧面，腹面略宽于背面。长9.2、宽3.6、上端厚2.5、下端厚2.9厘米（图七二，1；图版三四，2）。标本 T201⑪:11，变质泥质粉砂岩，表面呈灰白色，岩石坚硬致密，隐约可见变余层理构造。上下厚薄均匀，顶部有崩缺，腹面略宽于背面。长6.5、宽2.1、厚1.8厘米（图七二，2；图版三二，5）。标本 T301⑩:20，板岩，表面呈灰黑色，岩石致密，具变余层理构造。上下同宽，上端略薄，下端略厚，顶部有崩缺，腹面略呈凸弧面，腹面略宽于背面。长 14.5、宽 1.9、上厚 1.8、下厚 2.5 厘米（图七二，3；图版三一，4）。

Ⅱ式　17件（T301⑧:1、T401⑨:21、T201④:11、T301⑧:7、T201⑧:11、T201⑥:11、T201⑥:10、T202⑥:10、T301⑧:24、T201⑧:12、T201⑧:13、T401⑧:16、T401⑧:15、T401⑧:25、T201⑨A:16、F3:11、T401④:21）。6 件完整器，11 件残破。整器上下端厚薄较为均匀，中段略厚。标本 T301⑧:1，板岩，表面呈灰白色，岩石坚硬，具有明显层理构造。上下两端微内收，中段略厚。长 7.6、宽 2.7、上厚 1.2、下厚 1.5 厘米（图七二，5；图版三〇，3）。标本 T401⑨:21，板岩，表面呈青灰色。上下两端微内收，中段略厚。长 15、宽 2.4、上厚 1.8、下厚 2.2、中段厚 2.4 厘米（图七二，7）。标本 T201④B:11，变质粉砂岩，表面呈浅灰色，岩石坚硬，具有明显的层理构造。整器厚薄较为均匀，腹面略宽于背面。长 13.8、宽 3.6、上厚 2、下厚 2.3、中段厚 2.4 厘米（图七二，4；图版二四，3）。

Ⅲ式　4件（T302⑤:13、T402④:12、T401⑧:21、T201⑤:3）。1 件完整器，3 件残破。整器为上端厚而下端薄，锋面较短。标本 T302⑤:13，板岩，表面呈青灰色。上端宽厚，下部窄薄，腹面略宽于背面，刃锋较短。长 12.2、上宽 2.8、下宽 2.5、上厚 2.8、下厚 1.7 厘米（图七二，6；图版二六，5）。

**石钺**　南河浜遗址地层和遗迹中出土的石钺个体共计 9 件，其中完整器 4 件，残破标本 5 件。石质主要有花岗斑岩、变质二长岩和安山岩等，细腻而坚硬，肉眼观察呈青灰色或肉红色。石钺的制法一般采用打制成坯，然后再琢磨抛光并钻孔。钻孔均采用两面对钻法，早期一般用实心钻，晚期则用空心钻。石钺的整体形态略呈"风"字形，早期刃部凸出，无明显刃角；晚期演变为弧平刃，刃角明显。另外早期钺的上端和两侧边较厚，而晚期从中部向四周逐渐减薄，制作更加精良。依据钺的整体形态的变化，略可以分为 2 式。

Ⅰ式　2件，整体较为厚重，上端和两侧较厚，向刃部逐渐减薄。标本 T201⑪:12，细晶闪长岩，表面呈灰绿色。顶端圆弧，留有打制成坯时的石片疤。刃部圆弧厚钝，留有长期使用的砸琢痕。孔用实心钻，两面对钻而成。长 8.3、上宽 6、下宽 6.8、上厚 1.2、下厚 1、孔径 1～2 厘米（图七三，1；图版三二，3）。标本 T201⑪:13，安山岩，表面呈青灰色。顶端斜平，留有打制成坯时的石片疤。刃部圆弧厚钝，留有长期使用的砸琢痕。整器上宽下窄，上厚下薄。孔用实心钻，两面对钻而成。长 8.5、上宽 7.2、下宽 6.5、上厚 1.7、下厚 0.7、孔径 1.2～2.5 厘米（图七三，2；图版三二，4）。

Ⅱ式　7件（T201⑥:12、T201④B:7、F4:14、T201④C:2、T401⑧:22、T301⑥:20、T301④A:22）。2 件完整器，5 件残破。整器略呈"风"字形，上窄下宽，有明显

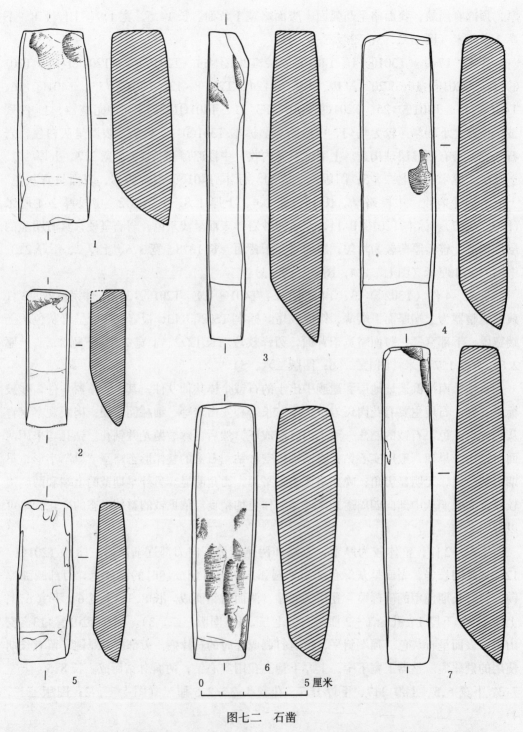

图七二　石凿

1~3. I 式（T401⑬:2、T201⑪:11、T301⑩:20）　　4、5、7. II 式（T201④B:11、T301⑧:1、T401⑨:21）
6. III 式（T302⑤:13）

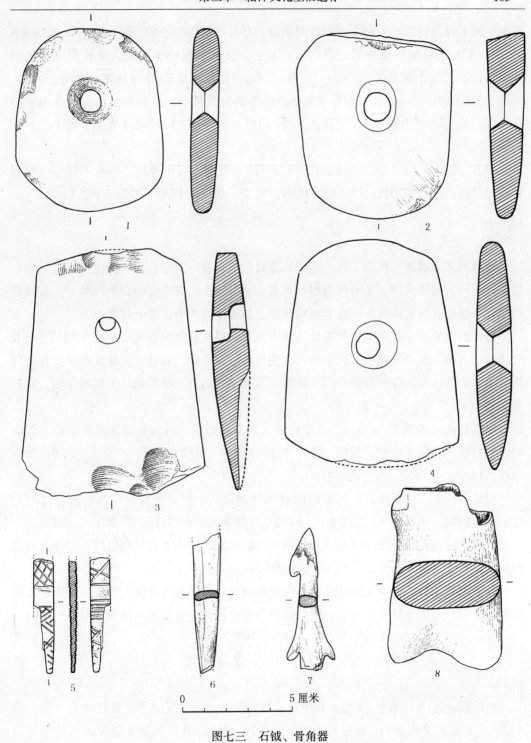

图七三 石钺、骨角器

1、2.Ⅰ式石钺（T201⑪:12、T201⑪:13）　3、4.Ⅱ式石钺（T201⑥:12、T201④B:7）　5.刻纹骨片（T401
⑬:6）　6.骨锥（T302⑫:21）　7.骨镖（T201④B:5）　8.骨锄（T201⑫:22）

刃角。加工较为精致，中间厚而向四周渐薄。穿孔一般用空心钻，两面对钻而成。标本T201⑥:12，变质粉砂质泥岩，表面呈青灰色。刃部和顶端有崩缺。穿孔用空心钻钻成。残长11.2、上宽6.8、下宽8.5、中间厚1.7、孔径0.7~1.3厘米（图七三，3）。标本T201④:7，花岗斑岩，表面呈灰褐色。顶端呈圆弧形，刃部有崩缺。钻孔用实心钻钻成。长10.3、上宽6.5、下宽8.1、中间厚1.7、孔径1.1~2.1厘米（图七三，4；图版二四，4）。

**砺石**　2件（T301⑪:28、T201⑫:12）。均为灰褐色石英砂岩，形态不规整，两面有使用痕迹。标本T201⑫:12，略呈梯形，长13、厚3.6厘米（图版三三，4）。

### 三、骨角器

骨角器和木器等有机质工具，在新石器时代应占有一定的比例。但由于各遗址的自然条件不同，能够保存下来的骨角器和木器，十分稀少。在南方的自然环境下，有机质的保存一般要在潜水面以下，或者埋藏深而土质密度高的遗址才有可能。

南河浜遗址由于是土墩型的遗址，所以保存有机质的环境较差。地层中仅出土了4件骨角器，而且多埋藏在遗址的底部。这些骨角器并不能代表这个遗址或崧泽文化有机质工具的面貌，而仅仅向我们提供了除陶、石器之外的另一种质地的工具的存在。现分别介绍如下。

**刻纹骨片**　标本T401⑬:6，用动物的肢骨磨制而成，两面刻划几何形纹饰。器物的两端残缺，所以其功能不明确。残长5.2、宽0.9、厚约0.4厘米（图七三，5；图版三四，1）。

**骨锥**　标本T302⑫:21，用动物的肢骨磨制而成，一面保留有髓孔凹槽，磨痕明显，两端残缺。残长6.4、上宽1.2、厚约0.3厘米（图七三，6；图版三三，5）。

**骨镖**　标本T201④B:5，用动物的肢骨磨制而成，尖锋上有单侧倒刺，尾部有双侧倒刺。长6.5厘米（图七三，7；图版二五，5）。

**角铲（或锄）**　标本T201⑫:22，用鹿角制成。刃部呈凹缺状，有磨损痕迹，上部残缺。从以往所出土的鹿角器看，做成锄的可能性较大。残长8.4厘米（图七三，8）。

## 第三节　生活遗存分期

南河浜遗址A区共有14层，其中第3层以下为崧泽文化堆积；B区共有5层，第2层以下为崧泽文化堆积。根据地层中出土遗物的类比，B区的第3层与A区的第4层年代相当；B区的第4层与A区的第8层年代相当；B区的第5层与A区的第13、14层年代相当。从A区的堆积和遗物看，该遗址经历了从崧泽文化早期直至崧泽文化晚期，相当长一段时间的不间断的连续发展过程，在文化面貌上，上承马家浜文化下接良渚文化。

根据 A 区的地层堆积和遗迹的分布，结合两区出土遗物的类型学排比，我们可以看出该遗址在崧泽文化时期的发展与变迁的过程，大致经历了前后两期与五个发展阶段。早期可以分为三段，晚期可以分为二段，早晚两期以第 6 层为界，以陶器为主要内涵的文化面貌发生了较大的改变。从墓葬的随葬品和葬俗两方面看，墓葬的发展阶段也基本与遗址的分期相一致，但由于墓葬中的随葬品与生活中的废弃品在风格上和组合上以及发展脉络上都有所差异，所以对墓葬中出土器物的讨论，将在下一章单独进行，这里只归纳地层和生活遗迹中的出土器物。

早期以鼎、釜、豆、罐、壶、澄滤器、夹砂缸、釜支子等为主要组合，在器物的肩腹部多见牛鼻耳和鸡冠耳錾；晚期以鼎、豆、罐、壶、杯、澄滤器、夹砂缸等为主要组合，一般无耳錾。釜和釜支子在晚期基本不见，而杯和盆大量出现，豆与罐也分化呈多样化趋势，反映了生活分类的细致化。早期以压印竖槽的鱼鳍形足鼎和铲形足鼎为鼎的文化特征；晚期以刻划纹的鱼鳍形足鼎和凿形足鼎为鼎的文化特征。早期以细高把喇叭形和亚腰形喇叭形豆为特征；晚期以分段式的阶梯状豆把为特征。

在陶器制作方面，泥质灰陶在陶器总量中的比例，从早到晚呈逐渐上升趋势。鼎，以鱼鳍形足鼎为主流，从早到晚延续发展。铲形足鼎则逐渐衰落，直至消失。在早期鼎足以压印竖槽为制作技术和特点；晚期则以刻划短线为制作技术和特点。炊器的陶质早期以粗泥红褐陶为主；晚期鱼鳍形足鼎开始出现夹细砂的陶质，而凿形足鼎仍采用粗泥陶，而且由于陶土中夹杂了太多的有机质，致使该类陶器的分量显得很轻，胎壁中留下许多的空隙，从而成为这类陶器明显的文化特征。

除陶器外，石锛和石凿早晚也有较明显的发展，其特征主要表现在锛和凿的侧立面的变化，在早期锛凿的上端一般较薄，而下端略厚；晚期则恰恰相反，一般上厚下薄。

现将各段的地层与遗迹归属以及器物特征归纳如下：

早期一段，包括 A 区的 12、13、14 层与 B 区的第 5 层以及 H3、H20、H21、H22、H24 和 G7~G11。这时期发掘区约处于村落的边缘，A 区的 13、14 层与 B 区的第 5 层均为包含物较少的人类活动层，A 区的 12 层为以草木灰为主的生活堆积，反映出生活区的北移与扩大。这时期以鼎、釜、罐、豆、澄滤器、夹砂缸、釜支子等组成的基本陶器组合已经确立，其中鼎、釜、豆占主要比例。许多陶器上还保留有马家浜文化的遗风：比如 I 式鱼鳍形鼎足，整体形态一般为弯角形，横截面略呈楔形或扁圆形，两面有一条捏扁压印出的竖槽，少数鼎足的足根部还饰有两个圆窝，其形制可以看出完全是从马家浜文化的双目式圆锥形鼎足发展而来。I 式的平铲形鼎足，也明显是由马家浜文化双目式圆锥形鼎足发展而来，它是将鼎足的外侧捏扁，其横截面一般近似半月形，足尖一般为圆弧形，足根部还常常戳印数个圆窝形装饰。豆一般为大喇叭形高把形态，除方形镂孔的豆为时代风格外，许多豆不饰镂孔，在造型上与马家浜文化几乎完全一致，只是陶质一般为内外一致的黑陶，与马家浜文化的外红里黑有所区别。另外，有的地层和遗迹中还见有少许马家浜文化的遗留，如双目式的圆锥形鼎足，外红里黑的喇叭形高把豆以及双袋足的侧把盉等，这些遗物或许从别的遗址中搬运而来，也可能是南河浜人的直接创造。从这些遗留和遗风中我们明显可以看出从马家浜文化向崧泽文化转变的过程。

早期二段，包括 A 区的 9、10、11 层和 G3～G6 及 H18、H19、H23。这时期发掘区仍处于居住址的边缘，但很明显离开居住区已更近，10 层和 11 层是居住区的铺垫层，第 9 层以灰烬为主分布在第 10 层边缘的斜坡上，无疑是相对稳定期的生活废弃堆积。该段的陶器组合与前一阶段无明显区分，陶器的特征已脱离了马家浜文化的影响，沿着各自的轨迹较前一段略有发展。折沿方唇绳纹釜的数量，较前一段有所增加。鱼鳍形足鼎和铲形足鼎的数量相当，鱼鳍形鼎足以Ⅱ、Ⅲ式为主，铲形鼎足以Ⅱ式凹铲形鼎足占主流。豆主要为细把亚腰式的喇叭形豆把，以弦纹带间隔的竖向细条形镂孔为主要装饰风格。

早期三段，包括 A 区的 6、7、8 层与 B 区的第 4 层，F3～F7 以及 M1～M7。此时 A 区成为居住区，在 7、8 层铺垫成的层面上，建筑了房屋；B 区则成为墓地。该阶段的陶器组合没有明显变化，各种陶器沿一定的轨迹继续发展。绳纹折沿釜进一步增加，在这一阶段发展到高峰，根据口沿的统计其数量仅次于鼎，其方唇进一步上折，发展出明显的盘口。鱼鳍形鼎足以Ⅲ、Ⅳ式为主，铲形鼎足以足尖外撇的平铲形鼎足占主流。豆仍以亚腰式的细高把豆为主，但装饰风格出现多样化，三角形和长方形镂孔较为流行，两两相对竖向成列的对角三角形装饰成为该时期的主导风格。釜支子由原来的猪鼻形演变为头部扁折的鸭嘴形。

晚期一段，包括 A 区第 5 层以及开口于 4、5 层下的大部分遗迹单元。此时在 A 区建立了祭台，使这里成为聚落的中心。开口于 4 层下的属于该阶段的遗迹有：H12、H13 和 M60、M67、M69～M77、M79、M80、M82、M84、M86、M95 以及祭台。开口于 5 层下的遗迹有：G1、G2、F2、H16 和 M58、M59、M61、M81、M85、M96 以及祭台。第 4 层和第 5 层下的遗迹，都是在祭台使用的同时，在其周围所形成的遗迹，这些遗迹和祭台一起构成相对稳定的一个发展期。从遗址的发展看，与前一段相比 A 区从居住区而变为祭台和墓地，这显然是一次大的变革，这种变革在文化面貌上也得到了相应的反映。这一阶段在陶器组合和形制上都较前期有了较大的变化，鼎、豆、罐、壶、杯、澄滤器、夹砂缸等为主要组合，杯是这时期新出现的品种，釜和釜支子已较为少见。鱼鳍形鼎足以刻划短线的Ⅴ式鼎足为时代特点，与前期压印竖槽的鱼鳍形鼎足相比，在制作方式上有了较大的改变。铲形鼎足与前段无明显变化。亚腰形细高把豆延续前期的发展趋势，细把部分加长，仍以对角三角形为主要装饰，新出现瓦楞纹装饰。另外此时新出现了分段式阶梯状的豆把，成为时代的风格。

晚期二段，包括 A 区第 4 层与 B 区第 3 层以及 A 区 4 层下的部分遗迹和 2、3 层下的大部分遗迹。此时 A 区的祭台遭到废弃，短时间的搬运形成了第 4 层，但在扩大后的 4 层的层面上这里仍延续了墓地的功能，从这种变迁中我们看到了聚落的又一次变革，以及其中所包含的延续性。根据出土遗物的变化，开口于第 4 层下的 H6、H8、H9、H11、H14、H15、H17、H26 也应该属于这一阶段，以此我们可以看出，这次的变革在 4 层形成之前就已经开始了。A 区开口于 2、3 层下的遗迹有：F1、H4、H5、H7、H25 和 M8～M44、M46～M52、M54～M57、M62～M64、M66、M68、M78、M83、M87、M89～M91、M93、M94 及 M65。这些遗迹都是在祭台废弃后经第 4 层扩建的平台上，这是一个使用时间较长的活动层面。该段的陶器组合较前一段略有变化，绳纹折沿釜和釜支子已基本不见，扁凿形足鼎成为组合中的新成员，具有鲜明的时代特征，而且数量上逐渐占据鼎的主流。铲形足鼎已较为少见。鱼鳍形足鼎继续发展，鼎足继续以刻划纹为装饰，鼎的陶质开始出现夹细砂的工艺，与良渚文化的鱼鳍形足鼎已无二制。豆与前一段相比，以瓦楞形细把豆和以两个弧边三角形夹一个圆形的装饰风格为时代特征。罐、壶和杯的形态趋于多样化，以带缺口的花瓣形圈足为时代风格。

通过对遗址出土遗物的类型学研究所进行的分期划段，基本与遗址中遗迹现象所反映的遗址发展阶段与节奏相一致，这也进一步证明了遗物分期的正确性和有效性。

详见生活遗物分期图（图七四）。

# 第四章　崧泽文化墓葬

## 第一节　墓葬概况

南河浜遗址共清理墓葬 96 座，其中崧泽文化墓葬 92 座，编号为 M1～M44、M46～M52、M54～M87、M89～M91、M93～M96；良渚文化墓葬 4 座，编号为 M45、M53、M88 和 M92。这些墓葬分布在 A、B 两个发掘区内。

### 一、A 区墓葬

A 区共清理墓葬 89 座，编号为 M8～M96（其中包括 4 座良渚文化墓葬）。这些墓葬分别属于 3 个不同的层位。

开口于第 2 层下的墓葬有 65 座，编号为 M8～M57、M62～M64、M66、M68、M78、M83、M87～M94。开口于第 3 层下的墓葬 1 座，编号为 M65。由于第 3 层只分布于 A 区的局部，与大部分墓葬没有直接的关系，因此 M65 虽然开口于第 3 层下，但却与上述 2 层下开口的其他墓葬同处于第 4 层形成后的同一层面上，打破第 4 层和祭台。这些墓葬主要分布于 A 区的南半部，排列无明显规律，头向一般朝南，随葬品也大多较为丰富。

开口于第 4 层下的墓葬有 18 座，编号为 M60、M67、M69～M77、M79、M80、M82、M84、M86、M95、M96。这些墓葬主要分布于祭台的西北面和北面，略呈东西向排列。头向一般朝南，有少数墓葬头向北。多数墓葬中无随葬品，有随葬品的墓葬也往往仅随葬两三件陶器。另外还有少数墓葬随葬人头骨，也有的墓葬人骨不完整。从这些墓葬的分布和随葬品的情况分析，这些墓多数可能是在祭台使用过程中，被作为牺牲品杀祭者的墓葬。他们可能是社会的底层或俘虏。

开口于第 5 层下的墓葬有 5 座，编号为 M58、M59、M61、M81、M85。这些墓葬只分布于祭台的西侧，是在祭台使用的同时埋入的。骨架保存较好的 M59、M81 头向北，M61 头向南。其余 2 座墓骨架不清楚。M58 从墓葬的规模看，应为小孩墓，仅随葬 1 件陶钵。其余 4 座墓规模均较大，随葬品丰富，随葬品的等级较高。他们应该是使用祭台的巫师或首领。

第 5 层是祭台在使用过程中，祭台周围的使用堆积，堆积较薄。第 5 层上下的墓葬都是祭台在使用过程中埋入的，在时间概念上，它们应被视为同一时期。因此 A 区的三组不同层位的墓葬，在过程上应归属于祭台使用时和祭台废弃后两个大的阶段。

### 二、B 区墓葬

B 区共清理墓葬 7 座，编号为 M1～M7，均开口于第 3 层下，打破第 4 层和生土。墓葬排列无明显规律，头向均朝北。

## 第二节　葬俗与等级

南河浜遗址所出土崧泽文化墓葬，均为竖穴土坑墓。墓坑规模一般较小，普通墓葬墓坑一般长约 2 米左右，宽约 0.6 米左右；等级较高的墓葬墓坑一般长约 2.5 米左右，宽约 0.8 米左右。从保存较好的墓葬看，其深度一般在 0.4 米左右；许多墓葬的保存深度一般在 0.2 米左右。均为单人仰身直肢葬。A 区大部分墓葬的头向朝南，方向一般在 170°～180°之间；有少数墓葬头向朝北，方向一般在 350°～360°之间。其中早期的墓葬头向朝北的较多；B 区的 7 座墓葬，头向均朝北，方向一般在 350°～360°之间。A 区下层和 B 区的大部分墓葬骨架保存较好，A 区上层埋藏较浅的墓葬一般仅存牙齿部分。

墓葬内的填土一般采用挖坑土直接回填的方式，所以一般为细碎的五花土，土质土色各墓情况不一。

在许多墓葬中见有棺的痕迹，随葬品一般放置在棺内。较大型的墓葬，随葬品一般破碎严重，而小型的墓葬随葬品一般较为完好，说明墓葬越大其棺的空间也越大。在许多较大型的墓葬中见有朱红痕迹，应是涂朱的棺木或衣物等腐烂后的遗留。制作精致的黑陶上也往往有涂朱彩的现象，说明当时有尚红的礼俗，并且红色应该是当时的高贵之色。

在随葬品的组合与摆放方式上，A 区与 B 区的墓葬存在有较大的差别。A 区一般以鼎、豆、杯、壶、罐、盆等为陶器的基本组合。鼎、豆、罐等一般摆放在墓葬的脚端，杯、壶、盆等一般摆放在上半身和头端；除陶器外部分墓葬还随葬有玉器和石器。玉器有璜、镯、钺和片状的玉挂饰等，玉璜一般出土于颈部，玉镯一般出土于手腕部位，玉钺仅出土一件，摆放于下腹部，片状的玉挂饰一般出土在头部和胸部；石器有钺、锛、凿和纺轮等，多出土于墓葬的中部。

B 区的 7 座墓葬，除 M2 外，其余 6 座墓随葬品都很少，而且多以残缺之陶器随葬。M4、M5、M6、M7 均将陶釜或鼎，打碎后摆放于墓主人的头部或脚部。反映出在丧葬观念和仪式上与 A 区墓葬的差别。而且 B 区的 7 座墓头向均朝北。这种葬俗上的区别，应该是时代较早的一种反映。

南河浜遗址崧泽文化墓葬，存在着明显的等级差别，但也没有严格的区分标准，我们只能按照随葬品的情况，略加分类，并以举例的方式加以介绍，而无法将所有的墓葬分类归等，进行统计。依据随葬品情况我们略可以将南河浜遗址的墓葬分为四个等级。第一等级的墓葬，一般随葬多件的陶器以及玉石器。陶器中包含有陶乌龟、鹰头壶、塔形壶等显然非现实生活所需的祭器或艺术品。玉器有玉璜、玉钺等标明身份和地位的礼器。该类墓葬主要见于 A 区上层和下层的部分墓葬，占整个墓地的少数。这些墓主人应该是这个部族的首领或巫师。第二等级的墓葬一般随葬数件陶器和玉石器。该类墓葬主要见于 A 区的上层和 B 区，占整个墓地的大多数。他们应该是这个部族的基本民众。第三等级的墓葬一般仅随葬一两件陶器，有的墓坑规模也很小。主要见于 A 区的上层和 B 区，该等级的墓葬数量也较少，应为等级较低者或小孩墓。第四等级的墓葬则没有任何随葬品，有的甚至尸骨不全。该类墓主要见于 A 区的中层，占整个墓地的少数。他们应该是这个部族的最底层或者是非正常死亡的俘虏。

## 第三节　典型墓例

为使读者对上述墓葬的具体情形有较为直观的认识，现按墓葬的不同层位和不同等级，分别举例介绍如下：

### 一、第一等级墓葬

**M16**

位于 A 区 T301 西南扩方处，开口于第②层下。长方形竖穴土坑墓，墓坑长 2.7、宽 0.94、深 0.08 米。填土灰褐色。人骨仅存一段腿骨，方向 355°。随葬品 34 件，为豆 4 件，罐 8 件，杯 5 件，壶 5 件，盆、釜、盘、甗、器盖、澄滤器以及玉璜、玉镯、石钺、石锛、石凿各 1 件（图七五～七七；图版五四～五八。出土编号即图中器物号，其余墓葬相同）。

M16:1　豆，M16:9 罐，M16:11 杯，M16:15 罐，均残，无法修复。

M16:2　玉璜，沁成白色，钻 3 个孔。宽 3.7、厚 0.2 厘米；重 1.6 克。

M16:3　泥质红陶罐，侈口折沿，斜垂腹，平底。高 8.4、口径 7.9、底径 4.8 厘米。

M16:4　B 型Ⅱ式罐，泥质灰陶，侈口折沿，扁折腹，小平底。高 6.5、口径 8.4 厘米。

M16:5　杯，泥质灰陶，侈口，腹部内收，平底微凹。口径 7.2、底径 4.9、高 6.7

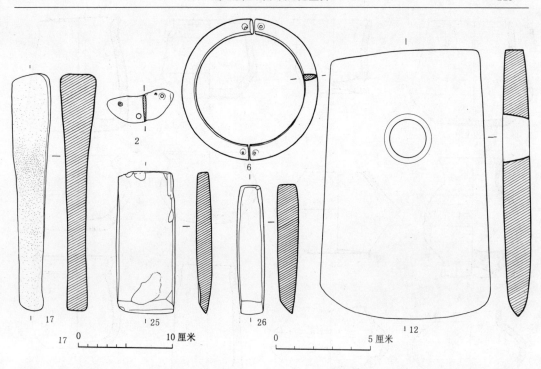

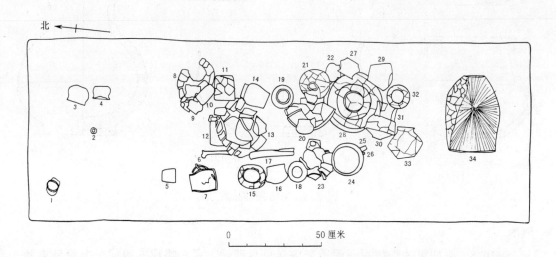

图七五　M16 墓葬平面及随葬品图

（出土编号即图中器物号，其余墓葬同）

厘米。

M16:6　分体玉镯，透闪石软玉，玉色青白。将一件圆镯有意切割成两半，切割处两端各钻小孔，用以缚系。直径 7.4、宽 0.8、厚 0.3 厘米；重 12.85 克。

M16:7　杯，泥质黑皮陶，侈口，折沿，斜腹，平底。口径 7.8、高 10、底径 8.6

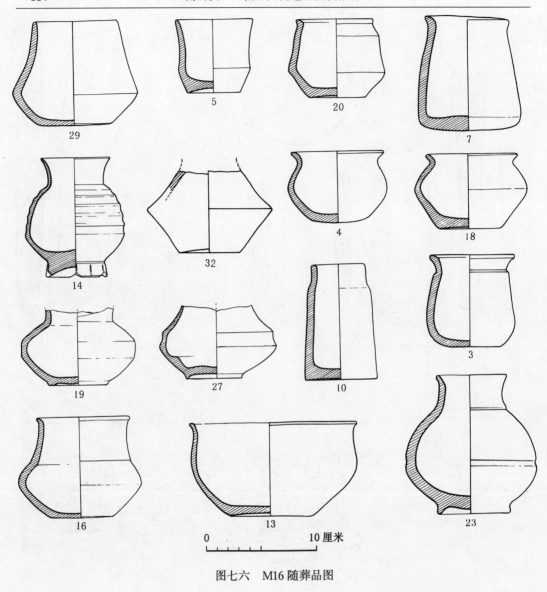

图七六　M16 随葬品图

厘米。

　　M16:8　A 型Ⅲ式细把豆，泥质灰陶，豆盘残缺。豆把略成三段式，上段呈束颈状，下为喇叭形，上部饰凹弦纹，下部饰圆形、三角形组合的镂孔。残高 13、底径15.8 厘米。

　　M16:10　杯，泥质黑皮陶，直口，斜腹，平底。口小底大。口径 4.9、高 10.4、底径 6.7 厘米。

　　M16:12　A 型Ⅱ式石钺，灰白色，泥质粉砂岩。高 14.1、孔径 2.6 厘米。

　　M16:13　B 型Ⅱ式陶盆，泥质黑皮陶，侈口方唇，弧腹，平底。高 8.4、口径

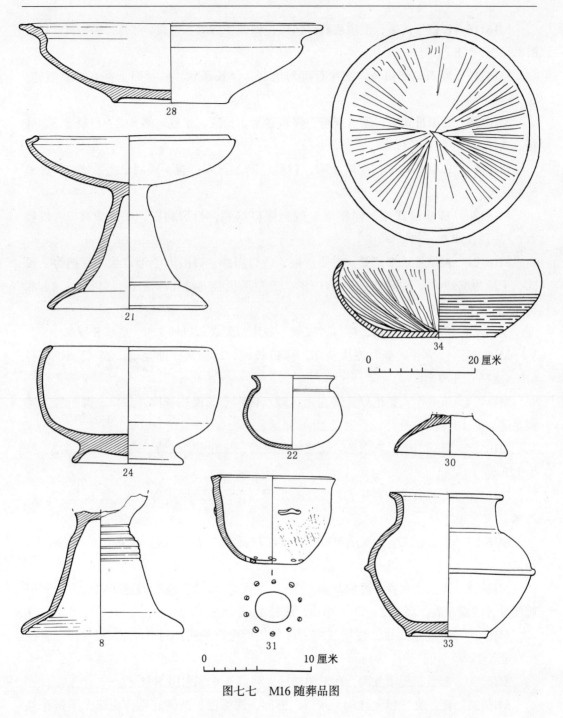

图七七 M16 随葬品图

15.6、底径 7.6 厘米。

M16:14 D型Ⅲ式壶，泥质灰陶，侈口高领，斜垂腹下折，无明显肩部，腹部做成折棱状。花瓣足。高 10.8、口径 6.4、底径 5.8 厘米。

M16:16　E 型Ⅲ式罐，泥质灰陶，侈口，斜颈，折肩，扁腹，平底。高 9.1、口径 8.8、底径 5.8 厘米。

M16:17　砺石，红褐色，细粒石英岩屑岩，呈长条状，两宽面上都有磨砺痕迹。长 25 厘米。

M16:18　B 型Ⅲ式罐，泥质灰陶，侈口卷沿，折腹，平底。高 6.8、口径 8.3、底径 5.7 厘米。

M16:19　E 型Ⅱ式壶，泥质灰陶，口残，竖颈，双折腹，矮圈足底。高 7、底径 5.4 厘米。

M16:20　E 型Ⅲ式罐，泥质黑皮陶，侈口斜领，折肩扁腹，平底。高 7、口径 7.1、底径 5 厘米。

M16:21　A 型Ⅲ式细把豆，泥质灰陶，敛口斜腹，口沿为子母口状，豆把为三段式，上段为细颈状，下呈喇叭形，有圆形、三角形组合的镂孔。高 16、口径 18.4、底径 15.2 厘米。

M16:22　釜，泥质红陶，侈口，束颈，鼓腹，圜底。口径 7.8、高 6.8 厘米。

M16:23　B 型Ⅱ式壶，泥质灰陶，侈口长颈，扁鼓腹，圈足底。高 12.6、口径 6.8、底径 6.8 厘米。

M16:24　F 型Ⅱ式宽把豆，矮宽把，敛口钵形豆，泥质灰陶，敛口，深折腹，矮圈足底。高 10.8、口径 15.2、底径 10.6 厘米。

M16:25　Ⅱ式石锛，灰白色，变质硅质泥岩，长方形，弧背。高 7.4、宽 3.2、厚 0.9 厘米。

M16:26　Ⅱ式石凿，青灰色，变质硅质泥岩，狭长条形。高 6.8、宽 1.7、厚 1.1 厘米。

M16:27　E 型Ⅱ式壶，泥质灰陶，口残，双折腹，浅圈足底。残高 6.6、底径 5.2 厘米。

M16:28　A 型Ⅱ式盘，泥质灰陶，敞口，折沿，口沿上施三周宽凹弦纹，折肩折腹明显，矮圈足底。高 7.2、口径 28.8、底径 11.2 厘米。

M16:29　E 型Ⅲ式罐，泥质灰陶，侈口，折腹，平底。高 9.4、口径 7.7、底径 6.8 厘米。

M16:30　器盖，泥质灰陶，环形纽略残。残高 3.6、径 10.8 厘米。

M16:31　甑，夹砂粗泥红陶，敞口，方唇，深弧腹，两侧有鋬，底部大圆镂孔外环绕 10 个小圆孔。口径 11.8、高 8 厘米。

M16:32　A 型Ⅲ式壶，泥质灰陶，口残，折腹，平底微凹。高 7.4、底径 5.6 厘米。

M16:33 B型Ⅱ式中型罐，泥质灰陶，侈口，平折沿，高直领，折腹处有一周凸棱，矮圈足底。高 13.4、口径 9.8、底径 7.6 厘米。

M16:34 澄滤器，夹砂红陶，敛口，圆唇，弧腹斜收，平底。器内壁刻竖向细槽。高 13.6、口径 36、最大腹径 40、底径 22 厘米。

**M27**

位于 A 区 T401 西部，开口于第②层下，打破土台。长方形竖穴土坑墓，墓坑长 2.53、宽 0.72~0.74、深 0.23 米。填灰黄花土，近底部有条状黑灰，分为两层，应为板灰痕迹，陶器附近多见朱红色，应为原有机质上的涂朱。人骨已朽，存头部轮廓、牙齿及肢骨，头向 180°。随葬品 23 件，为杯 8 件，玉饰 5 件，豆 2 件，陶龟 2 件，壶 1 件，盆 2 件，鼎 2 件，纺轮 1 件（图七八、七九；图版七五~八〇）。

M27:1 B型Ⅲ式杯，带盖，泥质灰陶，器盖残未修复。杯为束口垂腹，矮假圈足底微内凹，近底部有一周凸棱。口径 4.4、高 9.8、底径 4.6 厘米。

M27:2 B型Ⅲ式杯，泥质灰陶，带盖，杯为蛋形，束口鼓腹，假圈足底微凹。杯口沿处有一圆形穿孔。盖纽呈三尖角状，盖边沿也有一圆形穿孔。通高 6.2、盖高 1.6、盖径 2.9、器身高 4.6、口径 2.4、底径 2.7 厘米。

M27:3 玉璜，透闪石软玉，沁成白色。扁平长条形，两端略凸起，如凹字状，应是璜的变体形式，两端钻小圆孔。出土时位于墓主人的口中①。长 9.5、宽 1.4、厚 0.4 厘米；重 11.12 克。

M27:4 玉坠，沁成白色，扁平圆弧形管状，横截面略呈扁方形，中间穿圆孔。长 1.65、宽 1.15、厚 0.6 厘米；重 1.7 克。

M27:5 梯形玉饰，沁成白色，扁平梯形，上端钻一小圆孔。长 2.85、宽 1.15 厘米；重 1.76 克。

M27:6 三角形玉饰，沁成白色，上端钻小圆孔。长 2.3、宽 0.5 厘米；重 2.58 克。

M27:7 B型Ⅲ式杯，泥质黑皮红陶，带盖，杯为束口，弧腹，圈足底。盖为丫形纽，是鸟或鱼的变体简化形式。通高 7.7、盖高 2.8、盖径 5.3、器身高 4.9、口径 4.6、底径 4.4 厘米。

M27:8 杯，泥质灰陶，侈口，弧腹，假圈足底微凹，腹部饰一周刻划纹。口径 4.6、高 7、底径 4.4 厘米。

M27:9 B型Ⅲ式杯，泥质红褐陶，略呈卵形，束口，弧垂腹，假圈足底微凹。高

---

① 在上海青浦崧泽等其他一些崧泽文化墓地中，也见有出土于墓主人口中的玉饰，发掘报告中一般称之为玉琀。我们认为这些玉器应该是墓主人生前的佩戴品，与后世专门制作的为放于死者口中的玉琀是有所区别的。

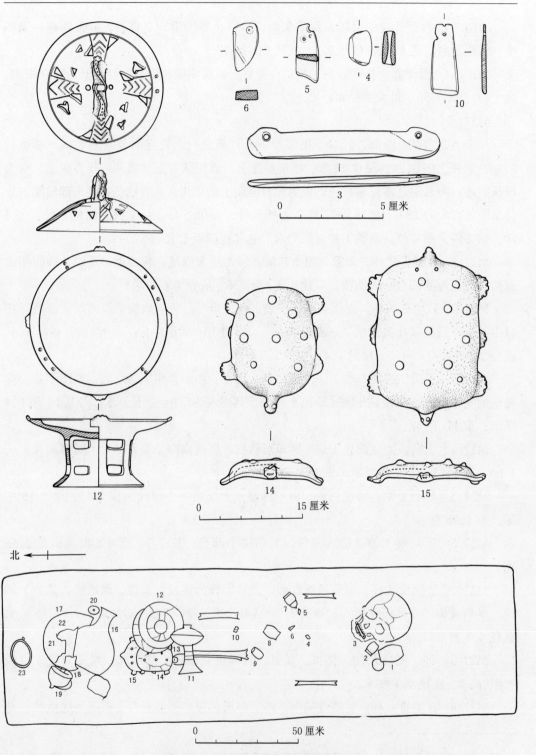

图七八　M27 墓葬平面及随葬品图

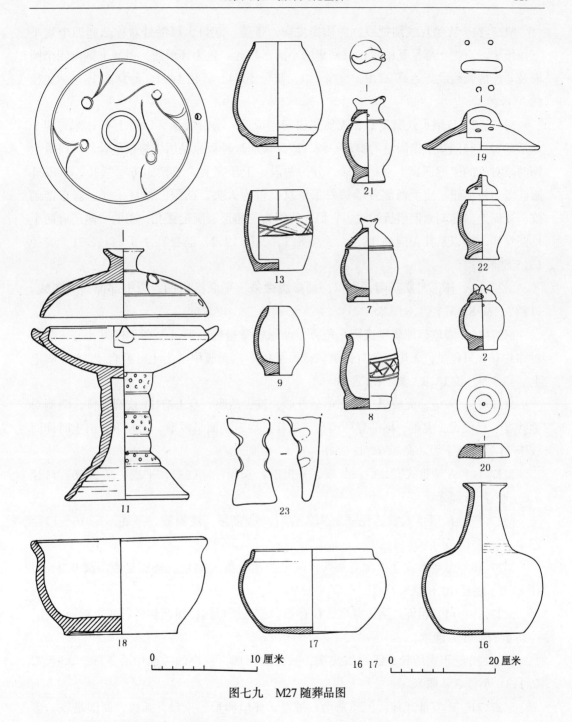

图七九　M27 随葬品图

6.5、口径 2.1、底径 2.6 厘米。

M27:10　梯形玉饰，沁成白色，扁平梯形，上端钻小圆孔。长 3.4、宽 0.2 厘米；重 1.96 克。

M27：11　A型Ⅳ式细把豆，泥质黑皮陶，带盖。敛口，口沿处对称凸起四个扁平三角形錾。豆把上部呈瓦棱状，有密集的小圆形戳孔。盖为杯形纽，盖面上刻有四个圆形及勾连的弧线纹。通高22.8、盖高6.4、盖径16.4、口径14.4、器身高16.4、底径12厘米。

M27：12　D型Ⅰ式宽把豆，泥质黑皮陶，带盖。平沿浅盘，口沿上有对称的四个龟爪形錾，与同墓所出陶龟的脚爪一致，或许说明这种豆原是用于盛放龟鳖的。口沿上饰两两对称的圆形凹窝。豆把宽矮，分为两段，上段竖直，有两组方形镂孔，下段外撇。盖为桥形纽，纽上两侧各堆塑一条鱼纹，鱼为大头，凸眼，细身，身上遍布锥刺纹。盖面上对称刻划四组折线纹，它们之间则为三角形、圆形镂孔，盖的一侧还有两个小圆穿孔，用以系挂。通高18.6、盖高8.7、盖径19.2、器身高9.9、口径21、底径13.5厘米。

M27：13　杯，泥质灰陶，直口，桶形腹微鼓，平底微内凹，腹中部饰交叉斜线。口径5、高8、底径4.8厘米。

M27：14　陶龟，泥质黑皮陶，龟方首凸眼，身呈椭圆形，上有9枚圆乳钉，两侧对称共有6只龟足，无尾。龟背弧拱，截面呈桥形，无腹甲。出土时叠合于15号陶龟上。高3.9、长18.3、宽15.2厘米。

M27：15　陶龟，泥质黑皮陶，龟呈方形，首尖凸眼，身上有11枚圆乳钉，两侧对称共有6只龟足，尖尾，尾部穿两圆孔。龟背弧拱，剖面呈桥形，无腹甲。出土时仰面放于14号陶龟下面。高3.6、长25.8、宽17.4厘米。

M27：16　A型Ⅲ式壶，泥质灰陶，平折沿，长颈，扁鼓腹，平底。高28.6、口径8.6、底径16厘米。

M27：17　B型Ⅰ式盆，泥质灰陶，直口，矮竖领，浅鼓腹，平底。高16、口径23.4、底径17.6厘米。

M27：18　A型Ⅲ式盆，泥质灰陶，敞口折沿，折肩斜腹，矮圈足底。高9.2、口径15.2、底径10.8厘米。

M27：19　鼎，粗泥红陶，鼎残，仅存盖，盖为桥形纽，纽两侧各有两个圆形穿孔。盖高4、径11.6厘米。

M27：20　Ⅱ式纺轮，泥质黑皮陶，截面近梯形，径小的一面中心下凹。大径7、高1.3、小径3.4厘米。

M27：21　B型Ⅲ式杯，泥质灰陶，带盖，杯呈卵形，束口，弧腹，高圈足底。盖为S形纽，一侧有一圆形小孔。通高8.6、盖高2、盖径3.2、器身高5.6、口径3、底径3.2厘米。

M27：22　B型Ⅲ式杯，泥质灰陶，带盖，杯呈卵形，束口，弧腹，高圈足凹底。

盖为扁柱形纽，一侧有一小孔。通高 7.5、盖高 1.9、盖径 3.1、器身高 5.6、口径 3、底径 3.2 厘米。

M27：32　鼎，粗泥红陶，残，仅存凿形足，侧面有两组指捏凹窝。

**M59**

位于 A 区 T301 东北部，开口于 5 层下。长方形竖穴土坑墓，墓坑长 2.55、宽 0.62、深 0.42 米。填青灰色土，骨架保存完整，仰身直肢葬，头向北，方向 340°。墓主为成年女性。随葬品 29 件，为壶 3 件，罐 10 件，盆 1 件，豆 5 件，杯 3 件，玉璜 1 件，带甑鼎 2 件，钵 1 件，鼎 2 件，盘 1 件（图八〇～八二；图版一三四～一四一）。

M59：1　D 型 I 式壶，泥质黑皮灰陶，直口，竖领，折肩，折腹，肩部刻划编织纹，圈足略残，上部有刻划折线纹，下部为三角形镂孔。高 8.4、口径 6.9、底径 6.6 厘米。

M59：2　A 型 I 式盆，泥质黑皮灰褐陶，侈口，折沿，折腹，平底。高 15.8、口径 26、底径 14 厘米。

M59：3　A 型 II 式罐，泥质黑皮灰陶，侈口，折沿，折腹，圈足底。高 8、口径 8.4、底径 5.2 厘米。

M59：4　D 型 I 式细把豆，泥质灰陶，豆盘如罐形，直口，竖领，折腹，豆把喇叭形，上有弦纹与圆镂孔组成的装饰。高 11.6、口径 8.6、底径 10.9 厘米。

M59：5　杯，泥质黑皮陶，侈口，深直腹，平底带四方块形足。下腹部有 2 处凸棱，棱上刻斜向竖道。近底部也有 2 道同样风格的凸棱，凸棱间饰以圆点与斜向线条组成的纹饰。口径 11.1、高 21.6 厘米。

M59：6　罐，泥质红陶，带盖，涂朱砂。罐敛口，平折沿，折腹，花瓣状底足略残。盖扁平，弯角状纽。通高 8.8、盖高 2.7、盖径 8、器身高 6.2、底径 5.6 厘米。

M59：7　A 型 I 式杯，泥质黑皮红褐陶，侈口，凹弧腹，腹部饰宽弦纹呈瓦棱状，宽平底，近底部四组凸棱上刻短道斜向纹。高 16.3、口径 7.8、底径 8.7 厘米。

M59：8　壶，泥质灰陶，侈口，方唇，斜颈，折腹，圈足底。高 12、口径 5.7、底径 7.6 厘米。

M59：9　F 型 I 式罐，泥质红陶，有红衣，直口，竖领，肩部饰宽凹弦纹呈瓦棱状，折腹，平底。高 7.2、口径 8、底径 4.2 厘米。

M59：10　A 型 II 式罐，泥质灰陶，侈口，方唇，斜领，折腹，圈足外撇。高 7.6、口径 9.8、底径 6.8 厘米。

M59：11　D 型 II 式杯，泥质黑皮灰陶，侈口，斜折腹，圈足外撇。高 13.2、口径 5.8、底径 9 厘米。

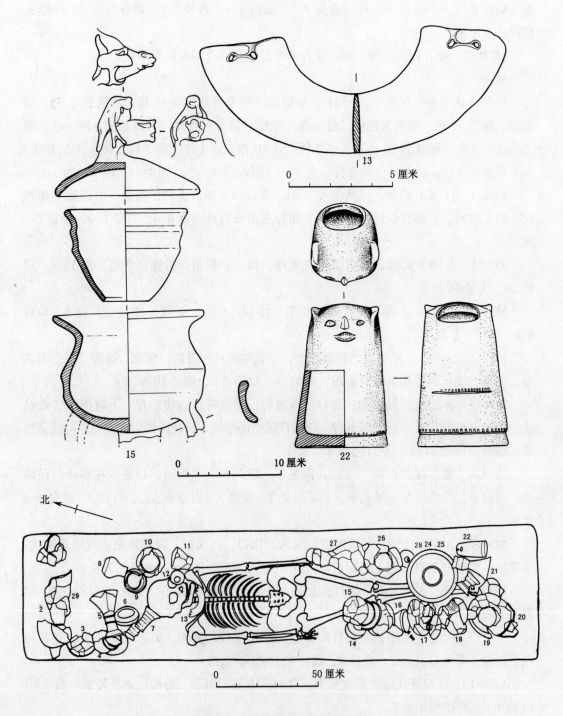

图八〇　M59 墓葬平面及随葬品图

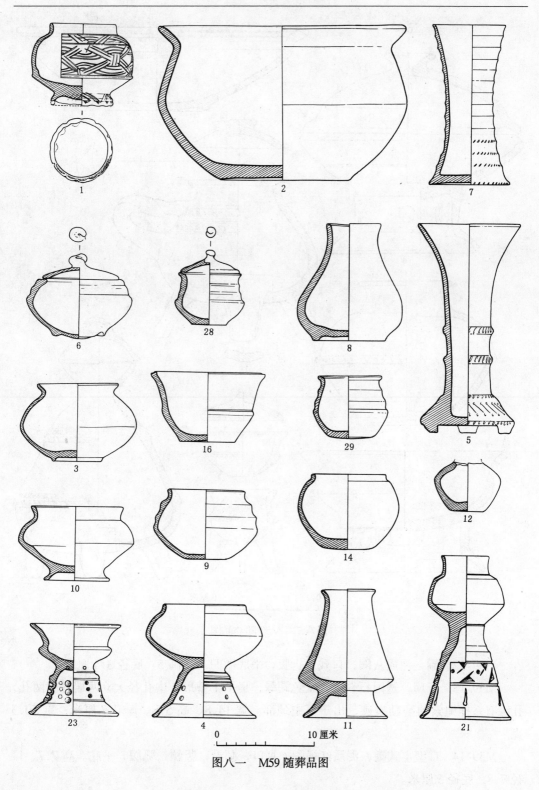

图八一　M59 随葬品图

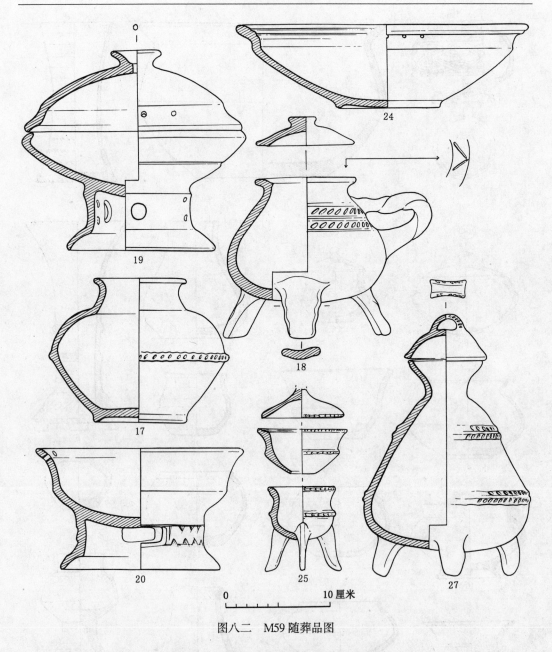

图八二    M59 随葬品图

M59:12　罐，泥质灰陶，口残，折腹，平底微凹。残高5、底径3.4厘米。

M59:13　玉璜，透闪石软玉，玉色湖绿，扁平半璧形，中孔径大，两端各钻两孔，孔缘有系挂绳索的磨勒痕迹，出于墓主颈部。宽14.8、高5.8、厚0.7厘米；重50.3克。

M59:14　C型Ⅰ式罐，泥质红褐陶，直口，翻沿，竖领，弧腹，平底。高7.7、口径7.8、底径5厘米。

M59:15　带甑鼎，由鼎、甑、盖组合而成。鼎，B型Ⅰ式铲形足鼎，粗泥红褐陶，带盖。鼎侈口，宽折沿，束颈，折腹，凹铲形足略残；甑，泥质红褐陶，侈口，方唇，斜腹，腹上部饰2道宽凹弦纹，底为一圆镂孔；盖，泥质红陶，有红衣，纽为堆塑的大兽驮小兽形象。盖高9.4、盖径14.7、鼎残高12.6、口径15.3、甑高8.9、口径11.8厘米。

M59:16　钵，泥质灰陶，侈口，方唇，斜腹，外腹下部起折，平底。高7.2、口径10.8、底径5.6厘米。

M59:17　A型Ⅰ式中型罐，泥质灰陶，侈口，卷沿，束颈，折腹处有一周锯齿状凸棱，圈足底。高14、口径9.3、底径9.4厘米。

M59:18　鼎，粗泥红陶，带盖。侈口，折沿，束颈，垂弧腹，肩部饰弦纹3组，弦纹间刻斜向短凹道，肩腹部一侧安有一绞丝状环形把，凹铲形足；盖环形纽。口径10.2、高15.4、盖高2.8厘米。

M59:19　A型Ⅰ式宽把豆，泥质黑皮红褐陶，带盖，豆敛口，斜腹，宽矮豆把，上部束颈，下有大小圆镂孔成组。盖为环形纽，一侧有两个小圆孔。通高19.3、盖高7.7、盖径22、口径20.6、底径14.8厘米。

M59:20　E型Ⅰ式宽把豆，泥质黑皮红褐陶，豆侈口，折沿，折腹。豆把宽矮，有对称的两个大方镂孔，它们间为密集的三角形凹窝。高11.7、口径20.8、底径16厘米。

M59:21　豆，泥质黑皮灰陶，涂朱砂。直口，竖领，折肩，折腹，喇叭形圈足，把上纹饰分两层，上为圆形、三角形凹窝的组合纹饰，下为楔形镂孔。高16.6、口径5、底径9.8厘米。

M59:22　兽面壶，泥质灰陶，整器呈圆形转角的方棱体，顶弧平，一侧堆塑刻划一兽形，三角形鼻和两扁条形兽耳为堆塑，眼、嘴则阴线刻划，眼中特意点出眼珠，嘴里遍布牙齿。另一侧则开一椭圆形口，口下腹部中间有一条短折痕，上刻竖向短道，近底部全器作一折痕，也刻竖向短道。底平。高13.8、口径2.4~4.4、底径9厘米。

M59:23　Ⅱ式盅形豆，泥质黑皮灰陶。由于器形甚小，无实用价值，而又制作精细，因此我们判定其为祭祀之器，而非一般冥器。侈口，斜腹，外腹下部起凸棱，豆把束颈，下呈喇叭形，上有由圆形镂孔组成的对称纹饰。高9.4、口径9.7、底径9.5厘米。

M59:24　A型Ⅰ式盘，泥质灰陶，敞口，折沿，沿上有凹弦纹，折肩，斜腹，矮圈足底。高8、口径29、底径10厘米。

M59:25　Ⅰ式带甑鼎，由鼎、甑、盖组合而成，泥质红衣红陶。器形甚小，而无实用价值，但制作精细，因此可判定为祭祀之器，而非同一般之冥器。鼎为C型Ⅰ式鱼鳍形足鼎，侈口，束颈，口沿外侧呈锯齿状花边，腹部也有一花边凸棱，鱼鳍形足；甑侈口，宽平沿，沿上饰两周凹弦纹，口沿外侧呈花边，外腹中部也起一花边凸棱，底为一圆形大孔；盖柱形纽。通高13.8、盖残高2.8、盖径8.2、甑高4.3、口径8.7、鼎高8、口径6.5厘米。

M59:26　罐，泥质灰陶，器残未能修复。

M59:27　鼎，粗泥红褐陶，带盖，鼎侈口，束颈，斜折腹，平底，三角形扁铲足。肩与折腹处有两周短道凹窝组成的纹饰。盖高隆，桥形纽。通高25.2、盖高4.5、盖径8.1、器身高20.7、口径7.2厘米。

M59:28　F型Ⅱ式罐，泥质红衣红褐陶，带盖。罐侈口，宽折沿，肩部饰凹弦纹呈瓦棱状，折腹，平底。盖扁平，捏塑弯角状纽。通高7.6、盖高2.3、盖径6.2、器身高5.3、口径6.5、底径3.4厘米。

M59:29　F型Ⅱ式罐，泥质红褐陶，侈口，肩部饰凹弦纹呈瓦棱状，折腹，平底。高6.4、口径6.6、底径4.4厘米。

**M61**

位于A区T301北部，开口于⑤层下。墓东北端被M60打破。长方形竖穴土坑墓，墓坑长2.5、宽0.62、深0.4米。填青灰色土，人骨架保存完整，仰身直肢葬，头向南，方向160°。经鉴定，墓主为男性，年龄为17～20岁。随葬品11件，为罐1件，骨牙器4件，石锛2件，玉钺1件，玉饰1件，豆1件，鼎1件；另外，墓主脚间还随葬一只小狗（图八三；图版一四二～一四四）。

M61:1　E型Ⅰ式罐，泥质红陶，侈口，折沿，折腹，折腹处刻斜向短线，平底。高10.1、口径6、底径4.2厘米。

M61:2　牙刀，利用兽牙剖开磨制而成，单面刃，刃缘锋利，扁平片状。长5、宽2.2厘米。

M61:3　骨锥，利用兽肢骨剖开磨制而成，扁平长条形，两头为双面磨制成扁刃。长8.1厘米。

M61:4　Ⅰ式石锛，青灰色，泥质粉砂岩。略呈梯形，单面锋，直刃，上下厚薄均匀。高4.15、宽1.7、厚0.6厘米。

M61:5　骨镞，利用兽骨磨制而成，截面呈圆形，头部尖锐，有圆铤。长9厘米。

M61:6　骨镞，利用兽骨磨制而成，截面呈圆形，头部尖锐，有圆铤。长9厘米。

M61:7　Ⅰ式石锛，灰绿色，角岩，扁平长方形，正面有几处打坯痕迹未磨平，背面略弧，单面锋，直刃。高5.9、宽2.9、厚0.9厘米。

M61:8　玉钺，玉色青绿，含白色沁斑，透闪石软玉。略呈扁平梯形，上端弧平，双面锋，圆弧刃，刃角不明显，两面管钻成孔，孔中间留有明显的台脊。高15.2、宽

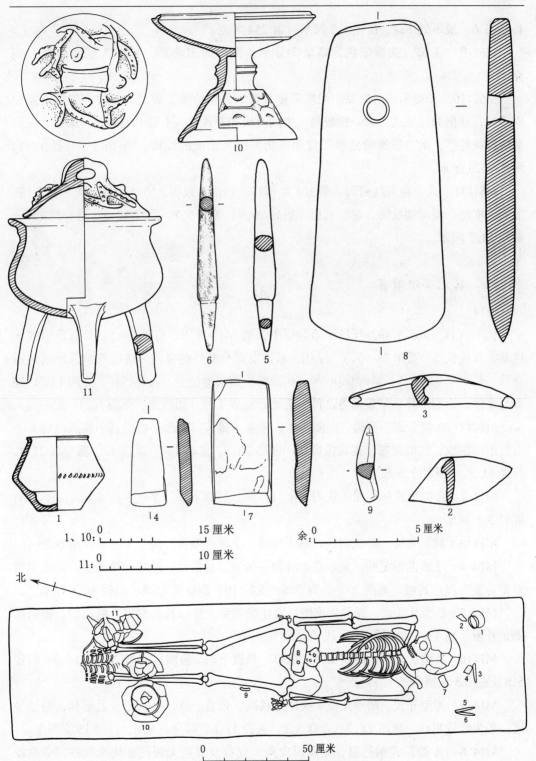

图八三　M61 墓葬平面及随葬品图

4.3～6.6、最厚处 1.4、孔径 1.2 厘米；重 254.8 克。

M61:9　玉饰，淡湖绿色，略呈尖牙形，截面为三角形。长 3.7 厘米；重 4.12 克。

M61:10　A 型 I 式细把豆，泥质黑皮灰陶，外壁涂朱。敛口，折腹，腹部下施一周凸棱，豆把为三段式，第一段较高，中间凸出如算珠状，上有一道凹槽；第二、三段呈阶梯状外扩，第二段饰弯月形凹窝和三角形镂孔组成的纹饰。高 16.1、口径 19.1、底径 15.6 厘米。

M61:11　鼎，粗泥红褐陶，带盖。鼎侈口，折沿，鼓腹，方柱形足。盖为桥形纽，盖面上堆塑三组动物纹饰，难辨其形。通高 20.7、盖高 5.7、盖径 12.3、器身高 15.6、口径 14.7 厘米。

## 二、第二等级墓葬

### M14

位于 A 区 T401 东部，开口于第②层下，被 M13 叠压，打破 M15。长方形竖穴土坑墓，墓坑长 2、宽 0.78～0.8、深 0.2 米。发现有葬具遗痕，为边底都呈弧形的独木舟状，长 1.7、宽 0.5、厚约 0.06 米，底圆弧。填灰褐色土。人骨朽坏，方向 170°。随葬品 8 件，为壶、杯、带盖鼎各 2 件，玉饰、豆各 1 件（图八四；图版五〇、五一）。

M14:1　A 型 II 式中型罐，泥质灰陶，带盖。罐侈口束颈平折沿，下腹部内收，上有三组凹弦纹，浅圈足底。盖为盅形纽。通高 26.8、盖高 4.4、盖径 12、器身高 22.4、口径 11.2、底径 12.8 厘米。

M14:2　B 型 III 式杯，泥质灰陶，束口方唇，鼓腹下垂，平底。高 6.4、口径 3.4、底径 3.6 厘米。

M14:3　梯形玉饰，沁成白色，扁平梯形，上钻小圆孔。高 2.1 厘米；重 0.83 克。

M14:4　I 式凿形足鼎，夹砂粗泥红陶，带盖。盆形鼎，敞口，浅弧腹，圜底，凿形足。盖为浅盅式纽。通高 20、盖高 7.6、盖径 16、器身高 12.4、口径 16.6 厘米。

M14:5　B 型 II 式壶，泥质黑皮陶，通体涂朱砂。侈口长颈翻沿，扁鼓腹，喇叭形圈足外撇。高 11.1、口径 6.3、底径 6 厘米。

M14:6　B 型 III 式杯，泥质灰陶，束口，弧腹下垂，假圈足底微凹。高 14.3、口径 5.8、底径 5.6 厘米。

M14:7　A 型 II 式鱼鳍形足鼎，夹砂红褐陶，带盖。直口平折沿，盆形鼎，略呈平底。盖为弯钩形纽。通高 11.7、盖高 3.1、盖径 11.6、器身高 8.8、口径 13.2 厘米。

M14:8　A 型 IV 式细把豆，泥质黑皮陶，豆盘及豆把无刺孔处均涂朱砂，豆盘敛口，豆把为两节式，上部呈瓦棱形，其中相间隔的三个瓦棱状凸棱上遍施圆形小刺孔。

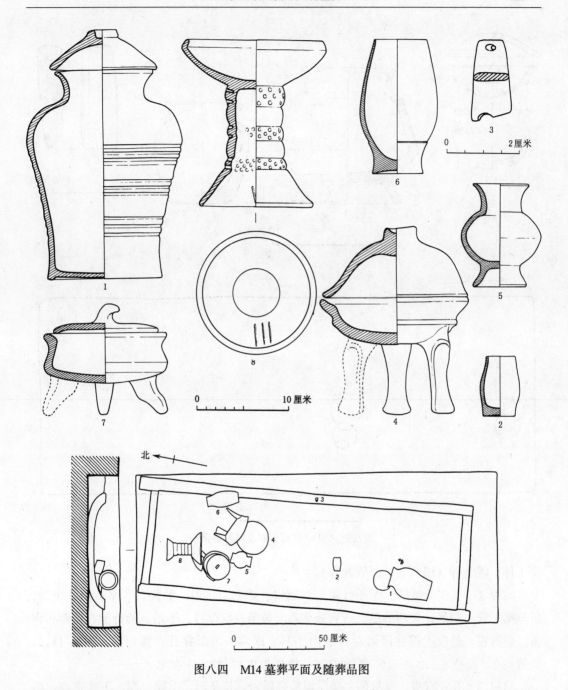

图八四　M14墓葬平面及随葬品图

下节外撇。圈足内有三条竖向纹组成的刻划符号。高18、口径14.8、底径12.8厘米。

**M39**

位于A区T201，开口于②层下。长方形竖穴土坑墓，墓坑长2.1、宽0.8、深约0.2米。填土灰褐色，人骨朽尽，方向175°。随葬品4件，为带甑鼎1件，石凿1件，

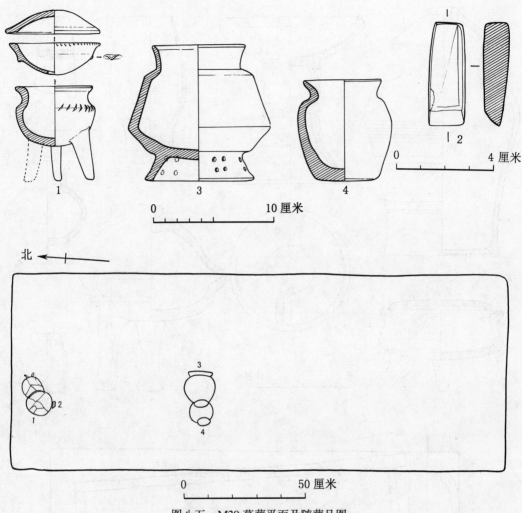

图八五　M39 墓葬平面及随葬品图

壶 1 件，罐 1 件（图八五；图版九九）。

M39:1　Ⅱ式带甗鼎，泥质红陶，与甗组合成套，带盖。鼎侈口，平折沿，束颈，折肩略上耸，圜底，鱼鳍形足，折肩处刻斜向短条；甗敞口，平沿，沿外侧有花瓣状锯齿，斜敞腹，外腹上部在两侧对称装两小耳，底为一圆形穿孔；盖纽残。通高 11.2、盖残高 2、盖径 8、甗高 2.6、口径 7.6、鼎高 7.9、口径 6.4 厘米。

M39:2　Ⅱ式石凿，青灰色，变质泥质硅质岩，长条形，上端窄厚，下端宽薄。高 4.2、宽 1.5、厚 1 厘米。

M39:3　D 型Ⅱ式壶，泥质黑皮陶，侈口长颈，斜垂腹，折肩折腹明显，圈足上有 5 组圆穿孔。高 11.2、口径 7.8、底径 9.2 厘米。

M39:4　C 型Ⅲ式罐，泥质灰陶，侈口，折沿，折肩，平底。高 8.2、口径 6.6、底径 5 厘米。

**M57**

位于 A 区 T401 东部，开口于②层下。长方形竖穴土坑墓，墓坑长 1.9、宽 0.6、深 0.13 米。填土黄色，人骨已朽，据随葬品判断头向在南，方向 185°。随葬品 3 件，为玉饰 1 件，罐 1 件，鼎 1 件（图八六；图版一三二）。

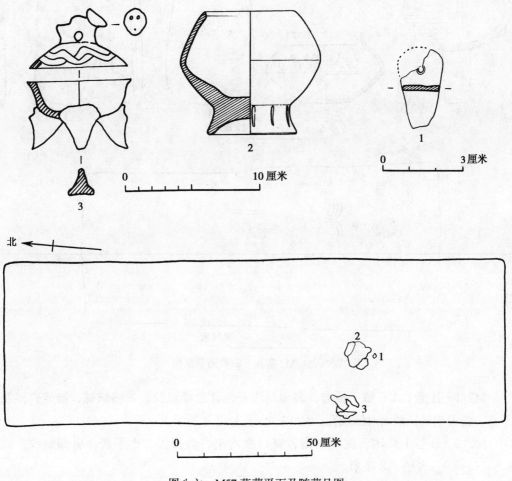

图八六　M57 墓葬平面及随葬品图

M57∶1　三角形玉饰，沁成白色，扁平片形，上端圆弧，略残，钻一小孔，下端为尖角。高 3 厘米；重 1.17 克。

M57∶2　圈足罐，泥质灰陶，敛口，折腹，高圈足，饰竖条形装饰。口径 6.6、高 9、底径 6.7 厘米。

M57∶3　鼎，粗泥红褐陶小鼎，带盖，鼎为敞口，斜腹，三角形鼎足。盖为堆塑兽形纽，盖面刻折线纹。通高 9.5、盖高 4.3、盖径 5.4、鼎高 5.2、口径 8.4 厘米。

**M2**

位于 B 区 T2 西侧，开口于第③层下。长方形竖穴土坑墓，墓坑长 2.2、宽 0.85～1、深约 0.2 米。坑内填灰黑土，见部分头骨、肋骨和下肢骨，葬式仰身直肢，头向350°。随葬品 4 件，为石钺 2 件，陶罐 1 件，陶鼎 1 件（图八七；图版三七）。

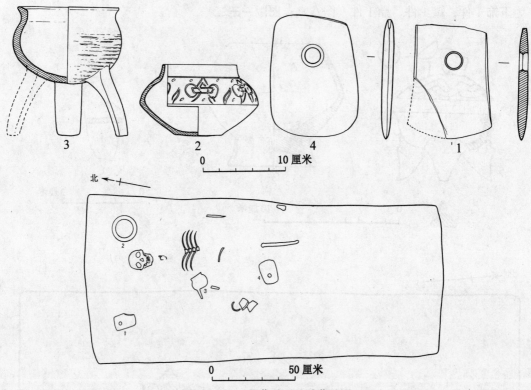

图八七　M2 墓葬平面及随葬品图

M2:1　B 型Ⅰ式石钺，板岩，表面呈浅灰色，色泽斑驳，质感细腻，器残，尾端平直，弧刃崩缺，两面对钻成孔。高 13.4、孔径 2.4 厘米。

M2:2　B 型Ⅰ式罐，泥质灰陶，直口微内束，扁折腹，小平底，肩部刻纹。高 8.5、口径 9、底径 5.8 厘米。

M2:3　A 型Ⅰ式铲形足鼎，夹砂红陶，釜形鼎，侈口折沿，鼓腹、圜底，最大腹径在肩部。腹部饰横向绳纹。铲形足整体呈向内弯曲的弧形。高 15.3、口径 12.4 厘米。

M2:4　A 型Ⅰ式石钺，辉绿岩，弧刃，无明显刃角。高 14.4、孔径 2.7 厘米。

## 三、第三等级墓葬

**M21**

位于 A 区 T401 东北部，开口于第②层下。长方形竖穴土坑墓，墓坑长 1.9、宽

0.72～0.82、深 0.1 米。填土灰褐色。人骨已朽，方向 178°。随葬品 3 件，为罐、杯、钵各 1 件（图八八；图版六四）。

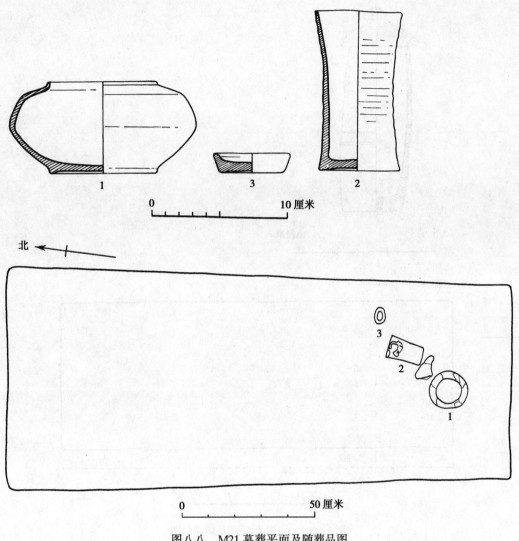

图八八　M21 墓葬平面及随葬品图

　　M21:1　A 型 II 式罐，泥质灰陶，直口，扁鼓腹，矮圈足底。高 6.7、口径 8.2、底径 8.2 厘米。

　　M21:2　A 型 I 式杯，泥质灰陶，敞口束腰，平底微凹。高 11.8、口径 6.6、底径 6.2 厘米。

　　M21:3　钵，泥质灰陶，浅腹，平底。高 1.4、口径 5.7、底径 4.4 厘米。

　　**M30**

位于 A 区 T401 西部，西边被 M27 打破，开口于第②层下。长方形竖穴土坑墓，墓坑长 1.45、残宽 0.53、深 0.18 米。填黄褐土，人骨已朽，仅在南端见有牙齿痕迹，方向 180°，从牙齿判断应为小孩墓。随葬品仅 1 件陶杯（图八九）。

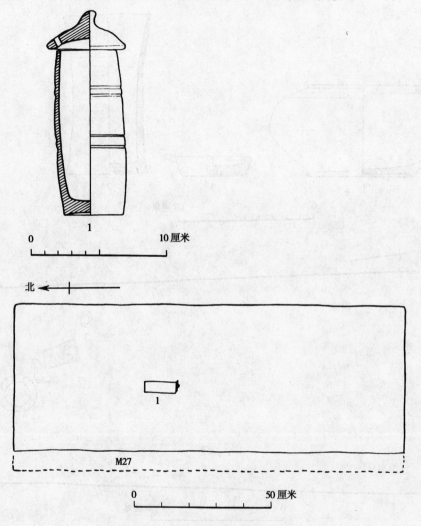

图八九　M30 墓葬平面及随葬品图

　　M30：1　A 型Ⅳ式杯，泥质灰陶，带盖，杯呈筒形，直口，平底微凹，腹部有上下两组凹弦纹。盖为弯角状纽。通高 14.8、盖高 2.8、盖径 5.9、器身高 12、口径 4.4、底径 4.4 厘米。

　　**M73**

　　位于 A 区 T201 东北部，开口于④层下。长方形竖穴土坑墓，墓坑长 1.85、宽 0.6、深 0.19~0.29 米。填土灰褐色，人骨架保存较好，仰身直肢葬，头向南，方向 175°。经鉴定，墓主为成年人，性别不明。随葬品 2 件，为豆 1 件，鼎 1 件，鼎足残缺。均覆扣置于膝部（图九〇；图版一五八）。

M73:1　A型Ⅱ式细把豆，泥质灰陶，敛口，斜腹。豆把为三段式，第一段根部略鼓，有圆形、弯月形凹窝组成的装饰；第二、三段呈阶梯状外折撇，第二段饰三角形镂孔、三角形凹窝和弯月形凹窝组合的装饰花纹。高18.2、口径21.3、底径17.8厘米。

M73:2　鼎，粗泥红陶，器残未能修复。

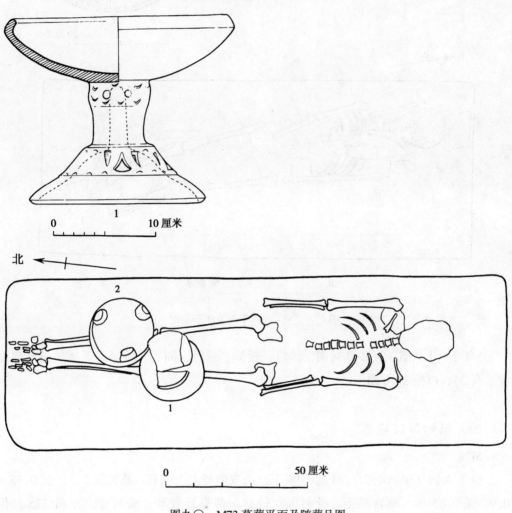

图九〇　M73墓葬平面及随葬品图

**M4**

位于B区T1北隔梁中部，开口于第④层下，打破第⑤层与生土。长方形竖穴土坑墓，墓坑长1.9、宽0.78、深0.25米。填黄褐色土，人骨架保存基本完好，葬式仰身直肢，头向350°。随葬品仅1件，为釜，有意识打破后将碎块分放于头、胸、腿和脚端等部位（图九一；图版三九）。

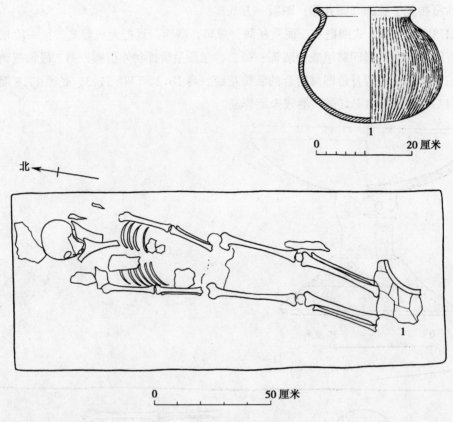

图九一　M4 墓葬平面及随葬品图

M4:1　Ⅰ式釜，夹砂红褐陶，侈口，折沿，球腹，圜底，颈部以下通体施竖向绳纹。高 24、口径 21.6 厘米。

## 四、第四等级墓葬

### M70

位于 A 区 T302 南部，开口于④层下。长方形竖穴土坑墓，墓坑长 2.1、宽 0.75～0.9、深 0.35 米。填青褐土，骨架保存较好，仰身直肢葬，头向北，方向 375°，但是，骨架无头颅，经鉴定，墓主为成年男性。此墓无随葬品（图九二；图版一五七，1）。

### M71

位于 A 区 T302 南部，开口于④层下。长方形竖穴土坑墓，墓坑长 1.6、墓口宽 0.7、墓底宽 0.4、深 0.45 米。填土青黄色，人骨中头骨、四肢骨保存较好，其余已朽，仰身直肢葬，头向南，方向 170°。经鉴定，墓主约为 17 岁，性别不明。此墓无随

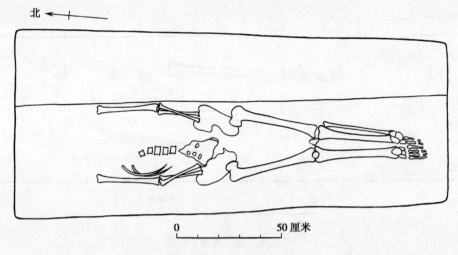

图九二　M70 墓葬平面图

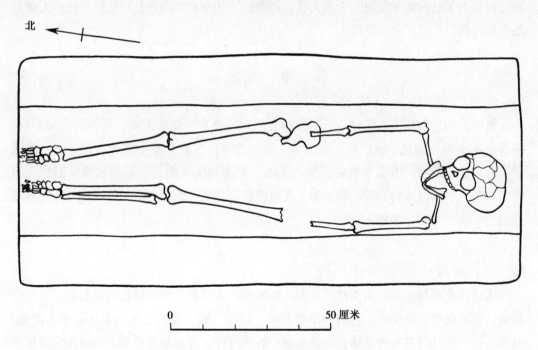

图九三　M71 墓葬平面图

葬品（图九三；图版一五七，2）。

### M82

位于 A 区 T202 西南部，开口于④层下，被 M74、M77 打破，又打破 M86。长方形竖穴土坑墓，墓坑长 1.82、宽 0.5、深 0.3～0.45 米。填灰褐色土，人骨架保存较好，墓主仰身直肢葬，头向南，方向 178°。经鉴定，墓主为小于 45 岁的成年女性。另

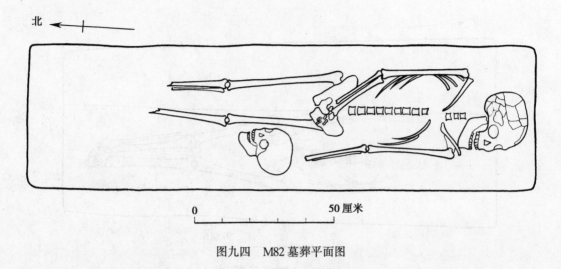

图九四　M82 墓葬平面图

外，在墓主下肢右侧又发现一个人头骨，经鉴定，为年龄约 4~5 岁儿童。此墓无随葬品（图九四）。

## 第四节　随葬品

南河浜遗址墓葬中的随葬品，以陶器为主，另外有少量的玉器、石器和骨角器等。陶器的基本组合为鼎、豆、杯、壶、罐、盆、盘等，少数墓葬中随葬有甗、釜、澄滤器、大口缸等器物；玉器主要有玉璜、玉钺、玉镯和玉片饰等；石器主要有石钺、石锛、石凿、石镰以及砺石等；骨角器主要有骨锥、骨镞、骨匕和骨刀等。现按照随葬品质地的不同，分别介绍如下：

### 一、陶器

无论大墓还是小墓，陶器都是主要的随葬品。陶器种类的多样化与复杂化，应是食物组合多样化的一种反映。在随葬品组合中，以杯、罐、壶和豆的数量为最多，而盘、盆等往往一座墓只有一件。鼎在许多墓葬中有两三件，并且形态各异。陶釜则主要见于B区的早期墓葬中。B区墓葬中的陶器往往豆把或鼎足残缺，器物形态一般较大，烧成火候较高，一般为生活中的实用品。A区墓葬中的陶器，除生活实用品外，许多应为冥器或祭器。

根据陶质陶色的不同，可以分为泥质灰陶、泥质红陶、夹砂红褐陶和粗泥红褐陶等几类。饮食器和盛储器一般以泥质陶制成，炊器一般以粗泥红褐陶或夹砂红褐陶制成。大多数陶器不施纹饰，而仅在圈足等部位有镂孔或弦纹等简单的装饰。另外动物雕塑是这时期陶器装饰的显著特点，在许多的器盖上往往雕塑小鱼、小兽等动物形态。盖纽有杯形、桥形、兽形、鸟形等多种形态。有三件罐的口部雕塑形态相似的鹰头，长喙圆眼，形象十分逼真，或许反映了鹰是这个部族的图腾或崇拜神。

敛口与折腹是崧泽文化器物造型的时代特征，大部分陶器采用泥条盘筑法，分段拼接制成，个别小件器物直接用手捏成。拼接的部位一般在领部和肩腹部。圈足、鼎足和盖纽等一般是分别制成，然后再采用贴接的方法组合到一起。器物成型后一般经慢轮修整。绝大部分器物的表面都经过打磨渗浆或另外挂泥浆处理。所以无论哪种陶质都有一层细密光亮的表皮或称陶衣，而内胎一般较为粗松，大部分陶衣经埋藏之后十分容易脱落。

饮食器和盛储器往往制作精细，豆、杯等器物还常常与镂刻相配合施以朱红色彩绘。有些器物局部还有残缺现象，显然是在使用过程中造成的。从许多迹象分析，墓葬中的饮食器和盛储器，大多可能是日常生活中的实用品或者是祭祀中的实用品，有些也可能是冥器，但我们很难将它们明确加以区分。炊器一般制作较为粗糙，烧成火候较低，器形一般也较小，因此随葬的大部分炊器应该是冥器。

另外与一般炊器所不同的在少数墓葬中，还见有一种带甑鼎，器形十分小巧而制作精细，其鼎足均为鱼鳍形，而同墓出土的另外的陶鼎，则一般为扁凿形鼎足或其他形态。因此我们分析这类带甑鼎应该是用于祭祀的祭器。另外在一些墓葬中还随葬一种器形十分小巧而形态规范的陶豆，以及塔形壶等陶器，我们认为也应该是专门用于祭祀的一种祭器。现分类介绍如下：

**（一）炊器**

鼎为崧泽文化的主要炊器，另外有少量的甗和釜，一般以粗泥红褐陶制成。从许多文化谱系的鼎的比较看，鼎足的式样往往是文化因素的最显著的特征。因此我们首先按鼎足的不同，将鼎加以分类，然后在鼎足分类的基础上，进行分型、分式研究。南河浜遗址墓葬中的鼎，形式多样，鼎足和鼎身的种类很多，许多式样的鼎往往只有一两件。数量较多可成系列的鼎，主要有釜形鼎和盆形鼎两类。依据鼎足的分类主要有鱼鳍形足鼎、铲形足鼎、凿形足鼎和兽足形足鼎等几类。现分别介绍如下：

**鱼鳍形足鼎** 依据鼎身的形态又可以进一步分型，其中可成系列者，有2型。

A型 盆形鼎，4件。其特点为敞口、浅腹。由斜折沿、浅弧腹，而渐演变为平折沿，上下腹分开，腹壁转折明显，转折处一般在外壁起凸棱。依变化规律可分为2式。

Ⅰ式 1件。M69：4，粗泥红褐陶，带盖。鼎为敞口、斜折沿，浅弧腹。鱼鳍形足，足尖向外弯折。盖较浅，斜直壁，浅杯形纽。通高17.4、盖高5.2、盖径13.2、鼎高12.2、口径13.8厘米（图九五；1；图版一五六，3）。

Ⅱ式 3件（M14：7、M25：12、M44：8）。标本M25：12，泥质灰陶，带盖。鼎为

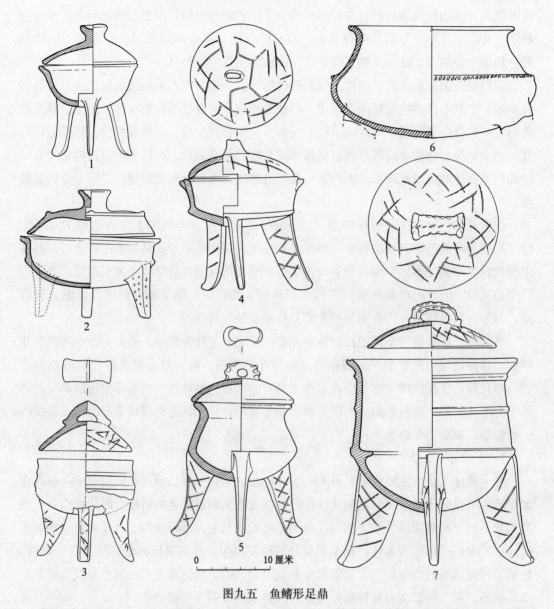

图九五　鱼鳍形足鼎

1.A型Ⅰ式（M69:4）　2、4.A型Ⅱ式（M25:12、M44:8）　3、7.B型Ⅲ式（M24:15、M44:2）　5.B型Ⅱ
式（M83:8）　6.B型Ⅰ式（M5:2）

直口，平折沿，上腹较直，下腹为弧壁，底略平。鱼鳍形足，足尖较平。盖为平顶、折壁，杯形纽，盖面上有一周凸棱，凸棱上对称分布4个突出的乳丁。通高17.2、盖高6.4、盖径18、鼎高10.8、口径19.6厘米（图九五，2；图版七三，5）。M44:8，粗泥红褐陶，带盖。鼎为直口，无沿、方唇，口沿外侧有一对小錾，腹底转折明显。鱼鳍形足上刻划交叉直线纹，足尖较平。盖为丫形纽，盖面刻折线纹，盖沿部向下弯折。通高

20.5、盖高 5.1、盖径 13.8、鼎高 15.4、口径 15.8 厘米（图九五，4；图版一〇九，4）。

B 型　釜形鼎，6 件。其特点为侈口、折沿、深腹。其演变趋势为上腹渐加高，由束颈而渐变为无颈直口。依其演变规律略可以分为 3 式。

Ⅰ式　2 件（M3:2、M5:2）。标本 M5:2，粗泥红褐陶，侈口、束颈、折沿，扁鼓腹，肩部饰附加堆纹，呈花边状。鼎足残缺，残高 15 厘米（图九五，6；图版四〇，3）。

Ⅱ式　2 件（M24:15、M83:8）。标本 M83:8，夹砂红陶，带盖，盖为 12 号。鼎侈口，折沿，束颈，折腹，圜底。鱼鳍形足外撇，饰交叉刻划纹。盖为桥形纽。通高 23.5、盖高 5.4、盖径 13.8、鼎高 18.1、口径 13.4 厘米（图九五，5；图版一七三，3）。

Ⅲ式　2 件。M44:2，粗泥红褐陶，带盖。鼎为直口，折沿，深腹，上腹部有三周凸棱，内腹有隔挡，用以承算。鱼鳍形足，足尖外翘，足上饰交叉刻划纹。盖为桥形纽，盖面上刻折线纹。盖高 6.4、盖径 18、鼎高 28、口径 24 厘米（图九五，7；图版一〇八，2）。M24:15，粗泥红陶，多孔隙，带盖。鼎口微侈，无沿，上腹部饰两道凸棱纹。足上刻饰交叉刻划纹。盖为桥形纽，盖上刻划交叉直线纹。通高约 20.8、盖高 6.8、盖径 13.2、鼎高约 14、口径 13.5 厘米（图九五，3）。

**铲形足鼎**　均为釜形鼎，根据鼎足的形态的差异，可以分为平铲形和凹铲形 2 型。

A 型　平铲形足鼎，3 件。依据鼎足和鼎身的变化规律，略可以分为 3 式。

Ⅰ式　1 件。M2:3，夹砂红褐陶，釜形鼎，侈口折沿，束颈、鼓腹、圜底，最大腹径在肩部。腹部饰横向绳纹。铲形足较窄，整体呈向内弯曲的弧形。通高 15.3、口径 12.4 厘米（图九六，6；图版三七，4）。

Ⅱ式　1 件。M75:2，粗泥红褐陶，侈口折沿，口沿上有 3 周凹弦纹，鼓腹、圜底，最大腹径在下腹部。铲形足下部残。残高 14.4、口径 15.1 厘米（图九六，2；图版一六〇，4）。

Ⅲ式　1 件 M74:3，粗泥红褐陶，直口折沿，上腹较直与下腹转折较为明显，上腹部呈瓦棱状，折腹处有竖向刻划短线。铲形足边沿捏成花边，足根部向内弯，足尖微外撇。高 16.3、口径 14.8 厘米（图九六，4；图版一五九，4）。

B 型　凹铲形足鼎，3 件。依据鼎足和鼎身的变化，略可以分为 3 式。

Ⅰ式　1 件。M59:15，粗泥红褐陶，带盖。鼎为侈口，宽折沿，束颈，鼓腹，圜底。凹弧形铲足，残。盖纽堆塑成大兽驮小兽形象。通高 22、盖高 9.4、盖径 14.7、鼎高 12.6、口径 15.3 厘米（图九六，1；图版一三六，1）。

Ⅱ式　2 件。M87:4，粗泥红褐陶，多气孔，侈口束颈，尖圆唇，圆鼓腹，圜底近

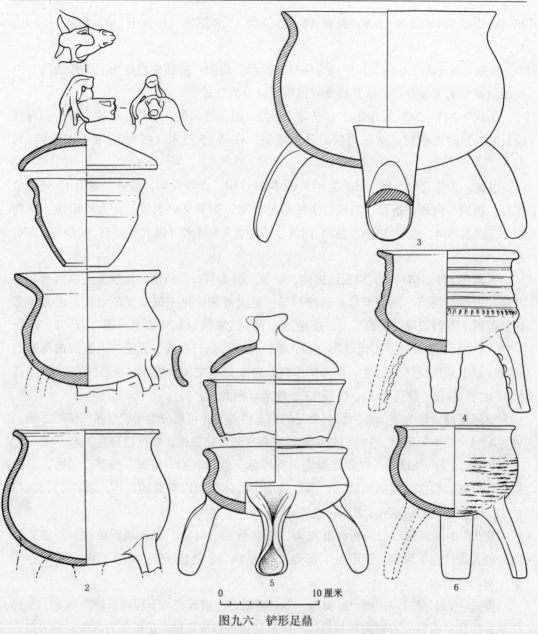

图九六　铲形足鼎

1.B型Ⅰ式（M59:15）　　2.A型Ⅱ式（M75:2）　　3、5.B型Ⅱ式（M87:4、M49:9）　　4.A型Ⅲ式（M74:3）
6.A型Ⅰ式（M2:3）

平，凹弧形铲足。通高23.2、口径22.4厘米（图九六，3；图版一七六，5）。M49:9，
粗泥红褐陶，带盖。鼎为侈口折沿，上腹较直，圜底，凹铲形足中部捏合在一起。盖为
T形纽，T形应该是鸟形的变体。通高18.8、盖高6、盖径13.2、鼎高12.8、口径15
厘米（图九六，5；图版一二〇，2）。

**凿形足鼎**　8 件。一般为盆形鼎，依据鼎足和鼎身的变化规律，略可以分为 3 式。

Ⅰ式　1 件。M84：2，带盖鼎，粗泥红陶。鼎敞口，折腹，扁凿形足。盖为 T 形纽。通高 17、盖高 5、盖径 12.4、器身高 12、口径 12.4 厘米（图九七，1；图版一七四，4）。

Ⅱ式　2 件（M14：4、M33：4）。标本 M33：4，粗泥红陶，带盖。鼎腹较深，口略内收，内沿斜折，无明显外沿，弧腹圜底，上腹部有一周附加堆纹，呈花边状。凿形足外弯。盖为桥形纽。通高 20、盖高 5.2、盖径 14.8、器身高 12.4、口径 14.8 厘米（图九七，2；图版八七，1）。

Ⅲ式　5 件（M29：5、M29：6、M25：14、M89：1、M89：4）。标本 M29：6，粗泥红陶，带盖。鼎腹加深成釜形，口微内收，平折沿，弧腹圜底，中腹部有一周凸棱，凿形足根部有圆窝，两侧有两组指捏凹窝，呈花边状。盖为丫形纽。通高 16、盖高 4.4、盖径 13.2、鼎高 11.6、口径 12.4 厘米（图九七，3；图版八三，1）。

**兽足形足鼎**　7 件，根据鼎身的不同，可以分为盆形与釜形 2 型。

A 型　盆形鼎，4 件。依据鼎身的变化规律，略可以分为 2 式。

Ⅰ式　1 件。M78：15，粗泥红陶，带盖，盖为泥质灰陶。鼎为敞口，内沿斜折，弧腹圜底，腹中部有一周凸棱。鼎足整体如动物的腿足，上下较宽，中部略窄，足根部为宽大的圆弧形，外凸如关节状，足尖部外撇，足尖做成齿状，如动物的爪子，足外侧饰交叉斜线纹。盖为丫形纽，是从圆雕的立鸟简化而来。通高 18、盖高 5.2、盖径 12.8、鼎高 12.8、口径 13.3 厘米（图九七，4；图版一六五，3）。

Ⅱ式　3 件（M44：7、M62：14、M63：9）。标本 M44：7，粗泥红褐陶，带盖。鼎为直口，上腹较直，圜底，腹底交接处转折明显，外腹上下有两周凸棱。足如兽足形，足根呈宽大圆弧状，足尖外撇，足外侧刻饰交叉斜线纹。盖为花边状桥形纽，盖面上刻划交叉斜线纹。通高 21、盖高 6.4、盖径 18、器身高 16.6、口径 17.2 厘米（图九七，6；图版一〇九，3）。

B 型　釜形鼎，3 件（M31：3、M43：2、M43：3）。标本 M43：3，粗泥红褐陶，敛口方唇，折腹圜底，口沿下有两个对称小鋬和两周凸棱，兽足形鼎足（残），足根外侧饰交叉斜线纹。残高 11.2、口径 16.4 厘米（图九七，5；图版一〇七，5）。

**釜**　4 件。均出自于 B 区墓葬中，依其口与腹部的变化规律，略可以分为 2 式。

Ⅰ式　1 件。M4：1，夹砂红褐陶，束颈侈口，宽折沿，球腹，圜底。通体饰竖向绳纹。高 24、口径 21.6 厘米（图九八，5；图版三九，3）。

Ⅱ式　3 件（M5：1、M6：1、M7：1）。标本 M7：1，夹砂红褐陶，侈口长颈，平折沿，扁鼓腹圜底，折肩微上耸，肩部施一道附加堆纹。高 17.2、口径 25.8 厘米（图九八，1；图版四二，3）。

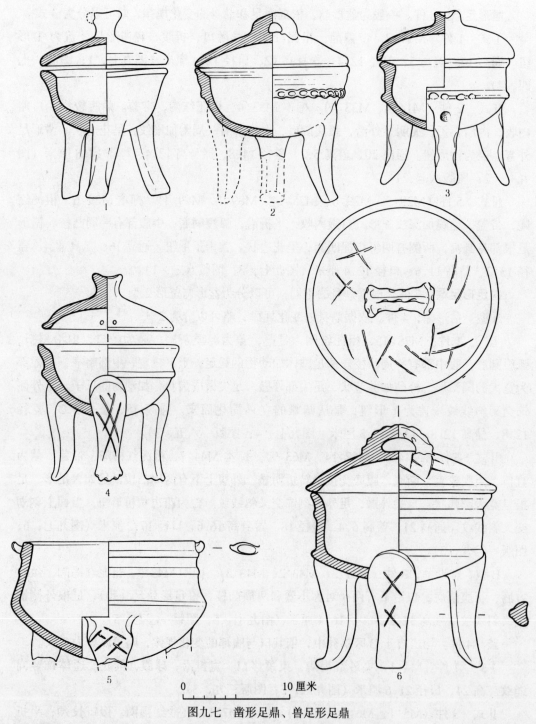

图九七　凿形足鼎、兽足形足鼎

1.Ⅰ式凿形足鼎（M84:2）　2.Ⅱ式凿形足鼎（M33:4）　3.Ⅲ式凿形足鼎（M29:6）　4.A型Ⅰ式兽足形足
鼎（M78:15）　5.B型兽足形足鼎（M43:3）　6.A型Ⅱ式兽足形足鼎（M44:7）

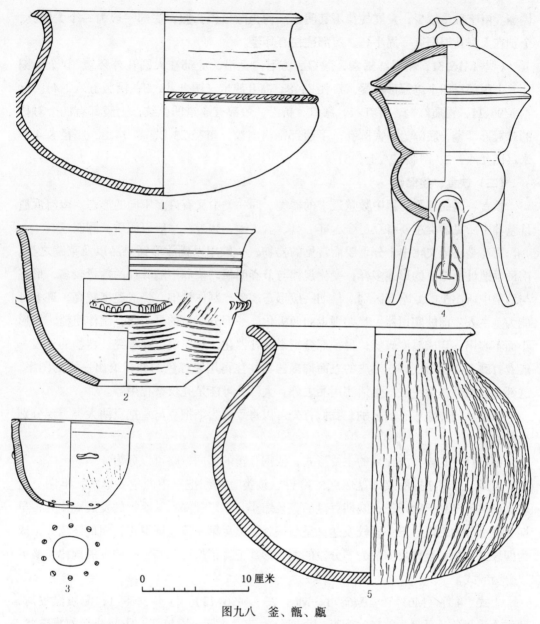

图九八　釜、甑、甗

1. Ⅱ式釜（M7：1）　　2、3. 甑（M96：11、M16：31）　　4. 甗（M78：10）　　5. Ⅰ式釜（M4：1）

甗　1件。M78：10，粗泥红褐陶，夹少量砂。整体为亚腰形，上腹为敞口、斜腹，下腹为圜底、扁鼓腹，束腰处内腹有一凸棱用以承箅。三个平铲形足，微外撇，足外侧饰刻划纹。盖为桥形纽。通高27、盖高7、盖径13.8、甗高20、口径14厘米（图九八，4；图版一六五，4）。

甑　5件（M16：31、M49：14、M59：15、M91：6、M96：11）。一般与鼎配套组成分

体瓿。由于数量较少，发展规律不甚明显。均为敞口斜弧腹，底部一般为一个大圆孔，个别在大圆孔周围有一周小孔，腹部往往有耳錾。

标本 M16:31，粗泥红褐陶，敞口、方唇、无沿，底部在大圆孔外环绕 10 个小圆孔，上腹部有四个鸡冠形耳錾。口径 11.8、高 8 厘米（图九八，3；图版五八，4）。标本 M96:11，泥质红陶，有红衣，敞口、折沿，颈部有 4 道凹弦纹，上腹部有四个对称的鸡冠形耳錾，底部为一大圆孔，下腹部饰横绳纹。口径 23.2、高 14.8、底径 8.4 厘米（图九八，2；图版一八七，5）。

### （二）饮食、盛储器

饮食、盛储器是陶器中数量最多的器类，同一类中又有许多不同的形态。南河浜遗址墓葬中所见器类主要有豆、壶、杯、盘、盆、罐、钵等，一般以泥质灰陶制成。

**豆**　是崧泽文化中十分重要而常见的器物，一般用以盛放珍馐果品以及菜蔬之类。南河浜遗址所出豆的形式多样，变化规律与节奏明显。墓葬中随葬豆的数量较多，形态与地层中所出土的豆略有区别。早期一般形态规范，制作精细，烧成温度较高，许多可能为墓主人生前的实用器。晚期则走向两极化，一部分明显的冥器化，制作粗糙，器形小而不实用，烧成温度较低；另一部分则走向礼器化，制作规范而考究，器物的外表一般有打磨光亮的黑皮，在黑皮的表面许多器物往往再用朱红色的颜料绘出一定的图案。这部分器物除作为一般的生活实用品之外，大部分可能是礼仪祭祀用器。

依据豆的整体形态的区别，我们首先可以将豆分为细把豆与宽把豆两大类。现分别介绍如下：

**细把豆**　是崧泽文化豆的主要形式，依据豆盘的不同，略可以分为 4 型。

**A 型**　细高把折沿敛口盘形豆，30 件，该类豆是细把豆中的主要形式。早期豆盘较大而浅，多见折腹形态；晚期豆盘的直径缩小，斜腹较深。其豆把的发展规律为，早期豆把可分为三段，第一段较发达，呈凸棱状。以后第一段逐渐退化，而最终消失，成为两段式豆把。至最后演变为不分段的喇叭形豆把。依据豆盘和豆把的发展规律，略可以分为 5 式。

**Ⅰ式**　4 件（M61:10、M68:1、M81:23、M96:12）。标本 M68:1，泥质黑皮陶，胎质为浅灰色，豆盘为敛口、折腹。豆把分为三段，第一段较高，中间凸起如算珠状。第二段与第三段渐向外扩展如裙状。第二段饰三角形、圆形和长条形镂孔。第三段饰小圆孔。高 18、口径 20.1、底径 16.4 厘米（图九九，1；图版一五五，4）。标本 M81:23，泥质黑皮陶，胎质为褐色。豆盘为敛口、折腹。豆把分三段，上段中间起凸棱如竹节状，第二段较高，饰圆形和三角形镂孔。高 18.4、口径 22、底径 16 厘米（图九九，2；图版一六八，4）。

**Ⅱ式**　6 件（M49:12、M62:13、M63:7、M63:10、M69:2、M73:1）。标本 M49:

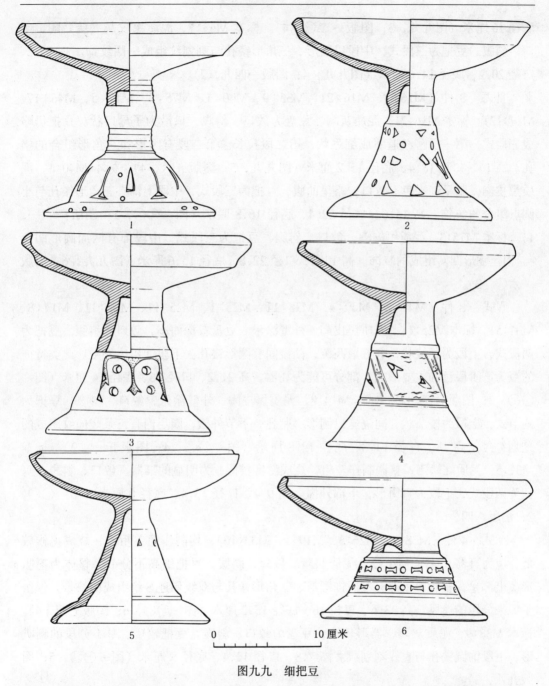

图九九　细把豆

1、2.A型Ⅰ式（M68:1、M81:23）　　3、4.A型Ⅱ式（M49:12、M63:7）　　5、6.A型Ⅲ式（M16:21、M75:3）

12，泥质黑皮灰（胎）陶，器外壁涂朱。豆盘为敛口、折腹。豆把为三段式，第一段已经退化而失去原先的凸棱，与第二段的衔接从原来的阶梯式而演变为顺势的喇叭形。第一段呈瓦棱状，第二段以圆形、三角形镂孔与刻划组成两组纹饰。高18.4、口径20.4、底径 16 厘米（图九九，3；图版一二〇，4）。标本 M63：7，泥质黑皮灰（胎）陶，敛口、斜腹。豆把为三段式，中段以圆形、三角形镂孔与刻划纹组成一圈纹饰。高 19.2、口径 20.2、底径 14.6 厘米（图九九，4；图版一四九，2）。

Ⅲ式　8 件（M16：8、M16：21、M35：9、M40：1、M75：3、M17：5、M46：17、M11：12）。标本 M16：21，泥质灰陶。豆盘为敛口、斜腹，口沿为子母口状。豆把仍略成三段式，第一段已经退缩成细颈状，第二段拉长。第二段有圆形和三角形组合的镂孔。高 16、口径 18.4、底径 15.2 厘米（图九九，5；图版五六，4）。标本 M40：1，泥质黑皮陶，胎呈红褐色。敛口，略呈曲腹，豆把为三段式，中段上饰有三角形镂孔与小圆点组合的纹饰。高 14.6、口径 22.4、底径 16.8 厘米（图一〇〇，1；图版一〇一，1）。标本 M75：3，泥质黑皮陶，敛口、斜腹，豆把为三段式，中段饰有两周圆形凹窝与"I"字形凹窝组成的装饰。高 13.2、口径 22.8、底径 15.6 厘米（图九九，6；图版一六〇，3）。

Ⅳ式　8 件（M41：2、M29：4、M38：11、M25：1、M25：11、M27：11、M14：8、M31：5）。标本 M25：11，泥质黑皮陶，外壁涂朱。豆盘较深而小，敛口、斜腹。豆把为两段式，上段为瓦棱状，有五道凸棱，凸棱间有圆形镂孔。下段如裙边外撇。此类特征的豆为该阶段豆的主要形式，部分可能为礼器。高 21.2、口径 16、底径 14 厘米（图一〇〇，3；图版七三，2）。标本 M14：8，泥质黑皮陶，外壁涂朱，敛口、斜腹，豆把为两节式，上段为棱节状，间隔施以圆形小刺孔，下节外撇，圈足内有三条竖向纹组成的刻划符号。高 18、口径 14.8、底径 12.8 厘米（图一〇〇，4；图版五一，2）。标本 M31：5，泥质红褐陶，整器制作较粗，烧成温度较低，为明显的冥器。敛口、斜腹，豆把为两段式，上段为直筒形，下部外撇。高 9.4、口径 13.4、底径 8 厘米（图一〇〇，2；图版八四，6）。

Ⅴ式　4 件（M38：9、M26：3、M19：1、M33：10），均制作简单粗糙，烧成火候较低，应为冥器。标本 M26：3，泥质灰陶。敛口、斜腹，豆把细高不分节，整体为喇叭形。上部呈瓦棱状，下部有一段饰圆形、三角形镂孔与双线勾连 S 纹组成的纹带，保留了原来分段的遗风。高 23.6、口径 16、底径 15.2 厘米（图一〇〇，6；图版七四，4）。标本 M38：9，泥质灰陶，器形较小，豆盘为敛口、斜腹。豆把较矮，呈不分段的喇叭形，上段饰圆镂孔与直线刻划纹。高 7.8、口径 12.4、底径 8 厘米（图一〇〇，5；图版九八，3）。

B 型　细高把无沿敞口盘形豆，8 件。其变化规律与 A 型豆相似，早期豆盘折腹明显，晚期略成弧腹。其豆把渐由三段式，变为两段式，最终演变为不分段的喇叭形。依其变化节奏，略可以分为 3 式。

Ⅰ式　1 件。M83：11，泥质黑皮陶。敞口，方唇微内勾，折腹。豆把分为三段，

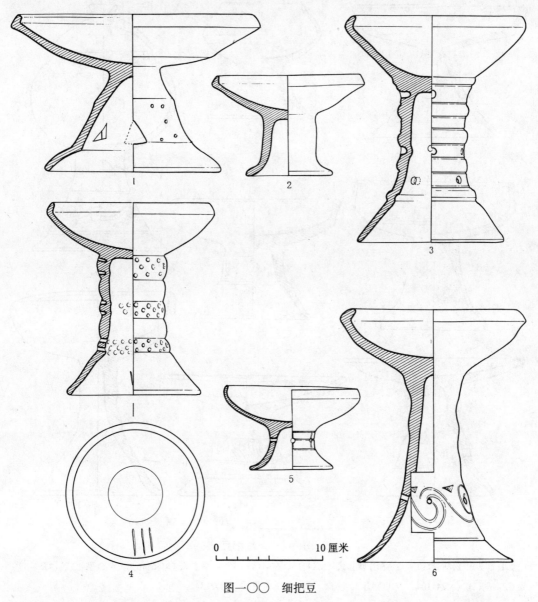

图一〇〇　细把豆

1.A型Ⅲ式（M40:1）　2～4.A型Ⅳ式（M31:5、M25:11、M14:8）　5、6.A型Ⅴ式（M38:9、M26:3）

第一段较高，中间略起凸棱。第二段饰圆形镂孔。高 13.2、口径 18.4、底径 13.1 厘米（图一〇一，1；图版一七三，1）。

Ⅱ式　4件（M78:1、M44:4、M46:4、M24:16）。标本 M24:16，泥质黑皮陶。豆盘略呈直口、折腹，腹部下有一周垂棱。豆把为两段式，但保留三段式的遗风，上段做成瓦棱状，中段饰圆形镂孔。高 14.8、口径 16.4、底径 11.2 厘米（图一〇一，2；图版七〇，4）。标本 M44:4，泥质黑皮陶，胎为红褐色。豆盘为直口、方唇、折腹。豆

0　　　　　　　　10 厘米

图一〇一　细把豆

1.B型Ⅰ式（M83：11）　　2、5.B型Ⅱ式（M24：16、M44：4）　　3.C型Ⅰ式（M46：16）　　4.D型Ⅰ式（M59：4）

6.C型Ⅱ式（M24：10）　　7.D型Ⅱ式（M25：7）　　8.B型Ⅲ式（M42：3）

把略成三段式，第一段退化为细颈状，第二段饰圆形镂孔。高 12.4、口径 17.6、底径 12 厘米（图一〇一，5；图版一〇八，4）。

Ⅲ式　3件（M15：4、M18：1、M42：3）。标本 M42：3，泥质红褐陶，是因为烧成温度不够所致。微呈敛口，方唇无沿，弧腹。豆把不分节，整体如喇叭状。上部较细，呈瓦棱状，下部为大敞口。高 20.4、口径 16.8、底径 13.2 厘米（图一〇一，8；图版一〇六，4）。

C型　细高把折沿碟形豆，4件。豆盘甚浅，敞口，早期为曲腹，外折沿明显，晚期则仅在内壁形成凹痕，以分界沿的部分。豆把的变化规律与其他形式的细把豆相同。依其特点，略可以分为 2 式。

Ⅰ式　2 件（M96:10、M46:16）。标本 M46:16，泥质黑皮（灰胎）陶。敞口，折沿，浅盘。豆把为三段式，上段呈鼓状凸棱，中段饰圆形镂孔与刻划线组成的纹带，下部外折撇如喇叭形。高 13.8、口径 19.2、底径 12.8 厘米（图一〇一，3；图版一一三，4）。

Ⅱ式　2 件（M23:1、M24:10）。标本 M24:10，泥质灰陶，敞口，斜腹，浅盘，豆把第一段已退缩为细颈状，第二节饰圆镂孔和弧线组成的纹饰带。高 12、口径 19.6、底径 13.6 厘米（图一〇一，6；图版七〇，6）。

D 型　细高把束口罐形豆，2 件。豆盘为罐形，早期为扁折腹，竖沿较高，晚期球形腹，竖沿缩短。豆把的变化规律与其他细把豆相同。可分为 2 式。

Ⅰ式　1 件。M59:4，泥质灰陶。直口，竖沿较长，扁折腹。豆把分为三段，第一段呈细颈状，第二段上部饰弦纹，下部饰圆形镂孔，第三段外撇如裙边。高 11.6、口径 8.6、底径 10.9 厘米（图一〇一，4；图版一三四，4）。

Ⅱ式　1 件。M25:7，泥质灰陶，带盖，盖为泥质黑皮陶，外壁涂朱。豆盘为罐形，直口，竖沿很短，圆球形腹。豆把略成喇叭形，以凹弦纹分割为三段。中段饰三角形、圆形镂孔和双线勾连 S 纹组成的纹饰。盖为圆形纽。通高 24.6、盖高 4.8、盖径 10.7、豆身高 19.8、口径 10.2、底径 13.8 厘米（图一〇一，7；图版七三，3）。

宽把豆　共 22 件，依据豆盘形态的差异，略可以分为 6 型，现分别介绍如下。

A 型　矮宽把敛口盘形豆，5 件。豆盘均为敛口，深腹，早期折沿明显，晚期折沿与盘身无明显分界。豆把早期为两段式，晚期上段外扩，与豆盘外壁呈曲线相接，外观如假腹形态。早期饰方形和圆形镂孔，晚期则以一个圆形镂孔配两个弧边三角形镂孔的组合纹饰，为明显的时代特征。依其变化规律，略可以分为 3 式。

Ⅰ式　1 件。M59:19，泥质黑皮（红褐胎）陶，带盖。豆盘为敛口、斜腹。豆把分为两段，上段竖直而略内弧，饰有大小圆形镂孔。下段呈内凹形外撇。盖为圆形纽，一侧有两个小圆孔。通高 19.3、盖高 7.7、盖径 22、口径 20.6、底径 14.8 厘米（图一〇二，1；图版一三八，4）。

Ⅱ式　2 件（M34:10、M74:4）。标本 M34:10，泥质黑皮（灰胎）陶，敛口折沿，斜腹较浅。豆把分为两段式，上段呈内凹外凸状，饰有方圆组合镂孔。下段向外折撇。高 8.4、口径 21.2、底径 18 厘米（图一〇二，2；图版八九，6）。

Ⅲ式　2 件（M22:4、M83:10）。标本 M83:10，泥质灰陶，敛口，斜腹较深。豆把分两段，上段呈假腹状，饰有圆形和弧边三角凹窝组成的 3 组装饰，下段外撇。高 10.2、口径 18.8、底径 11.6 厘米（图一〇二，3；图版一七三，2）。

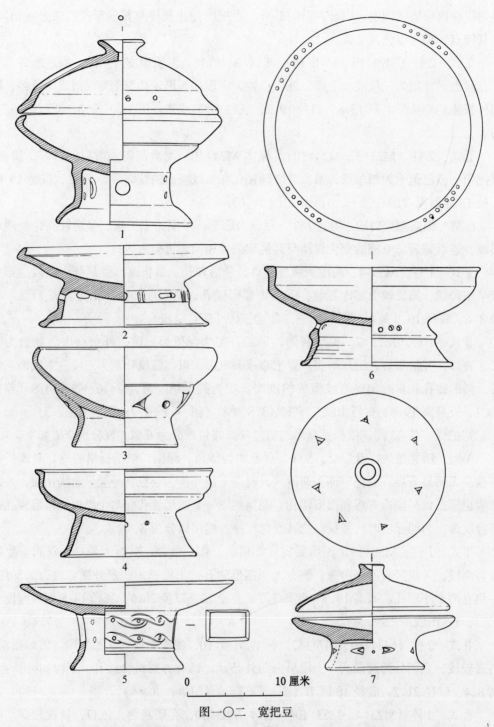

图一〇二　宽把豆

1.A型Ⅰ式（M59:19）　2.A型Ⅱ式（M34:10）　3.A型Ⅲ式（M83:10）　4.B型Ⅱ式（M64:4）
5.C型Ⅰ式（M62:12）　6.B型Ⅰ式（M65:1）　7.C型Ⅱ式（M33:2）

B型　矮宽把直口盘形豆，4件。豆盘为直口折沿，腹较深。豆把的变化规律与其他豆相似，早期为两段式豆把，晚期不分段。略可以分为2式。

Ⅰ式　1件。M65∶1，泥质灰陶，直口折腹，平折沿，沿上刺4组圆圈纹，豆把为两段式，两段之间形成凸棱。上段饰有4组圆形镂孔。高10.4、口径23.2、底径16.3厘米（图一○二，6；图版一五二，2）。

Ⅱ式　3件（M12∶2、M64∶4、M55∶5）。标本M64∶4，泥质灰陶。直口，斜折沿，折腹，腹外壁以凹弦纹将豆盘分为上下两段，如假腹状，在凹弦纹内饰三组由圆形和弧边三角形构成的图案，宽矮豆把上有两个小孔。高9、口径19.2、底径14.8厘米（图一○二，4；图版一五一，4）。

C型　矮宽把敞口碟形豆，6件。豆盘十分浅平，豆把之发展规律与其他豆相似，早期为两段式，晚期不分段，直接外撇。略可以分为2式。

Ⅰ式　3件（M62∶12、M78∶9、M38∶14）。标本M62∶12，泥质黑皮陶，敞口、斜腹、浅盘。豆把为两段式，上段较竖直，有两个大的方形镂孔，它们之间则饰以圆镂孔和阴线刻划的绚纹。高9.2、口径23、底径12.8厘米（图一○二，5；图版一四六，2）。

Ⅱ式　3件（M56∶4、M28∶2、M33∶2）。标本M33∶2，泥质灰陶。带盖，豆为敞口，豆盘十分浅平。豆把不分节，饰有圆形和弧边三角形镂孔。盖为环形纽，盖面上有三角形镂孔。通高10.4、盖高4.8、盖径16.8、器身高5.6、口径13.2、底径10.8厘米（图一○二，7；图版八六，4）。

D型　矮宽把敞口碟形带錾豆，4件。豆盘的口沿上均带有耳錾，其形态如同龟爪。豆把的变化规律与A型豆相似。依其豆把的变化，略可以分为2式。

Ⅰ式　1件。M27∶12，泥质黑皮陶，带盖。豆为直口、平沿、浅盘。口沿外有四个对称的龟爪形耳錾，形态与同墓所出陶龟之爪一致，或许说明这种豆是专门用于盛放龟鳖的。口沿上饰两两对称的圆凹装饰。豆把分为两段，上段较竖直，饰上下两组长方形镂孔。下段外撇。盖为桥形纽，纽上两侧各堆塑一条鱼纹，鱼大头，凸眼，细身，身上遍布锥刺纹。盖面上对称刻划四组折线纹，它们之间则为三角形、圆形镂孔，盖面一侧还有两个小圆穿孔，用于穿系。通高18.6、盖高8.7、盖径19.2、豆高9.9、口径21、底径13.5厘米（图一○三，1；图版八○，3）。

Ⅱ式　3件（M9∶2、M52∶3、M89∶2）。标本M9∶2，泥质灰陶，敞口、折腹、平底。口沿外侧有四个对称的龟爪形耳錾，每一个耳錾上各有两个圆形镂孔。豆把分为两段，上段与豆盘相接呈假腹状，下段外撇，上下各饰有四组弧边三角形与圆形组合的镂孔。高7.6、口径18、底径11.6厘米（图一○三，2；图版四四，3）。

E型　矮宽把敞口盆形豆，2件，可分为2式。

Ⅰ式　1件。M59∶20，泥质黑皮陶，胎呈红褐色。豆盘为敞口、宽沿，折腹，沿

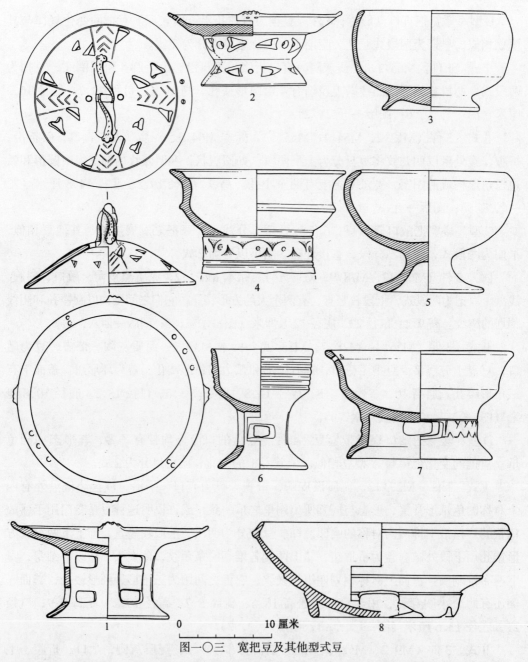

图一〇三　宽把豆及其他型式豆

1.D 型 I 式 (M27:12)　　2.D 型 II 式 (M9:2)　　3.F 型 II 式 (M16:24)　　4.E 型 II 式 (M35:11)　　5.F 型 I
式 (M83:5)　7.E 型 I 式 (M59:20)　6.直口高把豆 (M1:3)　　8.敛口高把豆 (M7:3)

上有两个小孔，用以系盖。豆把为两段式，上段较竖直，饰有对称的两个长方形镂孔，
镂孔之间为上下相对的密集的三角形凹窝纹。下段外撇，内凹而外鼓。高 11.7、口径
20.8、底径 16 厘米（图一〇三，7；图版一三七，6）。

Ⅱ式 1件。M35:11，泥质黑皮灰陶。敞口、宽折沿，沿上有两道凹弦纹，深折腹，上腹内收，折腹处起凸棱。豆把不分段，下部略残，饰圆窝纹、弧边三角形以及细弦纹。残高11.2、口径19.2（图一〇三，4；图版九三，2）。

F型 矮宽把敛口钵形豆，2件，可分为2式。

Ⅰ式 1件。M83:5，泥质黑皮陶，胎呈红褐色。敛口、深弧腹，喇叭形矮圈足。高13、口径15.2、底径13厘米（图一〇三，5；图版一七一，5）。

Ⅱ式 1件。M16:24，泥质灰陶，敛口，深折腹，矮圈足底。高10.8、口径15.2、底径10.6厘米（图一〇三，3；图版五七，4）。

另有一些其他种类的豆，均不成系列。在B区的墓葬中，出土有两件豆，应与上述细把系列的A、B两型豆有关。但因为两区相隔，以及年代上存有缺环，所以未按统一的型式划分，现分别介绍如下。

M7:3 豆 泥质红陶。敛口，斜腹，腹较深，豆盘下部有一周凸棱。豆把残缺。残高10.4、口径26.4厘米（图一〇三，8；图版四二，4）。

M1:3 豆 泥质灰陶。为直敞口折腹盘形豆，腹较深，豆盘外部饰瓦棱纹。豆把上段较直，下段外撇，上段饰长方镂孔。高12.9、口径11.2、底径10厘米（图一〇三，6；图版三六，2）。

**盘** 共有13件，应与豆有着相似的功能，适合于盛放珍馐果品与菜蔬之类。一座墓葬中一般只随葬一件盘。可分为3型。

A型 折沿圈足盘，8件。其发展规律为折肩渐上抬，沿渐向外平折，最后折沿与折肩消失，成为平沿斜腹状，依其演变规律，略可以分为3式。

Ⅰ式 2件（M59:24、M96:7）。标本M59:24，泥质灰陶，敞口，折沿，沿上有凹弦纹，折肩，折腹，矮圈足底。高8、口径29、底径10厘米（图一〇四，5；图版一三九，2）。

Ⅱ式 3件（M16:28、M49:1、M51:5）。标本M16:28，泥质灰陶，敞口，折沿，口沿上施三周宽凹弦纹。颈部进一步内收，折肩折腹更加突出，矮圈足底。高7.2、口径28.8、底径11.2厘米（图一〇四，6；图版五八，2）。M49:1，泥质红褐陶，敞口，折沿，外壁仍见折肩，而内壁已无折腹痕迹，矮圈足底。口沿、底部有5个小圆穿孔。高6、口径27.4、底径10.8厘米（图一〇四，7；图版一一八，4）。

Ⅲ式 3件（M46:1、M46:11、M44:3）。标本M46:1，泥质灰陶，斜敞口，平沿，斜腹，矮圈足底。高8、口径31、底径11.6厘米（图一〇四，8；图版一一三，1）。

B型 敞口无沿平底盘，2件。无明显发展规律，不分式。

M83:9，泥质灰陶，敞口，斜腹，口沿上对称有两组小圆孔，平底。高6、口径24.8、底径15.2厘米（图一〇四，3；图版一七一，4）。

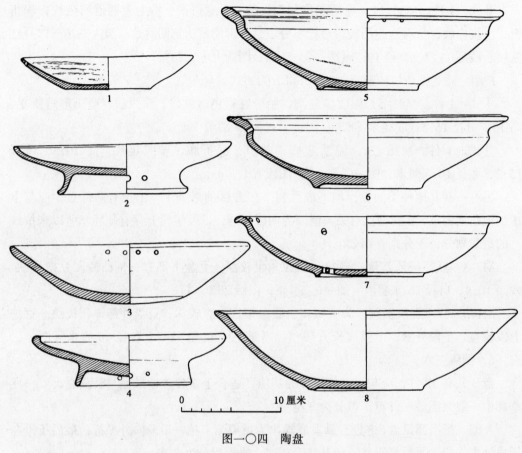

图一〇四　陶盘

1、3.B型（M38:1、M83:9）　2、4.C型（M48:13、M64:3）　5.A型Ⅰ式（M59:24）　6、7.A型Ⅱ式
（M16:28、M49:1）　8.A型Ⅲ式（M46:1）

M38:1，泥质灰陶，敞口，口沿一侧有两个小圆孔，斜腹较浅，平底。高3.2、口径18、底径8.8厘米（图一〇四，1；图版九八，2）。

C型　敞口无沿圈足盘，2件。无明显发展规律，不分式。

M64:3，泥质灰褐陶，敞口无沿，浅盘，矮圈足外撇，有对称的两组小圆镂孔。高5、口径19.2、底径12厘米（图一〇四，4；图版一五一，2）。

M48:13，泥质灰褐陶，敞口无沿，浅盘，矮圈足外撇，有圆镂孔。高5、口径22.8、底径13.4厘米（图一〇四，2；图版一一七，6）。

**盆**　共19件，一般一座墓葬中只随葬1件，应该是盛食器的一种。分3型。

A型　折沿折腹盆，9件。其发展规律为，由侈口折腹而渐变为敞口折肩。依其演变特征，略可以分为3式。

Ⅰ式　2件（M59:2、M83:2）。标本M59:2，泥质黑皮陶，侈口，折沿，折腹，

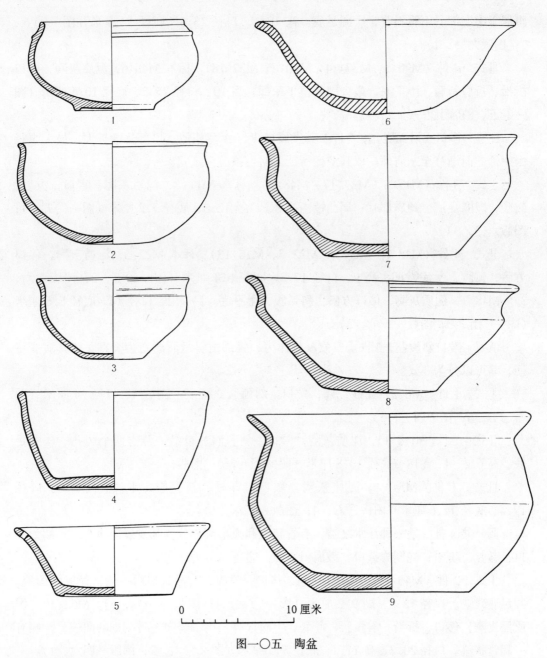

图一〇五　陶盆

1.B型Ⅰ式（M17:8）　2、3.B型Ⅱ式（M22:5、M48:7）　4.C型Ⅲ式（M54:4）　5.C型Ⅱ式（M46:15）
6.C型Ⅰ式（M6:2）　7.A型Ⅱ式（M35:1）　8.A型Ⅲ式（M40:6）　9.A型Ⅰ式（M59:2）

平底。最大腹径位于中部。高15.8、口径26、底径14厘米（图一〇五，9；图版一三四，3）。

Ⅱ式　3件（M35:1、M42:6、M19:2）。标本M35:1，泥质灰陶，直口折沿，折

腹居于中上部，下腹斜收，矮圈足底。高 10.4、口径 23.6、底径 12 厘米（图一〇五，7；图版九一，1）。

Ⅲ式　4 件（M90:1、M37:14、M40:6、M27:18）。标本 M40:6，泥质灰陶，敞口折沿，折肩斜腹，小平底，最大腹径位于颈部。高 10、口径 25.2、底径 10.4 厘米（图一〇五，8；图版一〇二，4）。

B 型　侈口无沿弧腹盆，7 件。其发展规律与 A 型相似，口部逐渐扩大，最大腹径由中部，而渐移至颈肩部。依其演变特征，略可以分为 2 式。

Ⅰ式　3 件（M17:8、M27:17、M48:3）。标本 M17:8，泥质灰陶，直口，方唇，鼓腹，矮圈足底。颈肩部有一周凸棱。高 8、口径 12.8、底径 7.2 厘米（图一〇五，1；图版六〇，3）。

Ⅱ式　4 件（M48:7、M68:3、M22:5、M16:13）。标本 M22:5，泥质灰陶，侈口方唇，弧腹，平底微凹。高 9、口径 17.2、底径 6.4 厘米（图一〇五，2；图版六六，3）。M48:7，泥质灰陶，侈口方唇，斜弧腹，小平底。高 7.2、口径 14、底径 5.6 厘米（图一〇五，3；图版一一七，3）。

C 型　敞口斜腹盆，3 件。其发展规律为，腹部由斜敞而渐变为竖直。依其演变特征，略可以分为 3 式。

Ⅰ式　1 件。M6:2，夹砂红陶，敞口，斜弧腹，圜底。高 8.4、口径 24 厘米（图一〇五，6；图版四一，3）。

Ⅱ式　1 件。M46:15，泥质灰陶，敞口，斜直腹，口沿一侧有两个圆孔，矮圈足底。高 6.2、口径 18、底径 10.8 厘米（图一〇五，5；图版一一二，6）。

Ⅲ式　1 件。M54:4，泥质灰陶，敞口，方唇，斜直腹，平底。高 8.8、口径 17.4、底径 11.6 厘米（图一〇五，4；图版一二八，1）。

匜　共 4 件，是一种注水之器，有管状流和弧形流之分。其发展规律为，早期为侈口，弧腹，折沿；晚期为敛口，鼓肩斜直腹。略可以分为 2 式。

Ⅰ式　2 件。M46:14，泥质红褐陶，侈口，弧腹，折沿，口沿一侧挤捏成弧形流。圈足底残缺。口径 12.8、高 9.2 厘米（图一〇六，4；图版一一二，5）。M62:10，泥质黑皮陶，侈口，折沿，斜弧腹，平底，上腹部有一周带竖向短道刻划的凸棱，一侧有一扁管状流。口径 20.2、高 11.2、底径 8.5 厘米（图一〇六，2；图版一四六，1）。

Ⅱ式　2 件。M33:5，泥质灰陶，敛口，方唇，折肩，斜直腹，肩部一侧有一管状流，平底。口径 12～12.8、高 8.6、底径 11.2 厘米（图一〇六，1；图版八七，2）。M33:7，泥质灰褐陶，敛口，呈椭圆形，口沿一侧捏成弧形流，折肩，斜直腹，平底。口径 7.8～9.2、高 7.8、底径 7.2 厘米（图一〇六，3；图版八七，6）。

杯　是南河浜遗址中出土数量较多，而且形态多样的一类器物。作为饮用器的杯的

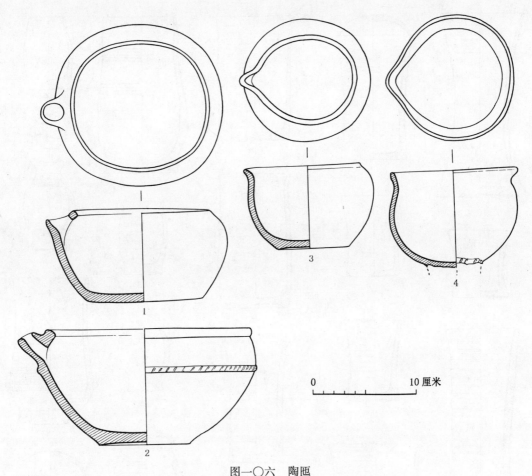

图一〇六 陶匜

1、3.Ⅱ式（M33:5、M33:7） 2、4.Ⅰ式（M62:10、M46:14）

多样性，反映了崧泽文化时代人们生活品质的多样化与层次感。同时也让我们看到当时人们审美情趣的活泼自由与丰富多彩。许多杯的优美的流线形态与握在手中的舒适感，让我们今天仍可以体会那份生活中的优雅与享受的情怀。

其中具有明显演变规律与发展序列的杯有5型。

A型 瓠形杯，21件。其发展规律为由束腰平底而逐渐演变为筒形花瓣形足底，口部与杯身部分逐渐形成分界。依其发展规律，略可以分为4式。

Ⅰ式 3件（M59:7、M46:10、M21:2）。标本M59:7，泥质黑皮陶。束腰敞口，最小径居中。杯身通体做成瓦棱状，近底部四组凸棱上刻短道斜向纹，平底略内凹。高16.3、口径7.8、底径8.7厘米（图一〇七，1；图版一三八，1）。M46:10，泥质灰陶，束腰敞口，平底微凹。高6、口径5.8、底径5.2厘米（图一〇七，2；图版一一二，3）。

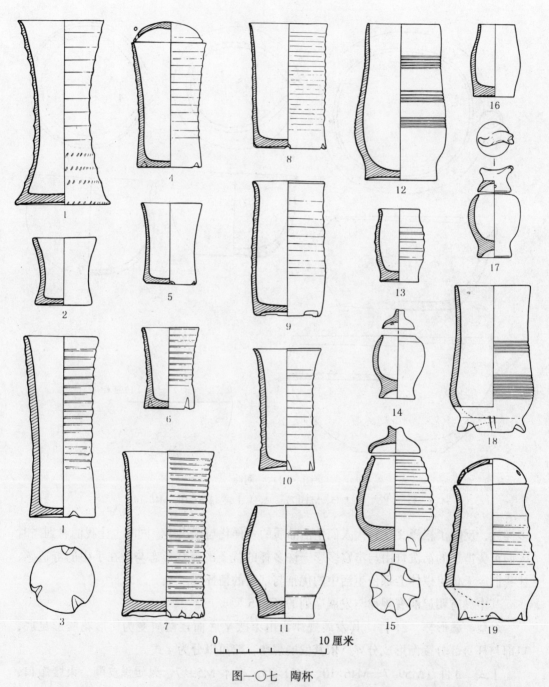

图一〇七　陶杯

1、2.A型Ⅰ式（M59:7、M46:10）　　3~6.A型Ⅱ式（M62:1、M38:8、M62:2、M62:4）　　7、8.A型Ⅲ式
（M63:4、M37:1）　9、10.A型Ⅳ式（M40:3、M23:3）　11、14~17.B型Ⅲ式（M11:7、M27:22、M26:1、
M14:2、M27:21）　12.B型Ⅱ式（M37:2）　13.B型Ⅰ式（M93:1）　18.C型Ⅱ式（M26:4）　19.C型Ⅰ式
（M78:12）

Ⅱ式　10件（M62∶2、M62∶4、M62∶1、M62∶5、M62∶11、M62∶6、M62∶3、M83∶1、M38∶5、M38∶8）。标本 M62∶2，泥质灰陶。束腰敞口，最小径居下，花瓣足底微凹。高7.2、口径5.6、底径4.9厘米（图一〇七，5；图版一四五，2）。M62∶4，泥质黑皮陶。敞口束腰，杯身做成瓦棱状，花瓣足底微凹。高7.2、口径5.3、底径4.6厘米（图一〇七，6）。M62∶1，泥质黑皮陶。敞口，束腰居下，杯身做成瓦棱状，花瓣足底微凹。高16、口径6.8、底径6厘米（图一〇七，3；图版一四七，1）。M38∶8，泥质灰陶，带盖。敞口束腰，外腹饰凹弦纹呈瓦棱状，花瓣足。盖无纽，一侧一小圆孔。通高12.9、盖高2、盖径6.4、器身高11.1、口径6.9、底径6.8厘米（图一〇七，4；图版九七，3）。

Ⅲ式　5件（M37∶1、M78∶3、M63∶4、M44∶6、M32∶1）。标本 M37∶1，泥质灰陶。敞口直腹，腹部饰宽凹弦纹，花瓣足平底。高11.1、口径7.2、底径6.7厘米（图一〇七，8；图版九五，1）。M63∶4，泥质灰陶。敞口，细瓦棱状筒腹，花瓣足，足外侧有竖向短道刻划。高14.8、口径10.5、底径7.4厘米（图一〇七，7；图版一四九，1）。

Ⅳ式　3件（M23∶3、M40∶3、M30∶1）。标本 M40∶3，泥质黑皮陶。侈口，颈部微内收，浅瓦棱状直腹，花瓣足由早期的三角形缺口而演变为长方形缺口。高12、口径6.4、底径6.2厘米（图一〇七，9；图版一〇一，2）。M23∶3，泥质灰陶。敞口直腹，口沿部分加长，进一步外敞。花瓣足凹底，腹部饰宽瓦棱纹。高10.9、口径6.4、底径5.2厘米（图一〇七，10；图版六八，2）。

B型　蛋形圈足杯，18件。其发展规律为最大腹径渐下移，呈垂腹状。足根部渐内收，足尖外撇。依其演变规律，略可以分为3式。

Ⅰ式　2件（M93∶1、M76∶1）。标本 M93∶1，泥质黑皮陶，侈口，束颈，鼓腹呈瓦棱状，假圈足底微凹，最大腹径居中。高6.4、口径3.6、底径3.6厘米（图一〇七，13；图版一八四，2）。

Ⅱ式　3件（M51∶6、M40∶11、M37∶2）。标本 M37∶2，泥质黑皮陶，直口束颈，鼓腹，肩腹部有三组凹弦纹，假圈足底微凹。高13.9、口径6.5、底径6.6厘米（图一〇七，12；图版九五，2）。

Ⅲ式　12件（M14∶2、M14∶6、M27∶22、M27∶21、M27∶2、M27∶7、M27∶9、M26∶1、M9∶1、M11∶7、M55∶3、M15∶3）。标本 M14∶2，泥质灰陶，束口方唇，鼓腹下垂，平底。高6.4、口径3.4、底径3.6厘米（图一〇七，16；图版五〇，2）。M26∶1，泥质红陶。带盖，盖为泥质灰陶，杯束口，斜垂腹，杯身做成瓦棱状，花瓣状假圈足，平底微凹。盖为丫形纽，从鸟形简化而来。通高10.8、盖高2.4、盖径4.8、器身高8.4、口径4.4、底径4.4厘米（图一〇七，15；图版七四，2）。M11∶7，泥质灰陶。束口，鼓腹微下垂，假圈足底微凹。高10、口径5.2、底径5厘米（图一〇七，11；图版四七，3)。M27:22，泥质灰陶，带盖。束口，弧腹，高圈足底。盖为扁柱形纽，一侧有一小孔。通高 7.5、盖高 1.9、盖径 3.1、器身高 5.6、口径 3、底径 3.2 厘米（图一〇七，14)。M27:21，泥质灰陶，带盖。敛口，弧腹，高圈足底。盖为 S 形鱼纽，鱼的首尾上翘，张嘴，一侧有一圆形小孔。通高 8.6、盖高 2、盖径 3.2、器身高 5.6、口径 3、底径 3.2 厘米（图一〇七，17；图版七七，6)。

C 型　侈口垂腹圈足杯，8 件。其发展规律为，由侈口垂折腹，而渐变为侈口垂鼓腹。略可以分为 2 式。

Ⅰ式　3 件（M69:1、M63:3、M78:12)。标本 M78:12，泥质灰陶，带盖。杯侈口，折沿，瓦棱状斜垂腹下折，花瓣足。盖无纽，一线上等距排列 3 小孔，可供穿系之用。通高 14.4、盖高 2.4、盖径 6.4、器身高 12、口径 7、底径 6.2 厘米（图一〇七，19；图版一六四，4)。

Ⅱ式　5 件（M46:6、M63:2、M35:19、M23:5、M26:4)。标本 M26:4，泥质黑皮陶，侈口，束颈，无明显沿的区分，花瓣形圈足，腹部有两组凹弦纹。高 13、口径 6.9、底径 6.2 厘米（图一〇七，18；图版七四，3)。

D 型　束口折腹圈足杯，5 件。其发展规律为，口颈部逐渐放大，圈足加高，由单节而演变为两节。依其演变规律，略可以分为 3 式。

Ⅰ式　1 件。M59:11，泥质黑皮陶，侈口折沿，斜折腹，圈足外撇。高 13.2、口径 5.8、底径 9 厘米（图一〇八，1；图版一三七，1)。

Ⅱ式　2 件（M81:5、M36:1)。标本 M81:5，泥质黑皮陶，侈口折沿，斜垂腹呈两折，矮圈足外撇。高 11.6、口径 7、底径 8.8 厘米（图一〇八，3；图版一六八，3)。M36:1，泥质灰陶，侈口，斜折腹，折腹部位略加高，圈足底。高 6.8、口径 3.4、底径 4.7 厘米（图一〇八，2；图版九三，5)。

Ⅲ式　2 件（M68:16、M19:4)。标本 M19:4，泥质灰陶，侈口，斜折腹，高圈足，分两段式，上有圆形镂孔。高 10.9、口径 5.2、底径 7.4 厘米（图一〇八，4；图版六二，2)。

其他形式的杯　除以上具有发展演变序列的陶杯之外，杯的形式还有许多种类，但大多都单件不成系列。现将一些具有典型崧泽文化特征和时代风格的杯子，举例如下。

M59:5　杯，泥质黑皮陶，敞口瘦腰大底，整体呈喇叭形，平底带四个方块形足。下腹部有 2 处凸棱，棱上刻斜向竖道。近底部也有 2 道同样风格的凸棱，棱间饰以圆点与斜线组成的纹饰。口径 11.1、高 21.6 厘米（图一〇八，5；图版一四〇，1)。

M66:1　杯，泥质黑皮陶，敞口斜腹大底，花瓣足。口径 6.6、高 9、底径 5 厘米（图一〇八，6；图版一五二，3)。

M37:7　杯，泥质黑皮陶，敞口，斜腹，喇叭形圈足，圈足上有竖条凹痕与刻划线

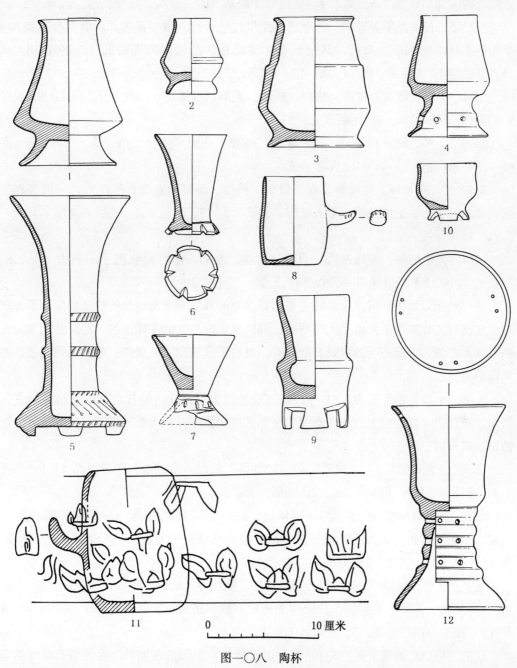

图一○八 陶杯

1.D型Ⅰ式（M59:11） 2、3.D型Ⅱ式（M36:1、M81:5） 4.D型Ⅲ式（M19:4） 5.三足觚形杯（M59:5） 6.杯（M66:1） 7.杯（M37:7） 8.带把杯（M54:3） 9.杯（M34:9） 10.杯（M66:2） 11.带把杯（M49:10） 12.高把杯（M25:5）

条组成的纹饰。口径 7.6、高 8.1、底径 6.1 厘米（图一〇八，7；图版九五，4）。

M25:5　杯，泥质黑皮陶，外壁通体涂朱红色彩绘。敞口弧腹，口沿上有三组共 6 个圆形镂孔。喇叭形细高把，高把上有 4 道凸棱，凸棱间饰圆镂孔。口径 10.8、高 18.2、底径 10.8 厘米（图一〇八，12；图版七二，2）。

M34:9　杯，泥质黑皮陶，侈口，折腹，花瓣状高圈足。口径 6.7、高 11.8、底径 5.8 厘米（图一〇八，9；图版八九，5）。

M66:2　杯，泥质灰陶，侈口，束颈，弧腹，花瓣形圈足。口径 5.5、高 5.5、底径 3.7 厘米（图一〇八，10；图版一五二，4）。

M49:10　带把杯，泥质黑皮陶，敛口，筒腹，腹部刻有组合形纹饰，一侧带有上翘的弯角形把手，把的外侧也刻有纹饰，平底。高 13、口径 6.2、底径 6.4 厘米（图一〇八，11；图版一二〇，3）。

M54:3　带把杯，泥质灰陶，直口，直腹，腹部一侧有角状把手，平底。高 7.8、口径 5.4、底径 5 厘米（图一〇八，8；图版一二七，2）。

**壶**　是用以饮用和盛放液体的主要器具，南河浜墓葬中所出壶的数量较多，形态多样。这既有文化渊源上和审美上的原因，同时也可能是饮品多样性的一种反映。当时人们除饮水之外，可能还有酒以及其他饮料。具有明显演变发展规律，可成系列的壶，略可以分为 5 型。

A 型　小口长颈平底壶，11 件。其发展规律为，颈渐内收拉直，由无沿而渐变为折沿。腹部由早期的扁鼓腹，而渐变为晚期的鼓肩折腹，最大腹径逐渐上移。依其形态特征，略可以分为 3 式。

Ⅰ式　1 件。M1:2，泥质黄红陶，口微侈，长颈，扁鼓腹，平底。高 11.1、口径 5.4、底径 6.6 厘米（图一〇九，1；图版三六，3）。

Ⅱ式　4 件（M17:4、M91:1、M44:5、M87:1）。标本 M44:5，泥质灰陶，侈口，折沿，长颈，折腹，最大腹径位于腹中部，底内凹成矮圈足底。口径 8.8、底径 9.2、高 22 厘米（图一〇九，2；图版一〇九，1）。

Ⅲ式　6 件（M16:32、M47:7、M27:16、M33:8、M33:11、M11:9）。标本 M33:8，泥质灰陶，侈口，平折沿，长颈向上渐收，鼓肩折腹，平底。高 26、口径 8.4、底径 12.6 厘米（图一〇九，3；图版八七，4）。

B 型　小口长颈圈足壶，5 件。其发展规律为，颈部逐渐加长，由无沿而渐变为有明显的外折沿。由扁鼓腹而渐变为折肩斜腹。依其形态特征，略可以分为 3 式。

Ⅰ式　1 件。M40:12，泥质黑皮陶，红褐色陶胎。带盖，壶口微侈，长颈，弧腹鼓肩，矮圈足较直。盖为柱形小纽，一侧有一圆穿孔。通高 13.8、盖高 2.8、盖径 6、器身高 11、口径 5.6、底径 4.4 厘米（图一〇九，4；图版一〇一，4）。

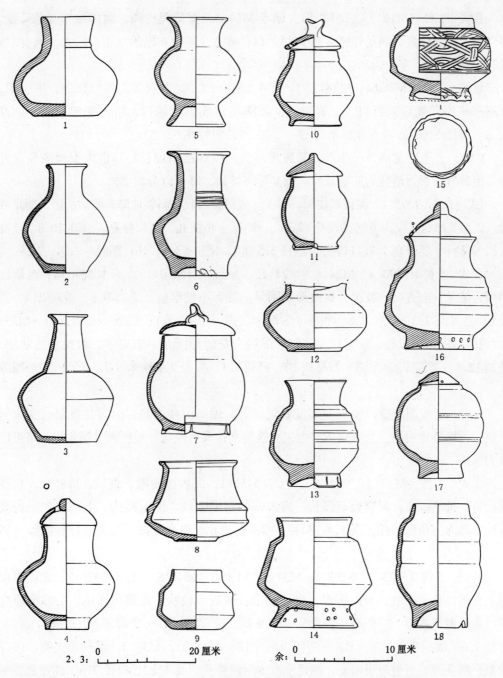

图一〇九 陶壶

1.A型Ⅰ式（M1:2） 2.A型Ⅱ式（M44:5） 3.A型Ⅲ式（M33:8） 4.B型Ⅰ式（M40:12） 5.B型Ⅱ式（M14:5） 6.B型Ⅲ式（M38:13） 7、11.C型Ⅱ式（M35:7、M90:4） 8.E型Ⅰ式（M81:16） 9、12.E型Ⅱ式（M32:3、M16:19） 10.C型Ⅰ式（M75:4） 13.D型Ⅲ式（M16:14） 14、16.D型Ⅱ式（M39:3、M23:2） 15.D型Ⅰ式（M59:1） 17.F型Ⅰ式（M51:8） 18.F型Ⅱ式（M22:3）

Ⅱ式　2件（M16：23、M14：5）。标本 M14：5，泥质黑皮陶，通体涂朱红色彩绘。侈口长颈，扁鼓腹，圈足外撇。高 11.1、口径 6.3、底径 6 厘米（图一〇九，5；图版五〇，3）。

Ⅲ式　2件（M38：4、M38：13）。标本 M38：13，泥质灰陶，侈口长颈，平折沿，颈部有一组凹弦纹，折肩，下腹斜直，矮圈足做成齿状缺口，俗称花瓣形圈足。高 12.6、口径 6.6、底径 5.8 厘米（图一〇九，6；图版九八，5）。

C型　直领圈足壶，6件。其发展规律为，颈部逐渐加长，口由内束而渐变为外侈。由溜肩折腹而渐变为鼓肩弧腹。依其形态特征，略可以分为 2 式。

Ⅰ式　1件。M75：4，泥质黑皮陶，带盖。壶口微内收，斜领加厚，溜肩折腹，圈足外撇。盖为丫形纽，应为立鸟的简化形式，一侧有一小圆孔，可以穿系。通高 10.8、盖高 3.1、盖径 6、器身高 7.7、口径 5、底径 5.5 厘米（图一〇九，10；图版一六〇，2）。

Ⅱ式　5件（M90：4、M24：8、M24：12、M35：7、M50：1）。标本 M90：4，泥质红褐陶，带盖。壶直口，鼓腹，花瓣形矮圈足。盖为小柱形纽。通高 9.5、盖高 2.4、盖径 6、器身高 7.3、口径 4.8、底径 4.8 厘米（图一〇九，11；图版一八〇，4）。M35：7，泥质黑皮陶，带盖。壶直口，高领，鼓腹，花瓣形圈足。盖扁平，为捏塑角状纽。通高 12.8、盖高 3、盖径 8、器身高 10、口径 7.1、底径 7.2 厘米（图一〇九，7；图版九一，6）。

D型　折肩圈足壶，10件。其发展规律为，颈部由矮变高，由扁鼓腹而渐变为斜垂腹，折肩折腹明显，至晚期折肩消失。腹部常作成折棱状。根据其发展规律，略可以分为 3 式。

Ⅰ式　2件（M59：1、M78：8）。标本 M59：1，泥质黑皮陶。直口，矮竖领，扁鼓腹较直，折肩折腹，折腹处起凸棱。肩腹部刻划编织纹。圈足略残，上部有刻划折线纹，下部为三角形镂孔。高 8.4、口径 6.9、底径 6.6 厘米（图一〇九，15；图版一三四，2）。

Ⅱ式　5件（M23：2、M23：4、M34：5、M39：3、M40：8）。标本 M23：2，泥质黑皮陶。壶侈口长颈折沿，折肩折腹，腹部斜垂，做成折棱状。花瓣形圈足，上部饰扁窝纹。盖为攒珠式纽，一侧有一圆形穿孔。通高 15、盖高 3.6、盖径 6.6、器身高 11.4、口径 7.6、底径 7.4 厘米（图一〇九，16；图版六七，2）。M39：3，泥质黑皮陶。侈口长颈，斜垂腹，折肩折腹明显，圈足上有 5 组圆穿孔。高 11.2、口径 7.8、底径 9.2 厘米（图一〇九，14；图版九九，2）。

Ⅲ式　3件（M25：6、M34：7、M16：14）。标本 M16：14，泥质灰陶，侈口高领，斜垂腹下折，无明显肩部，腹部做成折棱状。花瓣圈足。高 10.8、口径 6.4、底径 5.8 厘米（图一〇九，13；图版五五，6）。

E型　长颈折腹壶，5件。其发展规律为腹部渐上抬，由斜领垂腹，而渐变为直领，中折腹。依其发展规律，略可以分为2式。

Ⅰ式　1件。M81：16，泥质黑陶，侈口折沿，长颈斜领，腹下垂呈两折，矮圈足底。高8.1、口径8.1、底径4.2厘米（图一〇九，8；图版一七〇，1）。

Ⅱ式　4件（M16：27、M16：19、M32：2、M32：3）。标本M16：19，泥质灰陶，口残，直颈，双折腹，矮圈足底。残高7.0、底径5.4厘米（图一〇九，12；图版五六，5）。M32：3，泥质黑皮陶，直口竖领，双折腹，平底微内凹。高6.1、口径5、底径5厘米（图一〇九，9；图版八五，4）。

F型　束口亚腰圈足壶，2件。其发展规律为，由圆鼓腹而演变为瘦长的亚腰形腹。口沿部加长。可以分为2式。

Ⅰ式　1件。M51：8，泥质黑皮陶，带盖。束口短沿，圆鼓腹，腹部有两周凹弦纹，将腹部分为三棱状，圈足底。盖无纽，一侧有一圆孔。通高10.9、盖高1.4、盖径4.3、器身高9.5、口径4.4、底径4.6厘米（图一〇九，17；图版一二三，3）。

Ⅱ式　1件。M22：3，泥质黑皮陶，通体涂朱红色彩绘。束口沿部加长，腹部有两周凹弦纹，形成瓦棱状亚腰，花瓣形圈足。口径5.7、高12.6、底径5.8厘米（图一〇九，18；图版六六，1）。

**小型罐**　也是出土数量较多的一类器物，其功能应与壶相类似。以其口较大，形体较扁矮，作为和壶的主要区分。具有明显演变发展规律，可成系列的小罐，略可以分为6型。

A型　侈口扁腹矮圈足罐，11件。其发展规律为领部渐加高，圈足渐外撇。由矮扁腹，而渐变为鼓肩折腹。依其发展规律，略可以分为2式。

Ⅰ式　3件（M81：17、M59：3、M96：1）。标本M81：17，泥质灰陶。直口短沿，扁鼓腹，矮圈足微外撇。高6.8、口径6.8、底径6.7厘米（图一一〇，9；图版一七〇，2）。M96：1，泥质黑皮陶。侈口折沿，矮扁腹。腹中部有两个对称的方形小凸块，矮圈足较直。肩部刻划编织纹。高8.6、口径11.6、底径6.2厘米（图一一〇，1；图版一八七，1）。

Ⅱ式　8件（M55：6、M68：13、M49：11、M49：2、M59：10、M78：11、M21：1、M34：3）。标本M68：13，泥质黑皮陶。侈口束颈，微卷沿，鼓肩折腹，肩颈交接处平折，圈足外撇。高9、口径8.1、底径6.6厘米（图一一〇，2；图版一五四，2）。M49：2，泥质灰陶，侈口束颈，沿微外卷，鼓肩弧腹。肩腹部有一上翘三角形小鋬，矮圈足外撇。高8.6、口径8.6、底径5.9厘米（图一一〇，3；图版一一九，1）。M34：3，泥质红陶。侈口束颈，领部较高，沿微外折，鼓肩折腹，假圈足凹底外撇。高12.8、口径8.6、底径7.8厘米（图一一〇，4；图版八八，4）。

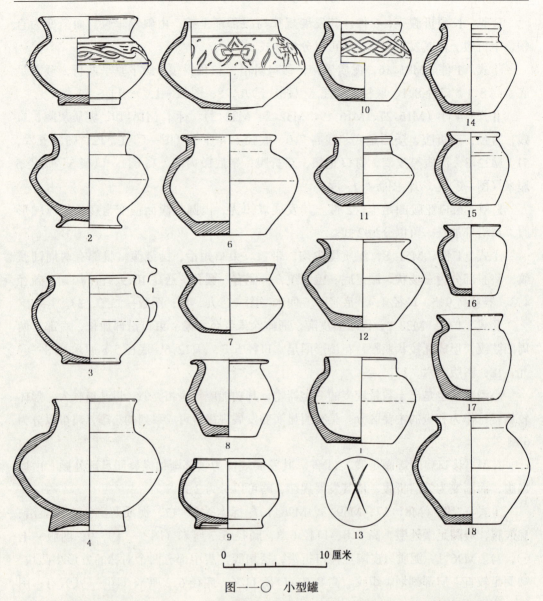

图一一〇　小型罐

1、9.A型Ⅰ式（M96：1、M81：17）　2～4.A型Ⅱ式（M68：13、M49：2、M34：3）　5.B型Ⅰ式（M2：2）　6、7.B型Ⅱ式（M96：2、M81：9）　8、10～12.B型Ⅲ式（M35：16、M35：12、M50：4、M31：1）　13.C型Ⅰ式（M81：10）　14、15、18.C型Ⅱ式（M35：6、M33：3、M34：8）　16、17.C型Ⅲ式（M37：3、M39：4）

　　B型　侈口扁腹平底罐，12件。其发展规律为口沿渐外卷，整体由扁宽渐向瘦长发展，肩部逐渐抬高，下腹斜收。依其发展规律，略可以分为3式。

　　Ⅰ式　1件。M2：2，泥质灰陶，直口微内束，扁折腹，小平底，肩部刻纹。高8.5、口径9、底径5.8厘米（图一一〇，5；图版三七，3）。

　　Ⅱ式　5件（M81：6、M81：9、M84：3、M96：2、M16：4）。标本M81：9，泥质灰

陶，侈口折沿，扁折腹，平底。高6.7、口径9.2、底径5.5厘米（图一一〇，7；图版一六九，3）。M96：2，泥质灰陶，侈口折沿，束颈，折腹，平底。高9.6、口径9.5、底径6.7厘米（图一一〇，6；图版一八七，2）。

Ⅲ式 6件（M16：18、M35：16、M35：12、M31：1、M43：1、M50：4）。标本M35：16，泥质灰陶，侈口，宽卷沿，折腹，平底微凹，整体呈瘦长型。高7.4、口径7.8、底径4.8厘米（图一一〇，8；图版九二，3）。M35：12，泥质灰陶，侈口，折沿，折腹，平底，肩部为折线编织纹。高7.6、口径7.6、底径5.0厘米（图一一〇，10；图版九一，2）。M31：1，泥质黑皮陶，侈口，宽卷沿，折肩，平底。高8.4、口径9.4、底径6厘米（图一一〇，12；图版八四，2）。M50：4，泥质灰褐陶，侈口，折沿，竖领，折肩，扁腹，平底微凹。高6.6、口径5.9、底径4.8厘米（图一一〇，11；图版一二一，3）。

C型 侈口瘦腹平底罐，11件。整体由扁矮渐向瘦高发展，口沿渐外折，肩部逐渐抬高上耸。依其发展规律，略可以分为3式。

Ⅰ式 2件（M81：10、M81：22）。标本M81：10，泥质灰陶。侈口，竖折沿，鼓肩弧腹，平底，底上刻交叉符号。高8.3、口径7.2、底径6.5厘米（图一一〇，13；图版一六九，4）。

Ⅱ式 5件（M35：6、M9：3、M34：8、M33：3、M90：3）。标本M33：3，泥质灰陶，侈口折沿，鼓肩折腹，平底，折沿上有一圆形小孔。高7.1、口径5、底径4.4厘米（图一一〇，15；图版八六，3）。M35：6，泥质灰陶，侈口，竖领，方唇，颈部呈瓦棱状，鼓肩折腹，平底。高8.8、口径5.6、底径5厘米（图一一〇，14；图版九一，3）。M34：8，泥质灰褐陶，侈口折沿，鼓肩折腹，平底微内凹。高10.5、口径8、底径5.4厘米（图一一〇，18；图版八九，4）。

Ⅲ式 4件（M39：4、M40：10、M37：3、M51：10）。标本M37：3，泥质灰陶，侈口折沿，折肩上耸，下腹斜收，平底，口沿上有一个小穿孔。高6.8、口径5.7、底径4.2厘米（图一一〇，16；图版九五，3）。M39：4，泥质灰陶，侈口折沿，折肩，平底。高8.2、口径6.6、底径5厘米（图一一〇，17；图版九九，3）。

D型 侈口束颈折腹罐，8件。整体瘦长，折腹渐上抬，最大腹径上移。依其发展规律，略可以分为2式。

Ⅰ式 1件。M85：1，泥质灰陶，侈口束颈折沿，折腹下垂，小平底。高10.6、口径6.2、底径3.6厘米（图一一一，1；图版一七五，2）。

Ⅱ式 7件（M56：2、M40：9、M35：21、M35：18、M40：7、M31：4、M34：1）。标本M35：21，泥质灰褐陶，侈口束颈，折腹居中，平底微内凹，口沿上有一个小穿孔。高9.6、口径6.6、底径5.4厘米（图一一一，2；图版九二，6）。M35：18，泥质灰陶，

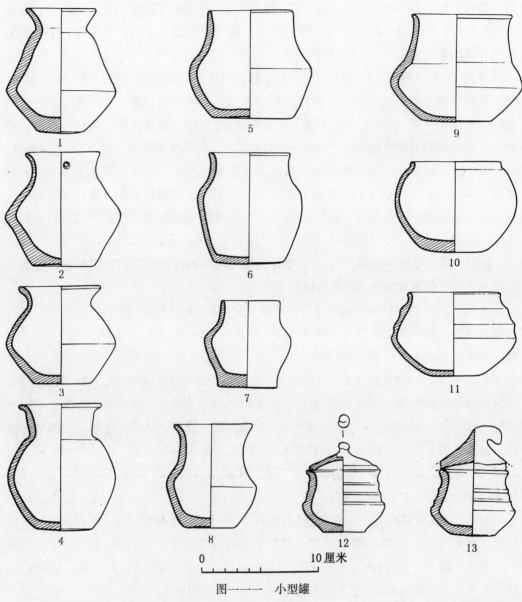

图一一一　小型罐

1.D 型 I 式（M85:1）　2～4.D 型 II 式（M35:21、M40:9、M35:18）　5、6.E 型 I 式（M81:15、M81:21）
7.E 型 II 式（M35:8）　8、9.E 型 III 式（M50:2、M16:16）　10、11.F 型 I 式（M59:14、M59:9）　12、
13.F 型 II 式（M59:28、M37:11）

侈口斜领，平折沿，折腹，平底。高 10.8、口径 7.3、底径 4.8 厘米（图一一一，4；
图版九二，5）。M40:9，泥质灰褐陶，侈口束颈折沿，折腹，平底。高 8.3、口径 7.2、
底径 4.8 厘米（图一一一，3；图版一〇二，2）。

　　E 型　高领折肩罐，11 件。其发展趋势为颈部逐渐内收加长，口沿外卷，而折肩

越来越突出。依其演变规律，略可以分为3式。

Ⅰ式　3件（M81:15、M81:21、M61:1）。标本M81:15，泥质灰陶，直口长领，鼓肩，平底。高9.2、口径7.0、底径6.6厘米（图一一一，5；图版一六九，6）。M81:21，泥质黑陶，侈口束颈，鼓肩平底。高9.4、口径7、底径7厘米（图一一一，6；图版一七〇，5）。

Ⅱ式　4件（M35:15、M35:8、M49:8、M94:1）。标本M35:8，泥质灰褐陶，直口长颈，折肩，平底。高7.6、口径5、底径5.2厘米（图一一一，7；图版九一，5）。

Ⅲ式　4件（M50:2、M16:16、M16:20、M16:29）。标本M50:2，泥质灰陶，侈口，束领，折肩，平底微凹。高8.8、口径6.9、底径4.6厘米（图一一一，8；图版一二一，2）。M16:16，泥质灰陶，侈口，斜颈，折肩，扁腹，平底。高9.1、口径8.8、底径5.8厘米（图一一一，9；图版五六，1）。

F型　侈口折沿平底罐，8件。该类罐均为泥质红陶，多施红衣。器壁厚重，上腹部一般做成瓦棱状，常常成对出土，应有其特定的功用。其发展规律为口沿渐外折，上腹越来越弧线内收，由圆鼓腹而渐变为垂折腹。依其演变规律，略可以分为2式。

Ⅰ式　2件（M59:9、M59:14）。标本M59:9，泥质红陶，外壁施有红衣。口微外侈，短沿，肩部呈瓦棱状，扁鼓腹，平底。高7.2、口径8、底径4.2厘米（图一一一，11；图版一三九，4）。M59:14，泥质红褐陶。口微外侈，短沿，鼓腹，平底。高7.7、口径7.8、底径5厘米（图一一一，10；图版一三七，3）。

Ⅱ式　6件（M59:29、M59:28、M37:11、M37:8、M81:19、M35:5）。标本M59:28，泥质红褐陶，表面施红衣，带盖。罐侈口折沿，沿内做成子母口状，上腹内收呈斜肩，肩部做成瓦棱状，折腹下垂，平底。盖扁平，捏塑弯角状纽。通高7.6、盖高2.3、盖径6.2、器身高5.3、口径6.5、底径3.4厘米（图一一一，12；图版一三九，5）。M37:11，泥质红陶，带盖。罐侈口折沿，子母口，颈内收，折腹下垂，平底，肩部呈瓦棱状。盖为弯角状纽，略残。通高9.4、盖高3.8、器身高5.6、口径6.1、底径4厘米（图一一一，13；图版九六，3）。

**中型罐**　应该是用以储存粮食或水的器皿。由于形体较大，所以一般制作时，分为上下两段对接制成，对接处一般外加泥条加固。多数的中型罐都有矮圈足。依其口部形态的差异，略可以分为2型。

A型　侈口折沿鼓肩罐，8件。其发展规律为，由扁圆腹而渐变为瘦长腹，下腹由鼓腹而渐变为内收的斜直腹，肩部变短而上耸，最大腹径由中部而逐渐上移。依其形态特征，略可以分为2式。

Ⅰ式　6件（M69:3、M62:8、M17:1、M54:5、M48:9、M48:12）。标本M62:8，泥质灰陶，侈口，折沿，口沿处对称有两个小圆孔，鼓肩，肩部饰三周凸棱纹，扁鼓腹微折，矮圈足底。高 14.4、口径 10.8、底径 9.8 厘米（图一一二，1；图版一四七，6）。M17：1，泥质灰陶，侈口，折沿，扁鼓腹微折，浅圈足底，底上刻划万字结符号。高 11.2、口径 9.4、底径 7.4 厘米（图一一二，5；图版五九，4）。

Ⅱ式　2件（M43：5、M14：1）。标本 M43：5，泥质灰陶，侈口，束颈，折沿，下腹斜直内收，下腹部有两组凹弦纹，平底内凹。高 17.2、口径 9.8、底径 9 厘米（图一一二，2；图版一〇七，4）。

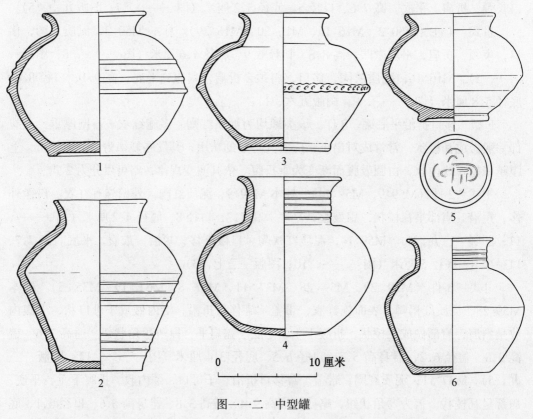

图一一二　中型罐

1、5.A型Ⅰ式（M62：8、M17：1）　2.A型Ⅱ式（M43：5）　3.B型Ⅰ式（M59：17）　4、6.B型Ⅱ式（M46：18、M47：2）

B型　直领折沿鼓肩罐，6件。其发展规律为，领部渐变直加长，鼓肩变短。依其演变规律，略可以分为2式。

Ⅰ式　1件。M59：17，泥质灰陶，侈口斜领，折沿，鼓肩，下腹斜收，肩腹交接处有一周附加堆纹，矮圈足底。高 14、口径 9.3、底径 9.4 厘米（图一一二，3；图版一三七，5）。

Ⅱ式　5件（M16：33、M46：18、M37：12、M25：10、M47：2）。标本 M46：18，泥质黑皮陶，侈口，直领，折沿，领部饰凹弦纹，扁鼓腹，平底。高 16、口径 10.4、底径 9.2 厘米（图一一二，4；图版一一三，6）。M47：2，泥质灰陶，侈口，直领，折沿，颈部饰凹弦纹，鼓肩，下腹斜直，平底。高13.8、口径9、底径8厘米（图一一二，6；图版一一四，2）。

**大型罐** 功能应与中型罐相似，主要是盛储器。墓葬中出土的大型罐数量较少，主要有侈口折沿罐一种，共有3件，其发展规律与A型中型罐相似，略可以分为2式。

Ⅰ式 2件（M63:6、M19:6）。标本M63:6，泥质黑皮陶，带盖。罐侈口，折沿，广肩，鼓腹，矮圈足底，整体较扁矮。盖为珠形纽。通高24、盖高5.2、盖径13.2、器身高18.9、口径14.8、底径13厘米（图一一三，2；图版一四九，3）。M19:6，泥质灰陶，带盖。罐侈口，折沿，扁鼓腹，矮圈足底。上腹部饰两周凸棱。盖为覆钵式，纽缺失。盖残高3.6、盖径11.4、器身高22.8、口径12.8、腹径25、底径12厘米（图一一三，1；图版六三，1）。

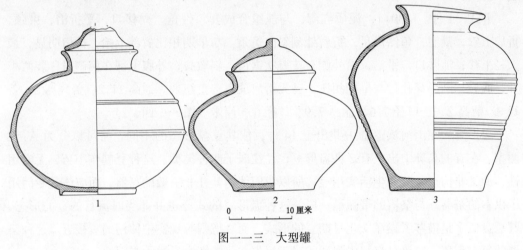

图一一三 大型罐

1、2.Ⅰ式（M19:6、M63:6） 3.Ⅱ式（M24:6）

Ⅱ式 1件。M24:6，泥质灰陶，侈口，折沿，鼓肩，下腹斜直，平底。下腹部饰两组凹弦纹。口径14.8、高28.4、底径15.2厘米（图一一三，3；图版七〇，3）。

**（三）祭器与艺术品**

在崧泽文化时期，墓葬中开始出现以随葬为目的的冥器。冥器的出现应该是人们宇宙观和宗教形态发生转型的某种标志，它反映了祭祀系统开始走向完备与规范化。同时祭祀与礼仪的出现也是社会形态发生转型的一种标志。它既是宗教发展到一定时期的需要，同时也是对社会进行规范与统领的一种需要。

除了一般的冥器之外，那些制作规范，而又非一般生活用器的陶器，我们认为很可能和祭祀礼仪有着密切的关系。将它们与一般的陶器进行区分，有着一定的难度。因此，本报告只是拣选了极具特征的少数陶器，进行分类说明如下。

**带甑鼎** 这种制作小巧的带甑鼎，仅见于少数的大型墓葬之中，同墓随葬的其他的冥器鼎或实用的鼎，往往是当时流行的凿形足的鼎。这种制作精巧而规范的带甑鼎的形态，具有模仿早期实用器的复古现象，显然应有其特殊的用意，我们认为或许是在祭祀中专门用于供奉之用。因此我们将之归为祭器之列。

共出土有 3 组，依其发展规律，略可以分为 2 式。

Ⅰ式　2 件（M59：25、M68：4）。标本 M59：25，泥质红衣红陶，与甑组合成套，带盖。鼎为侈口，束颈，鼓肩，弧腹，圜底。口沿外侧呈锯齿状花边，肩部有花边凸棱，鱼鳍形足；甑为敞口，外壁呈束颈折肩状，宽平沿，沿上饰两周凹弦纹，口沿外侧呈花边状，折肩部也起花边凸棱，底为一圆形大孔；盖为柱形纽，略残。通高 13.8、盖残高 2.8、盖径 8.2、甑高 4.3、口径 8.7、鼎高 8、口径 6.5 厘米（图一一四，1；图版一三六，3）。

Ⅱ式　1 件。M39：1，泥质红陶，与甑组合成套，带盖。鼎侈口，平折沿，束颈，折肩上耸，圜底，鱼鳍形足，折肩处刻斜向短条。与早期相比肩部上抬，折肩明显，最大径上移；甑敞口，平沿，沿外侧有花瓣状锯齿，斜敞腹，外腹上部在两侧对称装两小耳，底为一圆形穿孔。与早期相比，已无折肩现象；盖纽残。通高 11.2、盖残高 2、盖径 8、甑高 2.6、口径 7.6、鼎高 7.9、口径 6.4 厘米（图一一四，2）

**盅形豆**　在南河浜遗址中共出土 14 件，依其豆盘形态的不同，略可以分为 A、B 两型。在有的墓葬中出土有 2 件盅形豆，往往属于两种类型。这种豆制作小巧，无实用性，而又非仿造一般的生活实用豆，所以我们认为其并非一般的冥器，而应该是专门用于供奉的祭器。与祭器的带甑鼎一样，这种盅形豆的式样也并非当时流行的豆的形态，其豆盘似乎是借鉴了崧泽文化早期豆的形式，而豆把则与现实中使用的豆接近。这种祭器的复古现象，应该是祭祀中强调的对于祖先文化的怀念、继承与保留。

A 型　8 件。为侈口曲腹形态。其发展规律为豆盘逐渐退化缩小，豆把向细高发展。豆盘的外壁束颈曲腹越来越明显，而内壁曲腹的弧度则渐缓。豆把由转折明显的三段式，而逐渐将第一、二段拉长，转接处渐缓，最终发展为无明显分段的喇叭形。依其发展规律，略可以分为 4 式。

Ⅰ式　2 件（M81：4、M59：23）。标本 M81：4，泥质黑皮陶，侈口曲腹，沿内凹，豆把为三段式，中段有 4 组对称的竖向排列圆镂孔，每组 2 个。高 9.5、口径 11、底径 12 厘米（图一一四，3；图版一六八，1）。M59：23，泥质黑皮陶，侈口曲腹，沿外卷，折腹部起凸棱，豆把为三段式，一、二段上有由圆形镂孔组成的对称纹饰。高 9.4、口径 9.7、底径 9.5 厘米（图一一四，4；图版一三九，1）。

Ⅱ式　3 件（M17：3、M68：14、M49：7）。标本 M17：3，泥质灰陶。侈口曲腹，沿进一步外折。豆把一、二节拉长，第二节上有弦纹、椭圆形镂孔和竖直线条组成的装饰。高 10.4、口径 9、底径 8.3 厘米（图一一四，5；图版五九，3）。

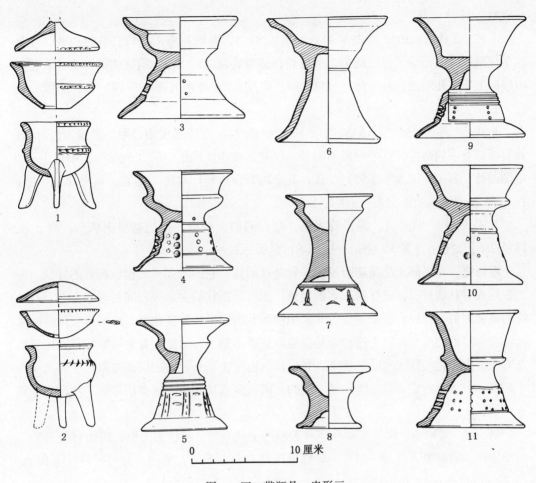

图一一四　带甑鼎、盅形豆

1.Ⅰ式带甑鼎（M59:25）　　2.Ⅱ式带甑鼎（M39:1）　　3、4.A型Ⅰ式盅形豆（M81:4、M59:23）　　5.A型Ⅱ
式盅形豆（M17:3）　　6.A型Ⅳ式盅形豆（M42:2）　　7.A型Ⅲ式盅形豆（M24:2）　　8.B型Ⅳ式盅形豆（M80:
1）　　9.B型Ⅰ式盅形豆（M81:8）　　10.B型Ⅱ式盅形豆（M83:4）　　11.B型Ⅲ式盅形豆（M35:14）

　　Ⅲ式　2件（M24:2、M34:6）。标本 M24:2，泥质灰陶。侈口曲腹，沿外折，豆
把为三段式，第一段拉长，第二段上有带角的圆形镂孔和刻划纹组成的纹饰。高11.4、
口径8.3、底径9.6厘米（图一一四，7；图版六九，2）。

　　Ⅳ式　1件。M42:2，泥质黑皮红褐陶，敞口曲腹，外壁无折棱，豆把呈喇叭形。
高11.8、口径11.4、底径10厘米（图一一四，6；图版一〇六，2）。

　　B型　6件。为敞口斜腹豆。其发展规律与A型相似，豆盘口越来越外敞，形成折
沿。豆把由三段式而演变为不分段的喇叭形。依其演变规律，略可以分为4式。

　　Ⅰ式　1件。M81:8，泥质黑皮陶。敞口，斜折腹，豆把为三段式，中段饰有3道
凹弦纹和6组竖向圆镂孔。高11.2、口径10.8、底径10.4厘米（图一一四，9；图版

一六八，2）。

Ⅱ式　2件（M19：7、M83：4）。标本 M83：4，泥质灰陶。敞口，斜腹内收，在外腹下部形成一周凸棱。豆把的第二节拉长，分节线趋缓，中段上有 4 组圆形镂孔，每组由竖向上下 2 孔组成。高 11.1、口径 10、底径 10.4 厘米（图一一四，10；图版一七二，1）。

Ⅲ式　2件（M35：14、M34：2）。标本 M35：14，泥质黑皮陶，敞口斜腹，沿外折，外腹下部有一周凸棱。豆把分段不明显，仅装饰纹样反映了三段式的结构，中段上有 7 组圆镂孔，其中 1 组为单排竖行 3 孔，其余均为双排竖行六孔。高 11、口径 9.2、底径 10.6 厘米（图一一四，11；图版九三，4）。

Ⅳ式　1件。M80：1，泥质红褐陶，敞口斜腹，折沿。豆把略呈喇叭形。高 5.8、口径 7.6、底径 6.1 厘米（图一一四，8；图版一六一，3）。

**塔形壶**　是崧泽文化晚期阶段的一种特殊器物，它的上部一般做成高耸的柱状，柱的顶端或有杯状开口，或有蒜头形的封顶，或有屋顶状的尖顶等不同的形态。在壶身一侧的肩部则另有开口。顶端立柱的非实用性和其内涵形态的变化性，反映了它是一种象征性和标志性的形态。对于这种壶的造型取象还不是十分清楚，有的可能与某种建筑形态有关。由于它的特殊的形态意义，我们认为也应该是一种祭祀供奉之器。尽管造型各不相同，但隐含的象征意义应该是一致的。南河浜遗址共出土这类塔形壶 3 件，现分别介绍如下。

M29：8　塔形壶，泥质红褐陶，柱顶端的尖顶略残。顶柱为方形，四面有圆形和三角形镂孔。扁鼓腹，肩部一侧有一椭圆形流状口，方形座，平底。柱与壶身互不相通。高 20、口径 3.6~4.6、底径 10.8 厘米（图一一五，1；图版八三，2）。

M63：1　塔形壶，泥质灰陶。顶柱为细长的圆柱形，柱顶为蒜头形，折沿侈口与下部不连通。顶柱上有 4 组凹弦纹。扁鼓腹，肩部一侧有一椭圆形上翘的大口，口沿上下各有一小圆镂孔。肩腹交接处有一周凸棱，平底。高 31.7、上口径 5.4、下口径 9.2、底径 12 厘米（图一一五，5；图版一五〇）。

M25：13　塔形壶，泥质灰陶。顶柱为细长的圆柱形，柱顶为蒜头形，折沿侈口与下部连通。扁鼓腹，肩部一侧有一上翘的椭圆形口，平底。头、肩部各有两周凸棱，凸棱间饰折线纹。顶柱上有 5 组凹弦纹。高 45.2、上口径 5.6、下口径 6.8~8.4、底径 14.8 厘米（图一一五，6；图版七二，1）。

**鹰头壶**　在南河浜遗址中出土有 3 件，三件壶的形态不同，但对鹰头的表现方式却一致。反映了这一部族对鹰的崇拜和供奉。

M52：4　鹰头壶，泥质灰陶。壶为直口，高领，广肩，平底器。在颈部用堆塑和刻划手法，塑造出一个环眼、勾喙的鹰头形象。壶身即为鹰的站立姿态。高 21.9、口径

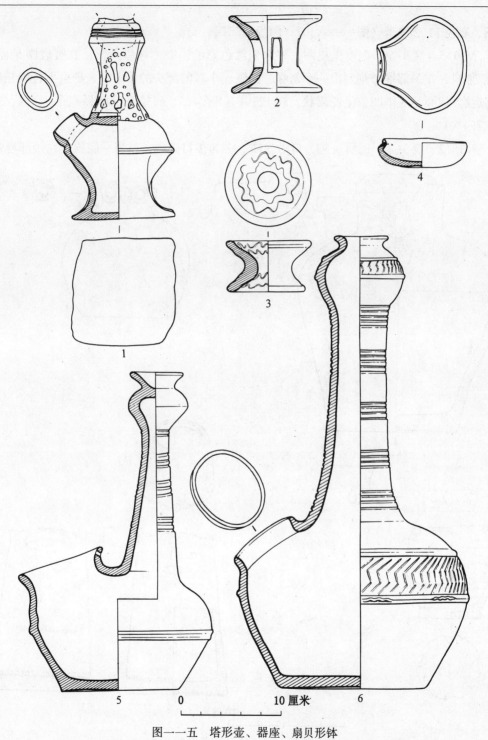

图一一五　塔形壶、器座、扇贝形钵

1、5、6.塔形壶（M29:8、M63:1、M25:13）　2.Ⅰ式器座（M96:9）　3.Ⅱ式器座（M68:15）
4.扇贝形钵（M35:20）

7.8、底径 11.2 厘米（图一一六，1；图版一二四，4）。

　　M11:5　鹰头壶，泥质黑皮陶，外涂朱红色彩绘。壶为侈口高领，鼓腹假圈足器。颈部加粗，在颈部堆塑刻划出一个勾喙、圆眼、小耳的鹰头的形象。壶身上下各饰三道凹弦纹。假圈足底微凹，呈花瓣状。高 12.9、口径 4.3、底径 5.6 厘米（图一一六，3；图版四八）。

　　M15:2　鹰头壶，泥质灰陶，口沿残缺。壶为侈口高领，鼓肩平底器。在颈部堆塑

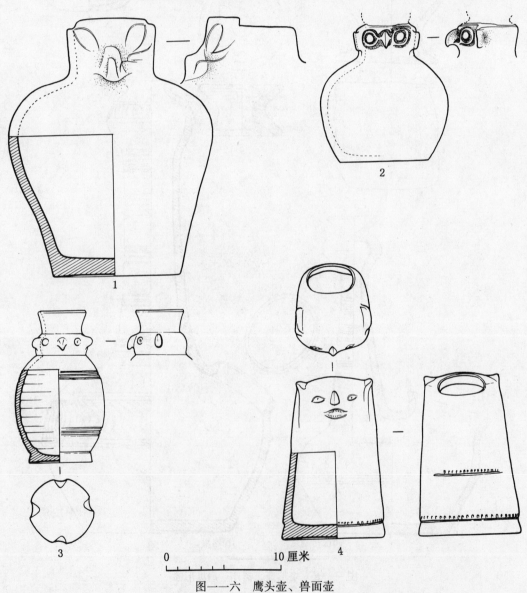

图一一六　鹰头壶、兽面壶

1～3.鹰头壶（M52:4、M15:2、M11:5）　4.兽面壶（M59:22）

刻划出一个勾喙、环眼、长耳的鹰头形象。残高 11.6、口径 4、底径 7.6 厘米（图一一六，2；图版五三）。

**兽面壶**　仅出土 1 件，是崧泽文化时期信仰与艺术自由多元的一种反映。

M59：22　兽面壶，泥质灰陶，整器呈圆形转角的方棱体，上小下大，顶部为弧面，大平底。一侧堆塑刻划一个兽面形态。三角形的鼻子和顶部两个扁条形兽耳为堆塑高起，眼和嘴则用阴线刻划。眼睛为复线扁圆形，中间刻划圆点表示眼珠。嘴也是复线扁圆形，嘴里刻划上下两排牙齿。兽面的背后一侧为椭圆形的壶口，口下腹部中间有一条短折痕，上刻竖向短道，近底部全器作一折痕，也刻竖向短道。整器构思设计精巧，动物形态逼真，很像蹲立的猫的形象。高 13.8、口径 2.4～4.4、底径 9 厘米（图一一六，4；图版一四一）。

**夹砂缸**　在崧泽文化时期开始出现，在本地区以后的良渚文化中十分多见，是大型墓葬中的重要陶器组合。在大汶口文化等其他文化中，这种夹砂缸也与大型墓葬与祭祀有着密切的关系。因此我们认为夹砂缸应该是重要的祭器。南河浜遗址墓葬中仅出土有 2 件夹砂缸（M25：16、M54：1）。

M54：1　夹砂缸，夹砂红陶。直口尖唇，上腹为直筒形，上腹部饰斜向粗绳纹，尖圜底。高 35.6、口径 33 厘米（图一一七，2；图版一二八，3）。

**器座**　为筒状亚腰形，制作精巧。出土器座的墓葬等级规格较高，我们认为这种器座应该是祭祀中摆放供物所用。南河浜遗址中出土器座 3 件，其趋势为逐渐向扁矮束腰发展。略可以分为 2 式。

Ⅰ式　2 件。M96：9，夹砂红陶，有红衣。整器呈滑轮状，束腰，中空。束腰处有 4 个长方形镂孔。高 7.6、直径 9.3 厘米（图一一五，2；图版一八七，4）。

Ⅱ式　1 件。M68：15，粗泥红衣红陶，器座呈滑轮状，束腰，中空。座内壁上下两侧都刻有两组花边状折线纹。高 5.1、直径 8.7 厘米（图一一五，3；图版一五四，5）。

**陶龟**　乌龟作为长寿的灵物，在新石器时代的许多文化中都有被崇信的现象，雕刻乌龟的形象，即是信仰的一种。以龟甲作为材质进行占卜，架起人神之间沟通的桥梁，应该是对乌龟的神性的利用和延展。古文献中有六足龟、九足龟等非同于一般的神龟的描述。南河浜遗址出土的 2 只陶龟，均有六足，而且背上长满乳钉，反映了应该是非同一般的神龟。出土时两龟腹甲相对叠放于墓中，无尾的小龟在上，有尾的大龟在下。

M27：14　陶龟，泥质黑皮陶，龟方首凸眼，身呈椭圆形，龟背拱起，上有 9 枚圆乳钉，两侧对称共有 6 只龟足，无尾。龟剖面呈桥形，无腹甲。高 3.9、长 18.3、宽 15.2 厘米（图一一七，3；图版七九）。

M27：15　陶龟，泥质黑皮陶，龟尖首凸眼，身呈长方形，龟背拱起，身上有 11 枚圆乳钉，两侧对称共有 6 只龟足，有尖尾，尾部还有两个圆形穿孔。龟剖面呈桥形，无

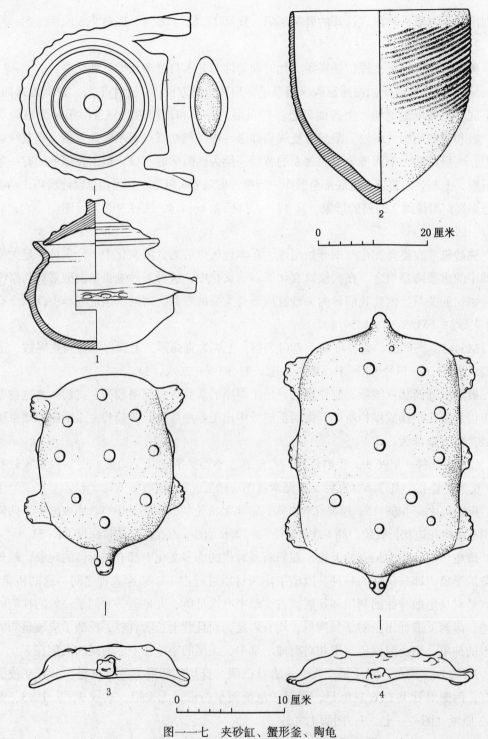

图一一七　夹砂缸、蟹形釜、陶龟

1. 蟹形釜（M17:7）　2. 夹砂缸（M54:1）　3、4. 陶龟（M27:14、15）

腹甲。高 3.6、长 25.8、宽 17.4 厘米（图一一七，4；图版七八）。

**蟹形釜** M17∶7，夹砂红陶，带盖。器形俯视如同两螯前伸蟹类，整器造型生动而富想像力。釜为侈口，折沿，鼓腹，腹中部两侧各有两根绞丝状鋬，前伸如螯，两螯之间有一块椭圆形凸块，如嘴状。相对一侧的腹部中间则围绕附加堆纹，底圜平。盖面上有两周凸棱，柱形纽。通高 13.6、盖高 4、盖径 10.6、口径 12 厘米（图一一七，1；图版六〇，2）。

**扇贝形钵** M35∶20，泥质灰陶，整器为扇贝形，造型形象逼真，沿上有 2 小圆孔，可供系挂。高 3 厘米（图一一五，4；图版九〇，4）。

**（四）装饰品**

南河浜遗址墓葬中所出陶制装饰品，仅陶珠一串。

**陶珠** M25∶8，泥质黑皮陶，共 22 颗组成串，悬挂于墓主人胸前。珠大小相似，呈扁圆形，中有圆孔以穿绳系挂。径 1.3~1.8 厘米（图一一八，1；图版七一，4）。

**（五）生产工具**

南河浜遗址墓葬中所出陶制生产工具，仅陶纺轮一项。

**纺轮** 共出土 6 件。早期为球冠体，逐渐演变为圆台体。依其变化规律，略可以分为 2 式。

Ⅰ式　1 件。M3∶3，夹砂红褐陶。整器为球冠体，顶面为凸弧面，底面略呈平面。中心高 2.1、径 6.5 厘米（图一一八，5；图版三八，3）。

Ⅱ式　5 件（M37∶13、M62∶9、M78∶4、M63∶11、M27∶20）。标本 M37∶13，泥质红衣陶。整器为圆台形，截面呈梯形，两面不甚平整。顶面用两条弧线，将圆面分割成太极图区域，并刻划有 5 个月牙形图案。高 1.9、上径 4.9、下径 6.6 厘米（图一一八，8；图版九四，3）。M63∶11，泥质红衣陶。整器为圆台形，截面呈梯形，两面平整。在一面刻划由 3 个叶脉状纹组成的联合图案，三个叶脉状纹呈顺时针旋转姿态，给人以旋转的动感，这种纹样应是一种编织的象征性图案。高 1.7、上径 3.4、下径 5.5 厘米（图一一八，4；图版一四八，2、3）。M78∶4，泥质灰褐陶。截面为梯形，两面平整。高 1.4、上径 3.3、下径 4.6 厘米（图一一八，3；图版一六二，5）。

## 二、石器

南河浜遗址墓葬中出土的石器，主要有锛、凿和钺三类，另外有少量的纺轮、砺石和镰刀等。关于石器的功能与区分，在第三章中已有较为详细的论述。墓葬中出土的石器一般也应是日常生活中的实用品，因此在选材、加工与功能等方面与遗址地层中的出土品无有差别。现分类介绍如下：

**石锛** 南河浜遗址墓葬中共出土石锛 10 件。石质主要有硅质岩、变质泥质岩、板

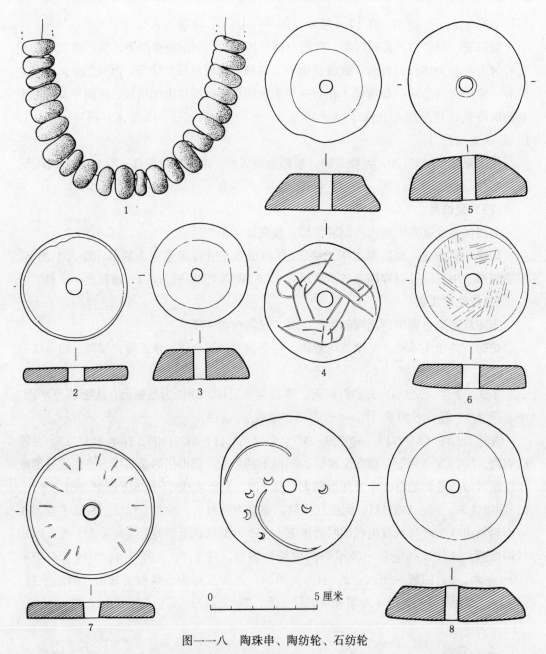

图一一八　陶珠串、陶纺轮、石纺轮

1.陶珠串（M25:8）　　2、6、7.石纺轮（M24:14、M35:10、M24:13）　　3、4、8.Ⅱ式陶纺轮（M78:4、
M63:11、M37:13）　　5.Ⅰ式陶纺轮（M3:3）

岩以及角岩等。加工方式采用先打制成坯，然后再琢磨完成。其形态特征均为扁平体，
背上不起段，单面锋，划分标准为厚度约小于二分之一宽度者。其总的发展规律为早期
上端薄而下端厚，至晚期逐渐演变为上端厚而下端薄。依其变化规律略可以分为2式。

Ⅰ式 6件（M 81：34、M81：33、M81：14、M61：7、M96：13、M61：4）。标本 M81：34，青灰色角岩，隐约可见层理结构。整器为窄长的扁薄形，上端略窄而薄，下端略宽而厚，刃斜直，顶部和边缘留有打制时产生的石片疤。长 6.1、宽 2.7、厚 0.6 厘米（图一一九，5；图版一六七，3）。M81：33，黑灰色，硅质岩，表面光滑致密。整器较短宽，上端略薄，下端略厚，刃平直。长 2.8、宽 2.8、厚 1.1 厘米（图一一九，1；图版一六七，2）。M96：13，浅灰色流纹岩，器表较粗糙。器形宽大厚重，背面微弧凸，腹面较平直，顶部和边缘留有打击时的石片疤，两端薄，中间略厚。长 13.7、宽 5.7、厚 2.4 厘米（图一一九，9；图版一八八，4）。

Ⅱ式 4件（M16：25、M68：11、M49：6、M11：6）。标本 M11：6，青灰色，变质硅质泥质岩。弧背平刃，顶部和边缘留有石片疤，上端厚下端薄。长 3.6、宽 1.85、厚 0.9 厘米（图一一九，6；图版四七，1）。M16：25，灰白色，变质硅质泥质岩，表面光滑。整器为窄长的扁薄体，顶端和边缘留有打制的石片疤，略成弧背，上端厚下端薄。长 7.4、宽 3.2、厚 0.9 厘米（图一一九，2；图版五七，5）。M68：11，青灰色，斑点板岩，表面灰白，粗糙无光泽。整器为窄长方形，刃斜直，上端厚下端薄。长 8.7、宽 3.6、厚 0.8 厘米（图一一九，3；图版一五三，6）。

**石凿** 南河浜遗址墓葬中共出土石凿8件。材质、加工方式等与石锛相似。其整体形态为窄厚体，一般为弧背，单面锋，直刃或弧刃，划分标准为厚度约大于二分之一宽度者。其总的发展规律与石锛相似，早期为拱形背，上端略薄，下端略厚，至晚期逐渐发展为弧形背，上端厚而下端薄。依其变化规律，略可以分为2式。

Ⅰ式 4件（M74：2、M68：7、M68：8、M68：9）。标本 M74：2，青灰色，流纹岩，可见灰白相间的明显层理。上端与背部略宽，拱背直刃，最厚处居中。长 5.2、宽 1.6、厚 1.4 厘米（图一一九，10；图版一五九，3）。M68：7，青灰色，板岩，表面光滑。拱形背，斜直刃，最厚处居中。长 4.3、宽 1.1、厚 0.9 厘米（图一一九，7；图版一五三，2）。M68：8，青灰色，板岩，石质细密，隐见层理结构。背部略宽，腹面略窄，背面略呈拱形，最厚处居中。长 8.2、宽 2.1、厚 2.25 厘米（图一一九，13；图版一五三，3）。

Ⅱ式 4件（M68：10、M11：14、M16：26、M39：2）。标本 M16：26，青灰色，变质硅质泥质岩，表面光滑。窄长条形，两端窄，中间略宽，上端厚下端薄。长 6.8、宽 1.7、厚 1.1 厘米（图一一九，12；图版五七，6）。M39：2，青灰色，变质硅质泥质岩，表面光滑。上端窄厚，下端宽薄。长 4.2、宽 1.5、厚 1 厘米（图一一九，8；图版九九，4）。M11：14，灰白色，变质硅质泥质岩，表面光滑。上端略宽，下端略窄，两面较平，圆弧刃。长 3.6、宽 1、厚 0.8 厘米（图一一九，11；图版四七，4）。

**石钺** 南河浜遗址墓葬中共出土石钺15件。石质主要有辉绿岩、流纹岩、板岩、变质泥岩以及安山岩等。石钺的制法一般采用打制成坯，然后再琢磨抛光并钻孔。钻孔

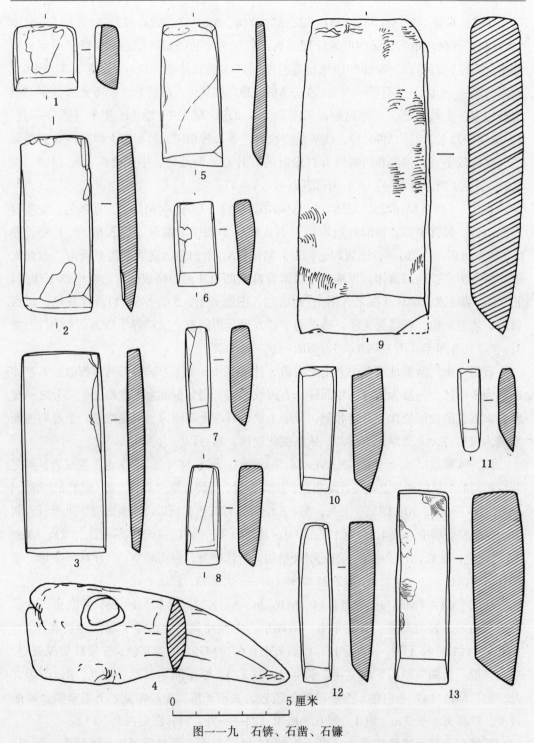

图一一九　石锛、石凿、石镰

1、5、9.Ⅰ式石锛（M81：33、34、M96：13）　　2、3、6.Ⅱ式石锛（M16：25、M68：11、M11：6）　　7、10、13.Ⅰ式石凿（M68：7、M74：2、M68：8）　　4.石镰（M11：8）　　8、11、12.Ⅱ式石凿（M39：2、M11：14、M16：26）

一般采用管钻法，有少数用实心钻钻成。石钺的整体形态略呈"风"字形，形体宽薄。依据石钺刃角的风格差异，略可以分为 A、B 两型。现分别叙述如下：

A 型　8 件。钺的刃角不明显，略呈圆弧形。两侧边线较直，钺刃为圆弧形，钺的顶端也多为弧形。其发展规律为早期整体形态较为圆钝厚重，晚期形体逐渐规范化，制作渐精良。依其形态特征，略可以分为 2 式。

Ⅰ式　2 件（M2：4、M96：8）。标本 M2：4，辉绿岩，表面粗糙呈灰绿色，夹黑色细粒。刃为圆弧形，四角圆钝，无明显刃角，顶端略呈斜面。长 14.4、刃宽 10.6、顶端宽 8.8、孔径 2.7 厘米（图一二〇，1；图版三七，5）。M96：8，斑点板岩，石质细密，灰黑色含蓝紫色隐斑，器表坑凹不平。四角圆钝，无明显刃角，顶端为弧线。长 10.6、刃宽 7.7、顶端宽 6.3、孔径 1.8 厘米（图一二〇，3；图版一八八，3）。

Ⅱ式　6 件（M54：8、M68：2、M16：12、M11：2、M12：1、M68：12）。标本 M16：12，灰白色，泥质粉砂岩，可见明显层理结构，表面光滑细密。刃角略呈圆弧形，但与两边线的交接已较为明显，顶端为斜直线。长 14.1、刃宽 9.2、顶端宽 8.1、孔径 2.6 厘米（图一二〇，2；图版五五，4）。M68：12，青灰色，千枚岩，表面剥蚀不平，可见明显层理结构。顶部弧凸，刃角略呈圆弧形。长 15、刃宽 9.3、顶端宽 8.1、孔径 2.1 厘米（图一二〇，4；图版一五五，3）。

B 型　7 件。钺的刃角明确，一般有明显的尖角。两侧线一般微向外撇。圆弧形刃，顶端一般较平直。早期一般较厚重，逐渐向轻巧窄长发展。依其形态特征，略可以分为 2 式。

Ⅰ式　1 件。M2：1，板岩，表面呈浅灰色，色泽斑驳，质感细腻，器残，尾端平直，弧刃崩缺，两面对钻成孔。高 13.4、刃宽 10.2、顶端宽 8.8、孔径 2.4 厘米（图一二〇，5；图版三七，2）。

Ⅱ式　6 件（M55：2、M41：4、M11：3、M52：2、M10：3、M42：4）。标本 M52：2，球粒流纹岩，灰白色，受沁后表面留有球状颗粒突起。刃角明显，两边斜直，整体扁薄平整。长 15.6、刃宽 12.4、顶端宽 10.8、孔径 2.4 厘米（图一二〇，6；图版一二四，3）。M11：3，球粒流纹岩，灰白色，受沁后表面留有球状颗粒突起。刃角明显，顶端平直，两侧斜直，整器制作扁薄规整。高 16.7、刃宽 12、顶端宽 10、孔径 2 厘米（图一二〇，7；图版四六，3）。

**石纺轮**　南河浜遗址墓葬中共出土石纺轮 3 件。石质均为叶蜡石，含绢云母，是一种似玉的矿物。多呈紫灰色，质地细腻，而硬度较低，表面往往留有摩擦痕迹。两件略呈圆台形，一件为圆饼形。现分别介绍如下：

M24：14，叶蜡石化凝灰岩，含绢云母，呈灰紫色，扁平圆饼形。直径 5.1、厚 0.65、孔径 0.8 厘米（图一一八，2；图版六九，5）。

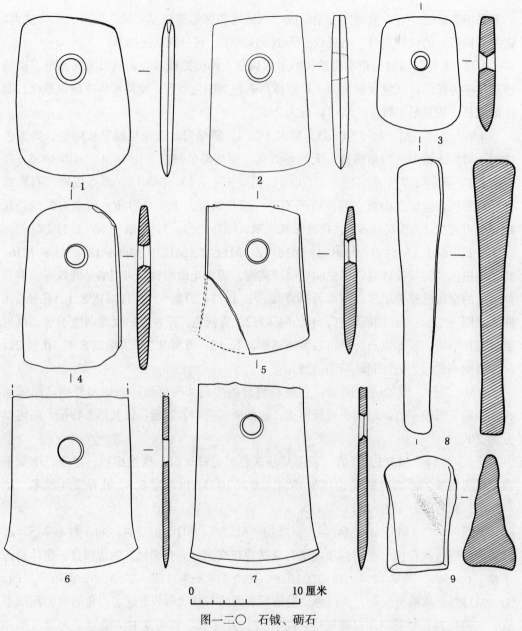

0　　　　　　　10 厘米

图一二〇　石钺、砺石

1、3.A 型 I 式石钺（M2:4、M96:8）　　2、4.A 型 II 式石钺（M16:2、M68:12）　　5.B 型 I 式石钺（M2:1）

6、7.B 型 II 式石钺（M52:2、M11:3）　　8、9.砺石（M16:17、M68:6）

　　M35:10，叶蜡石化凝灰岩，呈红色，扁平圆台形，表面留有摩擦痕迹。上径 4.8、下径 5.4、高 1.1、孔径 0.8 厘米（图一一八，6；图版九〇，3）。

　　M24:13，叶蜡石化凝灰岩，呈紫红色，略呈扁平圆台形，单面钻孔，顶面上施放射状刻划纹。上径 5.8、下径 6.2、高 0.7、孔径 0.7~0.8 厘米（图一一八，7；图版六九，4)。

**石镰**　出土1件。这是目前崧泽文化中所见的唯一一件镰。M11:8，灰黑色，斑点板岩，表面剥蚀得坑凹不平，形体较小，双面刃，尾部顶端琢一孔。长11.8厘米（图一一九，4)。

**砺石**　共出土2件。以砺石随葬，反映了用生活实用品随葬的早期习俗。

M68:6，黄褐色，细粒石英岩屑岩，平面近长方形，截面近三角形，有磨砺使用痕迹。长10.5、宽6.8、厚1.2~5厘米（图一二〇，9)。

M16:17，红褐色，细粒石英岩屑岩，呈长条状，两宽面上都有磨砺痕迹。长25厘米（图一二〇，8)。

### 三、玉器

南河浜遗址墓葬中，共出土玉器64件。经鉴定玉质主要为透闪石（Tremolte），另有少数叶蛇纹石（Antigorite）、叶蜡石（Pyrophyllite）和石英（Quartz）等。玉器的种类有玉璜、玉镯、玉钺、圆环形玉饰、圆片形玉饰、梯形玉饰、舌形玉饰、三角形玉饰及玉坠等。所有的玉器均无纹饰，表面抛光精细。

崧泽文化玉器在取材上与本地区前期的马家浜文化相比，具有了本质的区别，马家浜文化一般使用玉髓等美石类材质，而崧泽玉器主要采用透闪石与阳起石系列的软玉，说明当时在玉矿的寻觅辨识上已取得了关键的进步。在加工技术上崧泽文化玉器主要采用以解玉砂为介质的间接加工法，从玉器上残留的痕迹可以看出，线切割、锯切割和管钻等应是玉器成型的主要手段，玉器的表面抛光也相当成熟。虽然在玉器的数量上与种类上，崧泽玉器还显得有些不够发达，但在玉的矿物学识别与玉器加工技术方面，崧泽文化已经进入了一个新的用玉时代。从而为良渚文化玉器的辉煌奠定了基础。

崧泽文化的玉器基本为扁薄体，主要是直接附着于身体的装饰用玉，一般单体使用。从玉器上保留的加工痕迹可以看出，一般采用单体成形的片状加工工艺，即玉器的初坯一般首先切割或打制成片状，然后再作进一步的加工。这与本地区崧泽文化之前马家浜文化玦饰的制作过程，具有相似之处。而与后来的良渚文化玉器，首先完成柱形坯体的制作工艺则有较大的区别。

玉璜是崧泽玉器中数量较多，个体较大的器种。出土时一般位于墓主人的颈部。出土玉璜的墓一般不随葬石钺或玉钺，从保留人骨的墓看，以玉璜随葬的墓主人均为女性。所以玉璜在崧泽文化中，可能是地位较高的女性的身份的象征。

薄体宽扁的不甚规范的半璧形玉璜，是崧泽玉璜的主要形式。这种玉璜的上端，一般不甚平直，下缘一般尖薄且不规范，并且往往一面为微凸的弧面，而另一面为平面。平面形态除半圆弧形外，也常见凹字形，有的更是因材就势，略成其形。这种不规范形态，构成崧泽玉璜的时代特征和文化特点。也是崧泽玉器解料加工技术不成熟的表现。

除半璧形玉璜外，也有少数窄条形的玉璜。窄条形玉璜，是马家浜文化晚期玉璜的主要特征，在崧泽文化中已不占主流。并且在本地区玉璜的发展序列中，逐渐地被淘汰。

玉镯也是崧泽文化中，形体较大的玉器。均为窄环形，横截面多为扁三角形，内厚而外薄，此为崧泽文化玉镯的时代风格。可分为整体与分体两种形式，分体玉镯最初可能是将无意打断的玉镯进行连接的一种技术，后来发展成为有意将完整玉镯锯开，再连接使用的一种时尚和方便。

圆环形玉饰、圆片形玉饰、梯形玉饰、舌形玉饰、三角形玉饰等小件玉饰品，出土时一般位于墓主人胸颈部，是崧泽文化主要的项饰和胸饰。具有较强的文化特征和时代风格。

玉钺发现2件，出土时位于胸腹部。玉钺的出现，反映了崧泽文化已开始有非装饰性的玉礼器，这改变了以往玉器的使用性质，从而使玉器由装饰功能而走向礼制功能。现将各类玉器举例介绍如下：

**玉钺**　2件。M61:8，透闪石软玉，玉色青绿透明，含灰白色沁斑。整体略呈窄梯形，较厚重。上端斜直，圆弧形刃，两面管钻成孔，孔中间留有明显的对钻痕迹。长15.2、顶端宽4.3、刃宽6.6、最大厚度1.4、孔径1.2厘米；重254.8克（图一二一，1；图版一四三）。

**玉璜**　10件（M17:2、M48:5、M38:6、M16:2、M27:3、M87:3、M50:3、M78:5、M59:13、M83:3）。均为透闪石软玉，平面形态可以分为半璧形、条形和凹字形等几种。

M59:13，半璧形玉璜，透闪石软玉，玉色湖绿而透明。两端各钻两孔，孔缘有系挂绳索的凹痕，出于墓主颈部。长14.8、宽5.8、厚0.7厘米；重50.3克（图一二一，2；图版一三五）。

M83:3，半璧形玉璜，透闪石软玉，沁成白色，有黑色沁斑。一面留有线切割痕迹，两端各钻一孔。长9.4、宽3.2、厚0.5厘米；重21.66克（图一二一，4；图版一七二，3）。

M78:5，半璧形玉璜，透闪石软玉，沁成白色，夹黑色沁斑。边缘不规整，一面为平面，一面为弧面，两端各钻一小孔以挂系，出于墓主颈部。长5.85、宽2.75、厚0.4厘米；重10.37克（图一二一，3；图版一六三，1）。

M48:5，扁平条形玉璜，透闪石软玉，沁成白色。两端各有一小孔，从整体形状看似由残断的玉镯改制而成。长5、宽1.4厘米；重6.55克（图一二一，6；图版一一六，4）。

M50:3，扁条形玉璜，透闪石软玉，沁成白色。利用边料制成，边缘不规整，两端各

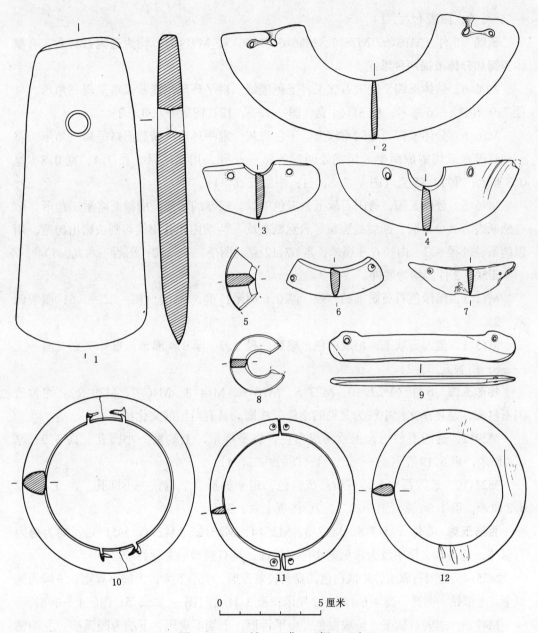

图一二一 玉钺、玉璜、玉镯、玉玦

1. 玉钺（M61:8）　2~4、6、7、9. 玉璜（M59:13、M78:5、M83:3、M48:5、M50:3、M27:3）　5、8. 玉玦（M11:1、M15:1）　10~12. 玉镯（M96:5、M16:6、M96:6）

钻一小孔。长5.5、宽1.3、厚0.3厘米；重3.66克（图一二一，7；图版一二一，5）。

M27:3，扁平长条形玉璜，透闪石软玉，沁成白色。整体为直条形，两端略凸起，平面略呈凹字形，两端钻圆孔以挂系。长9.5、宽1.4、厚0.4厘米；重11.12克（图一二一，9；图版七六，1）。

**玉镯**　5件（M16：6、M78：7、M96：6、M96：5、M91：3）。均为透闪石材质，有整体玉镯和分体玉镯两种形式。

M96：6，整体玉镯，透闪石软玉，玉色墨绿。扁平环形，横截面略呈扁三角形。外径7.9、内径5.6厘米；重31.64克（图一二一，12；图版一八九，2）。

M16：6，分体玉镯，透闪石软玉，玉色青灰。扁平环形，横截面略呈扁三角形，将一件圆镯有意切割成两半，切割处两端各钻一小孔，用以缚系。径7.4、宽0.8、厚0.3厘米；重12.85克（图一二一，11；图版五五，1）。

M96：5，分体玉镯，透闪石软玉，玉色墨绿。较厚的环形，横截面略呈三角形，似自然断裂为2个半圆，断裂处保留了自然断裂面，两端内侧各用线切割法锯出沟槽，用以缚系。外径8.7、内径6.3厘米；重67.12克（图一二一，10；图版一八九，1）。

**玉玦**　2件。均为残件。

M11：1，暗绿色石英质玉髓，残。厚0.6厘米；重5.37克（图一二一，5；图版四六，2）。

M15：1，透闪石软玉，沁成白色，略残。径2.9、厚0.4厘米；重4.7克（图一二一，8；图版五二，2）。

**梯形玉饰**　6件（M27：10、M27：5、M78：6、M14：3、M46：7、M29：2）。均为透闪石材质，是崧泽文化中较为常见的小件玉挂饰，具有典型的文化特征。

M29：2，透闪石软玉，玉质沁成白色，扁平梯形，上端钻一小圆孔。高3.9、厚0.4厘米；重5.19克（图一二二，1；图版八二，4）。

M27：10，透闪石软玉，玉质沁成白色，扁平梯形，上端钻一小圆孔。高3.4、厚0.2厘米；重1.96克（图一二二，2；图版七六，3）。

**舌形玉饰**　6件（M47：8、M47：3、M25：4、M25：2、M42：1、M51：1）。均为透闪石材质，是崧泽文化中较为常见的小件玉挂饰，具有典型的文化特征。

M25：4，透闪石软玉，沁成白色，扁平长条舌形，上小下大，上端不规则，下端为圆弧形，上端钻一圆孔。高4.6、厚0.2厘米；重3.11克（图一二二，5；图版七一，5）。

M47：3，透闪石软玉，沁成白色，扁平舌形，上端不规则，下端为圆弧形，上端钻一小孔。长3.95、厚0.2厘米；重3.71克（图一二二，4；图版一一五，1）。

**三角形玉饰**　13件（M47：4、M27：6、M38：7、M51：2、M57：1、M54：9、M35：7、M44：1、M52：1、M78：16、M81：13、M40：4、M62：7）。均为透闪石软玉，是崧泽文化中较为常见的小件玉挂饰，具有较为典型的文化特征，钻孔一般偏于一边，系挂时一般尖端向下。

M51：2，透闪石软玉，沁成白色，扁平三角形，钻一小孔。高2.6、厚0.2厘米；

重 1.67 克（图一二二，8；图版一二二，3）。

M38：7，透闪石软玉，沁成白色，扁平三角形，钻一小孔。高 2.1、厚 0.2 厘米；重 1.03 克（图一二二，7；图版九七，5）。

M40：4，沁成白色，扁平三角形，上端钻一小圆孔，尖角略残。高 3.5、厚 0.2 厘米；重 1.9 克（图一二二，3；图版一〇〇，3）。

**圆片形玉饰** 2 件。均为扁薄的圆片形，靠近一边钻有一个小孔。

M49：3，透闪石软玉，沁成白色，扁平圆形，近边缘部位钻一小圆孔，有孔的一边较薄。直径 2.2、厚 0.1～0.28 厘米；重 2.57 克（图一二二，9；图版一一八，2）。

**圆环形玉饰** 5 件（M48：2、M49：4、M31：2、M19：3、M91：5）。均为透闪石软玉，扁薄的圆环形，居中有一较大的钻孔，为崧泽文化中常见的小件挂饰。

M48：2，透闪石软玉，沁成白色，扁平环形，一边厚一边薄。直径 2、孔径 0.9、厚 0.2～0.4 厘米；重 1.79 克（图一二二，10；图版一一六，5）。

**半圆形玉饰** 2 件。为扁薄的半圆片状，在直边的一侧钻一小孔。

M47：6，透闪石软玉，沁成白色，扁平半圆形，近直边一侧钻一小孔。高 1.8、宽 2.25、厚 0.1 厘米；重 0.99 克（图一二二，19；图版一一五，4）。

M83：7，透闪石软玉，沁成白色，扁平半圆形，近直边钻一小孔。高 1.45、宽 1.8、厚 0.2 厘米；重 1.18 克（图一二二，17；图版一七二，2）。

**方环形玉饰** 1 件。M22：6，透闪石软玉，玉质为青白色，平面整体略呈梯形，中央钻一大圆孔，在圆孔的边上残留有原先钻的半个小孔。高 3、宽 2.6～3.3、厚 0.2～0.4、孔径 1.8 厘米；重 5.8 克（图一二二，18；图版六五，2）。

**圆柱状玉坠** 1 件。M55：1，为半透明的石英质玉髓，一端钻有牛鼻状隧孔。直径 1.2、高 0.9 厘米；重 2.15 克（图一二二，11；图版一二九，2、3）。

**半球形玉坠** 2 件。

M48：1，透闪石软玉，沁成白色，平面上钻有隧孔。直径 1.3、高 0.9 厘米；重 2.24 克（图一二二，12；图版一一六，3）。

**蘑菇形玉坠** 2 件。

M81：25，淡青色玉髓，整体为蘑菇形，扁把上对钻小孔。高 1 厘米；重 0.88 克（图一二二，16；图版一六七，1）。

除以上常见形制的玉饰外，还有一些不规则形态的小件挂饰，此不一一介绍。


**四、骨器**

由于保存条件的关系，在南河浜遗址的墓葬中仅发现了少量的骨器。这些骨器均出土于下层埋葬较深的墓葬中。说明在原来的随葬品中还应该有更多数量的骨器存在。所

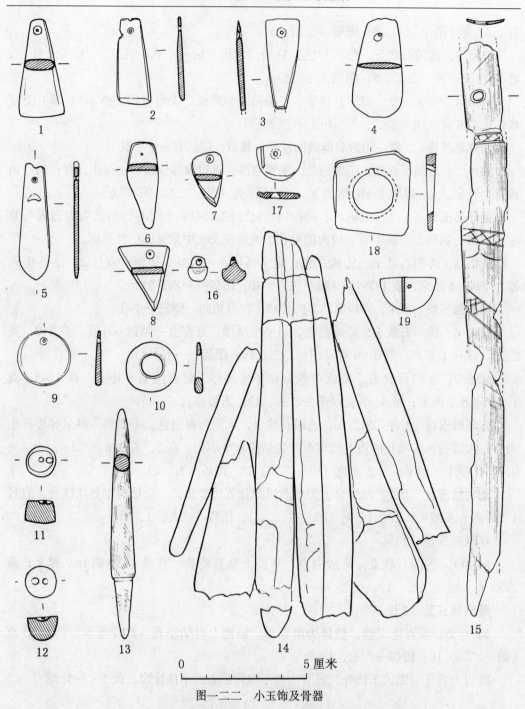

图一二二　小玉饰及骨器

1、2.梯形玉饰（M29:2、M27:10）　　3、7、8.三角形玉饰（M40:4、M38:7、M51:2）　　4～6.舌形玉饰（M47:3、M25:4、M35:17）　　9.圆片形玉饰（M49:3）　　10.圆环形玉饰（M48:2）　　11、12.玉坠（M55:1、M48:1）　　13.骨镞（M61:6）　　14.骨锥（M81:26～32）　　15.刻纹骨片（M81:24）　　16.玉坠（M81:25）　　17、19.半圆形玉饰（M83:7、M47:6）　　18.方环形玉饰（M22:6）

发现的骨器虽然数量较少，但却包含了丰富的种类。现分别介绍如下：

**骨锥**　7件（M81：26～32）。出于死者头骨下，均呈扁平条形，一端磨出扁刃，长16.2～8.8厘米。器已朽残，无法起取（图一二二，14）。

**骨镞**　2件。M61：6，截面呈圆形，头尖，有圆铤。长9厘米（图一二二，13；图版一四二，3）。

**刻纹骨匕**　1件。M81：24，用兽类肢骨片磨制而成，前端略残，没有明显的刃部，尾端有圆孔，正面刻有斜线组成的菱形纹饰3组。长22.8、宽1.8、厚0.15厘米（图一二二，15）。

## 第五节　墓葬分期

南河浜遗址共出土崧泽文化墓葬92座，其中85座分布于A区，7座分布于B区。在前一章生活遗存分期的讨论中，已将它们分别归入早期三段与晚期一、二段。下面根据墓葬的层位关系与随葬品情况，对各期段的特点与划分标准进行详细论述。

A区开口于第2层下的墓葬有61座，编号为M8～M44、M46～M52、M54～M57、M62～M64、M66、M68、M78、M83、M87、M89～M91、M93、M94。开口于第3层下的墓葬1座，编号为M65。这些墓葬主要分布于A区的南半部，排列无明显规律，略分成相对集中的三片。从随葬器物的观察，这三片并不构成组合上的差异与早晚的区别。虽然它们可能分属于不同的家族，但在物质文化上却找不出各自的区别。这些墓葬分布密集，有多组叠压打破关系，现列举如下：

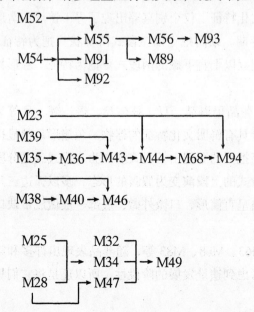

M27→M30→M83

M13→M14→M20

M24→M50

M16→M17

M19→M37

M45→M51

M48→M90

M12→M18

A 区开口于第 4 层下的墓葬有 18 座，编号为 M60、M67、M69～M77、M79、M80、M82、M84、M86、M95、M96。这些墓葬主要分布于祭台的西北面和北面，略呈东西向排列，是在祭台的使用过程中逐渐埋入的，它们之间虽然也有打破关系（M77→M82→M86），但由于墓葬的随葬品缺乏，所以并不构成典型意义。

A 区开口于第 5 层下的墓葬有 5 座，编号为 M58、M59、M61、M81、M85。这些墓葬只分布于祭台的西侧，也是在祭台使用的过程中逐渐埋入的，无叠压打破关系。

从遗迹的发展过程看，开口于 4 层和 5 层下的墓葬，都是在祭台使用的同时埋入的，所以应属于同一个阶段，它们与 4 层之上的墓葬相比，则是经历了祭台存在与否的变革之后的两个阶段。墓葬层位的先后次序以及同层墓葬间的叠压打破关系，为我们进行类型学研究和验证器物排队的逻辑顺序提供了很好的层位学依据。根据墓葬出土器物的组合与特点，结合墓葬的开口层位，我们略可以将 A 区的墓葬分成两组。

第一组为开口于 4、5 层下的墓葬，随葬品以鼎、豆、杯、盘、壶、罐、盆等为主要组合，以鱼鳍形足鼎和铲形足鼎为鼎的文化特征，仅个别墓葬出现了界于铲形和凿形之间的鼎足形态，可以看作是凿形足的萌芽期。细高把豆以三段式阶梯状豆把为特征，豆把的上部有凸起如算珠状的装饰。矮宽把豆以上直下撇的两段式豆把为特征。觚形杯以束腰平底敞口为特征。

第二组为开口于 2、3 层下的墓葬，随葬品仍以鼎、豆、杯、盘、壶、罐、盆等为主要组合，新出现了扁凿形足鼎和塔形壶等具有鲜明文化特征的器物。鱼鳍形足鼎显得更加成熟，鼎足上一般刻划短线装饰。细高把豆的豆把由三段式演变为二段式或是分段不明显的瓦棱状豆把。矮宽把豆的豆把二段式的上段演变为假腹的形态，多以弧边三角形和圆形组合的镂孔为装饰。觚形杯一般略呈直筒形，口微外撇，底部一般做成带缺口的花瓣形。

第二组墓葬中的 M46、M49、M62、M63、M68、M83 等，随葬品表现出许多和第一组的相似性，甚至更为接近第一组，但考虑到遗址发展的阶段性，所以还是将它们划归第二组。

　　根据墓葬中随葬品的类型学研究，以及层位上的先后次序，这两组墓葬应属于前后紧密相连的两个发展阶段。在前一章生活遗存分期的讨论中，我们已把 A 区的 85 座墓葬，开口于 4、5 层下的 23 座归属于晚期一段，开口于 2、3 层下的 62 座归属于晚期二段。从墓葬随葬品的类型学研究看，也进一步证明了遗址时段划分的正确性。

　　在前一章生活遗存分期的讨论中，我们把 B 区开口于第 3 层下的 7 座墓葬，依据地层和墓葬包含物的区别，归入早期第三段。前文已经说过 B 区第 3 层的年代约相当于 A 区第 4 层；B 区第 4 层的年代约相当于 A 区第 8 层。因此 M1～M7 的年代即应在 4 层和 8 层之间。M1～M7 的随葬品组合、器物特征以及葬俗等都较为接近，应属于同一时段。主要器物有鼎、釜、豆、壶等，折沿束颈圜底釜和鼎，以及方形镂孔的亚腰式喇叭形高把豆等器物造型都与第 8 层出土的器物风格相近，因此这 7 座墓的年代应与第 8 层的年代相当。从随葬品的形制、组合与葬俗等方面看，早晚两期墓之间（即 B 区的 7 座墓与 A 区下层墓之间），存在一定的缺环。

　　详见墓葬遗物分期图（图一二三）。

# 第五章　良渚文化墓葬

南河浜遗址共发现良渚文化墓葬 4 座，编号为 M45、M53、M88 和 M92。这 4 座墓葬均开口于第 2 层下，并集中分布在 A 区 T101 的南部。均为长方形竖穴土坑墓，墓坑的上部遭到不同程度的破坏，未见明显的葬具痕迹。随葬品以鼎、豆、双鼻壶、盆为基本的陶器组合，另外有石钺、石锛等武器和工具。在葬俗上与崧泽文化随葬品的多样性显出区别，在器物组合与数量上良渚文化都表现出了规范化的现象。从随葬品的形制看，四座良渚文化墓葬的年代基本一致，无早晚区分，均属于良渚文化早期。

良渚文化的陶器与石器大部分是继承崧泽文化发展而来，鼎、豆、盆等陶器与崧泽文化有着直接的演变关系，双鼻壶是良渚文化的发明，也是良渚文化极具特色的典型器。在陶质上饮食盛储器一般以泥质灰胎黑皮陶制成；炊器一般为夹细砂和蚌壳碎屑的红褐陶或灰褐陶，与崧泽文化的粗泥红褐陶有较大的区别。在制陶技术上，良渚文化仍以泥条盘筑和慢轮修整为主要技术，对于鼎足、豆把和圈足等，一般采用分体制作，然后再安装拼接的方法组合而成。与崧泽文化的陶器相比，良渚文化的陶器一般器壁较薄，显示出制坯和烧制技术的提高。在陶器表面的处理上，良渚文化与崧泽文化一样，一般采用打磨渗浆或挂浆的方法使器表光滑，并形成一层陶衣。4 座良渚文化墓葬共出土随葬品 30 件，其中石器 3 件，陶器 27 件，其中鼎和豆的数量最多，可以分出不同的类型，另外盆和双鼻壶等无型式差别。

**鼎**　共出土 10 件，均为夹砂红褐陶。按照鼎足区分，可以分为两类：一类是典型的鱼鳍形鼎足，从崧泽文化的鱼鳍形鼎足直接发展而来；另一类是鸭嘴形鼎足，是鱼鳍形鼎足的一种侧装形态，外侧刻划与鱼鳍形鼎足相同的竖线装饰，与崧泽文化之扁凿形足在造型上应有一定的继承关系。按鼎足与鼎身综合因素区分，可以分为 3 种类型。

A 型　3 件（M53:6、M88:6、M92:4）。为鱼鳍形足深腹隔挡鼎，详见墓葬资料。

B 型　4 件（M45:5、M53:9、M88:5、M92:3）。为鱼鳍形足釜形鼎，详见墓葬资料。

C 型　3 件（M45:3、M45:4、M92:2）。为鸭嘴形足釜形鼎，详见墓葬资料。

**豆**　共出土 6 件，均为泥质灰陶或黑皮陶。豆盘均为敞口折腹形态，豆把主要为细高把，一般饰圆形和扁圆形镂孔。按豆把划分，可以分为 2 种类型。

A型　4件（M53:10、M88:3、M88:7、M92:6）。为细高把敞口折腹豆，详见墓葬资料。

B型　2件（M53:1、M53:7）。为矮宽把敞口浅盘豆，详见墓葬资料。

现将4座墓葬分别介绍如下：

**M45**

位于A区T101东南部，开口于②层下。长方形竖穴土坑墓，墓坑长2.65、宽0.82~0.9、深0.04米。填土灰褐，人骨朽尽，方向180°。随葬品6件，为杯1件，石钺1件，鼎3件，残圈足1件（图一二四；图版一一○。出土编号即图中器物号，其余墓葬相同）。

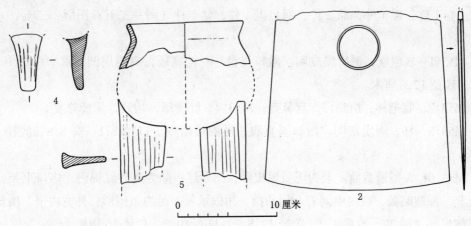

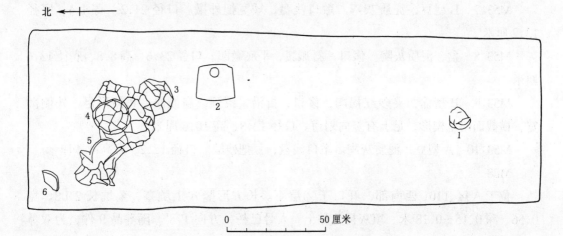

图一二四　M45墓葬平面及随葬品图

M45:1　杯，残未能修复。

M45:2　石钺，青灰色，板岩，尾端略做出肩，器形扁平规整，略呈风字状。高

17.9、刃宽 19.1、孔径 4.5 厘米。

M45:3　鼎，夹砂红褐陶，残未能修复。

M45:4　鼎，夹砂红褐陶，鼎残无法修复，仅存鸭嘴形足，上有竖向刻划装饰。

M45:5　B 型鼎，夹砂红褐陶，侈口折沿，腹残缺，鱼鳍形鼎足，横截面略呈楔形，足尖残。口径 12、残高 16 厘米。

M45:6　圈足罐，残，未能修复。

**M53**

位于 A 区 T101 中部偏北，开口于②层下。长方形竖穴土坑墓，墓坑长 2.6、宽 0.46~0.5、深 0.15 米。填土灰褐，人骨已朽，方向 180°。随葬品 9 件，为豆 1 件，杯 2 件，壶 1 件，罐 1 件，鼎 2 件，圈足盘 1 件，盆 1 件（图一二五；图版一二五、一二六）。

M53:1　B 型豆，泥质黑皮陶。敞口浅盘，豆把宽矮，有两周凹弦纹。口径 19.6、高 7、底径 12.6 厘米。

M53:2，宽把杯；M53:3，双鼻壶；M53:4，红陶罐，均残，未能修复。

M53:5　杯，泥质灰陶。敞口斜直腹，矮圈足略残。口径 8.1、高 8.8、底径 4.1 厘米。

M53:6　A 型带盖鼎。盖为泥质黑皮陶，圆形纽；鼎为夹砂红褐陶，侈口束颈，折沿上竖，深腹略弧，腹内中间有一周凸挡，用以承算。足为鱼鳍形，外宽内窄，横截面略呈楔形。通高 22、盖高 4.2、盖径 12.8、器身高 19.2、口径 16 厘米。

M53:7　B 型豆，泥质灰陶。敞口浅盘，矮宽把外撇。口径 21.2、高 4.4、底径 13.2 厘米。

M53:8　盆，泥质灰陶。侈口，斜弧腹，平底微凹。口径 23.6、高 8.8、底径 13.6 厘米。

M53:9　B 型鼎，夹砂红褐陶，侈口，折沿，束颈，扁鼓腹。鱼鳍形足，外侧微宽，横截面略呈楔形，足上有竖向划道。口径 12.8、高 10.6 厘米。

M53:10　A 型豆，泥质灰陶。敞口浅盘，豆把残缺。口径 12.2、残高 4.4 厘米。

**M88**

位于 A 区 T101 西南部，开口于②层下。长方形竖穴土坑墓，墓坑长 2.08、宽 0.56、深 0.15~0.18 米。填灰褐色黏土。人骨已朽，方向 178°。随葬品 9 件，为双鼻壶 1 件，罐 1 件，豆 2 件，盆 1 件，鼎 2 件，杯 1 件，石锛 1 件（图一二六；图版一七七、一七八）。

M88:1　双鼻壶，泥质黑皮陶。侈口，口外有两个小贯耳，习称双鼻，亚腰形长颈，扁鼓腹，矮圈足。口径 7.3、高 13.3、底径 8.1 厘米。

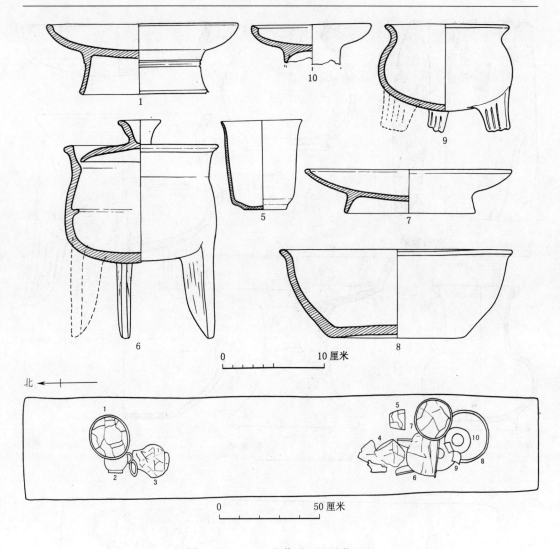

0　　　　　　10 厘米

北 ←

0　　　　　　50 厘米

图一二五　M53 墓葬平面及随葬品图

　　M88:2　罐，泥质黑皮陶。侈口折沿，圆鼓腹略下垂，矮圈足。口径 7.3、高
11.6、底径 8 厘米。

　　M88:3　豆，泥质灰陶。敞口折腹，豆把残缺。口径 18、残高 4.8 厘米。

　　M88:4　盆，泥质灰陶。侈口，折肩，斜弧腹，平底。口径 19.4、高 7.4、底径
8.4 厘米。

　　M88:5　B 型鼎，器残，未能修复。

　　M88:6　A 型鼎，夹砂红褐陶。侈口束颈，折沿略上竖，深腹微弧，腹内有隔挡，
用以承箅，隔挡下有一圆孔流，用以注水。鱼鳍形足，外侧略厚，横截面略呈楔形，足
两侧有竖向短线。口径 16.8、高 17.6 厘米。

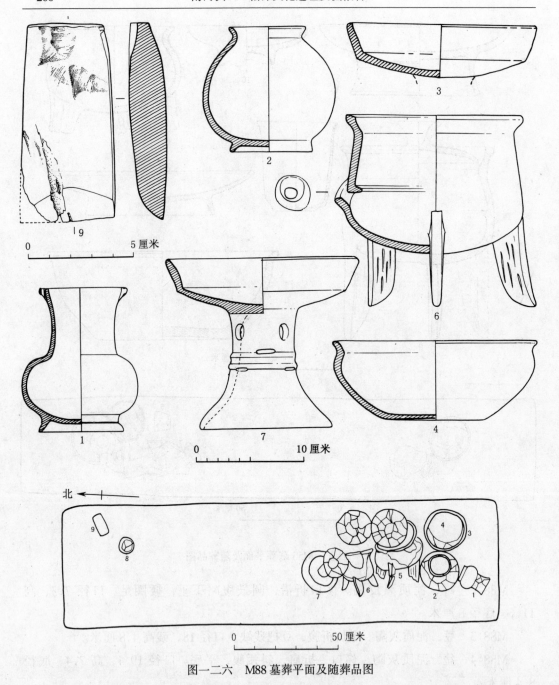

图一二六 M88 墓葬平面及随葬品图

M88:7 A 型豆，泥质黑皮陶。敞口折腹，细高把，豆把上有圆形和扁圆形镂孔。口径 18.2、高 16、底径 12.6 厘米。

M88:8 杯，器残，未能修复。

M88:9 石锛，青灰色，变质硅质泥质岩。扁平梯形，上部略厚，下部略薄，背面近上部略斜收，但不起段，留有打坯痕迹，单面锋，直刃。长 9.2、上端宽 3.7、下端宽 4.5、最厚处约 1.7 厘米。

**M92**

位于 A 区 T101 南部扩方处，开口于②层下。长方形竖穴土坑墓，墓坑长 1.9、宽 0.52、深 0.12 厘米。填灰褐色土。人骨朽尽，据随葬品推测头向南，方向 168°。随葬品 6 件，为石钺 1 件，鼎 3 件，双鼻壶 1 件，豆 1 件（图一二七；图版一八三）。

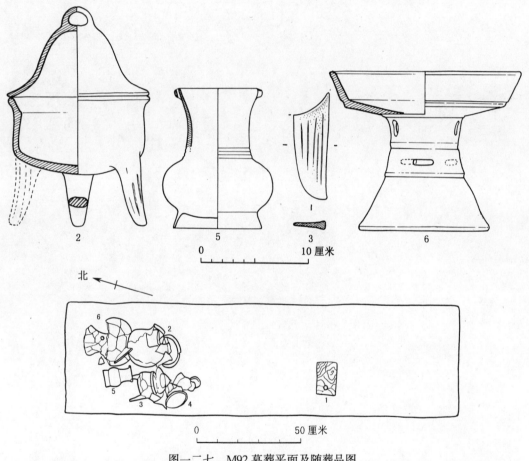

图一二七 M92 墓葬平面及随葬品图

M92：1 石钺，碎裂已无法修复。

M92：2 C 型带盖鼎，鼎为夹砂红褐陶，盖为泥质灰陶。鼎为侈口折沿，腹部较直。鸭嘴形足，上有竖向划线。盖较高深，桥形纽。通高 20.4、盖高 8.2、盖径 13.6、器身高 12.2、口径 13.6 厘米。

M92：3 B 型鼎，夹砂红褐陶。鼎残，仅存鱼鳍形足，足外宽内窄，横截面为楔形，有竖向划道。

M92:4 A型鼎，器残，未能修复。

M92:5 双鼻壶，泥质黑陶。侈口，口沿外有两鼻，长颈内弧呈束腰状，扁鼓腹，圈足外撇。口径7.6、高13.2、底径8.5厘米。

M92:6 A型豆，泥质灰陶。敞口折腹，细高把，豆把上有圆形和扁圆形镂孔。口径18.8、高15、底径14.8厘米。

# 第六章 结语

## 第一节 南河浜遗址的分期与年代

南河浜遗址主要为崧泽文化堆积，崧泽文化结束之后，在良渚文化的相当长一段时期内，这里一直处于聚落的边缘，遗址南部的陶墩应是良渚文化时期聚落的中心所在。在 A 区的 2 层下发现清理了四座良渚文化墓葬，从随葬品的类型学研究看，其年代约处于良渚文化的早期。分布于 A 区局部的第 3 层，约处于良渚文化的中期，仅出土有鼎足等极少数陶片，故无法做深入研究。另外 B 区的第 2 层下还发现一座商周时期的灰坑，由于材料较孤单，也非本报告研究之重点，所以不作专门论述，而仅将资料刊于附录之中。本报告所讨论的遗址分期与年代，只包括崧泽文化遗存和四座良渚文化墓葬。

### 一、南河浜遗址的 $^{14}$C 测年

南河浜遗址的崧泽文化时期堆积，从遗迹和遗物两方面看均表现出延续性和无间断性的特点。丰富的地层堆积与遗迹的叠压打破关系，为研究器物的发展演变脉络提供了可靠的层位学依据。从遗物的类型学研究可以看出，该遗址上承马家浜文化下接良渚文化，贯穿了崧泽文化的始终。因此南河浜遗址崧泽文化遗存的分期，应基本反映了崧泽文化的分期。

前面我们在第三章和第四章中，已对南河浜遗址的崧泽文化遗存进行了分期讨论，根据遗物的组合与发展脉络以及地层和遗迹的性状与形成过程等综合分析，将南河浜遗址的崧泽文化遗存分为了前后两期五个发展阶段。南河浜遗址的分期还应包括 4 座良渚文化墓葬所代表的时段，但考虑到概念上的简单化和纯粹性，对于 4 座良渚文化墓葬，我们将不以期别命名，而只进行单独的讨论。

下面结合 $^{14}$C 测年的数据以及与相关遗址的比较，对南河浜遗址各期段的绝对年代，进行讨论。

南河浜遗址经北京大学第四纪年代测定实验室测定的 $^{14}$C 数据共有 5 个，现将测定结果列表如下（表一、表二）：

**表一**                  北京大学加速器质谱（AMS）$^{14}$C 测试报告

| 样品原编号或层位 | 实验室编号（BA） | 测样物质 | $^{14}$C 年代（BP） |
|---|---|---|---|
| 96JNT201⑨A | BA99001 | 草木灰沉积物 | 4200±60 |
| 96JNT201⑫ | BA99002 | 草木灰沉积物 | 4570±120 |
| 96JNH7（开口于③层下） | BA99003 | 草木灰沉积物 | 4810±100 |
| 96JNH13（开口于④B层下） | BA99004 | 草木灰沉积物 | 4280±60 |
| 96JNH19（开口于⑧层下） | BA99005 | 草木灰沉积物 | 4890±170 |

说明：本室测量采用中国碳糖标准，其中碳的$^{14}$C放射性比度为现代碳标准的 1.362±0.002 倍；计算年代采用的$^{14}$C半衰期为 5568 年；距今年代（BP）以公元 1950 年为起点；所给误差系多次测量平均值的标准偏差；年代数据未作树轮年代校正。

**表二**                  $^{14}$C 年代树轮校正报告

| 校正前 | （校正后）68.2%置信度 | （校正后）95.4%置信度 |
|---|---|---|
| BA99001：4200±60BP | 2890BC（12.8%）2850BC<br>2820BC（55.4%）2670BC | 2910BC（95.4%）2590BC |
| BA99002：4570±120BP | 3510BC（13.4%）3420BC<br>3390BC（54.8%）3090BC | 3650BC（95.4%）2900BC |
| BA99003：4810±100BP | 3700BC（60.6%）3500BC<br>3430BC（7.6%）3380BC | 3800BC（95.4%）3360BC |
| BA99004：4280±60BP | 3020BC（10.1%）2980BC<br>2970BC（2.7%）2950BC<br>2930BC（40.9%）2860BC<br>2810BC（11.6%）2750BC<br>2720BC（2.9%）2700BC | 3090BC（1.9%）3060BC<br>3040BC（67.4%）2830BC<br>2820BC（26.1%）2660BC |
| BA99005：4890±170BP | 3950BC（65.5%）3500BC<br>3450BC（2.7%）3350BC | 4300BC（95.4%）3100BC |

从以上所列举的年代报告表可以看出，测定年代的结果普遍存在偏晚的现象。而且检测标本中 96JNH7 应是南河浜遗址崧泽文化遗存中年代最晚的遗迹单元，而测年的结果却早于第⑨A层和第⑫层的测定年代，因此所测定的年代数据基本失去了可参考的价值。

## 二、南河浜遗址崧泽文化遗存开始的年代

由于所测定的$^{14}$C年代失去可参考的价值，所以对南河浜遗址分期的绝对年代，只能依据相关遗址的类型学进行分析确定。

我们知道崧泽文化是处于马家浜文化和良渚文化之间，承前启后的一种文化。从南河浜遗址早期一段的出土遗物看，还包含许多马家浜文化的因素，豆和侧把盉等陶器与马家浜文化晚期风格几乎一致。而马家浜文化晚期出现的宽扁形鼎足，在鼎足的外侧加

了竖向的附加堆纹，则可以看作是崧泽文化早期凹铲形鼎足的前身。目前已知的马家浜文化晚期的[14]C年代数据，主要有江苏常州圩墩①、吴县草鞋山②、上海青浦崧泽③ 等遗址。

圩墩遗址马家浜文化晚期地层和墓葬中出土的敛口豆、宽扁形鼎足等遗物，与南河浜遗址崧泽文化遗存早期一段的文化面貌有许多相同或相似之处，应基本处于同时或稍晚。该阶段的年代，以第二次发掘的T1310⑤为代表，经树轮校正后的[14]C年代为距今5940±135年。

草鞋山遗址的第十层文化面貌，与浙江嘉兴马家浜和江苏吴江梅堰遗址下文化层相同，属于马家浜文化晚期；另外在草鞋山遗址的第八层和第九层中，发现马家浜文化墓葬106座。从已发表的地层和墓葬中出土的鼎、豆、盂等陶器风格看，与南河浜遗址崧泽文化遗存早期一段较接近。第十层有两个[14]C年代数据，T202⑩木板的[14]C年代为距今5620±115年，经树轮校正后的年代为距今6275±205年；T703⑩炭化木桩的[14]C年代为距今5370±110年，经树轮校正后的年代为距今6015±145年；第八层有一个年代数据，T203⑧木炭的[14]C年代为距今5380±105年，树轮校正后的年代为距今6010±140年。

崧泽遗址下层，虽然包含大量的马家浜文化晚期典型的腰沿釜，但同时出土的长方形镂孔豆，折腹罐以及横截面呈弧形的凹铲形鼎足等，都与南河浜遗址崧泽文化遗存早期一段的陶器特征一致。因此崧泽遗址下层的年代应和南河浜遗址早期一段有一定的重合。崧泽遗址下层有五个[14]C测定年代数据，其中61T1木头的[14]C年代为距今5360±105年，树轮校正后年代为距今5985±140年，其他几个数据年代偏晚。

根据[14]C的年代数据以及类型学的比较研究，目前考古界一般认为马家浜文化结束和崧泽文化开始的年代，为距今6000年左右。根据上述分析，我们认为南河浜遗址崧泽文化遗存早期一段开始的年代，应该在距今6000年至5900年左右。

## 三、南河浜遗址崧泽文化遗存结束的年代

南河浜遗址崧泽文化遗存晚期二段的文化面貌，主要以瓦棱状细高把敛口豆、矮宽把假腹豆、凿形足鼎以及弧边三角形和圆形为组合的镂孔装饰等为特征。另外鱼鳍形足鼎也已发展成熟，以夹细砂陶质和鼎足上刻划短线为特征，与典型良渚文化早期的鼎已

---

① 常州市博物馆：《常州圩墩新石器时代遗址第三次发掘简报》，《史前研究》1984年2期，江苏圩墩遗址考古发掘队：《常州圩墩遗址第五次发掘报告》，《东南文化》1995年4期、《考古学报》2001年1期。
② 南京博物院：《江苏吴县草鞋山遗址》，《文物资料丛刊》(3)，文物出版社，1980年。
③ 上海市文物管理委员会：《崧泽——新石器时代遗址发掘报告》，文物出版社，1987年。

完全一致。因此许多学者常常把由凿形足鼎和鱼鳍形足鼎共存的这一段，称之为崧泽文化向良渚文化的过渡阶段。该阶段作为一段时间上的概念是没有疑义的，而在文化上的概念我们将在下一节再作专门的讨论。与这一阶段相关的$^{14}$C年代，目前主要有江苏吴江龙南[1]、上海福泉山[2]、上海青浦崧泽[3]、浙江余杭吴家埠[4] 等遗址资料。

龙南遗址第一期是凿形足鼎与鱼鳍形足鼎共存的时代，所出凿形足鼎、鱼鳍形足鼎、泥质灰陶罐、豆等陶器，与南河浜遗址第4层及H8等单元中的出土器物一致，属于南河浜遗址崧泽文化遗存晚期二段的偏早时期。龙南遗址T4611⑦所出木头的$^{14}$C年代为距今4785±80年，树轮校正后的年代为距今5360±92年。

龙南遗址第二期以88H22和88F1等遗迹单元为代表，所出器物与南河浜H7比较接近，H7是南河浜遗址崧泽文化遗存中最晚的遗迹单元，该单元的陶器群中虽然凿形足鼎占据绝大多数，但共存的鱼鳍形足鼎已具备良渚文化早期的典型特征，因此在时段上应属于与良渚文化的并行期。龙南遗址88F1中草木灰的$^{14}$C年代为距今4685±90年，树轮校正后的年代为距今5240±92年；88H22中草木灰的$^{14}$C年代为距今4595±80年，树轮校正后的年代为距今5135±92年。

福泉山遗址的崧泽文化黑灰土层中出土的10座墓葬（M14～M16、M19～M21及M24、M25、M147、M148），以出土凿形足鼎、矮宽把假腹豆及弧边三角形与圆形组合镂孔等为时代特征，与南河浜遗址崧泽文化遗存晚期二段的文化面貌相似。该层中所出炭化木的$^{14}$C年代为距今4730±80年，树轮校正后的年代为距今5295±120年。

崧泽遗址M87所出土随葬品与南河浜遗址崧泽文化遗存晚期二段偏晚的墓葬出土遗物相一致。M87人骨的$^{14}$C年代为距今4635±105年，树轮校正后的年代为距今5180±140年。

吴家埠遗址第二文化层，也是属于凿形足鼎与鱼鳍形足鼎共存的时代，墓葬中的陶器组合一般为夹砂陶的鱼鳍形足鼎，但鼎身的形态却保留崧泽文化风格，一般为折腹形态，转折处加凸棱。共存瓦棱状细高把敛口豆，假腹豆及蛋形杯等陶器，流行花瓣形圈足和弧边三角形与圆形组合镂孔装饰。与南河浜遗址晚期二段的陶器风格一致。吴家埠遗址第二文化层的$^{14}$C测定年代为距今4830±145年，树轮校正后的年代为距今5410±145年。

---

① 苏州博物馆、吴江县文物管理委员会：《江苏吴江龙南新石器时代村落遗址第一、二次发掘简报》，《文物》1990年7期。

② 上海市文物管理委员会：《福泉山——新石器时代遗址发掘报告》，文物出版社，2000年。

③ 上海市文物管理委员会：《崧泽——新石器时代遗址发掘报告》，文物出版社，1987年。

④ 浙江省文物考古研究所：《余杭吴家埠新石器时代遗址》，《浙江省文物考古研究所学刊》，科学出版社，1993年。

从上述四处遗址的 $^{14}$C 报告及与南河浜遗址的比较分析，我们可以看出崧泽文化结束的年代 $^{14}$C 数据主要落在距今 5400～5100 年之间，在 6 个数据中 5200～5100 年的数据有 4 个；龙南遗址第一期的 $^{14}$C 年代为 5300 年左右，经类型学比较约处于南河浜遗址崧泽文化遗存晚期二段的偏早时期；与南河浜遗址崧泽文化遗存晚期二段最晚单元接近的遗存为龙南 88H22 以及崧泽 M87，它们的 $^{14}$C 年代均在 5100 年左右，因此我们认为南河浜遗址崧泽文化遗存结束的年代应在 5100 年左右。

根据 $^{14}$C 测定的年代数据与文化比较分析，我们基本上可以将崧泽文化的起讫年代断定在距今 6000～5100 年之间，其间约经历了 900 年左右的发展。

## 四、南河浜遗址崧泽文化遗存期段的年代及与相应文化遗存的年代分析

前面我们论述了南河浜遗址崧泽文化遗存的起止年代，另外还有一些相关遗址的 $^{14}$C 数据，对于我们判断各期段的年代具有参考价值。现列举如下：

崧泽遗址的 M90 随葬品的类型学比较与南河浜遗址早期二段相当，该墓出土人骨的 $^{14}$C 测定年代为距今 5230±200 年，树轮校正后的年代为距今 5860±245 年[1]。

福泉山遗址崧泽文化青灰色土层，出土的炭化木有三组 $^{14}$C 数据，经树轮校正后的 $^{14}$C 年代，分别为距今 5620±110 年、5550±110 年和 5840±105 年[2]。从该层的包含物以及相关的 9 座墓葬（M11～13、17、18、22、23、27、110）的随葬品看，以亚腰式的喇叭形细高把敛口豆、铲形足及压印竖槽的鱼鳍形足的釜形鼎等为特点，应与南河浜遗址崧泽文化遗存早期二、三段年代相当。

江苏张家港徐家湾遗址[3] M7 出土的木炭，经树轮校正后的 $^{14}$C 年代为距今 5547±142 年。从出土器物的类型学比较看，徐家湾遗址 M7 的年代应该与南河浜遗址崧泽文化遗存晚期一段相当。

海安青墩遗址[4] 的下文化层和中文化层有两个 $^{14}$C 年代数据，分别为距今 5035±80 年，树轮校正后 5645±110 年和 5015±85 年，树轮校正后 5625±110 年。从出土器物看青墩下层约相当于马家浜文化晚期至崧泽文化初期，青墩中层及墓葬约相当于南河浜遗址崧泽文化遗存晚期一段。

---

① 上海市文物管理委员会：《崧泽——新石器时代遗址发掘报告》，文物出版社，1987 年。
② 上海市文物管理委员会：《福泉山——新石器时代遗址发掘报告》，文物出版社，2000 年。
③ 苏州博物馆、张家港市文管会：《江苏张家港徐家湾新石器时代遗址》，《考古学报》1995 年 3 期。
④ 南京博物院：《江苏海安青墩遗址》，《考古学报》1983 年 2 期。

以上所列举的$^{14}$C年代数据，包括了南河浜遗址崧泽文化遗存的早期二、三段与晚期一段，结合前文关于起讫年代的数据，我们可以看出南河浜遗址崧泽文化遗存的五个发展阶段，其延续时间是较为均衡的，每一段约经历了将近200年的历史。早晚期之间的划分约在距今5500年左右。

崧泽文化所处的时代是中国史前时期的一个充满活力的阶段，从许多文化的器物造型与装饰的特征中，我们可以感受到那种自然流畅与自由的个性，这在一定程度上体现了当时社会系统的自由与开放。因此在这一时期出现了较大范围的文化间的交流与交融现象，我们不仅可以感受到长江中下游偌大的空间内文化上的相似性与似曾相识，同时也可以在许多文化遗址中找到来自黄河下游以及中原地区的文化触角，而且这种触角是互相的，在黄河流域的许多文化中同样可以看到来自长江流域文化的影响。通过崧泽文化与其他文化间，文化因素交叉存在的现象，使我们在更大的范围内建构一个考古学文化的时间表成为可能。通过类型学的比较，我们可以将南河浜遗址崧泽文化遗存与安徽潜山薛家岗遗址[1]、含山凌家滩遗址[2]、湖北武穴鼓山遗址[3]、江苏南京北阴阳营遗址[4]、高邮龙虬庄遗址[5] 以及大汶口文化[6] 等的年代关系建立一个对应表（表三）：

表三　　　　　　　　南河浜遗址崧泽文化遗存与相关遗址年代关系对应表

| | 期 | 段 | 薛家岗遗址 | 凌家滩遗址 | 鼓山遗址 | 北阴阳营遗址 | 龙虬庄遗址 | 大汶口文化 |
|---|---|---|---|---|---|---|---|---|
| 南河浜遗址崧泽文化遗存 | 早期 | 一 | 第一期 | | | 第一期以及第二期部分墓葬 | | 早期 |
| | | 二 | | | | 第二期 | 第二期 | |
| | | 三 | | | | | | |
| | 晚期 | 一 | 第二期 | 凌家滩遗址墓葬 | 第一期一段 | | 第三期 | 中期 |
| | | 二 | 第三期 | | 第二期第三期部分墓葬 | 第三期 | 第三期部分地层器物 | |
| 良渚文化 | | | | | | | | |

①　安徽省文物工作队：《潜山薛家岗新石器时代遗址》，《考古学报》1982年3期。
②　安徽省文物考古研究所、含山县文物管理所：《安徽含山县凌家滩遗址第三次发掘简报》，《考古》1999年11期；安徽省文物考古研究所：《凌家滩玉器》，文物出版社，2000年。
③　湖北省京九铁路考古队、湖北省文物考古研究所：《武穴鼓山——新石器时代墓地发掘报告》，科学出版社，2001年。
④　南京博物院：《北阴阳营——新石器时代及商周时期遗址发掘报告》，文物出版社，1993年。
⑤　龙虬庄遗址考古队：《龙虬庄——江淮东部新石器时代遗址发掘报告》，科学出版社，1999年。
⑥　栾丰实：《海岱地区考古研究》，山东大学出版社，1997年。

### 五、南河浜遗址良渚文化墓葬的年代

南河浜遗址所出土的四座良渚文化墓葬，随葬品风格基本一致，应属于相同的时间段。根据器物特点参照良渚文化的分期，其应该处于良渚文化早期的后段，从文化面貌上看与崧泽文化晚期存在一定缺环，约与上海福泉山遗址 M132 为代表的良渚文化分期的第三期年代相当，或略偏早。目前关于这一阶段并没有十分充分的 $^{14}$C 年代数据。根据福泉山报告认为，第三期的特征与上海青浦果园村遗址下层相近，果园村下层木条的 $^{14}$C 年代为距今 4500±145 年，三期的年代约为距今 4800～4600 年[1]。因此我们认为南河浜遗址良渚文化墓葬的年代应该在距今 4900～4800 年左右。

## 第二节 气候与环境

南河浜遗址现在的地理环境是处于河流下游的平原地区，海拔高度较低，水网密布。遗址的发掘区为人工堆筑的高地，相对高度约 3 米左右，其上主要种植桑树和竹子，在高地的周围是水稻田。对于古代环境和气候的恢复，目前主要的手段是依据地层中所含植物孢粉的情况加以推断。我们在南河浜遗址的 T301 的东壁第 6 层以下采取了9 个土样，第 6 层以上的祭台和第 4 层由于是明确的人工搬运土，所以未进行取样分析，依据上海同济大学海洋地质系的孢粉分析报告，我们大致可以对南河浜遗址崧泽文化阶段早期的气候与环境，作出一个相应的评价。经过对样品的鉴定、统计和分析，可以将南河浜遗址的地层堆积划分为三个孢粉组合带（详见附录六）：

1. 下部孢粉组合带（包括 12～14 层）

本组合以草本植物花粉居首位，为孢粉总数的 50.00～62.14%；木本植物花粉次之，占 14.29～39.66%；蕨类孢子为 8.62～32.14%。在孢粉组合中木本植物的花粉以喜暖的杉科和常绿阔叶的青冈栎最多，常绿的棕榈科、山茶属、爵床科、乌柏属时有出现；喜温凉的柏科及落叶阔叶的麻栎较为常见；柳属、椴科、鹅耳枥属、栗属等零星分布；草本植物中以水生、湿生的香蒲、禾本科、黑三棱、眼子菜科、百合科等和中生的禾本科花粉为主；蕨类孢子中主要为数量不多的水龙骨科、蕨属和苔藓孢子以及环纹藻。说明南河浜遗址的早期一段，这一带的气候比较温暖湿润，水域较多。

2. 中部孢粉组合带（包括 8～10 层）

本组合以蕨类孢子及藻类占优势，为孢粉总数的 22.58～80.74%；其次为草本植物花粉，占 10.37～50.32%；木本植物花粉较少，占 8.89～27.85%。在孢粉组合中以

① 上海市文物管理委员会：《福泉山——新石器时代遗址发掘报告》，文物出版社，2000 年。

蕨类孢子占优势，但属种单调，多为水龙科和蕨属，环纹藻占绝对优势；木本植物中常绿阔叶的青冈栎较少，而落叶阔叶的一些属种和针叶树中喜凉的柏科数量有所增加，表明当时附近的植被转为以针叶、落叶阔叶为主的混交林景观，并零散夹杂有常绿阔叶树木。说明南河浜遗址早期二段的气候较一段时有所转凉，而水域面积仍然较多。

3．上部孢粉组合带（包括6～7层）

本组合以草本植物花粉占第一位，为孢粉总数的32.12～75.88％；木本花粉和蕨类孢子，分别占18.24～24.24％和5.88～43.64％。在孢粉组合中常绿阔叶的青冈栎和喜暖的杉科花粉又有所增加，同时针叶树也有相当多的数量；水生植物香蒲属与禾本科以及湿生的百合科植物的数量都大量增加，但喜干的蒿属、藜科、菊科也占有一定的比例。说明在南河浜遗址崧泽文化遗存早期三段的时候，气温较前一段又有所回升，为温热湿润的中亚热带气候，湿度比以前降低，植被类型为常绿阔叶为主的常绿阔叶、落叶阔叶和针叶混交林。

对于崧泽文化晚期和良渚文化早期的环境与气候，可以参照江苏吴江龙南遗址①、浙江余杭庙前遗址等的孢粉分析报告② 以及相关的海洋地质等资料进行分析判断，从崧泽文化晚期到良渚文化早期阶段，木本类中的落叶阔叶栎的百分含量增加，其他落叶阔叶的乔木榆、枫香、鹅耳枥等多见。而常绿阔叶的青冈栎、栲等花粉，则由早到晚逐渐减少。草本类花粉中水生种类的花粉逐渐减少，陆生与中生的草本蒿、菊、蓼等稳定出现，禾本科花粉渐增。这些现象表明这一段时间，气候逐渐向干凉发展，地下水位降低，浅湖和沼泽面积减少，而陆地面积扩大。据分析良渚文化时期的气温可能要比现在低2度左右。

根据对全新世的海平面变化的研究表明，在距今6000年以来，海平面曾有四次下降过程，在崧泽文化中期阶段和良渚文化时期都有过海平面的下降，在距今4500～4300年左右的海平面可能比现在的海平面低5米左右③。海平面的下降使得大片的陆地显出，地下水位降低，湖泊干枯。从许多遗址的生活面看，海拔高度往往接近于吴淞零点或者更低。这也恰与崧泽文化晚期和良渚文化时期的遗址中多见水井的现象相吻合。另外，在崧泽文化晚期和良渚文化时期的遗址中，还多见以纯黄色的生土以及青黑色的淤泥堆筑土墩的现象，这些挖自于低洼地方的干枯的泥土，也从另外一个角度证明了水位的降低④。

①　萧家仪：《江苏吴江龙南遗址孢粉组合与先民生活环境的初步研究》，《东南文化》1990年5期。

②　刘会平、封卫青、杨振京、商万国：《杭州北郊两个文化遗址的孢粉分析与先人生活环境研究》，《上海地质》总59期。

③　王富葆、曹琼英、韩辉友、李民昌、谷建祥：《太湖流域良渚文化时期的自然环境》，《东方文明之光》，海南国际新闻出版中心，1996年。

④　刘斌：《良渚文化聚落研究的线索与问题》，《良渚文化研究——纪念良渚文化发现六十周年国际学术讨论会文集》，科学出版社，1999年。

## 第三节 崧泽文化的文化因素分析

崧泽文化是继马家浜文化之后在太湖流域发展起来的一支考古学文化，这几乎早已是不争的事实。南河浜遗址是一处延续时间长而且无间断的崧泽文化遗址，在遗址内涵上包括了居住址和墓葬等多方面材料，通过对南河浜遗址的研究，使我们对于崧泽文化有了更为全面的认识。在分期的基础上，通过对以往发现的与崧泽文化相关的发掘资料的检索，我们可以看到关于崧泽文化早期的材料是十分贫乏的，所以，以往关于崧泽文化的讨论和判断，大多只是基于对崧泽文化晚期的认识。

从南河浜遗址看崧泽文化早期经历了比晚期更长的发展阶段，在文化面貌上崧泽文化早期主要继承了马家浜文化的传统，炊器主要为釜形鼎，以铲形足和压印竖槽的鱼鳍形足为文化特征；豆主要为敞口折腹和敛口折腹两种形式，以束腰式的喇叭形豆把为时代特征，流行方形、长条形和对角三角形镂孔装饰；另外有釜、罐、澄滤器、夹砂缸等器形，器物种类和组合比较简单。石器主要有锛凿和穿孔石钺；崧泽文化早期的玉器发现较少，主要有璜和玦等小件装饰品。

目前发现的相当于南河浜遗址崧泽文化遗存早期一段的材料比较少，在一些遗址中往往仅见铲形鼎足等零星遗物。目前所见资料主要有在北阴阳营遗址的第四层[①]，薛家岗遗址的第五层[②]，宜兴西溪遗址的二、三层[③]，崧泽遗址的下层[④]、海安青墩遗址的下层[⑤]、安吉安乐遗址[⑥] 及宁波慈城小东门遗址[⑦] 等。虽然这些材料还比较稀少零星，但从铲形鼎足、压印一二条竖槽的鱼鳍形鼎足、喇叭形豆等显著的文化因素中，我们还是大致可以对崧泽文化早期一段的分布情况及与周边地区的关系作出一些判断。在崧泽文化的初期，其分布范围不仅遍布太湖流域，并且有着明显的向外扩张的趋势。

相当于南河浜遗址早期二、三段的资料，目前发现的也比较少，主要是一些墓葬材料。其中较为集中的主要有昆山绰墩遗址[⑧]、崧泽遗址中层的部分墓葬、安吉安乐遗址

① 南京博物院：《北阴阳营——新石器时代及商周时期遗址发掘报告》，文物出版社，1993 年。
② 安徽省文物工作队：《潜山薛家岗新石器时代遗址》，《考古学报》1982 年 3 期。
③ 南京博物院、宜兴市文管会：《宜兴西溪遗址试掘简报》，《东南文化》2002 年 11 期。
④ 上海市文物管理委员会：《崧泽——新石器时代遗址发掘报告》，文物出版社，1987 年。
⑤ 南京博物院：《江苏海安青墩遗址》，《考古学报》1983 年 2 期。
⑥ 程亦胜：《安吉安乐窑墩遗址发掘有新收获》，《中国文物报》1997 年 5 月 11 日；安吉博物馆：《安吉文物精华》，文物出版社，2003 年。
⑦ 浙江省文物考古研究所：《宁波慈城小东门遗址发掘简报》，《东南文化》2002 年 9 期。
⑧ 苏州博物馆、昆山文管会：《江苏昆山市绰墩遗址发掘报告》，《东南文化》2000 年 1 期；苏州博物馆、昆山文管会：《江苏昆山市绰墩遗址第二次发掘报告》，《东南文化》2000 年 11 期。

大多数墓葬及海盐仙坛庙遗址部分墓葬[①] 等。另外文化特征明显的饰对三角形、长方形和细条形镂孔的亚腰式喇叭形豆等，还见于薛家岗、龙虬庄等遗址中。使我们可以看到在崧泽文化早期二三段的时候，太湖地区与其他地区间的文化交流。

　　与钱塘江南岸宁绍地区的关系，自马家浜文化开始一直保持一种相互交流，相互影响的而又各自独立的状态。从南河浜遗址看，早期较多见的绳纹盘口釜、罐以及带绳纹的器盖等，显然是受到来自钱塘江南岸文化的影响；而在宁波慈湖遗址[②] 等发现的压印鱼鳍形鼎足、釜支子等则与南河浜遗址所出十分相似。

　　崧泽文化晚期的资料相对比较丰富，除南河浜遗址外主要有上海青浦崧泽、福泉山、上海松江汤庙村[③]、江苏常州圩墩、吴县草鞋山、张陵山[④]、郭新河[⑤]、武进寺墩[⑥]、潘家塘[⑦]、吴江龙南、苏州越城[⑧]、张家港徐家湾、海安青墩、浙江吴兴邱城[⑨]、安吉安乐、嘉兴双桥[⑩]、大坟[⑪]、余杭吴家埠、海宁达泽庙[⑫]、桐乡普安桥[⑬]、海盐王坟[⑭]、仙坛庙等遗址。

　　崧泽文化晚期在文化面貌上除延续自身的文化传统外，还出现了许多新的文化因素。在炊器中一方面铲形足鼎和鱼鳍形足鼎继续沿各自的轨迹发展，另一方面新出现的凿形足鼎占据了越来越重要的地位和比例；豆在晚期的前段主要流行分段式的高把敛口豆，在晚期后段主要为喇叭形细高把豆和假圈足矮宽把豆；杯、壶、盆、罐等大量流行，弧边三角形和圆形组合的镂孔成为这一时代明显的装饰风格。在许多遗址中还发现

　　① 李林：《走进五千年前的文明——海盐仙坛庙遗址发掘情况简介》，《浙江文物》2003年2期；王宁远：《浙江海盐仙坛庙遗址》，《中国重要考古发现·2003》，文物出版社，2004年。

　　② 浙江省文物考古研究所、宁波市文物考古研究所：《宁波慈湖遗址发掘简报》，《浙江省文物考古研究所学刊》，科学出版社，1993年。

　　③ 上海市文物管理委员会：《上海松江县汤庙村遗址》，《考古》1985年7期。

　　④ 南京博物院：《江苏吴县张陵山遗址发掘简报》，《文物资料丛刊》第6集。

　　⑤ 苏州博物馆：《吴县郭新河遗址发掘简报》，《东南文化》2002年7期。

　　⑥ 南京博物院：《江苏武进寺墩遗址的试掘》，《考古》1981年3期；常州市博物馆：《江苏武进寺墩遗址的新石器时代遗物》，《文物》1984年2期。

　　⑦ 武进县文化馆、常州市博物馆：《江苏武进潘家塘新石器时代遗址调查与试掘》，《考古》1979年5期。

　　⑧ 南京博物院：《江苏越城遗址的发掘》，《考古》1982年5期。

　　⑨ 梅福根：《浙江吴兴邱城遗址发掘简介》，《考古》1959年9期。

　　⑩ 浙江省考古研究所：《嘉兴双桥遗址发掘简报》，《浙江省文物考古研究所学刊》，科学出版社，1993年。

　　⑪ 陆耀华：《浙江嘉兴大坟遗址的清理》，《文物》1991年1期。

　　⑫ 浙江省文物考古研究所、海宁博物馆：《海宁达泽庙遗址的发掘》，《浙江省文物考古研究所学刊》，长征出版社，1997年。

　　⑬ 北京大学考古学系、浙江省文物考古研究所、日本上智大学：《浙江桐乡普安桥遗址发掘简报》，《文物》1998年4期。

　　⑭ 刘斌：《海盐发现一处崧泽文化晚期至良渚文化早期祭祀址》，《中国文物报》1994年12月25日。

有带把实足鬶。石器仍以无段的锛凿和穿孔石钺为主；玉器在晚期发现较多，主要有璜、镯、钺以及圆形、三角形、梯形、舌形等小件挂饰。

从南河浜遗址看，鱼鳍形足鼎发生的时间较早，在崧泽文化开始阶段就已经与铲形足鼎共同发展；而凿形足鼎显然是一种在当地无发展根源的新的文化因素，我们认为这是一种受外来文化影响的结果，通过与周边文化的对比研究，我们可以看到凿形足的系统在江淮地区和长江中游以及中下游之间的地区，有着比较悠久的发展传统，而来自安徽薛家岗文化系统的高大的凿形足与崧泽文化的凿形足有着更为密切的关联；参照其他的文化因素如带把实足鬶、阶梯状分段式的细高把豆等，在薛家岗文化二期都相当发达；在薛家岗文化中凿形足鼎不仅与相当于南河浜遗址崧泽文化遗存晚期一段的三段式高把豆共存，而且还与更早阶段的亚腰式的喇叭形高把豆共存（薛家岗遗址 M5），根据类型学的比较薛家岗文化中凿形足鼎的发生时间，显然要早于崧泽文化。崧泽文化中的带把实足鬶更是受到薛家岗文化影响的直接证据。另外，我们在浙江安吉的安乐遗址中，发现了边缘呈锯齿状的玉璜，也明显是受到来自长江中游玉器传统的影响。

崧泽文化的陶杯十分发达，除自身的系统之外，觚形杯和高脚杯等，显然应该是受到来自淮河流域的大汶口文化的影响；而在青墩遗址、徐家湾遗址以及圩墩遗址等沿长江分布的遗址中，还较多地发现有三足钵以及足根外侧饰窝槽的扁铲形鼎足等器物，明显是受到来自龙虬庄文化的影响。

此外，凿形足鼎、带把实足鬶、分段式的细高把豆等文化因素，在湖北武穴鼓山、安徽安庆夫子城[1]、江苏南京北阴阳营等遗址中，均十分普遍地存在，反映了在南河浜遗址崧泽文化遗存晚期一段的这一段时期内，自长江中游到长江下游这一广大地区，文化交流的密切性。

根据以上的分析我们可以看出，在崧泽文化晚期的前段，太湖流域主要受到来自长江中游和淮河流域的影响。从浙江安吉安乐遗址发现较多的带把实足鬶以及锯齿状边缘的玉璜看，其文化交流的路线除沿长江而下外，通过安徽的青弋江、南漪湖流域经浙江的西苕溪沿太湖南岸传播可能是另一条更重要的通道。

至崧泽文化晚期的后半段，崧泽文化内部的文化共性越来越大，而向外的扩展也较为明显。以刻划纹的鱼鳍形足鼎、凿形足鼎、带节棱的细高把豆、假圈足的矮宽把豆以及花瓣形圈足和弧边三角形与圆形组合纹样等为特征的文化因素，在大汶口文化、薛家岗文化、北阴阳营遗址、龙虬庄遗址和浙江宁绍地区的河姆渡遗址[2]、慈湖遗址、名山

---

[1]　安徽省文物考古研究所：《安徽安庆市夫子城新石器时代遗址的发掘》，《考古》2002 年 2 期。

[2]　浙江省文物管理委员会、浙江省博物馆：《河姆渡遗址第一、二次发掘》，《考古学报》1978 年 1 期；浙江省文物考古研究所：《河姆渡——新石器时代遗址发掘报告》，文物出版社，2003 年。

后遗址①、塔山遗址② 以及江西靖安郑家坳遗址③ 等都有所发现。

　　崧泽文化既是一个个性自由发展的时代，也是一个大同的时代。我们一方面在每个遗址甚至每座墓葬中都可以看到各自的风格；而另一方面在西至长江中游，北至黄淮地区，南到钱塘江南岸的浙江中部，我们到处都可以看到时代的共性，到处都有一种似曾相识的感觉。正像孔子所说的"君子和而不同"，我们看到的崧泽文化时代是一个文化融和的时代，是一个开放的交流的和平共处的时代，也同样是一个个性张扬的时代。

　　根据类型学的比较，我们现将南河浜遗址崧泽文化遗存与其他主要遗址的崧泽文化遗存，建立年代关系对应表如下（表四）：

表四　　　　　　　南河浜与其他主要遗址崧泽文化遗存年代关系对应表

| | 期 | 段 | 青浦崧泽遗址 | 昆山绰墩遗址 | 福泉山遗址 | 徐家湾遗址 | 青墩遗址 | 仙坛庙遗址 | 安乐遗址 | 其他遗址 |
|---|---|---|---|---|---|---|---|---|---|---|
| 南河浜遗址崧泽文化遗存 | 早期 | 一 | 下层 | | | | 下文化层 | | 底层堆积 | |
| | | 二 | 中层 | 1998年和1999年发掘的崧泽文化墓葬 | 崧泽文化遗存 | | | 中层墓葬 | 大部分墓葬 | |
| | | 三 | | | | | | | | |
| | 晚期 | 一 | | | M20等个别崧泽文化墓葬以及M139、M145、M151等少数良渚文化早期墓葬 | | 大多数墓葬 | | 少数墓葬 | 圩墩崧泽文化墓葬 1. 龙南 2. 吴家埠 3. 越城 4. 大坟 5. 双桥 6. 邱城 7. 草鞋山 8. 张陵山 9. 庙前 10. 普安桥 11. 达泽庙 12. 王坟 13. 郭新河 14. 寺墩 15. 潘家塘 |
| | | 二 | | | | 下层 中层 | M45、H1等少数单元 | 上层墓葬 | | |

　　① 名山后遗址考古队：《奉化名山后遗址第一次发掘的主要收获》，《浙江省文物考古所学刊》，科学出版社，1993年。

　　② 浙江省文物考古研究所、象山县文物管理委员会：《象山县塔山遗址第一、二期发掘》，《浙江省文物考古研究所学刊》，长征出版社，1997年。

　　③ 江西省文物考古研究所：《江西靖安郑家坳新石器时代墓葬清理简报》，《东南文化》1989年4～5期；《靖安郑家坳墓地第二次发掘》，《考古与文物》1994年2期。

## 第四节 南河浜遗址所反映的崧泽文化的社会生活状况

### 一、葬俗与社会

南河浜遗址共发掘清理了 92 座崧泽文化墓葬，多集中在晚期阶段，早期只发现了 7 座墓葬。从南河浜遗址崧泽文化遗存的文化堆积看，早晚应是一个较为均衡的发展过程，所以这种差异应该只是发掘区的局限性所造成的一种偶尔现象。从江苏昆山绰墩遗址等相关时期的墓葬看，崧泽文化早期的墓地也应该具有相当大的规模，并且开始出现厚葬的习俗。所以南河浜遗址的早期墓葬，并不能完全反映当时的社会现象，而应该只是代表了这个村落的某个社会层次的局部。反映在葬俗上还是体现了崧泽文化早晚的明显区别。

南河浜遗址早期的 7 座墓葬，头向均朝北；晚期除一段有一部分保留头向朝北外，大部分的头向转为朝南，这标志着早晚之间信仰上的改变。早期的 7 座墓葬，一般只随葬二、三件陶器，有的将陶器有意打碎再分别放置在头端或脚端；有的则用本来残缺的实用陶器随葬，未见有明确的冥器。将陶器打碎随葬的现象，应该是一种葬俗仪式的反映，代表着人们对于失去亲人或死后世界的一种理解。进入晚期阶段，墓葬中的随葬品与遗址中出土的实用器具有较大的差异，普遍出现冥器化的现象。冥器的出现是人们对于死后世界的一种主动的重新认知，它标志着人们对于冥间世界进行阐释的开始；另一方面也说明丧葬仪式化的进一步加强，并且在一定意义上反映了财富与私有观念的产生。

南河浜遗址晚期墓之间存在着明显的等级差异，根据随葬品的综合情况我们可以将这些墓葬分为四个等级，这在一定程度上反映了崧泽文化晚期的社会分化已成多级之势。玉器的社会功能日渐加强，佩玉成为明显的身份标记，形成了以玉璜、玉镯以及圆形、梯形、舌形、三角形等小件玉挂饰为组合的特征明显的玉器系统，并且出现了玉钺这一权杖性礼器。除了用玉器表示生前的身份地位之外，往往还以陶器的数量显示其财富。数量和种类丰富的陶器反映了社会财富的积累和生活上的复杂性，与早期墓葬的简单随葬呈现出很大的区别。

在信仰方面尚未见有大范围统一的神灵形象的崇拜，从玉璜和形态固定的梯形、舌形等饰件，以及陶器上风格一致的装饰图案和符号等显示了崧泽文化观念形态上的共同性。在南河浜遗址中出土了三件形态相似的鹰首壶，说明了这一部落对于鹰的崇拜，他们可能将这种鹰作为部族的图腾。M27 出土的 2 件陶龟均为六足，并且在龟背上作出乳钉状的装饰，古文献中有六足龟、九足龟等非同于一般的神龟的描述，这两只陶龟的非同平常的形态也显然应该是特殊的神龟。比较同时代的红山文化的玉龟，凌家滩文化的玉龟以及其他文化的随葬龟甲的现象，反映出这一时代大范围的以乌龟作为占卜和祭祀的信仰。另外，在南河浜遗址许多的器盖上，发现各种鱼、鸟等动物形态的堆塑，这不仅是一种艺术的创造，同时也反映了崧泽文化时期是一个以自然崇拜为主的时代。

### 二、祭台与房屋

筑坛祭祀在中国古代一直是一种十分重要的文化现象，辽河流域的红山文化与长江下游的良渚文化是新石器时代用玉与营筑祭坛都十分发达的两个文化，尤其是良渚文化对中国夏商周时期用玉礼制的形成，曾产生过深远的影响。作为良渚文化前身的崧泽文化，南河浜遗址首次发现了崧泽文化的祭坛，而且清楚地揭示了祭台的使用过程及与其他遗迹之间的关系，这对于认识筑坛祭祀这一文化现象在长江下游地区的发展渊源，有着十分重要的意义。

南河浜遗址共发现崧泽文化的房屋遗迹7座，分别开口于第2层下，第5层下和第6层下。房屋的平面形制均为长方形，均采用较为纯净的黄土营建加高地面，其建筑方式主要有两种：一种是先将房屋的范围挖成浅坑，然后在坑内铺垫黄土；另一种是直接用黄土堆筑出比房屋范围大的矮土台作为基础，然后在此基础上建筑房屋。有的房子有明显的墙基槽，基槽内往往填有较多的陶片，推测这些房子当有矮墙。房屋的柱洞一般不明显，较难发现和判别，因此对屋顶的建筑形式较难复原。除F1外，在其余6座房屋中均发现有明确的灶的遗迹，而且往往在相应的位置发现有两三层红烧土灶面，说明房屋在使用的过程中仍有加高地面的过程。

崧泽文化的房子以往发现的资料很少，南河浜遗址的发现，填补了我们一些认识上的空白，使我们对崧泽文化房子的样貌和建筑方式，有了一定的了解。而且通过同一位置在不同层面上遗迹的变化，使我们看到了这一村落历史变迁的生动一角，同时也使我们了解到与房屋有关的周围的遗迹情况，从而可以对房屋使用时的生活场景加以判断。变迁的过程大致可以归纳如下：在6层之下，A区是一块密集的居住区，这里分布着F3~F7；经过一段时间以后，这些房屋被废弃夷平，在这里堆筑起了一座祭坛，同时在祭坛的西侧建造了F2，在祭坛和F2使用的过程中，在祭坛的西面和北面埋葬了第5层下与第4层下的墓葬；后来祭坛和F2被废弃了，这整个的区域被加高到与祭坛顶部同样的高度，于是在这个新的平台上又建起了F1，并且F1的周围成为集中的墓地。

F2~F7均有明确的灶的遗迹，房屋的面积也较为接近，所以一般应是普通生活居住的房屋；F1未发现灶的遗迹，面积较其余房屋略大，四面有着明确的较大型的柱洞，建筑方式略别于其他房子，另外在房子的周围是成片的墓地。从这些综合因素分析，

F1 的功能可能有别于其他房屋。

### 三、稻作农业与畜牧业

在南河浜遗址发掘过程中，我们邀请了浙江大学农学院的水稻研究专家，多次对遗址进行观察和采样。通过对南河浜遗址地层和遗迹单元的植物硅酸体的分析，从早到晚都发现了丰富的水稻硅酸体，尤其以第 8、9 和 12 层包含密度较高，这也恰与这几层是处于居住址边缘的堆积相吻合，说明南河浜遗址崧泽文化时期以栽培水稻为主的农业特点。从南河浜遗址发现的水稻硅酸体的形状特点看，与现代栽培稻的硅酸体比较近似，依据硅酸体形状的亚种判别，表明南河浜遗址的水稻应该属于粳稻，这为长江流域粳稻的起源提供了新的证据（详见附录七——南河浜遗址植物硅酸体分析报告）。

另外，在石器方面南河浜遗址主要有锛凿和穿孔石钺，仅在晚期二段的墓葬中发现一件小型石镰，说明直接用于农业生产的石器系统尚且处于萌芽的前期，与良渚文化的包括石犁、石刀、破土器、镰、耘田器等一整套具有特色的农业工具相比，显示出崧泽文化的农业生产还应该是一种小规模的状态。

中国南方的遗址由于土壤的湿度较大，而且常常含酸性，所以一般埋藏较浅的遗址，很难有有机质的遗物保留。只有在埋藏较深的地层中，由于缺氧和湿度的相对恒定，我们才有机会发现有机质的遗物。南河浜遗址的上部几乎很少有骨骸保留，在 A 区 12 层以下的地层堆积中，发现有较多的鱼骨和其他动物骨骸，但大多已成渣状而无法采取，只有少数的牙齿可供鉴定，从地层中骨头的数量可以推断，当时肉食在人们的食品构成中，应占有相当高的比例。从可鉴定的动物骨骸看，家养的猪占多数，其次为鹿（详见附录五）。

### 四、祭器与文化精神

在南河浜遗址晚期的许多墓葬中，出土有两种形态小巧而制作规范的陶器，一种是鱼鳍形足的带甗鼎；另一种是敞口折腹高把的盅形豆。这两种陶器显然是实用器的仿制品，它们既不同于一般明器的粗糙与欠火候，也与同墓中出土的同类器的实用品或明器的形态特征具有差异，它们往往有着精细的制作和恰当的烧成温度。出土这两种陶器的墓葬，其级别一般也比较高。所以我们认为这是不同于一般明器的一种祭祀用器。仔细分析这两种器形，我们可以看出在造型上，它们既具有当时时代的风格特征，同时又具有一些返祖现象，这或许反映了祭祀品中对于祖先文化的继承和保留。

从带甗鼎看，它的鼎足均为鱼鳍形，鱼鳍形的造型接近于当时的实用器的鱼鳍形鼎足，而鼎身的风格与实用器相比则更接近于早期二、三段的鼎。在崧泽文化晚期，实用器中凿形足鼎的数量已越来越多，另外在地层遗迹和墓葬中，铲形足鼎也仍占有一定的比例。作为仿制实用品的祭器，选择了鱼鳍形足鼎这种传统的代表性器物，显然应该有其重要的精神归属在里面。我想这也就是崧泽文化晚期以凿形足鼎为代表的文化因素，在太湖流域已经占据主导地位的情况下，经过良渚文化早期的变革，又迅速而彻底地转回到鱼鳍形足鼎系统的一种文化精神的内在根源。它为我们理解文化的碰撞以及螺旋形发展的现象，提供了很好的证据。

盅形豆的形体小巧如同酒盅，从其形态特征看与豆相似，不适宜作为杯子使用，所以我们认为它应该是一种豆的仿制品。豆盘以折腹敞口翻沿为特征，与崧泽文化晚期流行的敛口豆以及无沿敞口豆有所区别，比较其特征，这种折腹敞口的豆盘形制与崧泽文化早期的豆盘十分相似；豆把一般采用阶梯状的分段形式，与当时流行的分段豆把比较相似。从以上分析我们可以看出，这种盅形豆与带甑鼎一样，都不是一种简单的生活实用器的仿制品，而是一种经过用心设计的特殊器物，它的造型中应该包含了对于文化精神的继承。

除以上两种祭器外，塔形壶也是一种形态特殊的器物，它的造型应该是源于对某种生活中的建筑或器物等的模仿，其中所包含的精神因素是显而易见的。南河浜遗址共出土有3件塔形壶，用以随葬的墓葬地位也比较高。这3件塔形壶虽然形态各异，但却有着共同的特征，即都是侧面开口，在器物的上面都有高耸的塔形立柱，这种造型显然非出于实用的目的考虑，而是一种象征和模仿。相似性的器物还见于嘉兴雀幕桥遗址①、海宁达泽庙遗址和余杭吴家埠遗址，反映出这是一种在相当大的范围内存在的具有象征意义的共同的信仰载体。另外，嘉兴大坟遗址出土的人头葫芦瓶，在总体构形上也应属于同一类器物。这或许可以为我们理解塔形壶的寓意，提供某种启示（图一二八）。

## 第五节　崧泽文化的分区及与良渚文化的关系

崧泽文化早期，太湖流域的文化面貌比较一致，虽然各个地区有些文化因素构成比例上的差异，但分区的依据尚不够充分。相当于南河浜遗址早期一段的崧泽文化材料目前还比较少，仅从一些遗址出土的零星的鼎足等资料看，在太湖的周边地区有着较大的共性，目前尚无足够的材料可以进行分区研究；早期二、三段的资料，目前主要有江苏昆山绰墩、上海青浦崧泽、浙江嘉兴南河浜、海盐仙坛庙以及安吉安乐等，粗泥红褐陶的平铲形足鼎、压印凹槽的鱼鳍形足鼎及束腰式喇叭形细高把豆等为这一时期的主要特征。在太湖东南的嘉兴地区和太湖西南的安吉一带，鱼鳍形足鼎的系统占据了相当大的

---

　　① 陈行一：《独具神韵的红陶盉》，《中国文物报》，2000年4月9日。

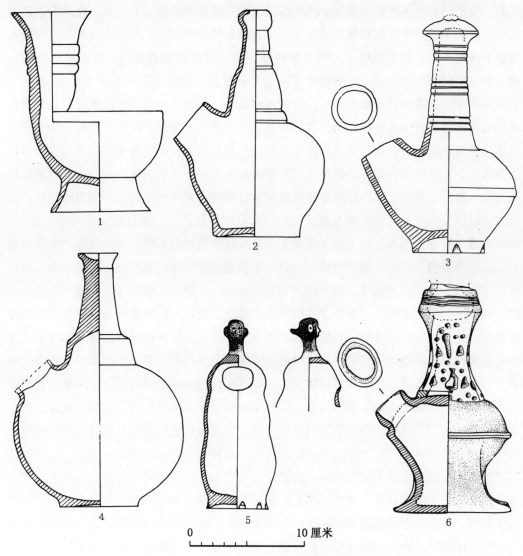

图一二八 其他遗址出土的塔形壶及相关资料

1~4、6. 塔形壶（余杭吴家埠 M19：8、海宁达泽庙 M9：1、吴家埠 M11：8、海宁荷叶地 03M5：1、南河浜 M29：
8） 5. 人头葫芦瓶（嘉兴大坟）

比例；而在太湖东北的上海和昆山地区，则主要为平铲形足鼎，鱼鳍形足鼎较为少见；
太湖的西北地区以及杭州余杭地区，目前还没有发现比较丰富的崧泽文化早期的材料，
所以情况不甚明了。另外，玉器在早期还不发达，主要有玉玦和条形玉璜等小件挂饰。
石器主要有无段的锛凿和穿孔石钺。从玉石器看无明显的分区表现。

崧泽文化晚期，一方面各地文化因素的共性加强，另一方面分区的态势也逐渐明
了。粗泥红褐陶的凿形足鼎逐渐流行并且在晚期后段与夹细砂的刻划纹鱼鳍形足鼎普遍

共存。觚形杯与蛋形杯较为多见。晚期前段流行三段式的阶梯状高把豆，晚期后段流行瓦棱纹的喇叭形高把豆和假腹的矮宽把豆。花瓣形圈足、弧边三角形和圆形的组合镂孔等成为晚期的主要装饰风格。这些文化特征明确、时代鲜明的陶器，遍及整个太湖流域，并且扩展到周边地区。玉石器较早期也有所发展，在各地表现出较大的时代共性。玉玦在崧泽文化晚期已经极为少见；玉璜由窄条形而发展为流行宽扁的半璧形；手镯在晚期较为多见，可分为整体式与分体式两种；另外圆形、梯形、舌形等小件挂饰已形成较固定的文化风格。石器与早期相比变化不大，仍然以无段的锛凿和穿孔石钺为主，只是在形态上发展得更为合理。崧泽文化晚期区域上的差异主要表现在陶器组合以及鱼鳍形足鼎、凿形足鼎等文化特征明显的陶器在遗址中所占比例的不同。根据目前材料我们大致可以区分出三个区域：即太湖以北的长江沿岸地区，以常州圩墩、张家港徐家湾、海安青墩等遗址为代表，这一地区明显受到来自江淮流域的影响，在陶器组合中常可见到三足钵等器物，在陶器群的风格上也有一定的地域性特征；第二个区域是太湖东南岸的广大地区，包括青浦崧泽、福泉山、吴县草鞋山、张陵山、吴江龙南、嘉兴双桥、大坟、南河浜、海宁达泽庙、桐乡普安桥等众多遗址，在这一区域凿形足鼎是组合中的鲜明特征，并占据绝对的优势，觚形杯和高把豆十分发达。另外在南河浜遗址和海宁达泽庙遗址都发现有塔形壶，说明存在区域进一步细分的可能性；第三个区域是杭州余杭地区，这一地区在地理上存在相对的独立性，在其西面和北面是天目山山脉，南面是钱塘江，所以文化面貌上也相对较为独立。以吴家埠和庙前遗址为代表，虽然在遗址中也存在凿形足鼎，但在墓葬中却只使用鱼鳍形足鼎，陶器组合中的双口过滤器也为其他地区所不见。另外在吴家埠遗址出土有一件塔形壶，造型与海宁达泽庙遗址所出十分相似，从其形态看与双口过滤器应存在一定的渊源，从中也可以看出杭州余杭地区与嘉兴海宁地区两个区域之间的联系。此外，在太湖西南的浙江湖州地区，陶器组合中多见带侧把的实足鬶、带把鼎以及假腹高把杯等，玉器中则有边缘带锯齿的玉璜等，可能可以作为另一单独的区域，在这一区域中可以看到更多的来自于宁镇地区和淮河流域的影响。

　　以前我们在探讨良渚文化分期时，曾经将鱼鳍形足鼎作为良渚文化的主要特征和开始的标志，因此吴家埠遗址所出土的以鱼鳍形足鼎、瓦棱纹细高把敛口豆、花瓣状圈足蛋形杯、双口过滤器等为主要组合的墓葬，被定为良渚文化的第一期。类似的遗存还见于良渚庙前遗址等；而在太湖东南部的苏州、上海以及嘉兴地区的许多遗址中，在崧泽文化晚期由于鱼鳍形足鼎往往和大量的凿形足鼎共存，所以这一阶段常被看作是崧泽文化向良渚文化的过渡阶段，对这些遗存的文化归属往往陷入两难。从其他的文化因素看，蛋形杯和觚形杯，瓦棱纹细高把敛口豆和假腹矮宽把敛口豆等，无论是在太湖东南部地区还是杭州余杭地区，都是这一时期共同的文化内涵，并且也是崧泽文化晚期的典型文化特征。将这一时期归之于良渚文化则有太多的崧泽文化因素存在，而归之于崧泽文化又碍于良渚文化典型的夹细砂刻划纹的鱼鳍形足鼎已经出现，因此有的学者干脆主张另划出一段进行单独的文化命名，提出了"龙南文化"之说①。其实许多地区的考古学文化在其文化的交替转换之时，都存在着类似的问题。我们认为首先是以前对于良渚文化与崧泽文化区分的标准制定得不够准确，单就鱼鳍形足鼎来说，条件过于宽泛简单。南河浜遗址的发掘使我们认识到鱼鳍形鼎足并不是良渚人的发明，而是在崧泽文化之初就已经出现的一种形态，并且从粗泥陶压印纹到夹砂陶刻划纹，一直沿自身的规律演变发展，与良渚文化的鱼鳍形鼎足可谓一脉相承，所以以鱼鳍形足鼎作为良渚文化的文化特征和开始的标志，本身是一项难以把握的事。真正的进入良渚文化阶段的鱼鳍形足鼎，不仅以夹砂刻划纹的鱼鳍形鼎足为标准，而且鼎身也与崧泽文化的有脊或折腹形态有别，良渚文化早期的鼎一般为侈口折沿圆鼓腹，底部一般较为平缓，崧泽文化的鼎的底部则一般作下垂的圜底。我们认为只有在双鼻壶、喇叭形圈足的敞口折腹豆、宽把带流匜形罐、贯耳类陶器和有段石锛、石凿等石器以及玉琮、玉璧、冠状饰、锥形器、三叉形器、筒形玉镯等一系列玉器出现的时候，才可以真正算进入良渚文化时代。考古学文化的概念，并不能完全等同于时代的概念，从文化因素的发展看，由一个文化过渡到另一个文化，往往并不是在整个地区同时完成的，而是在不同的区块中呈现出快慢的节奏。由崧泽文化向良渚文化的转变中，在太湖流域由于不同区块在崧泽文化晚期文化因素上的差异，所以我们更可以看清楚这种转变过程中文化交错重叠的现象。从现有资料看杭州余杭地区由于较少受到以凿形足鼎为代表的外来文化的影响，所以良渚文化的文化要素较早地在这一地区发育完成；而太湖流域的其他地区则较长时间地保留了以凿形足鼎为代表的崧泽文化晚期的鲜明特征。或者说在一些地区已经是良渚文化了，而另一些地区则仍然是崧泽文化，这正是太湖流域在距今 5100 年左右时文化面貌的真实写照。

---

① 张照根：《试论龙南文化》，《一剑集》，中国妇女出版社，1996 年。

# 第七章　墓葬资料汇编

**M1**

位于 B 区 T1 南部，开口于第③层下，打破第⑤层。长方形竖穴土坑墓，墓坑长 1.6、宽 0.6~0.7、深约 0.1 米。坑内填灰黑土，人骨保存较好，头向 355°。随葬品 3 件，杯 1 件、壶 1 件、豆 1 件（图一二九；图版三六；出土编号即图中器物号，其余墓葬相同）。

M1:1　杯，器残，仅存腰部以下。泥质灰陶，假圈足底。残高 3.3、底径 4.6 厘米。

M1:2　A 型 I 式壶，泥质黄红陶，直口长颈，扁鼓腹，平底。高 11.1、口径 5.4、底径 6.6 厘米。

M1:3　豆，泥质灰陶，直口折腹，豆盘较深，腹部饰多道凹弦纹，喇叭形豆把，略成束腰状，饰方镂孔。高 12.9、口径 11.2、底径 10 厘米。

**M2**（见第四章）

**M3**

位于 B 区 T1 东南角，开口于第③层下，打破第⑤层与生土，北半部被灰坑 H1 打破。长方形竖穴土坑墓，墓坑残长 0.8、宽 0.8、深 0.36 米。填黄绿夹灰色土，人骨架上身被 H1 破坏，下肢完好，葬式仰身直肢，头向 350°。随葬品 3 件，为钵 1 件，鼎 1 件，纺轮 1 件（图一三〇；图版三八）。

M3:1　钵，泥质黑皮陶，器残无法修复。

M3:2　B 型 I 式鱼鳍形足鼎，夹砂红陶，侈口，翻沿，折肩，弧腹，足残。残高 9.8、口径 10.6 厘米。

M3:3　I 式纺轮，夹砂红褐陶。一面弧凸，一面略平。中心高 2.1、径 6.5 厘米。

**M4**（见第四章）

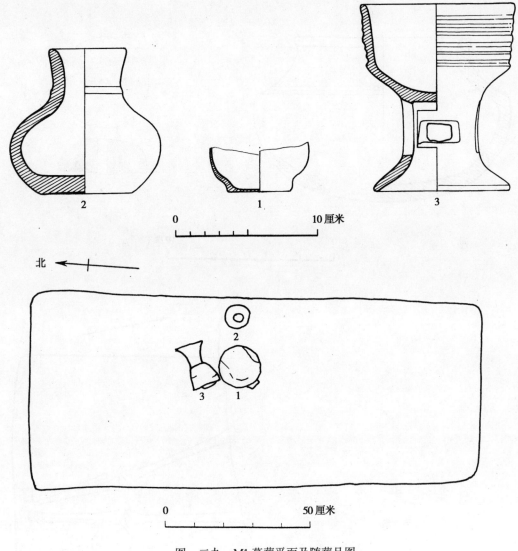

图一二九  M1 墓葬平面及随葬品图

**M5**

位于 B 区 T1 东部居中，开口于第③层下，打破第⑤层及生土。长方形竖穴土坑墓，墓坑长 2.25、宽 1.1、深 0.35 米。填黄褐偏灰色土，墓主人骨保存尚好，经鉴定为成年女性，葬式仰身直肢，头向 360°，墓主脚右侧还有一具人骨，骨架散乱，据肢骨和牙齿判断为小孩。随葬品 2 件，为釜 1 件，鼎 1 件（图一三一；图版四〇）。

M5:1  Ⅱ式釜，夹砂红褐陶，下腹部有烟炱痕，侈口，折沿，扁鼓腹，圜底。高 16、口径 26.8 厘米。

M5:2  B 型Ⅰ式鱼鳍形足鼎，夹砂粗泥红褐陶，侈口，平折沿，折肩，圜底，足

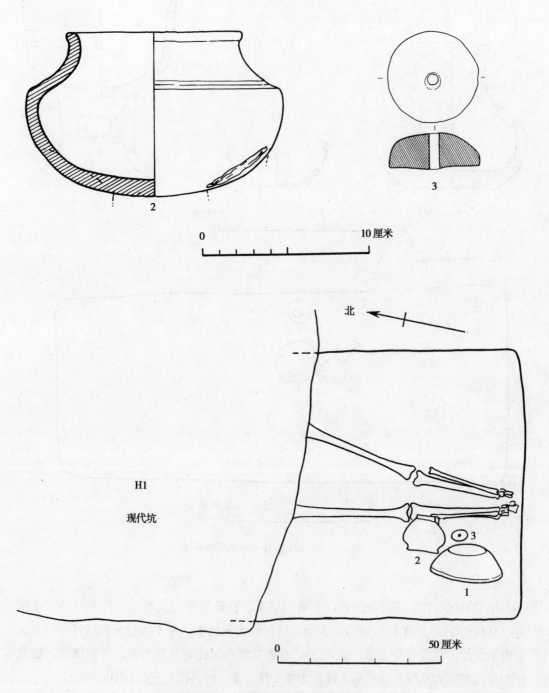

图一三〇　M3 墓葬平面及随葬品图

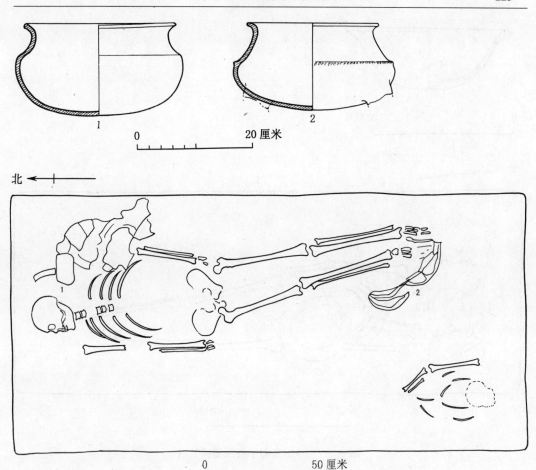

图一三一　M5 墓葬平面及随葬品图

残。残高 15、口径 22.8 厘米。

## M6

位于 B 区 T1 东半部，开口于第③层下，打破第⑤层及生土。长方形竖穴土坑墓，墓坑长 1.8、宽 0.7、深 0.18~0.4 米。填黄褐夹灰色土。人骨保存尚好，为成年女性，葬式仰身直肢，头向 355°。随葬品 2 件，为釜 1 件，盆 1 件（图一三二；图版四一）。

M6:1　Ⅱ式釜，夹砂粗红陶，器残不能修复，侈口，平折沿，弧腹。

M6:2　C 型 I 式盆，夹砂红陶，敞口，斜腹，圜底。高 8.4、口径 24 厘米。

## M7

位于 B 区 T1 东北部，开口于第③层下，打破第⑤层及生土。长方形竖穴土坑墓，

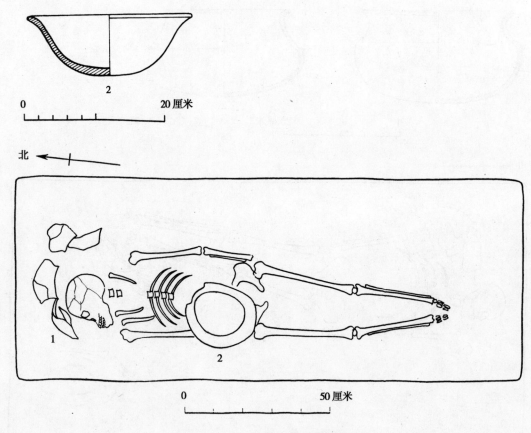

图一三二　M6 墓葬平面及随葬品图

墓坑长 2、宽 0.65～0.7、深 0.3 米。填灰褐色土。人骨保存基本完好，为成年女性，头向 360°。随葬品 3 件，为釜 1 件，罐 1 件，豆 1 件。釜、罐故意打破后分放于墓主头部和胸部（图一三三；图版四二）。

M7:1　Ⅱ式釜，夹砂粗泥红褐陶，侈口，平折沿，折肩部施一道附加堆纹凸棱，扁腹，圜底。高 17.2、口径 25.8 厘米。

M7:2　罐，泥质灰陶，敛口，一侧口沿上翘，鼓腹，平底微凹。罐腹一侧有一宽把，把与流呈直角。口径 9.8、高 10.4、底径 9.8 厘米。

M7:3　豆，泥质红陶，敛口，斜腹较深。豆把有方形镂孔，下部残缺。残高 10.4、口径 26.4 厘米。

**M8**

位于 A 区 T301 东北部，开口于第②层下。长方形竖穴土坑墓，墓坑长 1.2、宽 0.54、深 0.1 米。填粉黄色土。人骨朽坏，只见零星骨渣，可知头向在南，方向 180°。

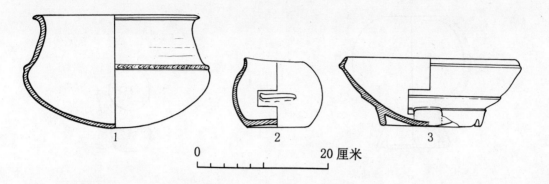

北 ←———

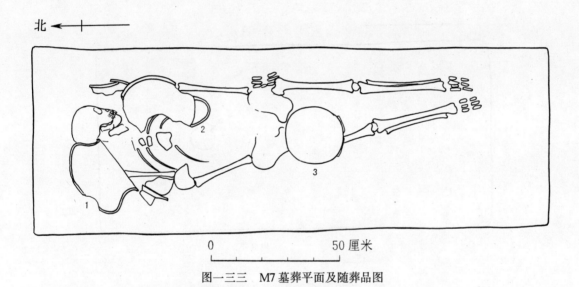

图一三三　M7墓葬平面及随葬品图

随葬品2件，为罐1件，珠1件（图一三四；图版四三）。

M8:1　小罐，泥质黑皮陶，敛口，球腹，圈足外撇，切出缺口呈花瓣状。高7.9、口径3.6、底径4.6厘米。

M8:2　半球形玉坠，沁成白色，平面上钻有牛鼻形隧孔。直径1.25、高0.7厘米；重1.75克。

**M9**

位于A区T301东北部，开口于第②层下。长方形竖穴土坑墓，墓坑长1.12、宽0.48、深0.11米。填粉黄色土。人骨仅见头骨和牙齿，为儿童，方向175°。随葬品6件，为杯1件，豆1件，罐1件，器盖1件，鼎2件（图一三五；图版四四）。

M9:1　B型Ⅲ式杯，泥质灰陶，带盖，盖为泥质红陶。束口，弧腹下垂，假圈足

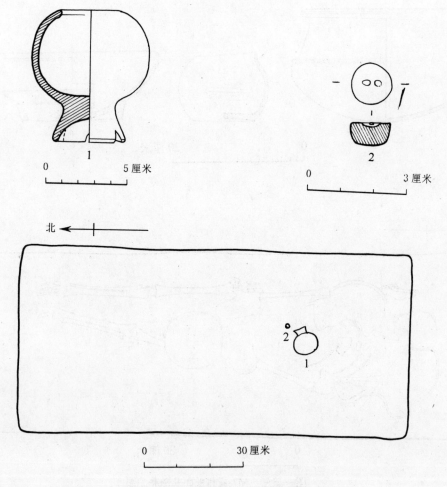

图一三四　M8 墓葬平面及随葬品图

底微凹。盖为攒珠形小纽。通高 11.2、盖高 2.2、盖径 6、器身高 9、口径 5.6、底径 5.2 厘米。

M9:2　D 型 II 式宽把豆，泥质灰陶，敞口，平底，折腹。口沿外侧有四个对称的龟爪形耳錾，上各有两个圆形镂孔，豆把分为两段，上段与豆盘相接呈假腹状，下段外撇，上下各有四组三角与圆形组合的镂孔。高 7.6、口径 18、底径 11.6 厘米。

M9:3　C 型 II 式罐，泥质灰陶，侈口折沿，鼓肩折腹，平底。高 8.8、口径 6.4、底径 5.4 厘米。

M9:4　器盖，泥质灰陶，圆形，无纽，中央穿孔。似为 M9:3 罐之盖。高 1.6、径 6.8 厘米。

M9:5，M9:6，均为带盖凿形足鼎，残破后无法修复。

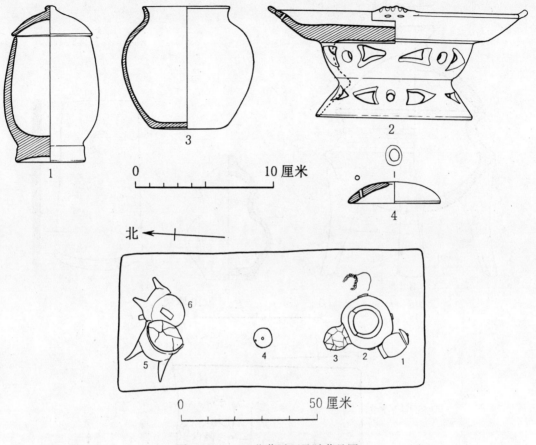

图一三五　M9 墓葬平面及随葬品图

**M10**

位于 A 区 T301 南扩方部分，开口于第②层下。长方形竖穴土坑墓，墓南端被破坏，方向 178°。墓坑残长 0.75、宽 0.5、深 0.8 米。填黄褐色土。人骨朽坏。随葬品 6 件，为罐 1 件，盆 1 件，石钺 1 件，器盖 1 件，鼎 1 件，壶 1 件（图一三六；图版四五）。

M10：1　罐，残破无法修复。

M10：2　盆，泥质灰陶，平底。器残无法修复。

M10：3　B 型 II 式石钺，变质泥岩，尾端平直，弧形刃。高 13.1、孔径 1.7 厘米。

M10：4　器盖，残破无法修复。

M10：5　鼎，粗泥红陶，带盖。鼎侈口折沿，折腹圜底。肩部饰凹弦纹，凿形足。盖为变体鸟形纽。通高 19.6、鼎高 13.2、盖高 6.4、口径 12 厘米。

M10：6　小壶，泥质红陶，带盖。壶侈口束颈，斜弧腹，圈足底。盖为柱形纽。通

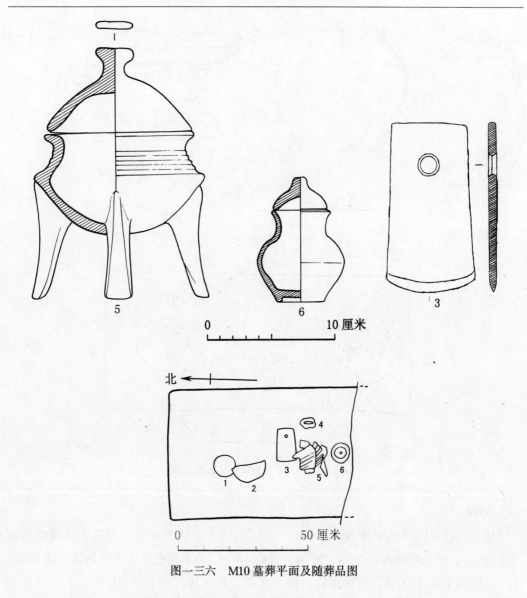

图一三六　M10墓葬平面及随葬品图

高9.6、盖高2.5、盖径4.4、器身高7.1、口径4.7、底径3.6厘米。


**M11**

位于A区T301南部扩方处，开口于第②层下。长方形竖穴土坑墓，南端被破坏，墓坑残长1.36、宽0.84、深0.7米。填灰褐色土。人骨朽坏，方向180°。随葬品14件，为残玉玦1件，石钺2件，玉饰1件，鹰头壶1件，石锛1件，杯1件，石镰1件，壶1件，罐1件，鼎1件，豆1件，石凿1件（图一三七；图版四六～四八）。

M11:1　玦，湖绿色，半透明绿色石英岩，残缺，厚0.6厘米；重5.37克。

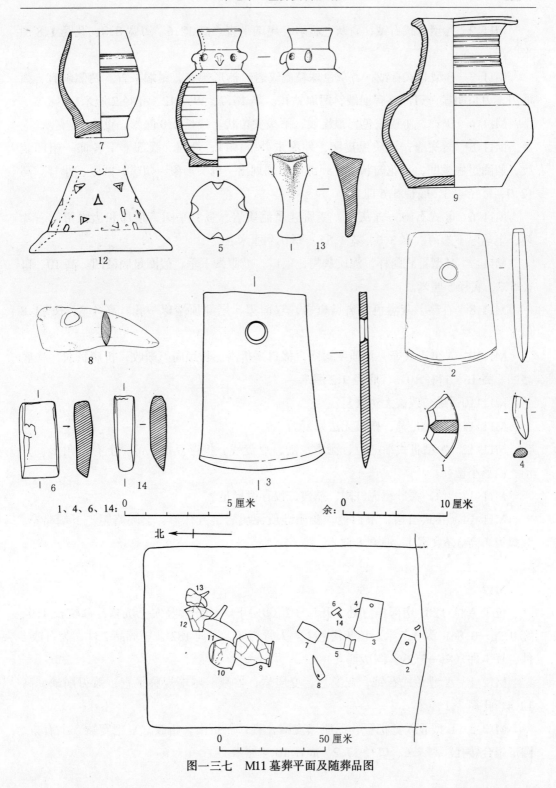

图一三七 M11墓葬平面及随葬品图

M11:2　A型Ⅱ式石钺，青灰色板岩，尾端平直。高12.6、刃宽8.8、孔径1.8厘米。

M11:3　B型Ⅱ式石钺，青灰色球粒流纹岩，器形规整，尾端平直，两侧斜直，弧形刃，刃角明显，刃部略有崩缺，两面钻孔。高16.7、刃宽12、孔径2厘米。

M11:4　玉饰，沁成白色，顶端残，下呈尖角状。残长2.0厘米；重0.93克。

M11:5　鹰头壶，泥质黑皮陶，外涂朱砂，侈口，鼓腹。腹部上下各饰一组凹弦纹，假圈足底微凹，呈花瓣状。在颈部堆塑刻划出一鹰头形象，勾喙，圆眼，小耳。高12.9、口径4.3、底径5.6厘米。

M11:6　Ⅱ式石锛，青灰色，变质硅质泥质岩，弧背平刃，顶部和边缘留有石片疤，上端厚下端薄。高3.6、宽1.85、厚0.9厘米。

M11:7　B型Ⅲ式陶杯，泥质灰陶，束口，鼓腹微下垂，假圈足底微凹。高10、口径5.2、底径5厘米。

M11:8　石镰，灰黑色，斑点斑岩，双面刃，尾部顶端琢一孔。高4.3、长11.8厘米。

M11:9　A型Ⅲ式壶，泥质灰褐陶，侈口平折沿，长颈向上渐收，折肩折腹，平底略凹。高16、口径10.6、底径9.2厘米。

M11:10　罐，残破无法修复。

M11:11　凿形足鼎，残破无法修复。

M11:12　A型Ⅲ式细把豆，泥质灰陶，豆盘残，仅存豆把下部，上有三角形、方形、圆形小镂孔。

M11:13　鼎，夹砂粗泥红陶，鼎残，仅存凿形足。

M11:14　Ⅱ式石凿，灰白色，变质硅质泥质岩，方柱形，上端略宽，下端略窄，圆弧刃。高3.6、宽1、厚0.8厘米。

### M12

位于A区T201南部扩方处，开口于第②层下。长方形竖穴土坑墓，墓坑长1.9、宽0.76~0.86、深0.5米。填灰褐色土。人骨朽坏，方向182°。随葬品2件，为石钺1件，豆1件（图一三八；图版四九）。

M12:1　A型Ⅱ式石钺，灰黑色，变质岩，器残。尾端规整平直，弧刃崩缺。高12.4、孔径2.1厘米。

M12:2　B型Ⅱ式宽把豆，泥质黑皮陶，直口斜折沿，折腹，豆把宽矮，上有方、圆形组合镂孔。高7.6、口径17.2、底径10.4厘米。

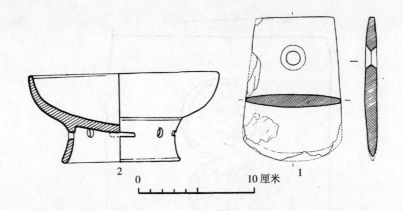

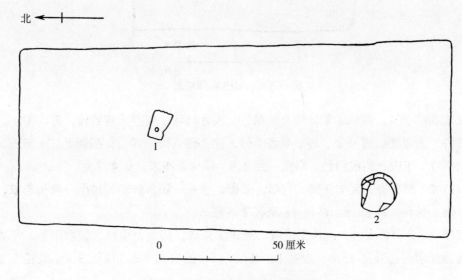

图一三八 M12墓葬平面及随葬品图

**M13**

位于A区T401东部，开口于第②层下，南端被破坏。方向180°。墓坑残长0.5、宽0.6、深0.1米。填黄褐色土。人骨朽坏。随葬品2件，为盘、鼎各1件（图一三九）。

M13:1 盘，残，无法修复。

M13:2 鼎，粗泥红陶，鼎残，仅存扁凿形足。

**M14**（见第四章）

**M15**

位于A区T401东部，开口于第②层下，南端被M14打破。长方形竖穴土坑墓，

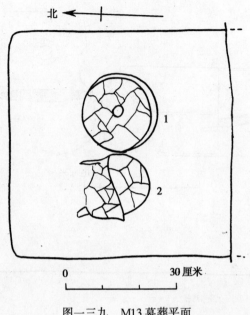

图一三九　M13墓葬平面

墓坑长2.38、宽1、深0.1米。填土灰褐色。人骨朽坏，仅存牙齿数枚，方向175°。随葬品6件，为玉玦、鹰头壶、杯、豆各1件，鼎2件（图一四〇；图版五二、五三）。

M15:1　玉玦，沁成白色，略残。径2.9、厚0.4厘米；重4.7克。

M15:2　鹰头壶，泥质灰陶，直口，鼓腹，平底。颈部堆塑刻划出一鹰头形象，勾喙，环眼，长耳。高11.6、口径4、底径7.6厘米。

M15:3　B型Ⅲ式杯，泥质黑皮陶，通体涂朱砂，带盖，束口，鼓腹下垂，平底微凹。盖为柱形纽。通高13.6、盖高4、盖径6.1、器身高9.6、口径5.4、底径5.2厘米。

M15:4　B型Ⅲ式陶细把豆，泥质黑皮陶，微呈敛口，方唇无沿，豆把残。残高7.6、口径19.2厘米。

M15:5、M15:6两件凿形足鼎均残，无法修复。


**M16**（见第四章）


**M17**

位于A区T201东隔梁南端，开口于第②层下，东部被M16打破。长方形竖穴土坑墓，墓坑长2.4、宽0.73~0.78、深0.21米。填土灰褐色。人骨朽坏，仅存牙齿数枚，头部轮廓隐约可辨，方向175°。随葬品8件，为罐1件，璜1件，豆2件，壶1件，鼎1件，釜1件，盆1件（图一四一；图版五九、六〇）。

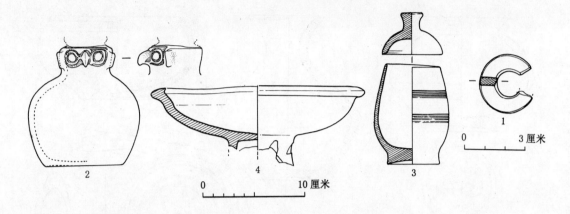

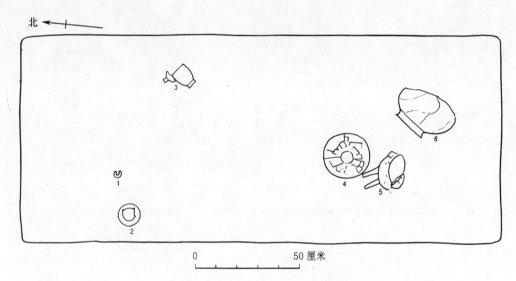

图一四〇　M15 墓葬平面及随葬品图

M17:1　A 型 I 式中型罐，泥质灰陶，侈口折沿，扁鼓腹微折，矮圈足底，外底刻划一符号。高 11.2、口径 9.4、底径 7.4 厘米。

M17:2　玉璜，沁成白色，窄条形，两端略尖，各有一小圆孔。宽 6.1、厚 0.4 厘米；重 5.12 克。

M17:3　A 型 II 式盅形豆，泥质灰陶。侈口曲腹，上腹斜敞，豆把为三段式，上有椭圆形镂孔与竖直线条组成的装饰。高 10.4、口径 9、底径 8.3 厘米。

M17:4　A 型 II 式壶，泥质灰陶，侈口折沿，细颈折腹，平底微凹。高 15.8、口径 7.4、底径 6.8 厘米。

M17:5　A 型 III 式细把豆，泥质黑皮陶，敛口斜腹，豆把为三段式，上端束颈，下部呈喇叭形，上有椭圆形和小圆形组合的镂孔纹饰。高 13、口径 20.8、底径 16.4 厘

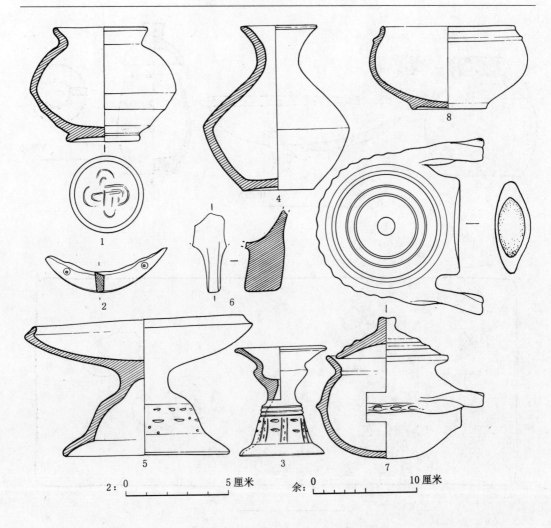

2：0 ⊢———————⊣ 5厘米　　余：0 ⊢———————⊣ 10厘米

北 ←——

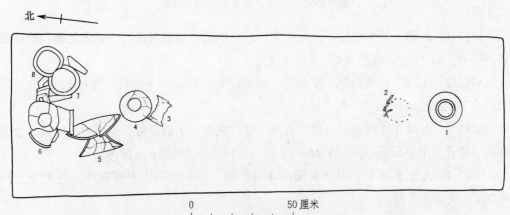

0 ⊢———————⊣ 50厘米

图一四一　M17墓葬平面及随葬品图

米。

　　M17∶6　鼎，粗泥红褐陶，带盖。残，无法修复，仅存鱼鳍形足，截面呈椭圆形。

　　M17∶7　釜，夹砂红陶，带盖。器形较特殊，侈口折沿，鼓腹圜底，肩腹相接处一侧有两根绞丝状錾和一块椭圆形凸出，另一侧则饰附加堆纹，俯视如同两螯前伸的蟹形。盖面上有两周凸棱，柱形纽。通高13.6、盖高4、盖径10.6、口径12厘米。

　　M17∶8　B型Ⅰ式盆，泥质灰陶，直口，方唇，鼓腹，矮圈足底。高8、口径12.8、底径7.2厘米。


**M18**

　　位于A区T201东隔梁南端，开口于第②层下，东端被M17打破。长方形竖穴土坑墓，墓坑长2、宽0.60~0.64、深0.21米。填土灰褐色。人骨朽坏，方向175°。随葬品2件，为罐1件，豆1件（图一四二；图版六一）。

　　M18∶1　B型Ⅲ式细把豆，残剩豆盘，口径7厘米。

　　M18∶2　小罐，泥质灰陶，带盖，罐敛口，鼓腹，高圈足底。攒珠纽盖略残。器身高7.2、口径5.2、底径6.4厘米。


**M19**

　　位于A区T301东北角，开口于第②层下。长方形竖穴土坑墓，墓坑长2.2、宽0.8~1.04、深0.15米。填土灰褐色。人骨朽坏，方向180°。随葬品7件，为豆2件，盆1件，玉饰1件，杯1件，鼎1件，罐1件（图一四三；图版六二、六三）。

　　M19∶1　A型Ⅴ式细把豆，泥质灰陶，豆盘残，仅存豆把。豆把不分节，上部呈瓦棱状，下有6个圆镂孔。残高12、底径16.1厘米。

　　M19∶2　A型Ⅱ式盆，泥质灰陶，敞口，平折沿，沿上有2道凹弦纹，折腹处饰一周凸棱，矮圈足。高9、口径19.6、底径9.6厘米。

　　M19∶3　圆环形玉饰，透闪石，沁成白色，利用管钻玉芯制成，边缘留有管钻台痕。外径1.5、厚0.4、孔径0.7厘米；重1.14克。

　　M19∶4　D型Ⅲ式杯，泥质灰陶，侈口，斜折腹，高圈足，圈足上有圆形镂孔。高10.9、口径5.2、底径7.4厘米。

　　M19∶5　凿形足鼎，粗泥红陶，器残未修复。

　　M19∶6　Ⅰ式大罐，泥质灰陶，带盖。侈口折沿，扁鼓腹，矮圈足底。肩部与折腹处各饰一周凸棱。盖为覆钵式，纽缺失。盖残高3.6、盖径11.4、器身高22.8、口径12.8、腹径25、底径12厘米。

　　M19∶7　B型Ⅱ式祭器豆，泥质灰陶，器形小。敞口，斜腹，外腹下部凸成假双

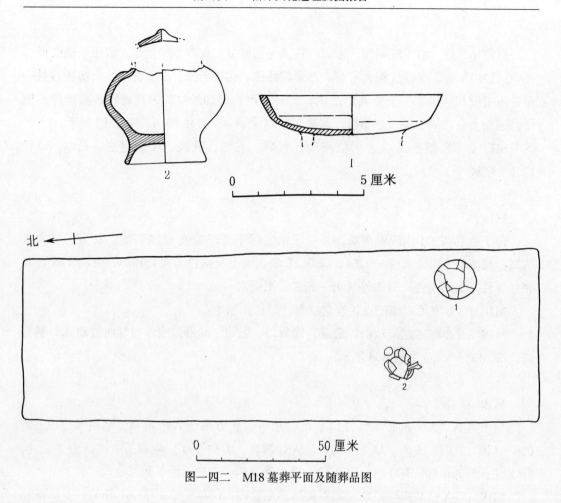

图一四二　M18 墓葬平面及随葬品图

腹，豆把上端束颈，下呈喇叭形，上有 4 组由 3 个竖向连环圆形镂孔组成的装饰。高10、口径 10.6、底径 10.2 厘米。

**M20**

位于 A 区 T401 东南，开口于第②层下，大部遭扰乱破坏。长方形竖穴土坑墓，墓坑残长 1.6、宽 1.07、深 0.1 米。填土灰褐色，人骨无存，方向 170°。随葬品仅 1 件陶罐，残，未修复（图一四四）。

**M21**（见第四章）

**M22**

位于 A 区 T401 西北，开口于第②层下。长方形竖穴土坑墓，墓坑长 1.76、宽

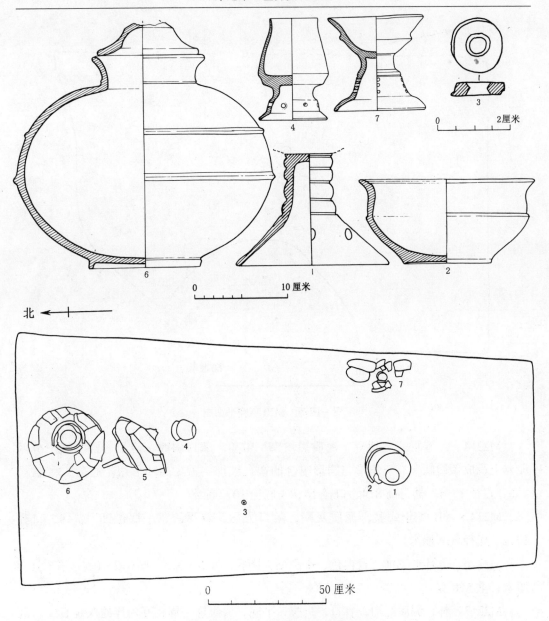

图一四三　M19 墓葬平面及随葬品图

0.70~0.76、深 0.1 米。填土灰褐色。人骨已朽，仅存牙齿数枚，知头向在南，方向 180°。随葬品 7 件，为罐 1 件，鼎 1 件，杯 2 件，豆 1 件，盆 1 件，方形玉饰 1 件（图一四五；图版六五、六六）。

M22:1 夹砂黑皮陶罐，M22:2 粗泥陶凿形足鼎，均残，未能修复。

M22:3　F 型Ⅱ式壶，泥质黑皮陶，通体涂朱红色彩绘。束口，腹部有两周凹弦纹，形成瓦棱状亚腰，花瓣形圈足。口径 5.7、高 12.6、底径 5.8 厘米。

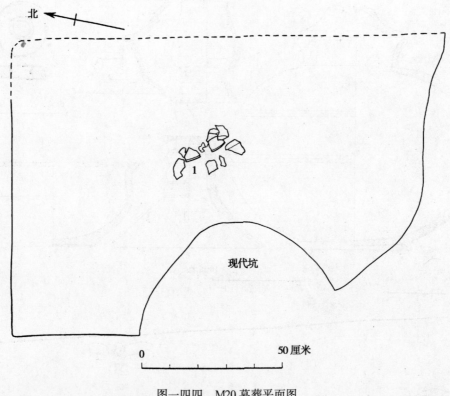

图一四四　M20 墓葬平面图

M22:4　A 型Ⅲ式宽把豆，泥质黑皮陶，带盖。敛口斜腹，豆盘较深。豆把分两段，上段成假腹状，有三角形与圆形组合的镂孔纹饰。盖为高环形纽。通高 13、盖高 4.6、盖径 13.1、器身高 8.4、口径 14.8、底径 10.2 厘米。

M22:5　B 型Ⅱ式盆，泥质灰陶，敞口方唇，斜弧腹，平底微凹。高 9、口径 17.2、底径 6.4 厘米。

M22:6，方环形玉饰，青白色，中央钻大圆孔。宽 3~3.3、厚 0.2~0.4、孔径 1.8 厘米；重 5.8 克。

M22:7　杯，泥质红陶，直口，折腹，平底，肩腹饰一周相互勾连的双线 S 纹。高 8.4、口径 3.2、底径 3.6 厘米。

**M23**

位于 A 区 T201 南端扩方处，开口于第②层下。长方形竖穴土坑墓，墓坑长 2、宽 0.72~0.76、深 0.33 米。填土灰褐色。人骨已朽，仅存头骨痕迹，知头向在南，方向 180°。随葬品 5 件，为豆 1 件，壶 2 件，杯 2 件（图一四六；图版六七、六八）。

M23:1　C 型Ⅱ式细把豆，泥质灰陶，浅盘，敞口，斜腹，豆把略呈三段式，第一

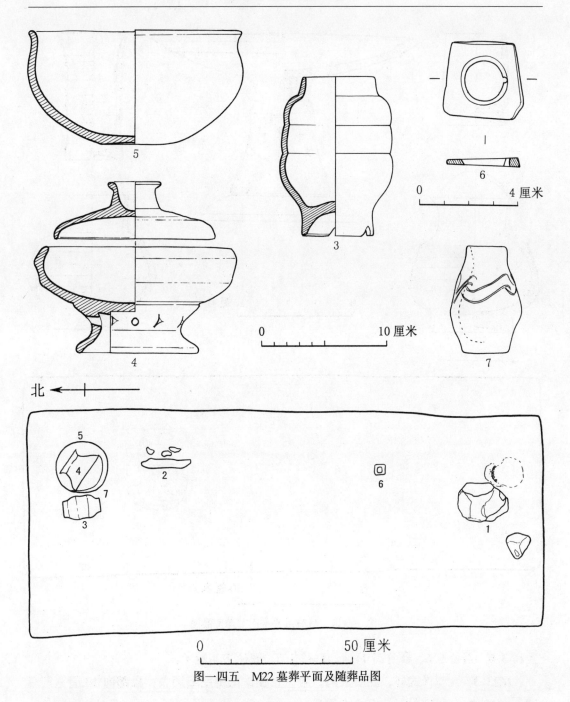

图一四五　M22 墓葬平面及随葬品图

段退缩为细颈状，第二节有三角形、圆形镂孔与菱形刻划纹组合的纹饰，下呈喇叭形。高 15.8、口径 23.2、底径 14.4 厘米。

M23:2　D 型 Ⅱ 式壶，泥质黑皮陶，带盖，侈口长颈折沿，折肩折腹，腹部斜垂做成折棱状，花瓣形假圈足，上有竖直划纹。盖为攒珠式纽，一侧穿一圆孔。通高 15、

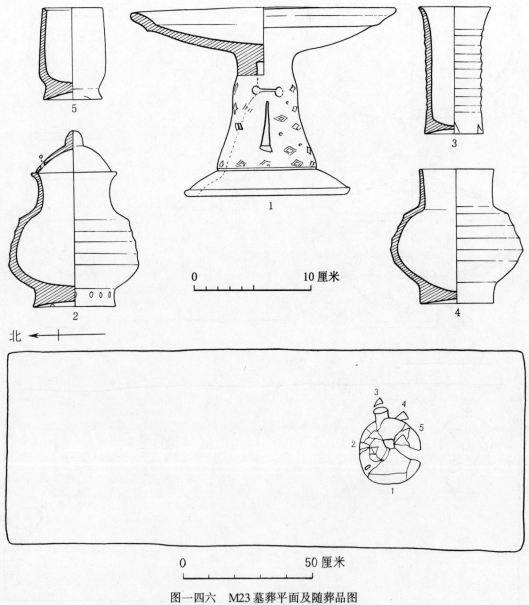

图一四六　M23 墓葬平面及随葬品图

盖高 3.6、盖径 6.6、器身高 11.4、口径 7.6、底径 7.4 厘米。

M23:3　A 型 IV 式杯，泥质灰陶，敞口直腹，花瓣足凹圈底，腹部饰 10 周宽凹弦纹。高 10.9、口径 6.4、底径 5.2 厘米。

M23:4　D 型 II 式壶，泥质黑皮陶，侈口长颈，折肩折腹，假圈足内凹，腹部斜垂做成折棱状。高 11.4、口径 6.6、底径 6.4 厘米。

M23:5　C 型 II 式杯，泥质黑皮陶，直口，直腹，花瓣形假圈足。高 7.8、口径

5.2、底径5.2厘米。

**M24**

位于A区T301东隔梁下，开口于第②层下。长方形竖穴土坑墓，墓坑长2.45、宽1～1.02、深0.23米。填黄花土。人骨已朽，仅见数枚牙齿，知头向在北，方向355°。随葬品16件，为鼎3件，豆3件，罐5件，壶2件，纺轮2件，器盖1件（图一四七、一四八；图版六九、七〇）。

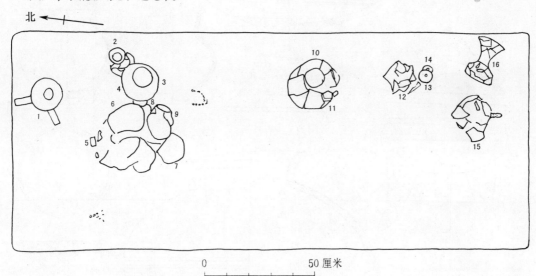

图一四七　M24墓葬平面图

M24:1　鼎，粗泥红陶，小直口略残，扁鼓腹，铲形足外撇，足上有捺窝。肩部遍施凹弦纹。残高16.4厘米。

M24:2　A型Ⅲ式盅形豆，泥质灰陶，侈口曲腹，豆把略成三段式，上有圆形镂孔和刻划纹组成的纹饰。高11.4、口径8.3、底径9.6厘米。

M24:3　罐，泥质灰陶，直口，竖领，折腹处有一周凸棱，平底。高14.4、口径9.6、底径8.4厘米。

M24:4　罐，泥质黑皮陶，残，未能修复。花瓣形假圈足，凹圜底。

M24:5　鼎，粗泥红陶，凿形足，器残未能修复。

M24:6　Ⅱ式大型罐，泥质灰陶，侈口，折沿，鼓肩，下腹斜直，平底。腹部饰两组凹弦纹。口径14.8、高28.4、底径15.2厘米。

M24:7　罐，泥质灰陶，平底，未能修复。

M24:8　C型Ⅱ式壶，泥质黑皮陶，直口，竖领，鼓腹，花瓣形圈足。高9.8、口

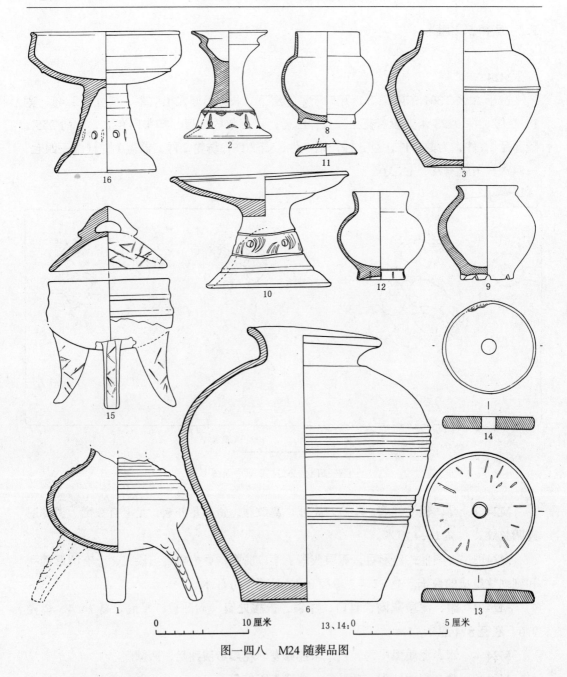

0　　　　　　　　10厘米　　　　13、14：0　　　　　5厘米

图一四八　M24 随葬品图

径 7、底径 6.4 厘米。

　　M24：9　罐，泥质灰陶，侈口，折沿，弧腹，花瓣形圈足。高 10、口径 6.6、底径 5.8 厘米。

　　M24：10　C 型Ⅱ式细把豆，泥质灰陶，敞口，斜腹，浅盘，豆把略呈两段式，第一段退缩成束颈状，下饰圆镂孔和弧线组成的装饰。高 16、口径 19.6、底径 15.6 厘米。

M24:11　器盖，泥质黑皮陶，纽残。残高 1.2、径 6.8 厘米。

M24:12　C 型 II 式壶，泥质黑皮陶，通体涂朱砂，侈口，高领，鼓腹，假圈足凹圜底，假圈足外侧刻竖向直道。高 9.4、口径 6、底径 5 厘米。

M24:13　石纺轮，红褐色叶蜡石化凝灰岩，扁平圆饼形，单面钻孔，顶面上施放射状刻划纹。上径 5.8、下径 6.2、厚 0.7、孔径 0.7~0.8 厘米。

M24:14　石纺轮，紫灰色叶蜡石化凝灰岩，扁平圆饼形。径 5.1、厚 0.65、孔径 0.8 厘米。

M24:15　B 型 II 式鱼鳍形足鼎，粗泥红陶，带盖。鼎略成直口无沿，足上刻编织纹。盖为桥形纽，盖上刻划编织纹。盖高 6.8、盖径 13.2、口径 13.2、鼎高 13.6 厘米。

M24:16　B 型 II 式细把豆，泥质黑皮陶，敛口，折腹，下腹部有一周凸棱。豆把略成两段式，上如瓦棱，下刻圆镂孔。高 14.8、口径 16.4、底径 11.2 厘米。

## M25

位于 A 区 T301 东南部，开口于第②层下，南端略遭破坏。长方形竖穴土坑墓，墓坑长 2.2、宽 0.85~0.9、深 0.38 米。填灰褐土。人骨已朽，方向 170°。随葬品 16 件，为鼎 3 件，豆 3 件，壶 3 件，杯 2 件，玉饰 3 件，陶珠 1 串，夹砂缸 1 件（图一四九、一五〇；图版七一~七三）。

M25:1　A 型 IV 式细把豆，泥质黑皮陶，豆盘及豆把上部均残。仅存豆把下部。

M25:2　舌形玉饰，沁成白色，扁平片形，上端钻一圆孔。高 2.5、厚 0.1~0.38 厘米；重 1.82 克。

M25:3　圆片形玉饰，沁成白色，扁平片形，一面留有线切割痕迹，近一边钻有一个小圆孔。直径 3.2、厚 0.3 厘米；重 4.93 克。

M25:4　舌形玉饰，沁成白色，扁平长条舌形，上端钻一圆孔。高 4.6、厚 0.2 厘米；重 3.11 克。

M25:5　杯，泥质黑皮陶，通体涂朱砂。敞口，口沿上有三组共 6 个圆形镂孔，深腹，高把上有 4 道凸棱，凸棱间下凹处饰圆镂孔。口径 10.8、高 18.2、底径 10.8 厘米。

M25:6　D 型 III 式壶，泥质灰陶，带盖，盖为泥质黑皮陶，涂朱砂，壶侈口，鼓腹，高圈足。盖无纽。通高 8.8、盖高 1.6、盖径 4.7、器身高 7.2、口径 5.1、底径 5 厘米。

M25:7　D 型 II 式细把豆，泥质灰陶，带盖，盖为泥质黑皮陶。豆上部呈罐形，直

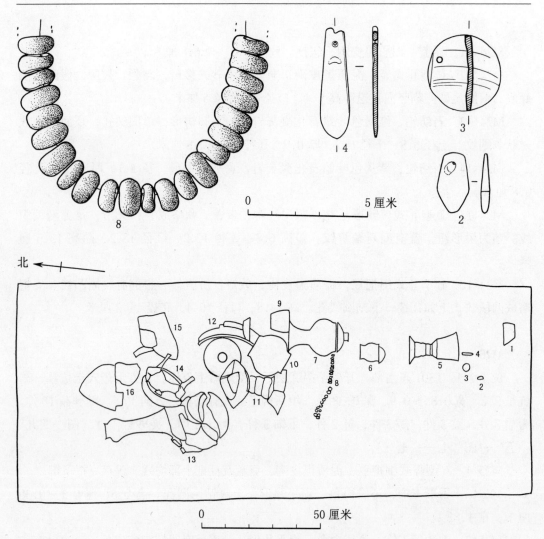

图一四九　M25墓葬平面及随葬品图

口，球形腹较深。喇叭形豆把上有三角形、圆形镂孔和双线勾连"S"纹组成的纹饰。盖为杯形纽，涂朱砂。通高24.6、盖高4.8、盖径10.7、器身高19.8、口径10.2、底径13.8厘米。

　　M25:8　陶珠串，泥质黑皮陶，共22颗组成串，悬挂于墓主胸前。珠大小相似，呈扁圆形，中有圆孔，穿索系挂。珠径1.3~1.8厘米。

　　M25:9　杯，残，未修复。

　　M25:10　B型Ⅱ式陶中型罐，泥质灰陶，侈口，竖领，鼓腹，圈足底。高16.8、口径9.2、底径9.8厘米。

　　M25:11　A型Ⅳ式细把豆，泥质黑皮陶，敛口，斜腹，豆把略成两段式，上部有

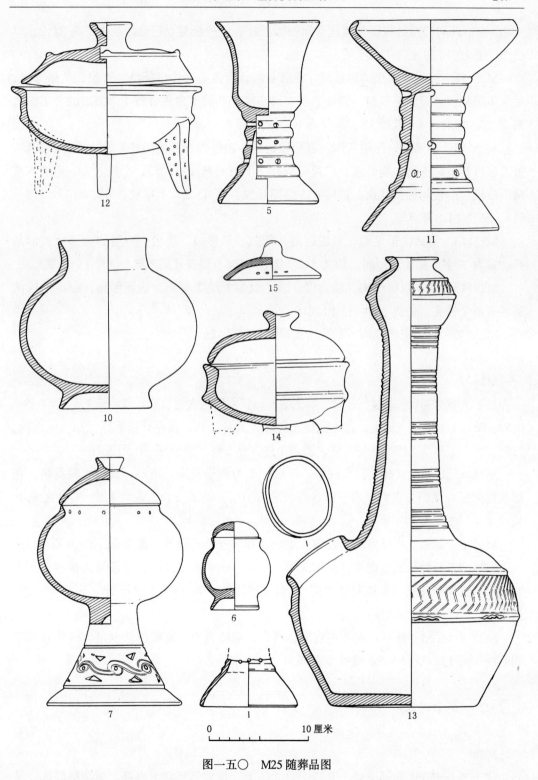

图一五〇　M25 随葬品图

5 周凸棱，其间凹弧处施圆形镂孔。除凹弧处外，豆外腹与豆把通体涂朱。高 21.2、口径 16、底径 14 厘米。

M25:12　A 型 II 式鱼鳍形足鼎，泥质灰陶，带盖。鼎侈口折沿，直腹，鱼鳍形足，足上施圆刺纹。盖为杯形钮，盖面上有一周凸棱，凸棱上对称分布 4 个突出的乳丁。通高 17.2、盖高 6.4、盖径 18、器身高 10.8、口径 19.6 厘米。

M25:13　塔形壶，泥质灰陶，器形较特殊。顶柱为细长的圆柱形，柱顶为蒜头状，折沿侈口与下部连通。扁鼓腹，肩部一侧有一上翘的椭圆形大口，平底。头、肩部各有两周凸棱，凸棱间饰折线纹。顶柱有 5 组凹弦纹。高 45.2、上口径 5.6、下口径 6.8～8.4、底径 14.8 厘米。

M25:14　III 式凿形足鼎，粗泥红陶，带盖，鼎侈口，折沿，直腹如盆形，凿形足残。盖为 T 字形变体鸟塑钮。盖高 5.2、盖径 14.4、器身残高 6.8、口径 15.2 厘米。

M25:15　鼎，粗泥红陶，残，仅存盖。盖为泥质黑皮陶，扁圆形钮，盖面下缘两侧各有两个镂孔。盖高 3.9、径 10 厘米。

M25:16　缸，夹砂红陶，器残未能修复。饰篮纹。


**M26**

位于 A 区 T301 东南部，开口于第②层下。长方形竖穴土坑墓，墓坑长 1.6、宽 0.5～0.52、深 0.1 米。填灰褐土，含小红烧土颗粒，人骨已朽，仅存牙齿数枚，知头向在南，方向 175°。随葬品 4 件，为杯 2 件，器盖 1 件，豆 1 件（图一五一；图版七四）。

M26:1　B 型 III 式杯，泥质红陶，带盖，盖为泥质灰陶，束口，瓦棱纹斜垂腹，花瓣状假圈足底微凹。盖为丫形变体鸟钮。通高 10.8、盖高 2.4、盖径 4.8、器身高 8.4、口径 4.4、底径 4.4 厘米。

M26:2　器盖，泥质红陶，浅腹，无钮，顶部穿一小圆孔。高 2.3、径 10 厘米。

M26:3　A 型 V 式细把豆，泥质灰陶，敛口，喇叭形细高把，上段呈瓦棱状，下段有圆形、三角形镂孔与双线勾连 "S" 纹组成的纹饰。高 23.6、口径 16、底径 15.2 厘米。

M26:4　C 型 II 式杯，泥质黑皮陶，直口，束腰垂腹，花瓣形假圈足。腹部有两组凹弦纹。高 13、口径 6.9、底径 6.2 厘米。


**M27**（见第四章）


**M28**

位于 A 区 T301 东隔梁处，开口于第②层下。长方形竖穴土坑墓，南端被破坏。墓

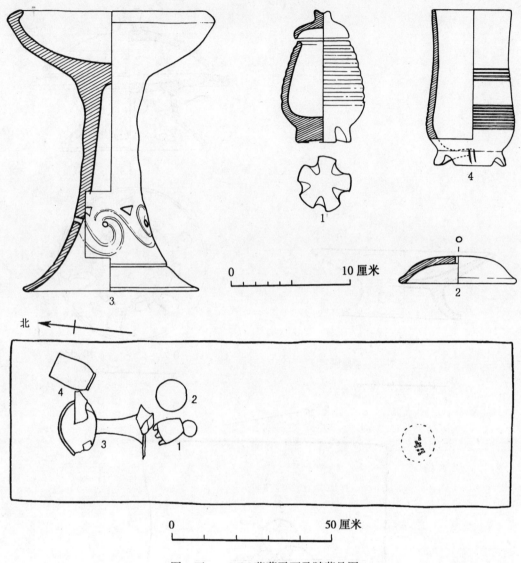

图一五一　M26 墓葬平面及随葬品图

坑残长 0.7、宽 0.68、深 0.12 米。填土灰褐色。人骨朽尽，方向 170°。随葬品 3 件，为豆 2 件，鼎 1 件（图一五二；图版八一）。

M28:1　豆，泥质灰陶，仅存盖。盖为杯形纽，纽上有两个圆孔。盖高 3.6、盖径 10.4 厘米。

M28:2　C 型 Ⅱ 式宽把豆，泥质灰陶，带盖，浅盘，宽折沿，矮宽把不分节，饰有方形、三角形两组镂孔。盖为丫形纽。通高 15.6、盖高 7.6、盖径 19.6、器身高 8、口径 22.4、底径 16.4 厘米。

M28:3　鼎，粗泥红陶，凿形足，器残未能修复。

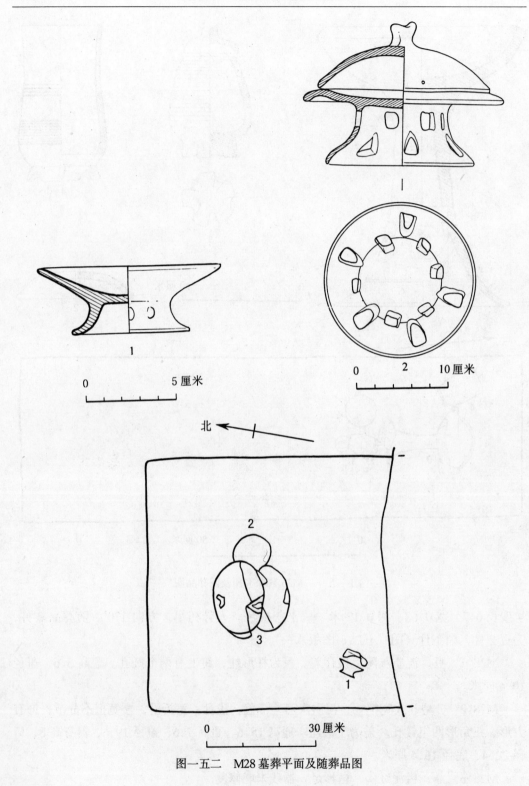

图一五二　M28 墓葬平面及随葬品图

**M29**

位于 A 区 T301 北部居中处，开口于第②层下。长方形竖穴土坑墓。墓坑长 2.25、宽 0.7~76、深 0.25 厘米。填土灰褐色，含小块红烧土颗粒。人骨已朽，存留头部轮廓、牙齿及肢骨，知头向在南，方向 175°。随葬品 8 件，为杯 1 件，玉饰 1 件，器盖 1 件，豆 1 件，鼎 2 件，壶 1 件，双口壶 1 件（图一五三；图版八二、八三）。

M29:1　杯，泥质灰陶，直口，桶形腹，平底，饰两组弦纹带。口径 5、高 9、底径 5 厘米。

M29:2　梯形玉饰，沁成白色，扁平梯形，上端钻一小圆孔。高 3.9、厚 0.4 厘米；重 5.19 克。

M29:3　器盖，泥质灰陶，杯形纽。高 9.2、径 11.6 厘米。

M29:4　A 型Ⅳ式细把豆，泥质黑皮陶，通体涂朱砂，带盖。敛口，把上部为瓦棱状，凹处施圆镂孔。盖扁平，纽残缺。盖残高 2.6、盖径 15.2、器身高 18.4、口径 16、底径 14.4 厘米。

M29:5　Ⅲ式凿形足鼎，粗泥红褐陶，带盖，直口平沿，沿外侧有四个对称的鸡冠形小凸块，外腹部有一周凸棱，凿形足。盖为桥形纽，面上刻划线纹，盖上有三个小圆孔。通高 14.8、盖高 5.6、盖径 15.6、器身高 9.2、口径 15.6 厘米。

M29:6　Ⅲ式凿形足鼎，粗泥红褐陶，带盖，直口微内收，平折沿，外腹部有一周凸棱，凿形足上有指捺凹窝，两侧有两组指捏凹窝，呈花边状。盖为丫形纽。通高 16、盖高 4.4、盖径 13.2、器身高 11.6、口径 12.4 厘米。

M29:7　壶，泥质灰陶，侈口，斜领，近口沿有 2 组圆形小孔，折肩，折腹，腹部向内凹弧，上有 2 组密集的凹弦纹。折肩、折腹部各有四个三角形小凸块，花瓣状圈足。高 20.4、口径 10、底径 9.6 厘米。

M29:8　塔形壶，泥质红褐陶，顶柱为方形，四面有圆形和三角形镂孔，柱顶原应为尖顶略残。扁鼓腹，肩部一侧为一椭圆形流状直口，方形座，平底。顶柱与壶身互不相通。高 20、口径 3.6~4.6、底边长 10.8 厘米。


**M30**（见第四章）


**M31**

位于 A 区 T301 东部，开口于第②层下。长方形竖穴土坑墓，墓坑长 1.5、宽 0.6、深 0.08~0.12 米。填土灰褐色含红烧土颗粒，人骨已朽尽，方向 175°。随葬品 5 件，为罐 2 件，玉饰 1 件，鼎 1 件，豆 1 件（图一五四；图版八四）。

M31:1　B 型Ⅲ式罐，泥质黑皮灰陶，侈口，宽卷沿，折肩，平底。高 8.4、口径

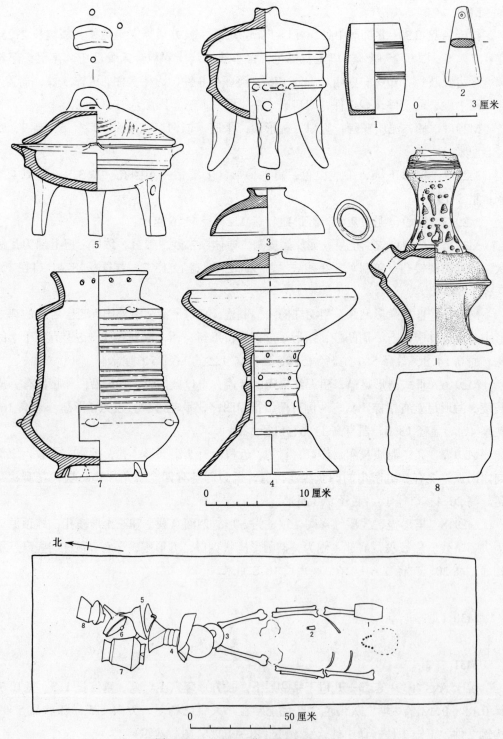

图一五三　M29 墓葬平面及随葬品图

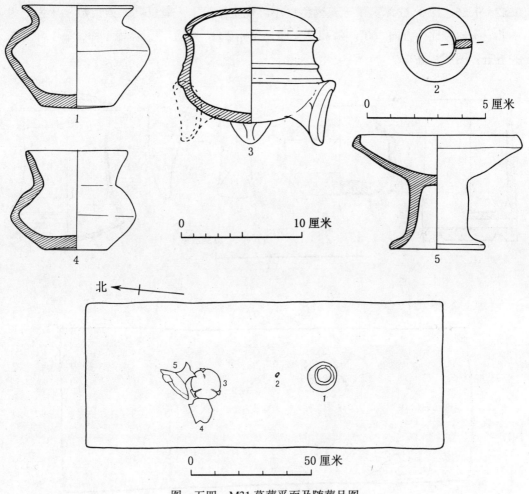

图一五四 M31 墓葬平面及随葬品图

9.4、底径 6 厘米。

M31:2 圆环形玉饰，沁成白色。直径 3.05、孔径 1.1、厚 0.35 厘米；重 4.31 克。

M31:3 B 型兽形足鼎，粗泥红陶，带盖，鼎侈口束颈，垂弧腹，腹部有两周凸棱。盖扁平，纽残。盖残高 2、盖径 10.8、器身高 8.8、口径 11.2 厘米。

M31:4 D 型 II 式罐，泥质灰陶，侈口，高领，折腹，平底。高 8.2、口径 8.6、底径 5.4 厘米。

M31:5 A 型 IV 式细把豆，泥质红陶，敛口，豆把上部呈圆柱形，下部外撇。高 9.4、口径 13.4、底径 8 厘米。

**M32**

位于 A 区 T301 东南部，开口于第②层下。长方形竖穴土坑墓，墓坑长 1.45、宽

0.52~0.56、深0.17米。填土灰褐色含小红烧土颗粒，人骨已朽，残留数枚牙齿，为少儿，头向在北，方向360°。随葬品5件，为杯2件，壶1件，器盖1件，鼎1件（图一五五；图版八五）。

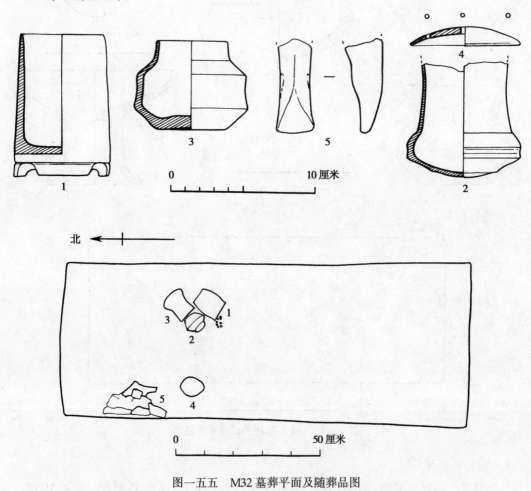

图一五五　M32墓葬平面及随葬品图

M32:1　A型Ⅲ式杯，泥质灰陶，直口，筒形腹，花瓣状圈足。口径5.9、高9.8、底径6.9厘米。

M32:2　E型Ⅱ式壶，泥质灰陶，口及圈足残，高领，双折腹。残高8厘米。

M32:3　E型Ⅱ式壶，泥质黑皮红陶，直口，竖领，双折腹，平底。高6.1、口径5、底径5厘米。

M32:4，器盖，泥质灰陶，扁平，有3个等距离排列的小圆孔。盖径7.9、高1.3厘米。

M32:5　鼎，粗泥红陶，残，仅存凿形足，足两侧有指捏凹痕。

**M33**

位于 A 区 T301 中部，开口于第②层下。长方形竖穴土坑墓，墓坑长 2.25、宽 0.8、深 0.4~0.45 厘米。填土灰褐色，有明显的骨架痕迹，头向在南，方向 175°。葬式为仰身直肢。另外该墓还存有弧形棺葬具遗痕。随葬品 11 件，为杯 1 件，豆 2 件，罐 2 件，鼎 2 件，匜 2 件，壶 2 件（图一五六；图版八六、八七）。

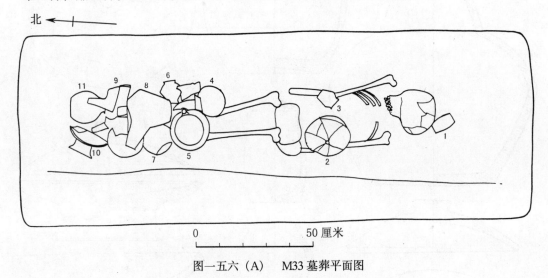

图一五六（A）　M33 墓葬平面图

M33:1　杯，泥质灰陶，带盖。直口，桶形腹，平底。盖较浅平，变体鸟形纽。通高 10.6、盖高 2、盖径 4.4、器身高 8.6、口径 5、底径 4.8 厘米。

M33:2　C 型 II 式宽把豆，泥质灰陶，带盖，豆为敞口，浅盘，豆把宽矮不分节，上有圆形、三角形镂孔。盖为浅杯形纽，盖面上有三角形镂孔。通高 10.4、盖高 4.8、盖径 16.8、器身高 5.6、口径 13.2、底径 10.8 厘米。

M33:3　C 型 II 式罐，泥质灰陶，侈口折沿，束领，折腹，平底，折沿上有一圆形小孔。高 7.1、口径 5、底径 4.4 厘米。

M33:4　I 式凿形足鼎，粗泥红陶，带盖。鼎敞口微内收，内沿斜折，无明显外沿，弧腹圜底，腹部有一周附加堆纹凸棱。凿形足。盖桥形纽。通高 20、盖高 5.2、盖径 14.8、器身高 12.4、口径 14.8 厘米。

M33:5　匜，泥质灰陶，敛口，方唇，肩部一侧出翘流，扁鼓腹，平底。高 8.6、口径 12~12.8、底径 11.2 厘米。

M33:6　罐，器残未能修复。

M33:7　匜，泥质灰褐陶，敛口，一侧捏沿为翘流，扁弧腹，平底。口径 7.8~9.2、高 7.8、底径 7.2 厘米。

M33:8　A 型 III 式壶，泥质灰陶，侈口，平折沿，长颈向上渐收，鼓肩折腹，平

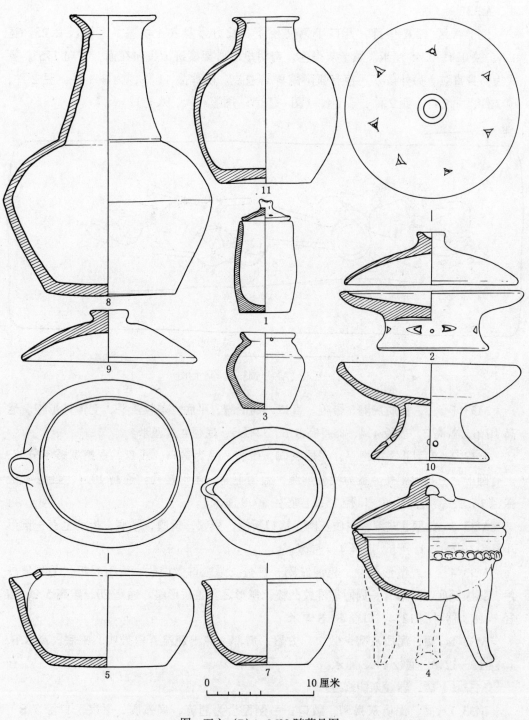

0　　　　　　10 厘米

图一五六（B）　M33 随葬品图

底。高 26、口径 8.4、底径 12.6 厘米。

M33:9　鼎，粗泥红褐陶，残，仅存盖，盖为扁条形纽。高 4.8、盖径 16.8 厘米。

M33:10　A 型 V 式细把豆，泥质灰陶，口微敛，斜腹，豆把不分节，呈喇叭形外撇，施一组圆形镂孔。高 9.2、口径 16.6、底径 11.2 厘米。

M33:11　A 型Ⅲ式壶，泥质灰陶，侈口，平折沿，颈较短，鼓肩弧腹，平底微凹。高 15.2、口径 6.6、底径 8 厘米。


**M34**

位于 A 区 T301 东南部，开口于第②层下，西南端被 M25 打破。长方形竖穴土坑墓，墓坑长 2、宽 0.7~0.8、深 0.25 米。填土灰褐色，方向 175°，随葬品 10 件，为罐 2 件，豆 3 件，壶 3 件，鼎 1 件，杯 1 件（图一五七；图版八八、八九）。

M34:1　D 型Ⅱ式罐，泥质灰陶，直口，折腹，平底。高 6.2、底径 3.4 厘米。

M34:2　B 型Ⅲ式盅形豆，泥质黑皮陶，敞口，宽折沿，斜腹，豆把分三段式，上部呈柱形，中段有圆窝和折线纹共同组成的装饰。高 11.8、口径 10.6、底径 11.1 厘米。

M34:3　A 型Ⅱ式罐，泥质红陶，侈口，高领，鼓肩折腹，假圈足底微凹。高 12.8、口径 8.6、底径 7.8 厘米。

M34:4　鼎，粗泥红褐陶，凿形足，鼎残未能修复，仅存盖。盖桥形纽。盖高 6.6、径 13.6 厘米。

M34:5　D 型Ⅱ式壶，泥质黑皮陶，侈口，斜领，折肩，折腹，腹部做成瓦棱状，平底。高 8.2、口径 7 厘米。

M34:6　A 型Ⅲ式盅形豆，泥质灰陶，敞口，斜腹，外腹部有一周凸棱，呈假双腹，豆把上端呈柱形，下部喇叭状，有圆形与弧边三角形镂孔。高 11.4、口径 9.9、底径 8 厘米。

M34:7　D 型Ⅲ式壶，泥质灰陶，侈口，竖领，折肩折腹，花瓣足底微凹。高 8.6、口径 5.8、底径 5.8 厘米。

M34:8　C 型Ⅱ式罐，泥质灰褐陶，侈口，折沿，折腹，平底。高 10.5、口径 8、底径 5.4 厘米。

M34:9　陶杯，泥质黑皮陶，侈口，高领，折腹，花瓣状高圈足底。口径 6.7、高 11.8、底径 5.8 厘米。

M34:10　A 型Ⅱ式宽把豆，泥质黑皮灰陶，敛口，斜腹较浅，两段式宽矮豆把，上有方圆组合镂孔。高 8.4、口径 21.2、底径 18 厘米。

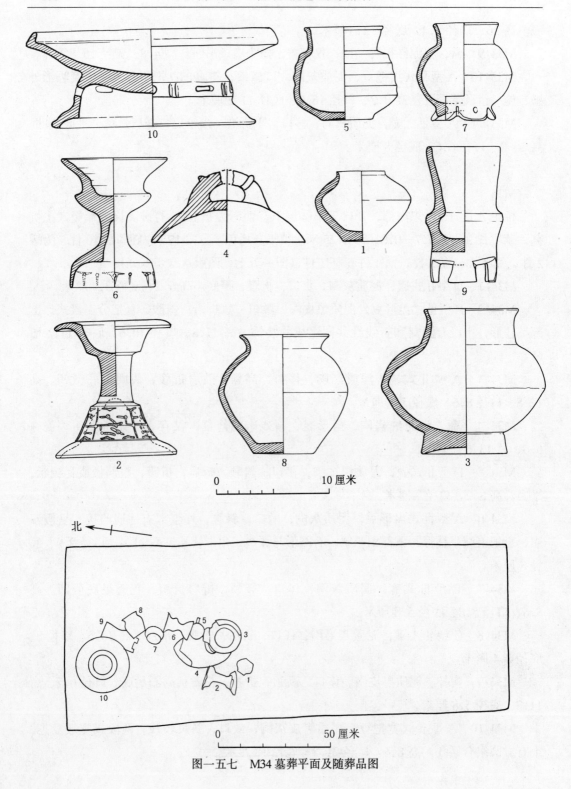

图一五七　M34墓葬平面及随葬品图

## M35

位于 A 区 T201 西南部，开口于第②层下。长方形竖穴土坑墓，墓坑长 2.65、宽 1
～1.05、深 0.14 米。填土灰褐色，人骨已朽，从随葬品规律可判断头向在北，方向
360°。随葬品 23 件，为盆 2 件，鼎 3 件，罐 10 件，壶 1 件，豆 3 件，石纺轮 1 件，玉
饰 1 件，杯 1 件，器盖 1 件（图一五八、一五九；图版九〇～九三）。

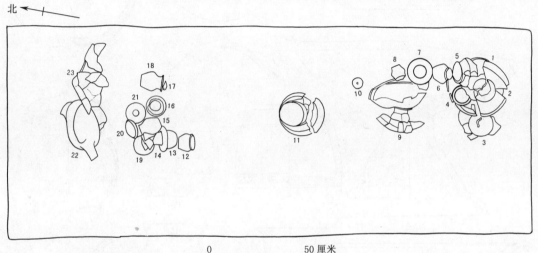

图一五八　M35 墓葬平面图

M35:1　A 型Ⅱ式盆，泥质灰陶，直口折沿，折腹居中上部，下腹斜收，矮圈足
底。高 10.4、口径 23.6、底径 12 厘米。

M35:2　鼎，粗泥红陶，凿形足，鼎残未能修复，仅存盖。盖泥质灰陶，条形纽，
盖面上刻划折线纹，一侧有一小圆孔。盖径 11.6、高 4.5 厘米。

M35:3　鼎，粗泥红陶，凿形足，残未能修复。

M35:4　罐，泥质灰陶，侈口，斜领，折肩，斜直腹，大平底，下腹部有一周条带
状纹饰。口径 6.8、高 8.2、底径 10.6 厘米。

M35:5　F 型Ⅱ式罐，夹砂红陶，带盖，盖为泥质灰陶。侈口折沿，折腹，矮圈足
底。肩部有三周凸棱。盖为子母口，顶端有一小圆孔。通高 13.2、盖高 3.2、盖径
7.4、器身高 10.8、口径 9.4、底径 7.2 厘米。

M35:6　C 型Ⅱ式陶罐，泥质灰陶，侈口，竖领，方唇，颈部施凹弦纹呈瓦棱状，
折腹，平底。高 8.8、口径 5.6、底径 5 厘米。

M35:7　C 型Ⅱ式壶，泥质黑皮灰陶，带盖，壶直口，竖领，鼓腹，花瓣足。盖扁
平，为捏塑角状纽。通高 12.8、盖高 3、盖径 8、器身高 10、口径 7.1、底径 7.2 厘米。

M35:8　E 型Ⅱ式罐，泥质灰褐陶，直口，折腹，平底。高 7.6、口径 5、底径 5.2

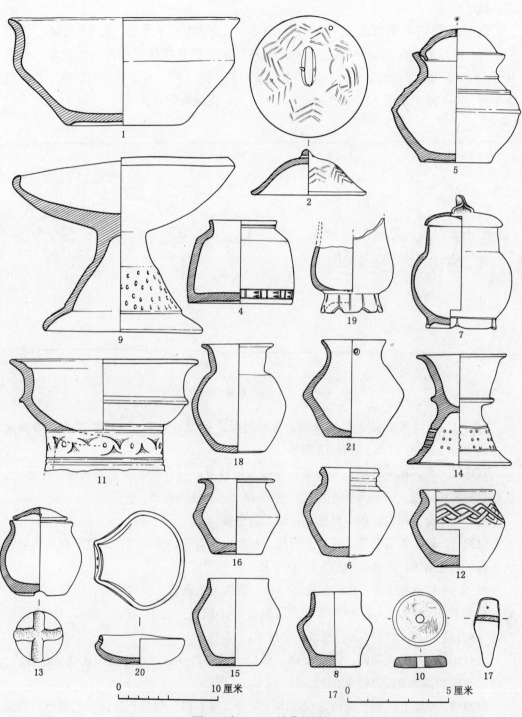

图一五九　M35 随葬品图

厘米。

M35：9　A型Ⅲ式细把豆，泥质黑皮灰陶，敛口，斜腹，豆把呈喇叭形，上部束颈，下有一圈密集的锥刺纹。高17.2、口径21.6、底径16.8厘米。

M35：10　石纺轮，红色，叶蜡石化凝灰岩，扁平圆形，截面呈梯形。上径4.8、高1.1、下径5.4厘米。

M35：11　E型Ⅱ式宽把豆，泥质黑皮灰陶，侈口，宽折沿，沿上有两道凹弦纹，豆盘折腹较深，折腹处起突棱。豆把宽矮不分段，下部略残，有圆窝与弧边三角形组成的勾连纹饰。残高11.2、口径19.2厘米。

M35：12　B型Ⅲ式罐，泥质灰陶，侈口，折沿，折腹，平底，肩部为折线编织纹。高7.6、口径7.6、底径5厘米。

M35：13　小罐，泥质黑皮陶，带盖，盖为泥质灰陶。直口弧腹，平底上有"十"字凹纹。盖扁平无纽，一侧有一小圆孔。通高8.6、盖高1.2、盖径5.6、器身高7.4、口径6.3、底径4.2厘米。

M35：14　B型Ⅲ式盅形豆，泥质黑皮陶，敞口，斜腹，外腹下部有一周凸棱。豆把略成三段式，中段有7组圆镂孔，其中1组为单排竖行3孔，余均为双排竖行6孔。高11、口径9.2、底径10.6厘米。

M35：15　E型Ⅱ式罐，泥质灰陶，直口，折肩，平底。高8.6、口径6.1、底径4.8厘米。

M35：16　B型Ⅲ式罐，泥质灰陶，侈口，宽折沿，折腹，平底微凹。高7.4、口径7.8、底径4.8厘米。

M35：17　三角形玉饰，沁成白色，略呈三角形，上端钻小圆孔。高3.4、厚0.2厘米；重2.01克。

M35：18　D型Ⅱ式罐，泥质灰陶，侈口，平折沿，斜领，折腹，平底。高10.8、口径7.3、底径4.8厘米。

M35：19　C型Ⅱ式杯，泥质黑皮陶，口残，垂腹，花瓣状圈足。残高9.4、底径6.3厘米。

M35：20　扇贝形钵，泥质灰陶，整器为扇贝形，造型形象逼真，沿上有2小圆孔，可以系挂。深3厘米。

M35：21　D型Ⅱ式罐，泥质灰褐陶，侈口，斜领，折腹，平底。高9.6、口径6.6、底径5.4厘米。

M35：22　粗泥红陶凿形足鼎，残。

M35：23　泥质灰陶盆，残。

**M36**

位于 A 区 T201 西南部，开口于第②层下，西南端被 M35 打破。长方形竖穴土坑墓，墓坑长 2.35、宽 1、深约 0.1 米。填土灰褐，人骨已朽尽，方向 180°。随葬品 2 件，为杯 1 件，罐 1 件（图一六〇；图版九三）。

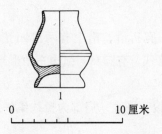

0　　　　　　　　　10 厘米

北 ←

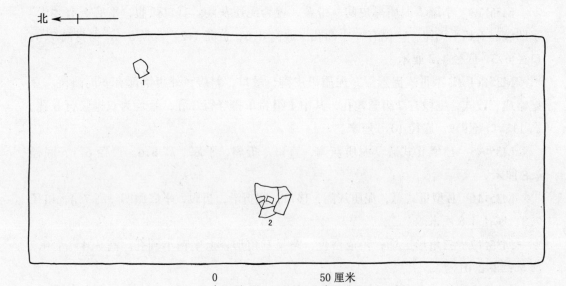

0　　　　　　　　　50 厘米

图一六〇　M36 墓葬平面及随葬品图

M36：1　D 型 Ⅱ 式杯，泥质灰陶，侈口，斜折腹，圈足底。高 6.8、口径 3.4、底径 4.7 厘米。

M36：2　罐，泥质灰陶，器残未能修复。

**M37**

位于 A 区 T301 东北部，开口于第②层下。东部被 M19 打破，但未扰及墓底。长方形竖穴土坑墓，墓坑长 2.2、宽 0.45~0.55 厘米，深约 0.18 米。填土灰褐色。人骨已朽，存留牙齿数枚及下肢骨一段，头向在南，方向 180°。牙齿与下肢骨较小，墓穴也较窄，判断该墓为少儿墓。随葬品 15 件，为杯 5 件，罐 6 件，器盖 1 件，豆 1 件，纺轮1件，盆1件（图一六一；图版九四～九六）。

M37：1　A型Ⅲ式杯，泥质灰陶，敞口直腹，腹上部饰宽凹弦纹，花瓣状平底。高11.1、口径7.2、底径6.7厘米。

M37：2　B型Ⅱ式杯，泥质黑皮灰陶，直口，束颈，垂鼓腹，肩腹部有三组凹弦纹，假圈足底微凹。高13.9、口径6.5、底径6.6厘米。

M37：3　C型Ⅲ式罐，泥质灰陶，侈口折沿，鼓肩斜腹，平底。高6.8、口径5.7、

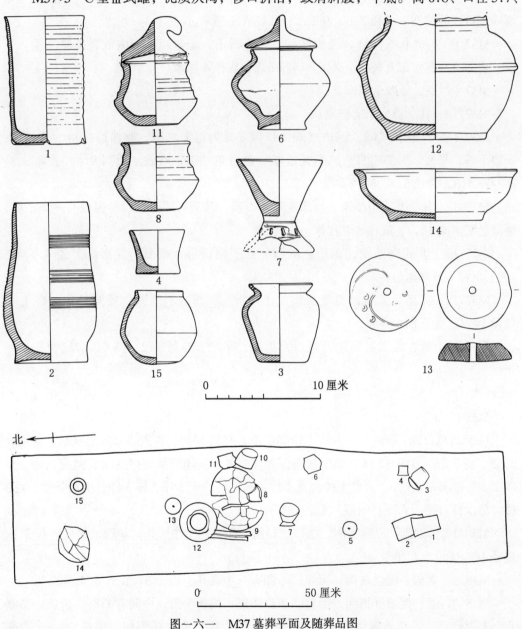

图一六一　M37墓葬平面及随葬品图

底径 4.2 厘米。

M37:4　杯，泥质灰陶，敞口斜腹，平底。口径 5、高 3.8、底径 4 厘米。

M37:5　为 M37:6 之器盖。

M37:6　罐，泥质红陶，带盖。侈口折沿，折腹，圈足底。盖为弯角状纽。通高 9.9、盖高 2.9、盖径 6.3、器身高 7、口径 5.4、底径 4.2 厘米。

M37:7　杯，泥质黑皮陶，敞口，斜腹较深，下为喇叭形圈足，上有竖条凹痕与刻划线条组成的纹饰。口径 7.6、高 8.1、底径 6.1 厘米。

M37:8　F 型 Ⅱ 式陶罐，泥质红陶，侈口折沿，子母口，颈内收，折腹下垂，平底，肩部有凹弦纹似瓦棱状。高 6、口径 6.2、底径 4 厘米。

M37:9　豆，器残未能修复。

M37:10　杯，器残未能修复。

M37:11　F 型 Ⅱ 式罐，泥质红陶，带盖，盖为粗泥红陶。罐侈口折沿，子母口，折腹下垂，平底，肩部施凹弦纹呈瓦棱状。盖弯角状纽，略残。通高 9.4、盖高 3.8、器身高 5.6、口径 6.1、底径 4 厘米。

M37:12　B 型 Ⅱ 式中型罐，泥质灰陶，口残，颈部有凹弦纹，折腹处有一周凸棱，矮圈足底。高 10.4、底径 8.8 厘米。

M37:13　Ⅱ 式陶纺轮，泥质红衣陶。扁平圆饼形，截面呈梯形。上径 4.9、高 1.9、下径 6.6 厘米。

M37:14　A 型 Ⅲ 式盆，泥质灰陶，侈口折沿，折肩斜弧腹，矮圈足底。高 4.4、口径 14.7、底径 8.4 厘米。

M37:15　罐，泥质灰褐陶，直口，折腹，平底。口径 4.2、高 6.4、底径 2.8 厘米。

## M38

位于 A 区 T201 西南角，开口于第②层下，打破 M40。长方形竖穴土坑墓，墓坑长 2.35、宽 0.76、深 0.15 米。填土灰褐，人骨朽尽，从随葬品规律判断头向应在南。方向 175°。随葬品 15 件，为盆 1 件，盖 1 件，罐 2 件，壶 2 件，杯 3 件，玉饰 2 件，豆 3 件，鼎 1 件（图一六二；图版九七、九八）。

M38:1　B 型盘，泥质灰陶，敞口，口沿一侧有两个小圆孔，斜腹，平底。高 3.2、口径 18、底径 8.8 厘米。

M38:2　器盖，泥质灰陶，无纽，一侧有一小圆孔。高 1.8、径 6.6 厘米。

M38:3　豆，泥质红褐陶，带盖。敛口罐形，内折平沿，中间有凹痕，折腹，高圈足上部较直，下部外撇，肩部施凹弦纹呈瓦棱状。盖为杯形纽。通高 19.6、盖高

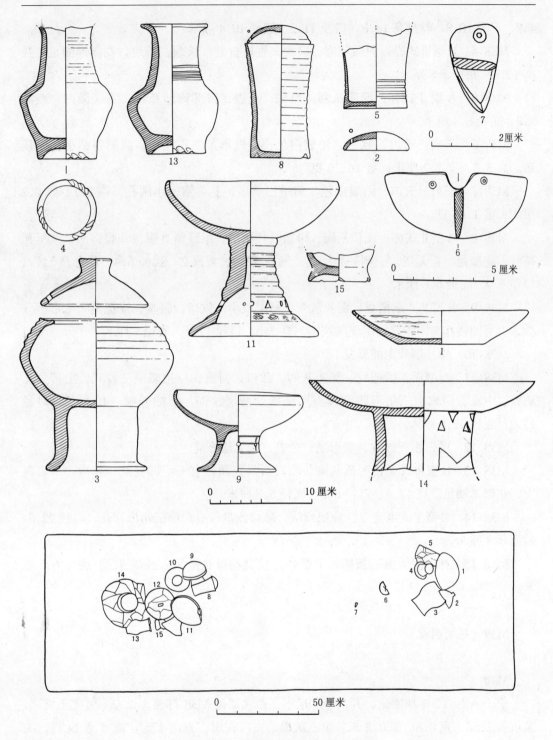

图一六二　M38 墓葬平面及随葬品图

4.8、盖径 10.8、器身高 14.8、口径 11.2、底径 10.4 厘米。

M38：4　B 型Ⅲ式壶，泥质灰陶，口残，直口折沿，长颈，折肩，花瓣形圈足。残高 12.8、底径 5.8 厘米。

M38：5　A 型Ⅱ式杯，泥质灰陶，口残，直腹，腹部饰凹弦纹，平底微凹。残高 7.8、底径 6.4 厘米。

M38：6　玉璜，透闪石软玉，沁成白色，半璧形，中孔径小，两侧各钻小孔以挂系。高 3.3、宽 7.2 厘米；重 16.26 克。

M38：7　三角形玉饰，沁成白色，扁平三角形，上端钻一小圆孔。高 2.1、厚 0.2 厘米；重 1.03 克。

M38：8　A 型Ⅱ式杯，泥质灰陶，带盖，杯敞口，束腰斜直腹，外腹饰凹弦纹呈瓦棱状，花瓣足。盖无纽，一侧一小圆孔。通高 12.9、盖高 2、盖径 6.4、器身高 11.1、口径 6.9、底径 6.8 厘米。

M38：9　A 型Ⅴ式细把豆，泥质灰陶，器形较小，敛口，斜腹，豆把呈喇叭形不分段，上有圆镂孔与阴线刻划组成的纹饰。高 7.8、口径 12.4、底径 8 厘米。

M38：10　罐，器残未能修复。

M38：11　A 型Ⅳ式细把豆，泥质灰陶，敛口，斜腹，豆把略呈三段式，上部呈瓦棱状，中段有圆窝、三角形凹窝和菱形刻划纹两层纹饰，下端外撇。高 15.2、口径 17.2、底径 12.8 厘米。

M38：12　鼎，粗泥红陶，凿形足，带盖，残无法修复。

M38：13　B 型Ⅲ式壶，泥质灰陶，直口折沿，颈部有一组凹弦纹，折肩，下腹斜直，花瓣形圈足。高 12.6、口径 6.6、底径 5.8 厘米。

M38：14　C 型Ⅰ式宽把豆，豆把残缺，敞口浅盘，豆把饰三角形镂孔。口径 22.8、残高 8.8 厘米。

M38：15　杯，泥质黑皮灰陶，上部残，仅剩花瓣状圈足。残高 3.2、底径 6.1 厘米。

**M39**（见第四章）

**M40**

位于 A 区 T201 西南角，开口于②层下，西北部被 M38 打破。长方形竖穴土坑墓，墓坑长 2.35、宽 0.8、深 0.2 米。填土灰褐，头向在南，方向 175°。随葬品 14 件，为豆 1 件、罐 5 件、杯 2 件、盆 1 件、壶 2 件、玉饰 2 件、鼎 1 件（图一六三；图版一○○～一○二）。

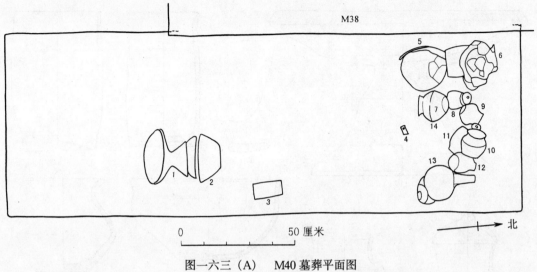

图一六三（A）　M40 墓葬平面图

M40:1　A 型Ⅲ式细把豆，泥质黑皮红陶，敛口，斜腹，豆把略成三段式，上段退化为束颈状，第二段拉长，上有三角形镂孔与小圆点组合的纹饰。高 14.6、口径 22.4、底径 16.8 厘米。

M40:2　罐，泥质黑皮陶，敛口，颈部对称饰四个小桥形纽，纽上下各有一组凸棱，折肩，斜腹，矮圈足底。口径 7.2、高 13、底径 9.6 厘米。

M40:3　A 型Ⅳ式杯，泥质黑皮灰陶，敞口，直腹，施凹弦纹如瓦棱状，花瓣足。高 12、口径 6.4、底径 6.2 厘米。

M40:4　三角形玉饰，沁成白色，扁平三角形，上端钻一小圆孔，尖角略残。高 3.5、厚 0.2 厘米；重 1.9 克。

M40:5　罐，夹砂红陶，有牛鼻耳，带圈足，残，未能修复。

M40:6　A 型Ⅲ式盆，泥质灰陶，敞口折沿，折肩斜腹，小平底。高 10、口径 25.2、底径 10.4 厘米。

M40:7　D 型Ⅱ式罐，泥质灰陶，侈口折沿，折肩，平底。高 11.6、口径 9.4、底径 7.6 厘米。

M40:8　D 型Ⅱ式壶，泥质灰陶，侈口略残，折肩折腹，花瓣形圈足，足上有竖向划道。残高 11.8、底径 6 厘米。

M40:9　D 型Ⅱ式罐，泥质灰褐陶，侈口束颈折沿，折腹，平底。高 8.3、口径 7.2、底径 4.8 厘米。

M40:10　C 型Ⅲ式罐，泥质灰陶，侈口折沿，折肩，平底。高 11.2、口径 7.6、底径 7.2 厘米。

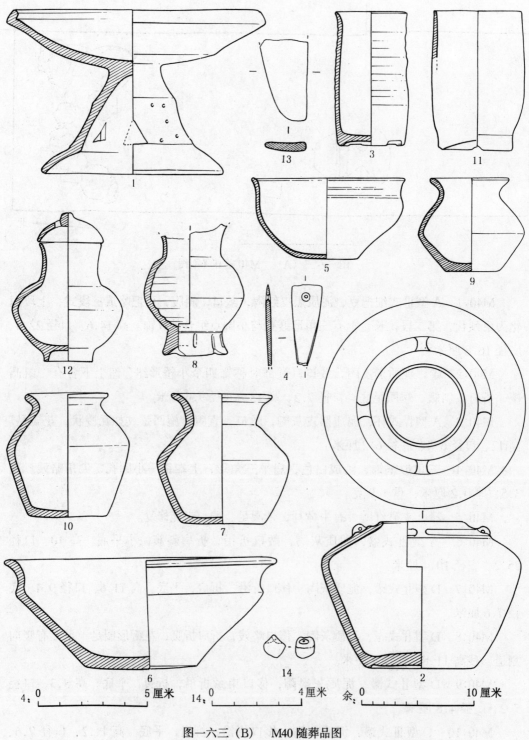

图一六三（B）　M40 随葬品图

M40：11　B型Ⅱ式杯，泥质黑皮陶，通体涂朱砂，直口束颈，鼓腹，花瓣足。高12.4、口径8、底径6.8厘米。

M40：12　B型Ⅰ式壶，泥质黑皮红褐陶，带盖，壶侈口，长颈，弧腹鼓肩，圈足底。盖为柱形小纽，一侧有一圆穿孔。通高13.8、盖高2.8、盖径6、器身高11、口径5.6、底径4.4厘米。

M40：13　鼎，粗泥红陶，鼎残，仅存宽扁鱼鳍形足。

M40：14　玉坠饰，沁为白色，略成方形，顶部有一小钻孔。高1厘米；重0.17克。

## M41

位于A区T101东南部，开口于②层下。长方形竖穴土坑墓，墓坑长2.4、宽0.92～0.98、深0.08米。填土灰褐，人骨朽尽，方向170°。随葬品6件，为鼎1件，豆1件，壶1件，石钺1件，杯2件（图一六四；图版一〇三、一〇四）。

M41：1　夹砂红褐陶鼎，残，无法修复。

M41：2　A型Ⅳ式细把豆，泥质黑皮陶，带盖。豆敛口，斜腹，豆把上端似瓦棱状，饰圆镂孔。盖为柱形纽。盖高5、盖径14、器身高17.6、口径15.6、底径12.6厘米。

M41：3　罐，泥质灰陶，侈口，折肩，斜腹，圈足底。高9、口径5.4、底径5.2厘米。

M41：4　B型Ⅱ式石钺，青灰色，斑点板岩，尾端平直，刃部略有崩损，双面钻孔。高17、孔径2厘米。

M41：5　杯，泥质灰陶，略呈桶形，直口，平底，腹部饰两道弦纹。口径5.4、高8.8、底径5厘米。

M41：6　杯，泥质灰陶，口残，略呈桶形，平底。残高5、底径3.8厘米。

## M42

位于A区T101东南部，开口于②层下，西南角被破坏。长方形竖穴土坑墓，墓坑长2.25、宽0.7～0.75、深0.11米。填土灰褐，人骨朽尽，据随葬品判断头向在南。方向180°，随葬品7件，为玉饰1件，豆2件，石钺1件，鼎2件，盆1件（图一六五；图版一〇五、一〇六）。

M42：1　舌形玉饰，沁成白色，扁平舌形，上端钻一小孔，略残。残高3.25厘米；重1.82克。

M42：2　A型Ⅳ式盅形豆，泥质黑皮红褐陶，敞口，折沿，斜腹，豆把呈喇叭形。高11.8、口径11.4、底径10厘米。

M42：3　B型Ⅲ式细把豆，泥质红陶，敛口，平沿，直折腹，豆把上部呈瓦棱状，

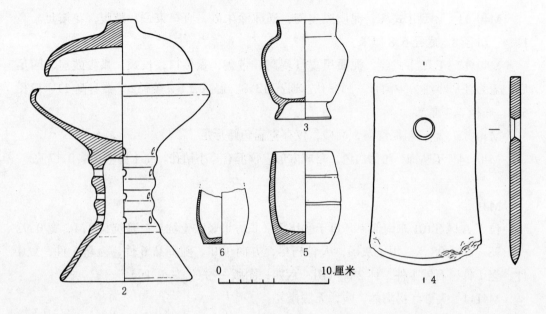

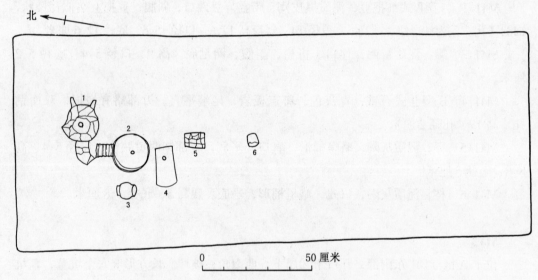

图一六四 M41 墓葬平面及随葬品图

下端呈喇叭形。高 20.4、口径 16.8、底径 13.2 厘米。

M42:4 B型Ⅱ式石钺，青灰色，流纹岩，尾端平直，双面钻孔。高 14.9、刃宽 8.3、孔径 1.6 厘米。

M42:5 鼎，粗泥红褐陶，器残，仅存凿形足。

M42:6 A型Ⅱ式盆，泥质灰陶，敞口，折沿，折肩，平底。高 7.6、口径 18、底径 7.4 厘米。

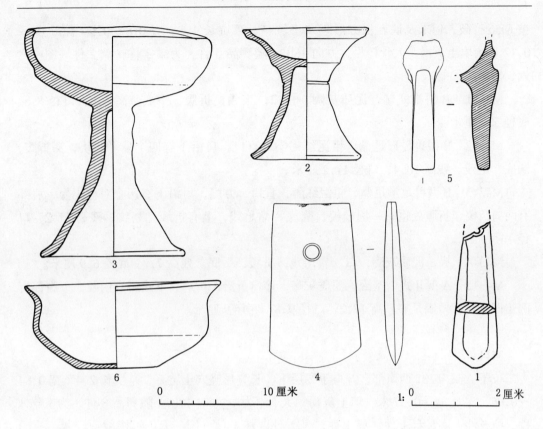

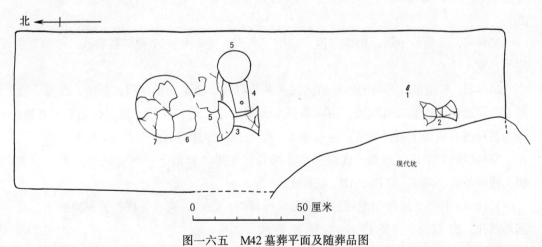

图一六五　M42 墓葬平面及随葬品图

M42:7　鼎，粗泥红陶，残，仅存凿形足。

**M43**

位于 A 区 T201 西南部，开口于②层下，东北部被 M39 打破，扰及墓底，西北部被 M36 打破，但未及底。长方形竖穴土坑墓，墓坑长 1.8、宽 0.8～0.9、深 0.04～0.12 米。填土灰褐，人骨朽尽，方向 180°。随葬品 5 件，为罐 3 件，鼎 2 件（图一六六；图版一〇七）。

M43:1　B 型Ⅲ式罐，泥质灰陶，侈口，束领，折腹，平底。高 6.8、口径 8.8、底径 5.8 厘米。

M43:2　B 型兽足形足鼎，粗泥红褐陶，直口，口沿下有四个扁平凸块，深折腹，圜底，足残。残高 10.4、口径 11.2 厘米。

M43:3　B 型兽足形足鼎，粗泥红陶，直口，方唇，口沿下有两个对称小鋬，肩部有两周凸棱，折腹处也有一周凸棱，圜底，鼎足残，上有折线刻划纹。残高 11.2、口径 16.4 厘米。

M43:4　罐，泥质灰陶，口、肩均残，折腹，平底。残高 7.7、底径 6.9 厘米。

M43:5　A 型Ⅱ式中型罐，泥质灰陶，侈口折沿，折肩，下腹斜直内收，下腹部有两组凹弦纹，矮圈足底。高 17.2、口径 9.8、底径 9 厘米。

## M44

位于 A 区 T201 西南部，开口于②层下。长方形竖穴土坑墓，墓坑长 2.4、宽 0.84～0.96、深 0.24～0.27 米。填土灰褐，人骨朽尽，方向 180°。随葬品 8 件，为玉饰 1 件，鼎 3 件，圈足盘 1 件，豆 1 件，壶 1 件，杯 1 件（图一六七；图版一〇八、一〇九）。

M44:1，三角形玉饰，沁成白色，扁平三角形，上端钻一小孔，器略残。残高 3.2 厘米；重 1.7 克。

M44:2　B 型Ⅲ式陶鱼鳍形足鼎，泥质夹炭红陶，带盖。鼎侈口，折沿，深腹，肩部有三周凸棱，内腹部有隔挡，用以承箅，鱼鳍形足，足尖外翘，足上有交叉刻划纹。盖为桥形纽，盖面上刻折线纹。盖高 6.4、盖径 18、器身高 28、口径 24 厘米。

M44:3　A 型Ⅲ式陶盘，泥质灰陶，敞口，平沿，口沿下一侧有两个小圆孔，斜腹，浅圈足底。高 7、口径 28.8、底径 12.8 厘米。

M44:4　B 型Ⅱ式陶细把豆，泥质黑皮红褐陶，敛口，平唇，折腹，豆把束颈，有圆形镂孔。高 12.4、口径 17.6、底径 12 厘米。

M44:5　A 型Ⅱ式陶壶，泥质灰陶，侈口，折沿，竖直领，折腹，浅圈足近平。高 22、口径 8.8、底径 9.2 厘米。

M44:6　A 型Ⅲ式陶杯，泥质黑皮陶，敞口，瓦棱状直腹，花瓣足。高 12.2、口径 7.6、底径 6.6 厘米。

M44:7　A 型Ⅱ式兽足形足鼎，泥质夹炭红陶，带盖，鼎侈口，深腹，圜底，外腹

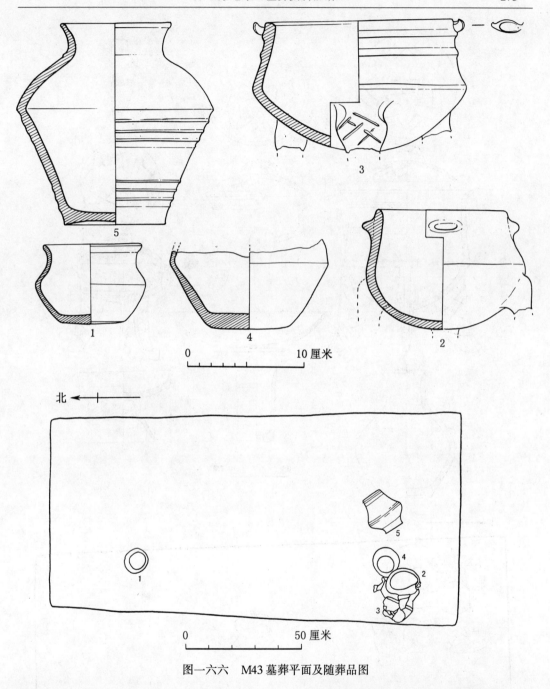

图一六六　M43 墓葬平面及随葬品图

部有两周凸棱，足如兽足形，足外侧刻交叉斜线纹。盖为桥形纽，盖面上刻划交叉斜线纹。通高 23、盖高 6.4、盖径 18、器身高 16.6、口径 17.2 厘米。

　　M44∶8　A 型Ⅱ式陶鱼鳍形足鼎，泥质夹炭红陶，带盖。鼎直口，方唇，口沿外侧有一对小錾，鱼鳍形足上刻划交叉直线纹。盖为丫形纽，盖面刻折线纹。通高 20.5、

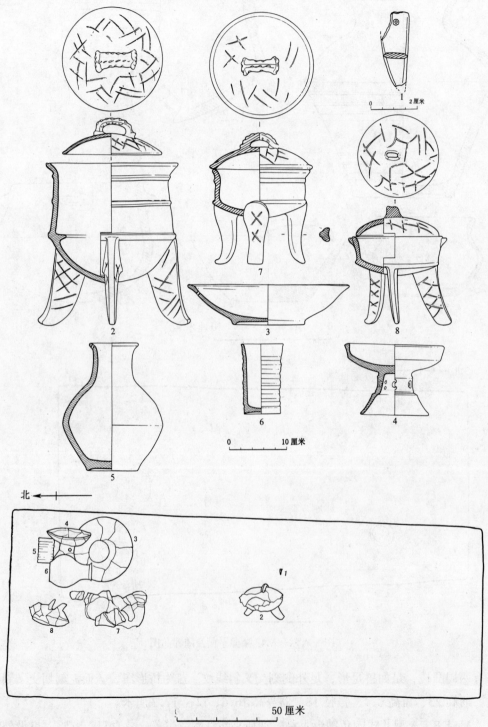

图一六七　M44 墓葬平面及随葬品图

盖高 5.1、盖径 13.8、器身高 15.4、口径 15.8 厘米。

## M45（见第五章）

## M46

位于 A 区 T201 西南扩方处，开口于②层下，西北角被 M40 打破，东北角被 M35 打破，但均未扰及墓底。长方形竖穴土坑墓，墓坑长 2.35、宽 0.76、深 0.1~0.2 米。填土灰褐，方向 175°。随葬品 19 件，为圈足盘 2 件，杯 4 件，罐 2 件，匜 1 件，豆 4 件，玉饰 2 件，鼎 2 件，盆 1 件，壶 1 件（图一六八；图版———~——三）。

M46:1　A 型Ⅲ式盘，泥质灰陶，敞口，平沿，斜腹，矮圈足底。高 8、口径 31、底径 11.6 厘米。

M46:2　杯，残，未能修复。

M46:3　罐，残，未能修复。

M46:4　B 型Ⅰ式细把豆，泥质红陶，敞口，折腹，豆把不分段，下部残，饰有圆形镂孔弧边三角组成的装饰。残高 10.8、口径 15.2 厘米。

M46:5　杯，泥质灰陶，敞口，斜腹，花瓣足。口径 5.7、高 4.8 厘米。

M46:6　C 型Ⅱ式杯，泥质黑皮红褐陶，侈口束颈，垂弧腹，假圈足凹圜底。高 11.2、口径 7.2、底径 5.6 厘米。

M46:7　梯形玉饰，沁成白色，扁平梯形，上端钻一小孔。高 1.9 厘米；重 0.59 克。

M46:8　罐，泥质灰陶，侈口，垂折腹，矮圈足底。口径 4.3、高 7.3、底径 6.1 厘米。

M46:9　豆，器残未能修复。

M46:10　A 型Ⅰ式杯，泥质灰陶，敞口，束腰，平底。高 6、口径 5.8、底径 5.2 厘米。

M46:11　A 型Ⅲ式盘，泥质灰陶，敞口，平沿，斜腹，浅圈足底。高 3、口径 13.7、底径 5.2 厘米。

M46:12　鼎，粗泥红陶，鼎残无法修复，仅存鱼鳍形足。

M46:13　鼎，粗泥红陶，鼎残无法修复，仅存盖，盖弯角状纽。盖径 20.2、高 8.5 厘米。

M46:14　Ⅰ式匜，泥质红褐陶，侈口，折沿，口沿一侧挤捏成流。弧腹，圈足底残缺。口径 12.8、残高 9.2 厘米。

M46:15　C 型Ⅱ式盆，泥质灰陶，敞口，口沿一侧有两个圆孔，斜腹，矮圈足底。高 6.2、口径 18、底径 10.8 厘米。

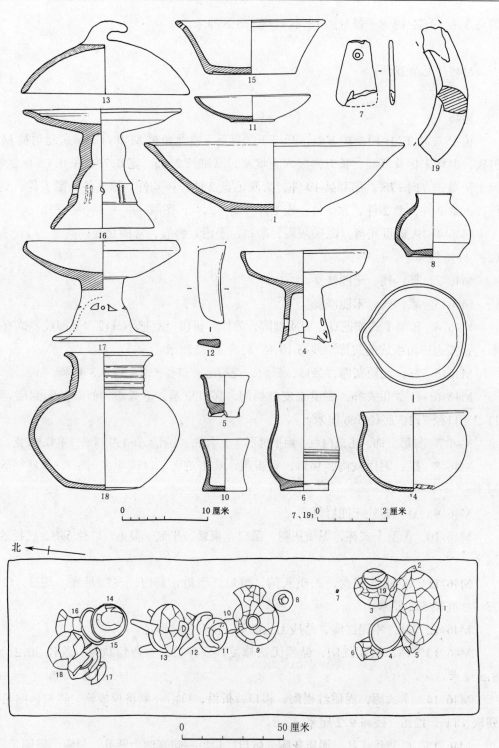

0       10 厘米

7、19：0     2 厘米

北

0      50 厘米

图一六八　M46 墓葬平面及随葬品图

M46：16　C型Ⅰ式细把豆，泥质红陶。敞口，折沿，浅盘，豆把为三段式，上段呈鼓状突棱，中段饰圆镂孔与刻划线条组成的纹饰，下段外撇如喇叭形。高 13.8、口径 19.2、底径 12.8 厘米。

M46：17　A型Ⅲ式细把豆，泥质灰陶，敛口，斜腹，豆把略呈三段式，上段退化为束颈，中段有圆形、三角形镂孔组合的纹饰。高 11.6、口径 16.4、底径 12 厘米。

M46：18　B型Ⅱ式中型罐，泥质黑陶，侈口平折沿，竖直颈饰凹弦纹，折肩折腹，平底。高 16、口径 10.4、底径 9.2 厘米。

M46：19　玉饰，沁成白色，弧条形似璜，两端均残。高 3 厘米；重 5.05 克。

**M47**

位于 A 区 T301 东南角，开口于②层下，南端被 M28 打破，北端又打破 M49。长方形竖穴土坑墓，墓坑残长 1.2、宽 0.6～0.64、深 0.08～0.1 米。填褐色黏土，人骨已朽，残存数枚牙齿，头向在北，方向 353°。随葬品 8 件，为石钺 1 件，壶 2 件，玉饰 5 件（图一六九；图版一一四、一一五）。

M47：1　石钺，青绿色泥质岩，残缺，无法修复。

M47：2　B型Ⅱ式中型罐，泥质灰陶，侈口，折沿，竖领，颈部饰凹弦纹，鼓肩斜折腹，平底。高 13.8、口径 9、底径 8 厘米。

M47：3　舌形玉饰，沁成白玉，扁平舌形，上端钻一小孔。高 3.95 厘米；重 3.71 克。

M47：4　三角形玉饰，沁成白玉，扁平三角形，中钻一小孔。高 2.65 厘米；重 0.96 克。

M47：5　玉饰，沁成白玉，扁平条形，一侧琢成齿状，上端钻一小孔，下端略残。高 2.2 厘米；重 0.73 克。

M47：6　半圆形玉饰，沁成白玉，扁平半圆形，近直边一侧钻一小孔。高 1.8、宽 2.25、厚 0.1 厘米；重 0.99 克。

M47：7　A型Ⅲ式壶，泥质灰褐陶，侈口，平折沿，长颈，广肩折腹，平底微凹。高 13.6、口径 7.6、底径 7.1 厘米。

M47：8　舌形玉饰，沁成白玉，扁平舌形，上端钻两孔，一孔残。高 2 厘米；重 1.3 克。

**M48**

位于 A 区 T101 东部，开口于②层下。长方形竖穴土坑墓，墓坑长 2.2、宽 0.7、深 0.08 米。填土灰褐，人骨已朽，存少许肢骨，头向在南，方向 180°。随葬品 13 件，为玉饰 3 件，盆 3 件，鼎 1 件，豆 1 件，器盖 1 件，罐 3 件，圈足盘 1 件（图一七〇；

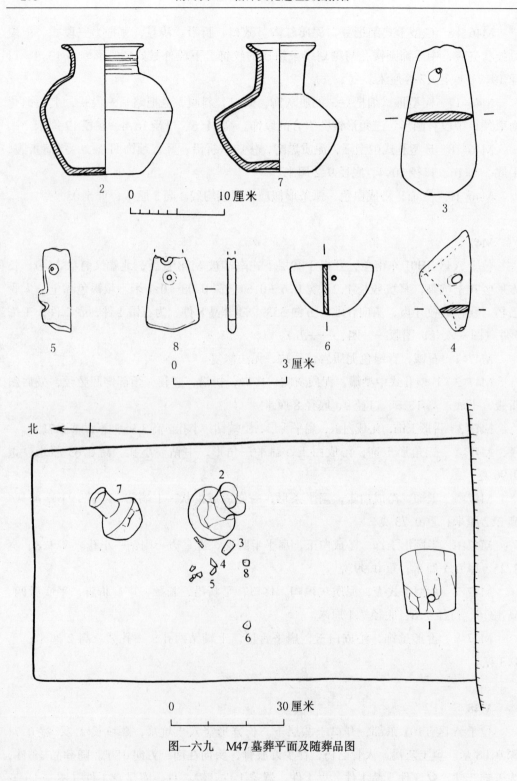

图一六九　M47墓葬平面及随葬品图

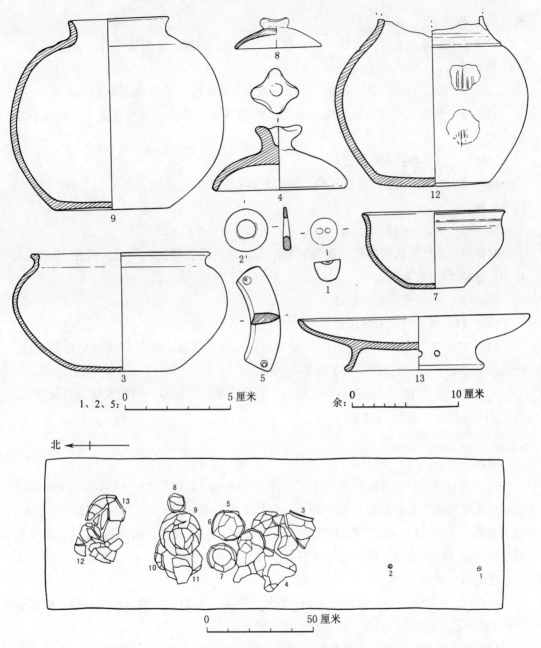

图一七〇　M48 墓葬平面及随葬品图

图版一一六、一一七）。

M48:1　半球形玉坠，沁成白色，半球珠形，平面上钻有牛鼻形隧孔。径 1.3、高 0.9 厘米；重 2.24 克。

M48:2　圆环形玉饰，沁成白色，扁平环形。外径 2、孔径 0.9、厚 0.2～0.4 厘米；重 1.79 克。

M48:3　B 型 I 式盆，泥质灰陶，侈口，束颈，弧腹，平底。高 11、口径 17.2、底径 9.2 厘米。

M48:4　鼎，粗泥红陶，带盖，鼎残。盖为花朵状纽。盖高 6、盖径 12.8 厘米。

M48:5　玉璜，沁成白色，扁平条形，两端各有一小孔。长 5、宽 1.4 厘米；重 6.55 克。

M48:6　豆，器残未能修复。

M48:7　B 型 II 式盆，泥质灰陶，侈口方唇，斜弧腹，平底。高 7.2、口径 14、底径 5.6 厘米。

M48:8　器盖，泥质黑皮陶，丫形纽。盖高 2.9、盖径 8.3 厘米。

M48:9　A 型 I 式中型罐，泥质灰陶，侈口，折沿，鼓腹，平底。口径 10.8、高 17.8、底径 10.8 厘米。

M48:10　盆，残，未能修复。

M48:11　罐，残，未能修复。

M48:12　A 型 I 式中型罐，泥质灰褐陶，口残，弧腹，腹部有接环形把的痕迹，把缺失，平底。高 16、底径 10.8 厘米。

M48:13　C 型盘，泥质灰褐陶，敞口，斜腹，平底，浅盘，豆把宽矮，有圆镂孔。高 5、口径 22.8、底径 13.4 厘米。

### M49

位于 A 区 T301 东南部，开口于②层下，分别被 M25、M28、M34 与 M47 打破，但均未扰及墓底。长方形竖穴土坑墓，墓坑长 2.45、宽 0.7～0.9、深 0.15～0.25 米。填土灰褐，人骨已朽，仅残存几枚牙齿，头向在北，方向 353°。随葬品 14 件，为圈足盘 1 件，罐 4 件，玉饰 2 件，石锛 1 件，豆 2 件，鼎 1 件，杯 2 件，甑 1 件（图一七一；图版一一八～一二〇）。

M49:1　A 型 II 式盘，泥质红褐陶，敞口，折沿，斜腹，浅圈足底。口沿、底部有 5 个小圆穿孔。高 6、口径 27.4、底径 10.8 厘米。

M49:2　A 型 II 式罐，泥质灰陶，侈口，折沿，束颈，弧腹，肩腹部有一上翘三角形小鋬，矮圈足底。高 8.6、口径 8.6、底径 5.9 厘米。

M49:3　玉饰，沁成白色，扁平圆形，一端琢小圆孔。径 2.2 厘米；重 2.57 克。

M49:4　圆环形玉饰，沁成白色，扁平环形。外径 1.35～1.4、孔径 0.5、厚 0.15 厘米；重 0.67 克。

M49:5　罐，泥质灰陶，侈口，折沿，斜腹，平底微圜。口径 8.1、高 8.1 厘米。

M49:6 Ⅱ式石锛，青灰色，变质泥质岩，扁平方形，背面略弧，单面刃，略有崩损。高 8.65、宽 2.9、厚 1.1 厘米。

M49:7 A 型 Ⅱ式盅形豆，泥质黑皮陶，侈口曲腹，外腹下部有凸棱，呈双腹状，豆把一、二节无明显分界，第二段上有凹弦纹与圆镂孔组合的三层纹饰。高 12.4、口径 11、底径 9.6 厘米。

M49:8 E 型 Ⅱ式罐，泥质黑皮灰陶，侈口，直颈，折肩，斜腹，平底略弧。高 9.4、口径 6.3 厘米。

M49:9 B 型 Ⅱ式铲形足带甑鼎（甑为 M49:14），鼎为粗泥红褐陶，侈口，宽折沿，直腹，圜底，凹铲形足中部捏合在一起。盖为 T 形纽。甑为泥质红陶，侈口，宽平沿，斜腹，腹部呈瓦棱状，下残。盖高 6、盖径 13.2、甑口径 14.8、残高 6、鼎高 12.8、口径 15 厘米。

M49:10 带把杯，泥质黑皮陶，敛口，筒形腹，有一个上翘的三角形小鋬，平底，刻叶状纹饰，呈条带状分布。高 13、口径 6.2、底径 6.4 厘米。

M49:11 A 型 Ⅱ式罐，泥质黑陶，侈口，折沿，折腹，圈足底。高 8.8、口径 8.8、底径 6.5 厘米。

M49:12 A 型 Ⅱ式细把豆，泥质黑皮灰陶，通体涂朱砂，敛口，斜折腹。豆把略呈三段式，上部呈瓦棱状，中部有圆形、三角形镂孔与刻划组成的两组纹饰，下部外撇。高 18.4、口径 20.4、底径 16 厘米。

M49:13 杯，泥质黑陶，直口，斜直腹，上腹部施两周宽凹弦纹，平底微凹。口径 9.6、高 9.6、底径 5.9 厘米。

M49:14 为 M49:9 上的甑。

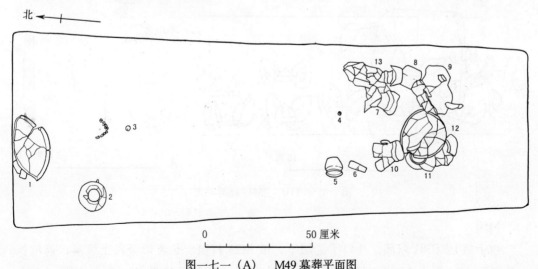

图一七一（A） M49 墓葬平面图

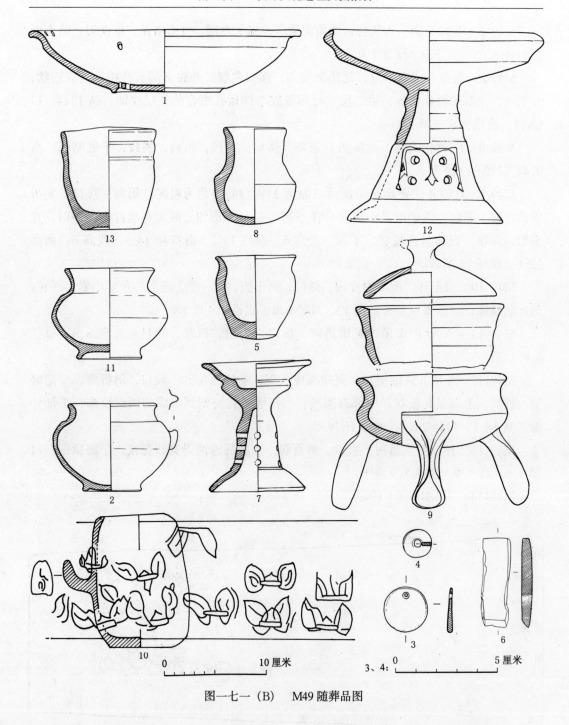

图一七一（B）　M49 随葬品图

## M50

位于 A 区 T301 东部，开口于②层下，被 M24 打破。长方形竖穴土坑墓，墓坑长
1.9、宽 0.5、深 0.25 米。填土灰褐，人骨已朽，残存牙齿数枚，头向在北，方向

360°。随葬品7件，为壶1件，罐3件，玉饰1件，豆1件，鼎1件（图一七二；图版一二一）。

M50:1　C型Ⅱ式壶，泥质黑皮灰陶，涂朱砂，带盖，壶直口，竖领，折肩，下腹斜直，花瓣足。盖无纽，扁平，内外均涂朱。通高11.6、盖高2.2、盖径9.1、器身高9.4、口径9.1、底径8.4厘米。

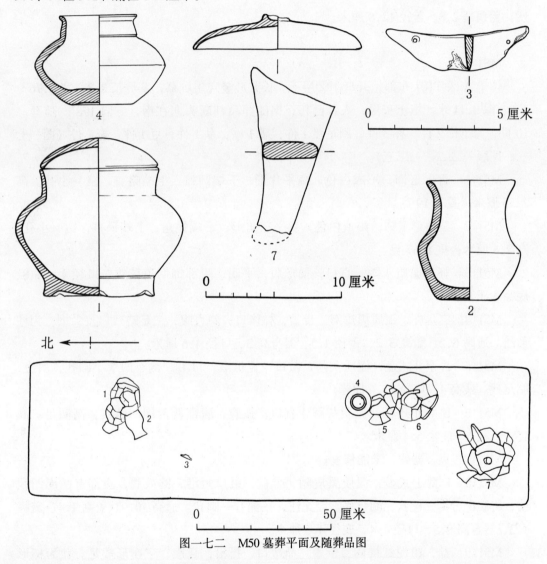

图一七二　M50墓葬平面及随葬品图

M50:2　E型Ⅲ式罐，泥质灰陶，侈口，束领，折肩，斜腹，平底微凹。高8.8、口径6.9、底径4.6厘米。

M50:3　玉璜，沁成白色，利用边料制成，窄条形，两端钻小孔。宽5.5、高1.3厘米；重3.66克。

M50:4　B型Ⅲ式罐，泥质灰褐陶，折沿，竖领，折肩，扁腹，平底微凹。高6.6、口径5.9、底径4.8厘米。

M50:5，罐，残，未能修复。

M50:6，豆，残，未能修复。

M50:7　鼎，粗泥红陶，带盖，鼎残，仅存鱼鳍形足。盖为泥质灰陶，柱形纽略残。盖残高2.8、盖径12.8厘米。

**M51**

位于A区T101东部，开口于②层下。长方形竖穴土坑墓，墓坑长2.3、宽0.76～0.9、深0.11米。填土灰褐，人骨已朽，据随葬品判断头向在南，方向178°。随葬品10件，为玉饰2件，杯3件，圈足盘1件，罐1件，鼎1件，豆1件，壶1件（图一七三；图版一二二、一二三）。

M51:1　舌形玉饰，沁成白色，扁平片形，下端圆弧，上端略直，钻一小孔。高2.55厘米；重1.19克。

M51:2　三角形玉饰，沁成白色，扁平三角形，下端锐角，上端平直，钻一小孔。高2.6厘米；重1.67克。

M51:3　杯，泥质灰陶，直口，桶形腹，平底，腹部饰两道弦纹。口径4、高8、底径4厘米。

M51:4　三足杯，泥质黑皮陶，带盖，杯侈口，斜直腹，三足略残，盖尖拱，为柱形纽。通高6.2、盖高3.2、盖径4.5、器身高3、口径4.6厘米。

M51:5　A型Ⅱ式盘，泥质灰陶，敞口，宽折沿，口沿一侧有两个小圆孔，斜腹，圈足残。残高4、口径21.6厘米。

M51:6　B型Ⅱ式杯，泥质灰陶，直口，弧腹，腹部有两周凹弦纹，高圈足。高13、口径6、底径5.4厘米。

M51:7　豆，器残，未能修复。

M51:8　F型Ⅰ式壶，泥质黑皮陶，带盖，束口短沿，圆鼓腹，腹部有两周凹弦纹，将腹部分为三棱状，圈足底。盖无纽，一侧有一圆孔。通高10.9、盖高1.4、盖径4.3、器身高9.5、口径4.4、底径4.6厘米。

M51:9　鼎，粗泥红褐陶，带盖，鼎敞口，折沿，弧腹，三楔形矮足。盖为杯形纽。通高11.2、盖高5.4、器身高5.8、口径13.2厘米。

M51:10　C型Ⅲ式罐，泥质灰陶，直口，竖领，领上一侧有一小圆孔，鼓肩，弧腹，圈足底。高12.2、口径10.8、底径10.8厘米。

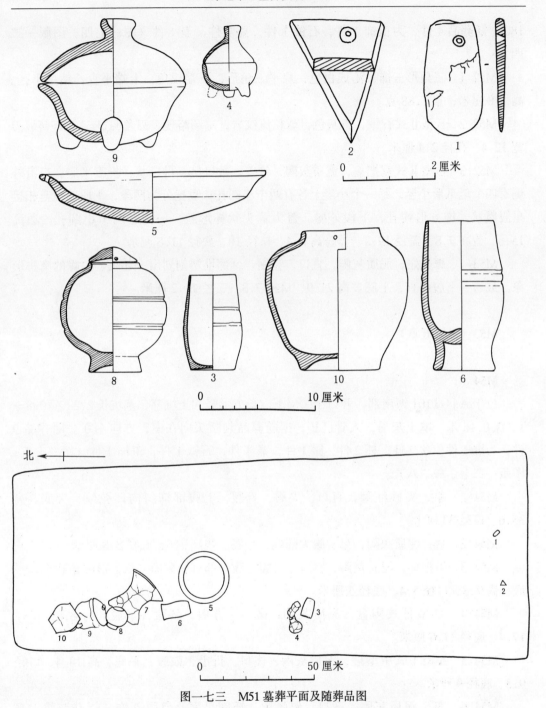

图一七三　M51 墓葬平面及随葬品图

**M52**

位于 A 区 T101 南部，开口于②层下，南端为现代坑扰乱。长方形竖穴土坑墓，墓坑残长 2、宽 0.7、深 0.12 米。填土灰褐，人骨已朽，据随葬品判断头向在南，方向

180°。随葬品 4 件，为玉饰 1 件，石钺 1 件，豆 1 件，壶 1 件（图一七四；图版一二四）。

M52:1　三角形玉饰，沁成白色，扁平三角形，下端锐角，上端平直，钻一小孔。高 1.8 厘米；重 1.88 克。

M52:2　B 型 Ⅱ 式石钺，青灰色，球粒流纹岩，尾端略残，刃角明显。高 15.6、刃宽 12.4、孔径 2.4 厘米。

M52:3　D 型 Ⅱ 式宽把豆，泥质灰陶，带盖，敞口呈子母口状，折腹平底，口沿外侧有四个龟爪形小錾，每一个小錾上各有两个小圆孔；豆把分为两段，上段与豆盘相接呈假腹状，饰方形镂孔，下段外撇。盖为蒜头状杯形纽，一侧有两个小圆孔。通高 15.6、盖高 7.8、盖径 19.2、器身高 8.4、口径 18、底径 11.6 厘米。

M52:4　鹰头壶，泥质灰陶，直口，竖领，颈部堆塑刻划出一环眼、勾喙的鹰头形象。鼓肩，下腹斜直，平底。高 21.9、口径 7.8、底径 11.2 厘米。

**M53**（见第五章）

**M54**

位于 A 区 T101 西南部，开口于②层下。长方形竖穴土坑墓，墓坑长 2.2、宽 0.8～1、深 0.16 米。填土灰褐，人骨已朽，据随葬品判断头向在南，方向 180°。随葬品 9 件，为缸 1 件，盆 2 件，杯 2 件，罐 1 件，鼎 1 件，石钺 1 件，玉饰 1 件（图一七五；图版一二七、一二八）。

M54:1　缸，夹砂红陶，直口，尖唇，直腹，上腹部饰斜向凹弦纹，尖底。高 35.6、口径 33 厘米。

M54:2　盆，泥质灰陶，口、腹大部残，平底。残高 2.6、底径 8.8 厘米。

M54:3　带把杯，泥质灰陶，直口，直腹，腹中部有一截面呈长方形的角状把，平底。高 7.8、口径 5.4、底径 5 厘米。

M54:4　C 型 Ⅲ 式陶盆，泥质灰陶，敞口，方唇，斜腹，平底。高 8.8、口径 17.4、底径 11.6 厘米。

M54:5　A 型 Ⅰ 式中型罐，泥质灰陶，侈口，折沿，鼓腹，平底。高 14.4、口径 9.3、底径 9 厘米。

M54:6　杯，泥质灰陶，敞口，斜弧腹，矮圈足底，肩腹部饰一周凸弦纹。高 5.9、口径 8.6、底径 6.6 厘米。

M54:7　鼎，粗泥红陶，残，仅存鱼鳍形鼎足，足截面呈椭圆形，两侧面上有竖向划道。

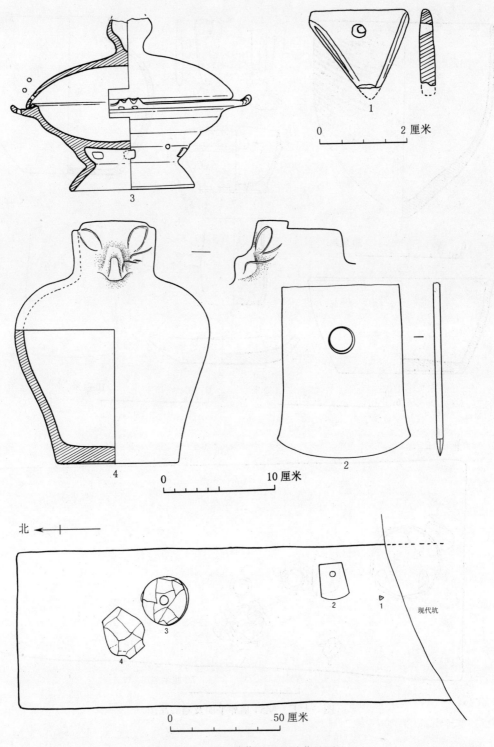

图一七四　M52 墓葬平面及随葬品图

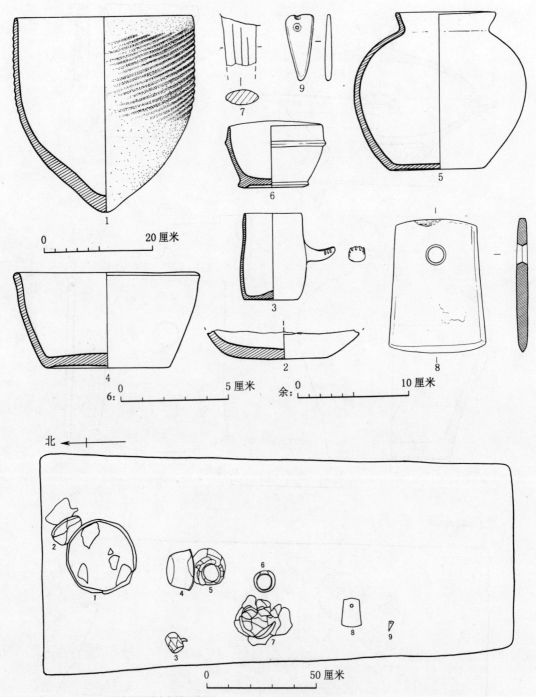

图一七五　M54 墓葬平面及随葬品图

M54:8 A型Ⅱ式石钺，青灰色，辉绿岩，尾端弧平，双面钻孔。高 12.2、刃宽 9、孔径 3.8 厘米。

M54:9，三角形玉饰，沁成白色，扁平三角形，下端锐角，上端略平，钻一孔。高 3 厘米；重 1.61 克。

**M55**

位于 A 区 T101 西南部，开口于②层下，东北部、西北部分别被 M52、M54 打破。长方形竖穴土坑墓，墓坑长 2.2、宽 0.72、深 0.08～0.12 米。填土灰褐，人骨已朽，仅存牙齿几枚，头向在南，方向 176°。随葬品 6 件，为玉饰 1 件，石钺 1 件，杯 1 件，鼎 1 件，圈足盘 1 件，罐 1 件（图一七六；图版一二九、一三〇）。

M55:1 圆柱状玉坠，黄白色玉髓，扁平圆柱形，一面钻牛鼻形隧孔。径 1.2、高 0.9 厘米；重 2.15 克。

M55:2 B型Ⅱ式石钺，青灰色，安山岩，顶端斜，弧刃，有明显刃角，两面钻孔。高 13.5、刃宽 9.4、孔径 2.1 厘米。

M55:3 B型Ⅲ式杯，泥质灰褐陶，直口略残，桶形腹，矮花瓣足。残高 6.6、底径 4.3 厘米。

M55:4 鼎，粗泥红陶，残，仅存扁凿形足。

M55:5 B型Ⅱ式矮宽把豆，泥质灰陶，直口，方唇，折腹，矮宽把略呈束腰状，有四组圆镂孔。高 7.2、口径 20、底径 12.2 厘米。

M55:6 A型Ⅱ式罐，泥质灰陶，侈口，折沿，束颈，弧腹，圈足略残。高 6、口径 6.2 厘米。

**M56**

位于 A 区 T101 南部，开口于②层下，被 M55 打破。长方形竖穴土坑墓，墓坑长 1.28、宽 0.54、深 0.1 米。填土灰褐，人骨已朽，残存多枚牙齿，头向在南，方向 178°。牙齿细小，为少儿墓。随葬品 6 件，为杯 1 件，罐 2 件，豆 1 件，盆 1 件，鼎 1 件（图一七七；图版一三一）。

M56:1 杯，泥质灰陶，束口，垂弧腹，平底微内凹；盖为弧形，口沿略残，柱形纽。盖高 2.2、直径 5、杯口径 5、高 7.2、底径 5.6 厘米。

M56:2 D型罐，泥质灰陶，侈口，折沿，束颈，腹部残，平底。口径 7.1、高 14.1、底径 6.4 厘米。

M56:3 罐，泥质灰褐陶，敛口，弧腹，圈足底。口径 9.2、高 7.2、底径 8.7 厘米。

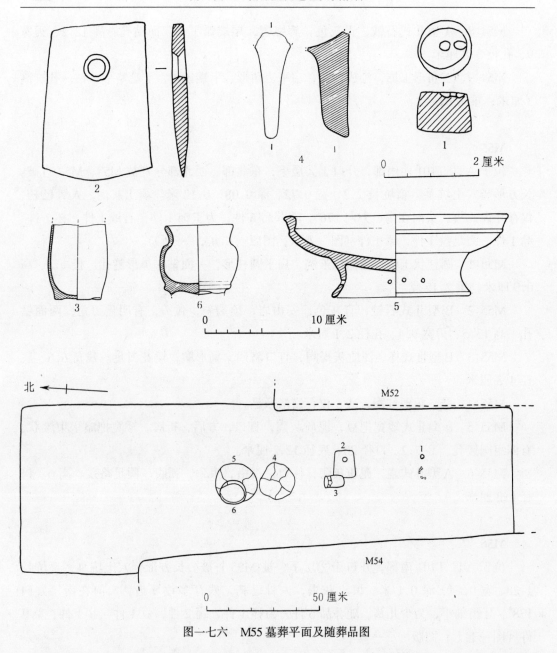

图一七六　M55 墓葬平面及随葬品图

　　M56:4　C型Ⅱ式陶宽把豆，泥质灰陶，带盖，盖为泥质黑皮陶，杯形纽。豆为敞口，斜腹，平底，豆把宽矮，呈束腰状。盖高6.6、盖径14、豆高7.3、口径15.4、底径9.6厘米。

　　M56:5　盆，残。

　　M56:6　鼎，残，无法修复。

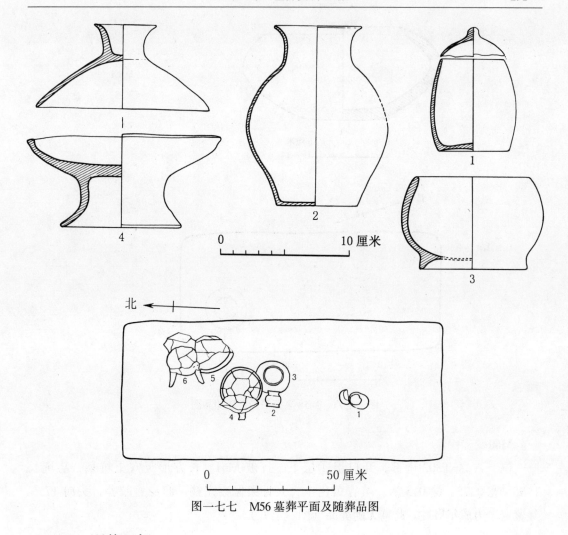

图一七七　M56 墓葬平面及随葬品图

**M57**（见第四章）

**M58**

　　位于 A 区 T301 东北部，开口于⑤层下。长方形竖穴土坑墓，墓坑长 0.85、宽 0.38、深 0.3 米。填土青褐色，人骨已朽，方向 170°。该墓墓坑短、窄，为少儿墓。仅随葬 1 件陶罐（图一七八；图版一三三）。

　　M58:1　罐，泥质灰陶，敛口，折腹，平底，器形较扁。口径 8.4、高 5.9、底径 4.3 厘米。

**M59**（见第四章）

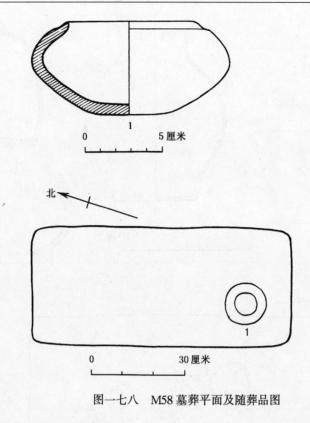

图一七八　M58墓葬平面及随葬品图

**M60**

位于A区T302南部，开口于④层下。打破M61。长方形竖穴土坑墓，墓坑长1.85、宽0.75、深0.3米。填青黄色土，人骨架保存完整，仰身直肢葬，头向175°。经鉴定，为成年男性。此墓无随葬品（图一七九）。

**M61**（见第四章）

**M62**

位于A区T201东部，开口于②层下。长方形竖穴土坑墓，墓坑长2.55、宽0.6~0.7、深0.26~0.38米。填青灰土，人骨朽尽，据随葬品判断头向在南，方向178°。随葬品15件，为杯7件，玉饰1件，罐1件，纺轮1件，匜1件，豆2件，鼎2件（图一八〇；图版一四五~一四七）。

M62:1　A型Ⅱ式杯，泥质黑皮陶，敞口，束腰，腹部施凹弦纹呈瓦棱状，花瓣足，平底。高16、口径6.8、底径6厘米。

M62:2　A型Ⅱ式杯，泥质灰陶，敞口，束腰，花瓣形底微凹。高7.2、口径5.6、

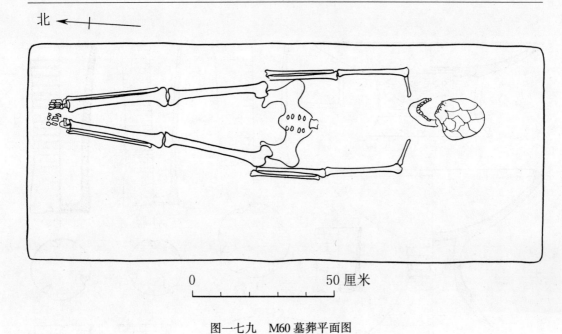

图一七九　M60 墓葬平面图

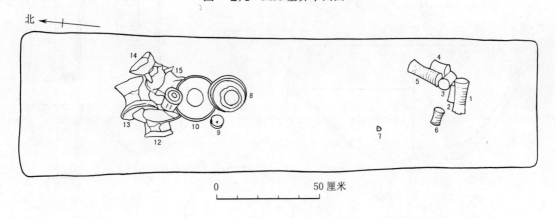

图一八〇（A）　M62 墓葬平面图

底径 4.9 厘米。

M62:3　A 型 Ⅱ 式杯，泥质红褐陶，敞口，束腰，外呈瓦棱状，花瓣形底微凹，腹部近底处刻有竖向短道。高 8.4、口径 6.5、底径 5.8 厘米。

M62:4　A 型 Ⅱ 式杯，泥质黑皮陶，敞口，束腰，瓦棱状腹，花瓣足。高 7.2、口径 5.3、底径 4.6 厘米。

M62:5　A 型 Ⅱ 式杯，泥质灰陶，敞口，束腰，瓦棱状腹，花瓣足底微凹。高 15.6、口径 6.5、底径 5.6 厘米。

M62:6　A 型 Ⅱ 式杯，泥质灰褐陶，敞口，束腰，瓦棱状腹，花瓣足。高 6.3、口径 4.6、底径 4.8 厘米。

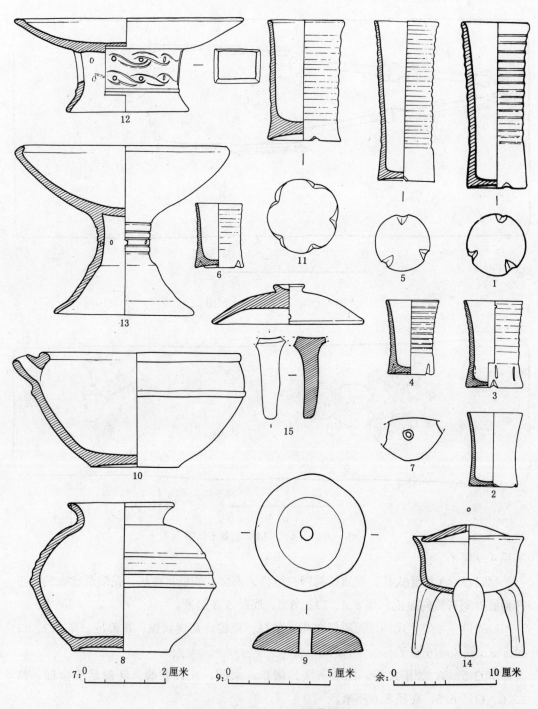

M62：7 三角形玉饰，沁成白色，扁平三角形，两角残缺，中部钻一小孔。高1厘米；重0.35克。

M62：8 A型Ⅰ式中型罐，泥质灰陶，侈口折沿，口沿处对称有两个小圆孔，鼓肩折腹，肩部饰三周凸弦纹，矮圈足底。高14.4、口径10.8、底径9.8厘米。

M62：9 Ⅱ式陶纺轮，泥质黑褐陶，扁平圆饼形。截面梯形，一面径大，一面径小。大径5.5、高1.25、小径3厘米。

M62：10 Ⅰ式匜，泥质黑皮陶，侈口，短沿，折腹，平底，上腹部有一周带竖向短线刻划的凸棱，一侧有一扁管状流。口径20.2、高11.2、底径8.5厘米。

M62：11 A型Ⅱ式杯，泥质黑皮灰陶，敞口，束腰，瓦棱状腹，花瓣足。高11.7、口径7.2、底径7.2厘米。

M62：12 C型Ⅰ式宽把豆，泥质黑皮陶，敞口，斜腹，浅盘，两段式宽矮豆把，上段较竖直，有两个大方镂孔，它们之间则饰以圆镂孔和勾连的阴线刻划纹。高9.2、口径23、底径12.8厘米。

M62：13 A型Ⅱ式细把豆，泥质黑皮灰陶，敛口，斜腹。豆把略呈三段式，第一段呈瓦棱状，有一周小圆镂孔，二、三段外撇。高16.4、口径24.8、底径14.4厘米。

M62：14 Ⅱ式兽足形足鼎，粗泥红褐陶，带盖，鼎敞口，折沿，直腹，平底，兽形足。盖顶穿一小孔，无纽。通高12.8、盖高1.7、盖径8.8、器身高11.6、口径11.3厘米。

M62：15 鼎，鼎粗泥红褐陶，鼎残，仅存足、盖。鼎为凿形足，盖为泥质黑皮陶，杯形纽。盖高4、盖径15.2厘米。

**M63**

位于A区T201东部，开口于②层下。长方形竖穴土坑墓，墓坑长2.05、宽0.7、深0.25米。填青黄色土，人骨已朽，存头骨、肋骨及一些肢骨，头向345°。随葬品11件，为壶1件，杯3件，器盖1件，罐1件，豆2件，鼎2件，陶纺轮1件（图一八一；图版一四八～一五〇）。

M63：1 塔形壶，泥质灰陶。顶柱为细长的圆柱形，柱顶为蒜头形，折沿侈口与下部不连通。顶柱上有4组凹弦纹。扁鼓腹，肩部一侧有一椭圆形上翘的大口，口沿上下各有一小圆镂孔。肩腹交接处有一周凸棱，平底。高31.7、上口径5.4、下口径9.2、底径12厘米。

M63：2 C型Ⅱ式杯，泥质黑皮陶，侈口，垂腹，花瓣足。高8.3、口径5.8、底径5.4厘米。

M63：3 C型Ⅰ式杯，泥质黑皮陶，带盖，侈口，斜直垂腹呈瓦棱状，花瓣足。盖

北

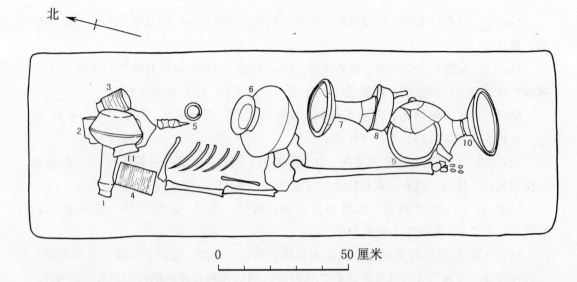

0　　　　　　　　　　　50 厘米

图一八一（A）　M63 墓葬平面图

为柱形小纽，一侧有一小圆孔。通高 14.6、盖高 2.6、盖径 6、器身高 12、口径 6.4、底径 5.6 厘米。

M63:4　A 型Ⅲ式杯，泥质灰陶，敞口，直腹呈瓦棱状，花瓣足。高 14.8、口径 10.5、底径 7.4 厘米。

M63:5　为 M63:6 罐之盖。

M63:6　Ⅰ式大型罐，泥质黑皮灰陶，带盖。罐侈口，折沿，广肩，鼓腹，浅圈足底。盖为珠形纽。通高 24、盖高 5.2、盖径 13.2、器身高 18.9、口径 14.8、底径 13 厘米。

M63:7　A 型Ⅱ式陶细把豆，泥质黑皮灰陶，敛口，斜腹。豆把三段式，中段以圆形、三角形镂孔与刻划纹组成的一圈纹饰。高 17.2、口径 20.2、底径 14.6 厘米。

M63:8　带盖鼎，粗泥红褐陶。鼎直口，折沿，折腹，圜底，扁铲形足外撇。盖为桥形纽。通高 23.2、盖高 8、盖径 14.6、器身高 15.2、口径 14 厘米。

M63:9　Ⅱ式兽足形足鼎，粗泥红褐陶，带盖，鼎侈口，折沿，折腹，圜底，兽形足，足外侧有交叉刻划纹。盖为桥形纽。通高 21.3、盖高 7.7、盖径 19.8、器身高 13.6、口径 19.4 厘米。

M63:10　A 型Ⅱ式细把豆，泥质黑皮灰陶，敛口，斜腹。豆把为三段式，上段中间略鼓，凸出部分有圆形、三角形镂孔组成的连续图案；第二段饰有斜向圆形、三角形镂孔与刻划纹组合的纹饰。高 18.8、口径 22、底径 14.8 厘米。

M63:11　Ⅱ式陶纺轮，泥质红衣红陶。截面梯形，一面径大，一面径小。径大的面上刻划由 3 个叶状三角组合的连续纹饰。大径 5.5、高 1.7、小径 3.4 厘米。

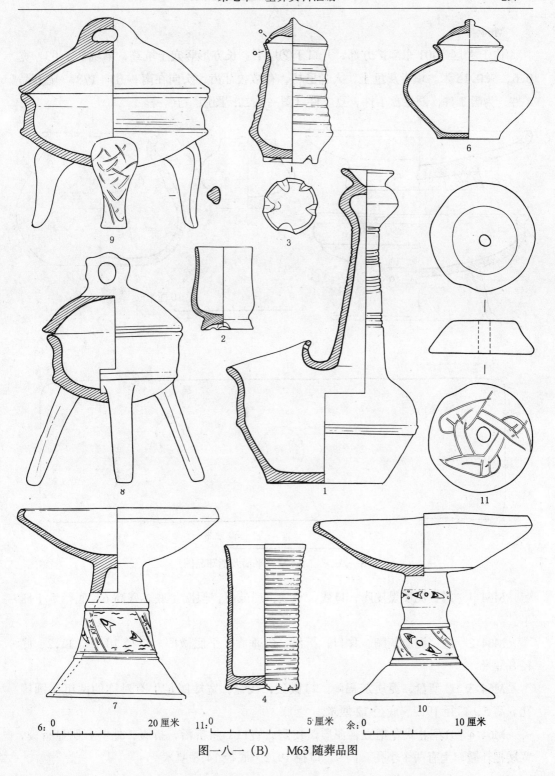

6: 0 ⊢━━━━━━┥ 20 厘米　　11: 0 ⊢━━━━━━┥ 5 厘米　　余: 0 ⊢━━━━━━┥ 10 厘米

图一八一（B）　M63 随葬品图

## M64

位于 A 区 T401 东部扩方部，开口于②层下。长方形竖穴土坑墓，墓坑长 2.03、宽 0.6、深 0.15 米。填青灰色土，人骨已朽，存数枚牙齿，头向在南，方向 178°。随葬品 4 件，为罐 2 件，圈足盘 1 件，豆 1 件（图一八二；图版一五一）。

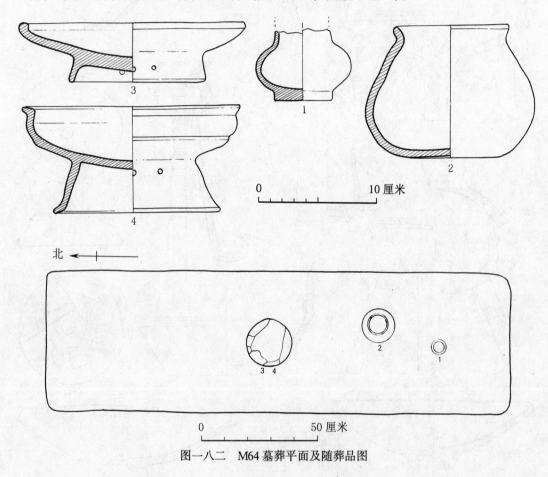

图一八二　M64 墓葬平面及随葬品图

M64:1　罐，泥质黑皮陶，口残，竖领，扁鼓腹，假圈足底。残高 6、底径 5.1 厘米。

M64:2　罐，泥质灰陶，侈口，折沿，斜垂腹，平底微凹。口径 10、高 11.2、底径 8 厘米。

M64:3　C 型盘，泥质灰褐陶，口微敛，浅盘，宽矮圈足上有对称的两组小圆镂孔。高 5、口径 19.2、底径 12 厘米。

M64:4　B 型Ⅱ式宽把豆，泥质黑皮陶，直口，斜折沿，折腹，外壁有明显折棱，宽矮把外撇，上有两个小孔。高 9、口径 19.2、底径 14.8 厘米。

**M65**

位于 A 区 T402 的中西部，开口于③层下。长方形竖穴土坑墓，墓坑长 2.05、宽 0.62～0.7、深 0.19 米。填黄灰色土，人骨架保存较完整，仰身直肢葬，头向 175°。经鉴定，该墓主齿龄为 25～30 岁，性别不明。随葬品 2 件，为豆 1 件，罐 1 件（图一八三；图版一五二）。

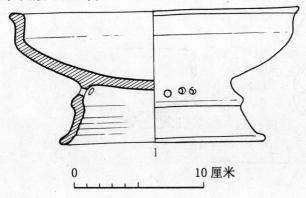

0　　　　　　　　10 厘米

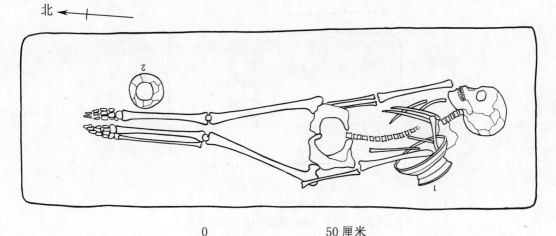

0　　　　　　　　50 厘米

图一八三　M65 墓葬平面及随葬品图

M65：1　B 型Ⅰ式宽把豆，泥质灰陶，直口，宽平沿，沿上刺 4 组圆圈纹，折腹，豆把宽矮外撇，中部起折，上有 4 组圆形镂孔。高 10.4、口径 23.2、底径 16.3 厘米。

M65：2　罐，器残未能修复。

**M66**

位于 A 区 T201 东北部，开口于②层下。长方形竖穴土坑墓，墓坑长 0.75、宽 0.4～0.44、深 0.06 米。填土灰黄，人骨已朽，存少量牙齿，头向在北，方向 360°。随葬

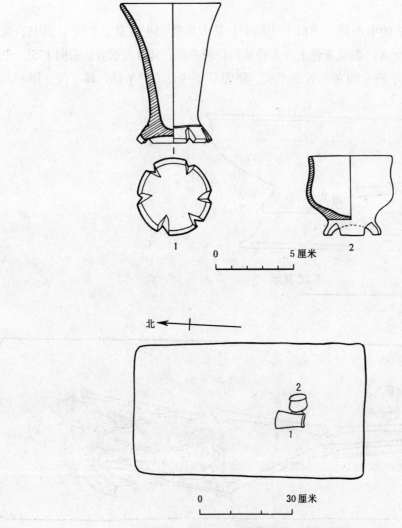

图一八四　M66墓葬平面及随葬品图

品2件，为杯2件（图一八四；图版一五二）。

M66:1　杯，泥质黑皮陶，敞口，斜腹，花瓣足底较大。口径6.6、高9、底径5厘米。

M66:2　杯，泥质灰陶，侈口，束颈，弧腹，花瓣圈足。口径5.5、高5.5、底径3.7厘米。

## M67

位于A区T301东北角，开口于④层下。长方形竖穴土坑墓，墓坑长1.75、宽0.45、深0.35米。填土灰褐，人骨已朽，仅存下肢骨，头向南，方向175°。经鉴定，

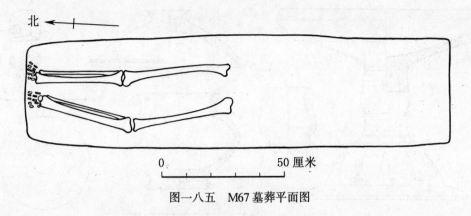

图一八五 M67墓葬平面图

墓主为成年人，性别不明。此墓无任何随葬品（图一八五）。

### M68

位于 A 区 T201 西南部，开口于②层下，被 M23、M36、M43、M44 叠压或打破，打破 M94。长方形竖穴土坑墓，墓坑长 2、宽 0.7、深 0.4 米。填土灰黄，人骨已朽，存牙齿与肢骨，头向 350°。随葬品 19 件，为豆 2 件，石钺 2 件，盆 1 件，甗 1 件，鼎 1 件，砺石 1 件，石凿 3 件，石锛 2 件，罐 1 件，器座 1 件，杯 1 件，骨匕 1 件，兽牙 1 组，玉珠 1 个（图一八六；图版一五三~一五五）。

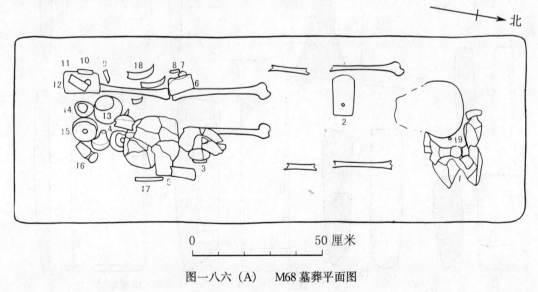

图一八六（A） M68墓葬平面图

M68:1 A 型 I 式细把豆，泥质黑皮陶，敛口，折腹。豆把为三段式，上段中间凸起如算珠状，上下饰弦纹；第二段作阶梯状外扩，饰圆形、三角形镂孔组成的图案装饰。高 18、口径 20.1、底径 16.4 厘米。

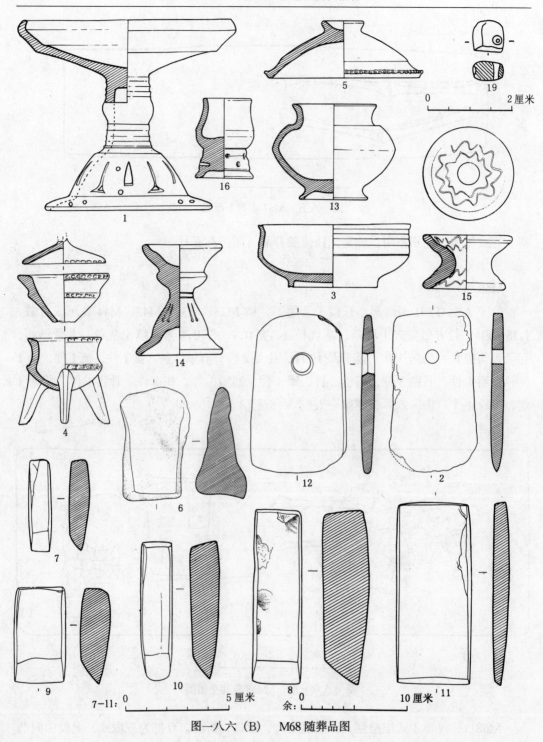

图一八六（B）    M68 随葬品图

M68:2　玉钺，灰白色，隐见绿质，为叶蛇纹石，受沁严重，表面有剥蚀。尾端平直，圆弧形刃，单面管钻成孔。高 15.2、刃宽 8.5、孔径 1.3 厘米；重 110.96 克。

M68:3　B型Ⅱ式盆，泥质灰陶，侈口，方唇，肩部有凹弦纹呈瓦棱状，折腹，矮圈足底。高 6、口径 14.8、底径 8.6 厘米。

M68:4　Ⅰ式带甑鼎，鱼鳍形带甑鼎，泥质红衣红陶，与甑组合成套，带盖。鼎侈口，束颈，口沿外侧呈锯齿状花边，腹部也有一花边凸棱，鱼鳍形足；甑侈口，宽平沿，沿上饰两周凹弦纹，口沿外侧呈花边，在斜折腹处有花边形凸棱，底为一圆形大孔；盖柱形纽，略残。通高 13.6、盖残高 2.4、盖径 8、甑高 4.6、口径 8.8、鼎高 8.2、口径 7.2 厘米。

M68:5　鼎，粗泥红褐陶，残，仅存泥质红陶鼎盖，盖杯形纽，盖面施红衣，边缘装饰一周花边凸棱。盖高 5.4、盖径 14.6 厘米。

M68:6　砺石，黄褐色，细粒石英岩屑岩，平面近长方形，截面近三角形，有磨砺痕迹。长 10.5、宽 6.8、厚 1.2～5 厘米。

M68:7　Ⅰ式石凿，青灰色，板岩，长条形，一面平直，一面略弧，单面锋，直刃，上端略厚，下端略薄。高 4.3、宽 1.1、厚 0.9 厘米。

M68:8　Ⅰ式石凿，青灰色，板岩，长条形，平直的一面留有打坯痕迹未磨平，另一面略弧，单面锋。高 8.2、宽 2.1、厚 2.25 厘米。

M68:9　Ⅰ式石凿，青灰色，板岩，宽条形，正面平直，背面略弧，上厚下薄，单面锋。高 4.5、宽 2.5、厚 1.5 厘米。

M68:10　Ⅱ式石凿，青灰色，泥质硅质岩，长条形，一面平直，一面略弧，上厚下薄，单面锋。高 6.5、宽 1.5、厚 1.5 厘米。

M68:11　Ⅱ式石锛，青灰色，斑点斑岩，宽扁条形，正面平直，背面略弧，单面锋。高 8.7、宽 3.6、厚 0.8 厘米。

M68:12　A型Ⅱ式石钺，青灰色，千枚岩，尾端略平，弧刃略残，两面管钻成孔。高 15、宽 9.3、孔径 2.1 厘米。

M68:13　A型Ⅱ式罐，泥质黑皮灰陶，侈口，卷沿，鼓肩折腹，圈足外撇。高 9、口径 8.1、底径 6.6 厘米。

M68:14　A型Ⅱ式盅形豆，泥质红褐陶，侈口曲腹，外壁呈双腹状，内壁为单腹。豆把略呈二段式，上段饰圆窝与竖直短线组合的纹饰。高 10.4、口径 7.7、底径 8.3 厘米。

M68:15　Ⅱ式器座，粗泥红衣红陶，呈滑轮状，束腰，中空。内壁上下两侧有两组刻划折线纹。高 5.1、直径 8.7 厘米。

M68:16　D型Ⅲ式杯，泥质灰陶，侈口，斜折腹，圈足上部实心，有上下两组交叉的圆镂孔。高 7.6、口径 4.5、底径 5.7 厘米。

M68：17　骨匕，器残未能修复。

M68：18　兽牙，一组 3 枚，为野猪獠牙，无加工痕迹，器残未能修复。

M68：19　扁珠形玉坠，沁成白色，对钻一小孔。高 0.75 厘米；重 0.43 克。

**M69**

位于 A 区 T201 方东北角，开口于④层下。长方形竖穴土坑墓，墓坑长 2.12、宽 0.58、深 0.25 米。填土灰黄，有棺椁痕迹，人骨架保存较好，存头骨、肢骨及少量肋骨、宽骨，仰身直肢葬，头向 345°。经鉴定，墓主年龄为 18 岁左右，性别不明。随葬品 4 件，为杯 1 件，豆 1 件，罐 1 件，鼎 1 件（图一八七；图版一五六）。

M69：1　C 型Ⅰ式杯，泥质黑皮陶，侈口，腹下垂，花瓣足，足上有三角形刻道。高 10.8、口径 7、底径 6.2 厘米。

M69：2　A 型Ⅱ式细把豆，泥质黑皮灰陶，敛口，斜弧腹。豆把顶端束颈，下略残。高约 18、口径 19、底径 16 厘米。

M69：3　A 型Ⅰ式中型罐，泥质灰褐陶，侈口，折沿，束颈，折腹，折腹处有一周凸棱，矮圈足底。高 14.2、口径 12、底径 9.6 厘米。

M69：4　A 型Ⅰ式鱼鳍形足鼎，粗泥红褐陶，带盖。鼎敞口，折沿，斜腹，平底，鱼鳍形足。盖浅杯形纽。通高 17.4、盖高 5.2、盖径 13.2、器身高 12.2、口径 13.8 厘米。

**M70**（见第四章）

**M71**（见第四章）

**M72**

位于 A 区 T201 西北部，开口于④层下。打破 M77。长方形竖穴土坑墓，墓坑长 1.85、宽 0.5～0.58、深 0.21～0.24 米。填土灰褐，骨架保存较好，仰身直肢葬，头向 175°。经鉴定，墓主为年龄大于 25 岁的成年男性。此墓无随葬器物出土（图一八八；图版一五七，3）。

**M73**（见第四章）

**M74**

位于 A 区 T201 西北部，开口于④层下，打破 M77、M82。长方形竖穴土坑墓，墓

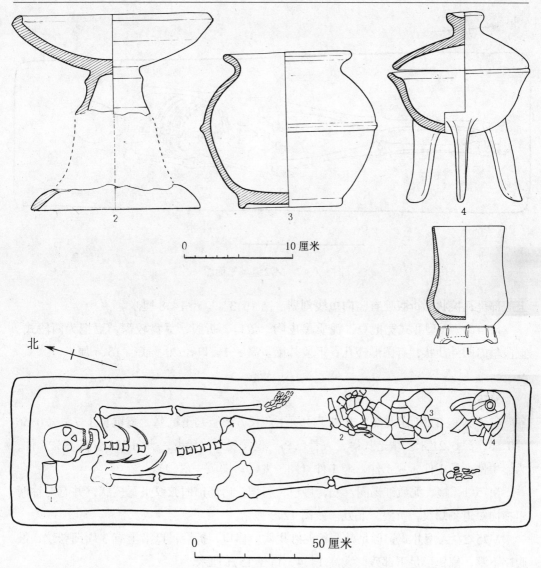

图一八七　M69 墓葬平面及随葬品图

坑坑口长 2.35、坑底长 2.28、宽 0.46、深 0.28～0.3 米。填土灰褐，人骨架保存完整，仰身直肢葬，头向 350°。经鉴定，墓主齿龄为 25～30 岁，性别不明。随葬品 4 件，为壶 1 件，石凿 1 件，鼎 1 件，豆 1 件（图一八九；图版一五九）。

M74:1　壶，泥质黑皮灰陶，侈口，折沿，斜垂腹，上腹部呈瓦棱状，矮圈足底。高 8.5、口径 5.6、底径 6.7 厘米。

M74:2　Ⅰ式石凿，青灰色，流纹岩，长条形，一面平，一面略弧，上端宽厚，下端略窄薄，单面锋，直刃。高 5.2、宽 1.6、厚 1.4 厘米。

M74:3　A 型Ⅲ式铲形足鼎，粗泥红褐陶，侈口，折沿，深折腹，圜底，铲形足，

北 ←

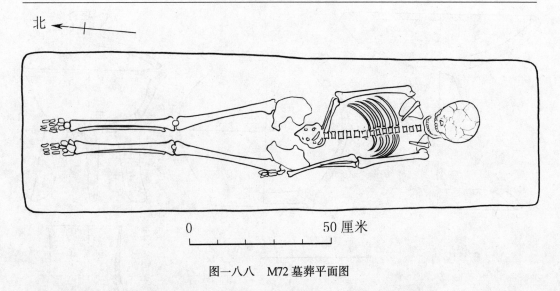

0　　　　　　　　　50 厘米

图一八八　M72 墓葬平面图

上腹部呈瓦棱状，折腹处有竖向短线刻划。高 16.3、口径 14.8 厘米。

M74:4　A 型 II 式宽把豆，泥质黑皮陶，敛口，折腹，豆盘较深，豆把为两段式，上段呈内凹外凸状，有圆形镂孔；下段外撇。高 8.1、口径 20、底径 15.4 厘米。

**M75**

位于 A 区 T201 东北部，开口于④层下。长方形竖穴土坑墓，墓坑长 1.7、宽 0.56~0.58、深 0.21 米。填土灰褐，人骨已朽，仅发现几枚牙齿，头向 355°。随葬品 4 件，为罐 1 件，鼎 1 件，豆 1 件，壶 1 件（图一九〇；图版一六〇）。

M75:1　罐，泥质红褐陶，残，侈口，斜领，肩部饰凹弦纹呈瓦棱状，并有对称两组横向短道刻划纹，折腹，底残。残高 12.3 厘米。

M75:2　A 型 II 式铲形足鼎，粗泥红褐陶，侈口，折沿，口沿上有 3 周凹弦纹，鼓腹略下垂，扁铲形足下部残。残高 14.4、口径 15.1 厘米。

M75:3　A 型 III 式细把豆，泥质黑皮陶，敛口，斜腹，豆把为三段式，上段较短，中段饰有两组圆形凹窝与"H"形凹窝组成的纹饰。高 13.2、口径 22.8、底径 15.6 厘米。

M75:4　C 型 I 式壶，泥质黑皮灰陶，带盖，壶直口，斜领，折腹，矮圈足。盖为丫形变体简化鸟形纽，一侧有一小圆孔。通高 10.8、盖高 3.1、盖径 6、器身高 7.7、口径 5、底径 5.5 厘米。

**M76**

位于 A 区 T402 中部，开口于④层下，打破 G1。长方形竖穴土坑墓，墓坑长 1.6、

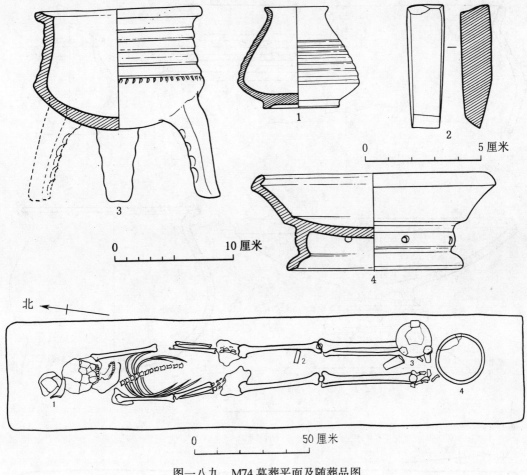

图一八九　M74 墓葬平面及随葬品图

宽 0.46～0.52、深 0.3 米。填土为夹草木灰的黑土，人骨架保存较好，仰身直肢葬，头向 175°。经鉴定，墓主年龄约 13 岁，性别不明。随葬品仅 1 件陶杯（图一九一；图版一六一）。

M76:1　B 型 I 式杯，泥质黑皮灰陶，敛口，深弧腹，上腹部饰凹弦纹呈瓦棱状，其间有上下两组共 6 个桥形小耳，杯下部内收，花瓣足。高 15.6、口径 6.1、底径 6 厘米。

**M77**

位于 A 区 T202 西南部，开口于④层下，被 M72、M74 打破，又打破 M82。长方形竖穴土坑墓，墓坑长 1.9、宽 0.5、深 0.36～0.43 米。填土灰褐，人骨架保存较好，墓主侧身直肢葬，头向 170°。经鉴定，墓主齿龄为 40～50 岁的成年男性。另外，在墓主下肢部位随葬一个人头骨，据鉴定，年龄约 13 岁，性别不明。此墓无随葬器物出土（图一九二；图版一五七，4）。

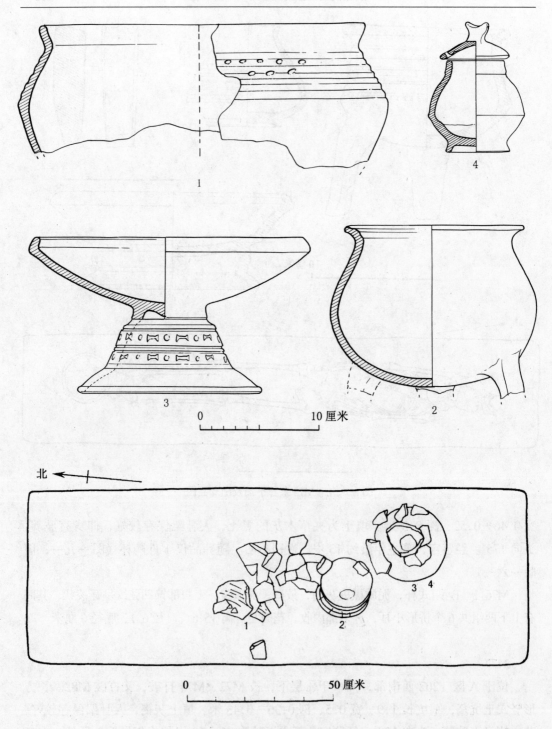

图一九〇　M75 墓葬平面及随葬品图

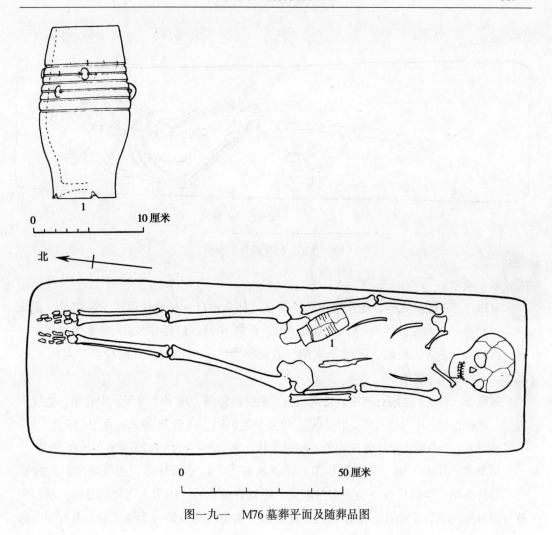

图一九一　M76墓葬平面及随葬品图

**M78**

位于A区T401东部，开口于②层下，打破土台。长方形竖穴土坑墓，墓坑长
2.05、宽0.7、深0.28～0.31米。填土为夹有黄褐土的青灰色黏土，底部偏黄。人骨
已朽，仅见头骨，头向180°。经鉴定，墓主年龄约14～16岁，性别不明。随葬品16
件，为豆2件，罐3件，杯2件，纺轮1件，玉器5件，壶1件，甗1件，鼎1件（图
一九三、一九四；图版一六二～一六五）。

M78:1　B型Ⅱ式细把豆，泥质灰陶，直口，方唇，斜腹，豆把略呈三段式，第
一、二段饰有圆形与三角形组合的纹饰，下段外撇。高12.8、口径15.4、底径10.6厘
米。

M78:2　罐，泥质灰褐陶，带盖，盖为泥质灰陶。罐敛口，短斜领，鼓肩，扁折腹
处有一周凸棱，平底。盖扁平，柱形纽。盖高2.7、盖径11.2、器身高10.6、口径9、

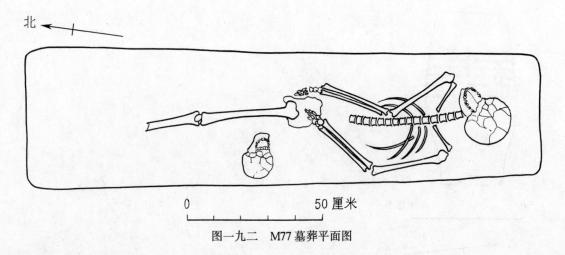

图一九二　M77 墓葬平面图

底径 8.8 厘米。

M78:3　A 型Ⅲ式杯，泥质黑皮陶，带盖，杯为敞口，瓦棱状筒腹，花瓣足。盖无纽，一侧有一小圆孔。盖高 11.4、盖径 5.2、杯高 10.5、口径 6.8、底径 6.3 厘米。

M78:4　Ⅱ式陶纺轮，泥质灰褐陶。截面梯形，一面径大，一面径小。大径 4.6、高 1.4、小径 3.3 厘米。

M78:5　玉璜，透闪石软玉，沁成白色，夹黑色沁斑，扁平半璧形，中孔小，边缘不圆整，两端各钻一小孔以挂系，出于墓主颈部。宽 5.85、高 2.75 厘米；重 10.37 克。

M78:6　三角形玉饰，沁成白色，扁平片状，钻一小孔。高 1.25 厘米；重 0.62 克。

M78:7　分体玉镯，透闪石软玉，沁成灰白色。扁平圆环形，内缘略厚，外缘扁薄。分解为两个半圆形，一边为自然断面，不甚齐整；另一边为人为切割分解，断面平整，分解处两端各钻小孔，用以系缚。此器出于墓主腕部位置，为镯无疑。外径 9、内径 5.2 厘米；重 47.94 克。

M78:8　D 型Ⅰ式壶，泥质黑皮灰陶，侈口折沿，斜领，折肩，扁鼓腹，腹部呈瓦棱状，较高的花瓣形圈足，有竖向短线装饰。高 7.2、口径 5.2、底径 5.1 厘米。

M78:9　C 型Ⅰ式宽把豆，泥质红褐陶，敞口，浅盘，豆把无明显分段，上部较直，有大方镂孔。高 9.6、口径 18、底径 11.2 厘米。

M78:10　甗，粗泥灰褐陶，带盖。敞口，斜腹束腰，束腰处内腹有一凸棱用以承箅。下为扁鼓腹，铲形足，外侧刻划纹饰。盖为桥形纽。通高 27、盖高 7、盖径 13.8、器身高 20、口径 14 厘米。

M78:11　A 型Ⅱ式小型罐，泥质灰陶，带盖，盖为泥质黑皮陶，罐侈口，折沿，束颈，扁折腹，矮圈足底。盖为杯形纽。通高 11、盖高 4.4、盖径 12、器身高 8.2、口径 10、底径 7.3 厘米。

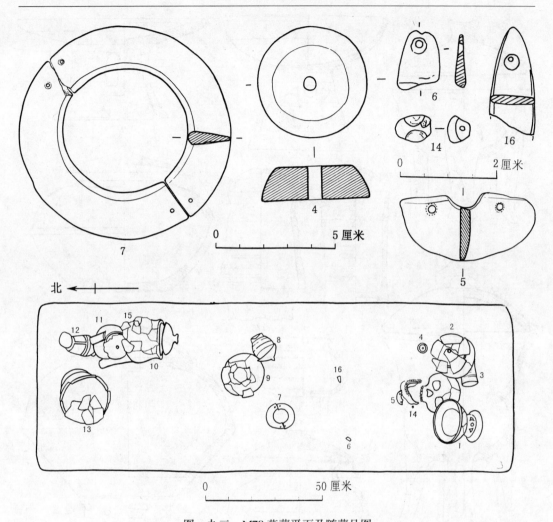

图一九三　M78 墓葬平面及随葬品图

M78∶12　C 型Ⅰ式杯，泥质灰陶，带盖，杯侈口，折沿，瓦棱状斜垂腹，下部折收，花瓣足。盖无纽，圆拱形，顶上等距排列 3 小孔。通高 14.4、盖高 2.4、盖径 6.4、器身高 12、口径 7、底径 6.2 厘米。

M78∶13　圈足罐，泥质黑皮红褐陶，带盖，罐敛口，口沿外有四个凸起的小耳，鼓肩折腹，折棱明显，圈足为两段式，上段略直有方形、圆形互相间隔的镂孔，下段外撇。盖无纽。通高 20.6、盖高 3、盖径 11.2、器身高 17.6、口径 10、底径 11.2 厘米。

M78∶14　蘑菇形玉坠，沁成白色，扁把上对钻隧孔。高 0.5 厘米；重 0.29 克。

M78∶15　A 型Ⅰ式兽足形足鼎，粗泥红褐陶，带盖，盖为泥质灰陶。鼎敞口，折沿，束颈，斜腹，圜底，鼎足上端为圆弧形关节状，下端向外弧撇，足尖做成动物爪形，外侧饰交叉斜线纹。盖为丫形变体鸟纽。通高 18、盖高 5.2、盖径 12.8、器身高

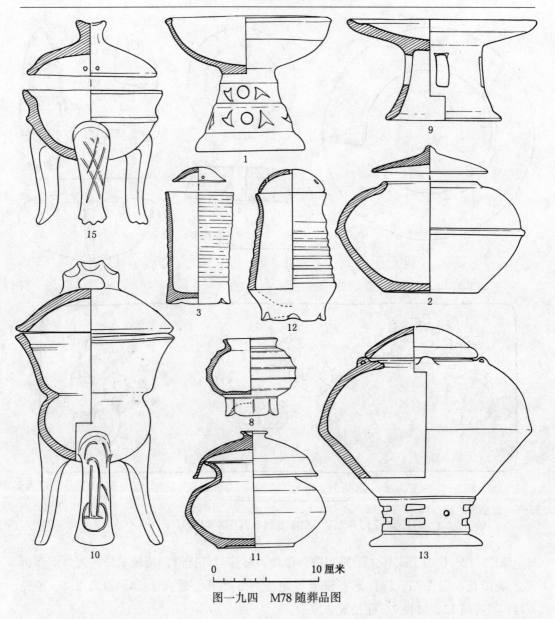

图一九四　M78 随葬品图

12.8、口径 13.3 厘米。

　　M78:16　三角形玉饰，沁成白色，扁平三角形，上端钻小孔。高 2.3 厘米；重 0.62 克。


**M79**

位于 A 区 T302 东南隔梁处，开口于④层下，打破祭台。长方形竖穴土坑墓，墓坑长 1.7、宽 0.4、深 0.1~0.15 米。填土灰褐，清理时仅见下肢骨，仰身直肢葬，头向

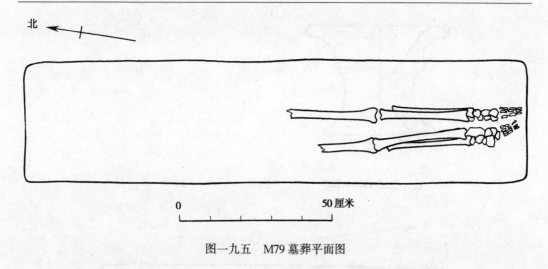

图一九五　　M79 墓葬平面图

340°。此墓无随葬器物，从骨架情况判断，可能为非正常死亡（图一九五）。

**M80**

位于 A 区 T302 东南隔梁处，开口于④层下。长方形竖穴土坑墓，墓坑长 0.95、宽 0.4、深 0.16 米。填灰黑色土，人骨已朽，残存个别牙齿，头向在北，方向 355°。随葬品仅 1 件小陶豆（图一九六；图版一六一）。

M80：1　B 型Ⅳ式盅形豆，泥质红褐陶，敞口，斜腹，折沿，豆把呈喇叭形。高 5.8、口径 7.6、底径 6.1 厘米。

**M81**

位于 A 区 T301 北部，开口于⑤层下。长方形竖穴土坑墓，墓坑长 2.65、宽 0.82～0.9、深 0.38 米。填土灰色，含红烧土颗粒，人骨架保存较好，仰身直肢葬，头向 355°。经鉴定，墓主为 35～40 岁的成年男性。随葬品 34 件，为罐 14 件，豆 3 件，杯 3 件，玉饰 2 件，石锛 3 件，鼎 1 件，骨器 8 件（图一九七、一九八；图版一六六～一七〇）。

M81：1　罐，泥质红衣红陶，侈口，折沿，束颈，折腹，折腹处有一周凸棱，棱上上刻竖向短线，矮圈足底。口径 11.2、高 10.6、底径 6.3 厘米。

M81：2　罐，泥质红陶，侈口，折沿，束颈，弧腹，平底。高 7.2、口径 7.4、底径 3.8 厘米。

M81：3　杯，泥质灰陶，侈口，折腹，平底。口径 6.6、高 5.6、底径 5.4 厘米。

M81：4　A 型Ⅰ式盅形豆，泥质黑皮陶，侈口，曲腹，豆把为三段式，第二段上有 4 组对称的竖向排列圆镂孔，每组上下 2 个。高 9.5、口径 11、底径 12 厘米。

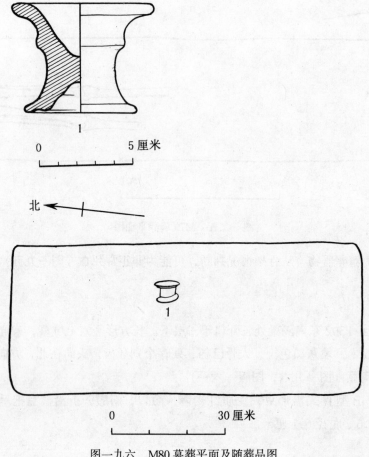

图一九六　M80 墓葬平面及随葬品图

M81:5　D 型 II 式杯，泥质黑皮灰褐陶，侈口，折沿，斜折腹，矮圈足底。高11.6、口径 7、底径 8.8 厘米。

M81:6　B 型 II 式罐，泥质黑皮陶，侈口，斜领，折肩，折腹，平底。高 7、口径7.8、底径 4.6 厘米。

M81:7　罐，泥质黑皮灰陶，敛口，折肩，折腹，矮圈足底。上腹部饰编织纹。口径 7.5、高 6、底径 6 厘米。

M81:8　B 型 I 式盅形豆，泥质黑皮陶，敞口，折腹，豆把为三段式，第二段饰有3 道凹弦纹和 6 组竖向圆镂孔，每组镂孔 3 个。高 11.2、口径 10.8、底径 10.4 厘米。

M81:9　B 型 II 式罐，泥质灰陶，侈口，折沿，扁折腹，平底。高 6.7、口径 9.2、底径 5.5 厘米。

M81:10　C 型 I 式罐，泥质灰陶，侈口，竖领，鼓肩折腹，平底。高 8.3、口径7.2、底径 6.5 厘米。

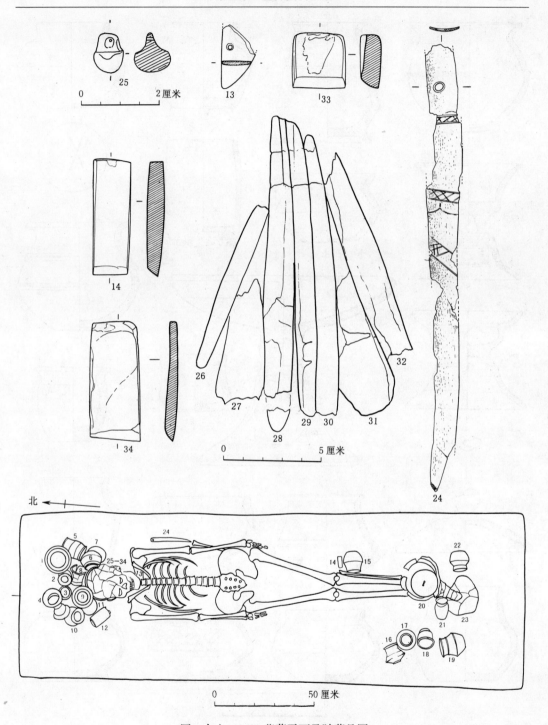

0     2厘米

0     5厘米

北

0     50厘米

图一九七 M81墓葬平面及随葬品图

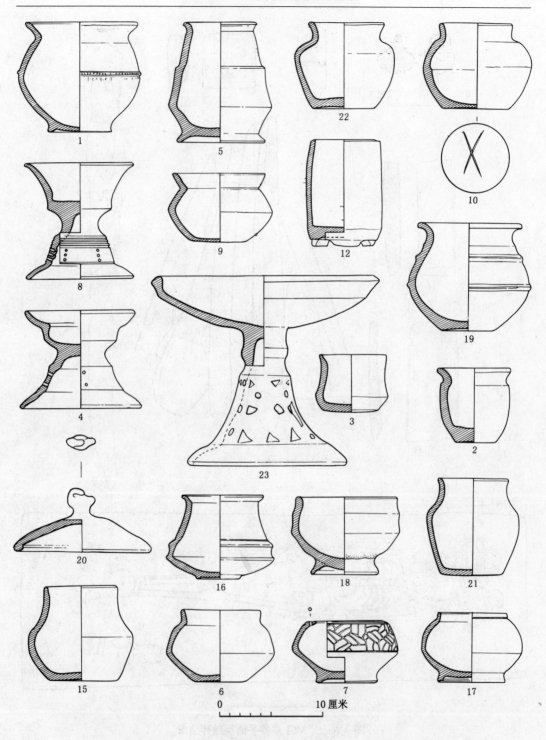

图一九八　M81 随葬品图

M81:11 罐，器残未能修复。

M81:12 杯，泥质灰陶，直口，筒形腹，三个瓦形足。口径7、高10.2、底径6.1厘米。

M81:13 三角形玉饰，沁成白色，扁平三角形，钻一小孔。残高3.2厘米；重2.13克。

M81:14 Ⅰ式石锛，青绿色，泥质硅质岩，扁平长条形，正面平面。背面略弧，单面刃。高5.9、宽2、厚0.9厘米。

M81:15 E型Ⅰ式罐，泥质灰陶，直口，竖领，折肩，平底。高9.2、口径7、底径6.6厘米。

M81:16 E型Ⅰ式壶，泥质黑陶，侈口，折沿，斜颈，双折腹，矮圈足底。高8.1、口径8.1、底径4.2厘米。

M81:17 A型Ⅰ式罐，泥质灰陶，直口，竖领，折腹，矮圈足底。高6.8、口径6.8、底径6.7厘米。

M81:18 钵，泥质红衣红陶，侈口，方唇，折腹，上腹呈瓦棱状，圈足底。口径9.7、高7.5、底径6.7厘米。

M81:19 F型Ⅱ式罐，泥质红衣红陶，侈口，平折沿，束颈，折腹，平底微凹，肩腹部饰两周凸棱。口径10.4、高10.4、底径5.2厘米。

M81:20 鼎，粗泥红褐陶，带盖。鼎残，仅存扁铲形足。盖为泥质红衣陶，纽为捏塑的睡鸟状。盖高6.2、盖径14厘米。

M81:21 E型Ⅰ式罐，泥质灰陶，侈口，折肩，斜腹，平底。高9.4、口径7、底径7.1厘米。

M81:22 C型Ⅰ式罐，泥质灰陶，侈口，折肩，斜腹，平底。高8.4、口径7.4、底径6厘米。

M81:23 A型Ⅰ式细把豆，泥质黑皮红褐陶，敛口，斜折腹。豆把为三段式，上段凸起如算珠状，中段饰圆形、三角形镂孔。高18.4、口径22.8、底径16厘米。

M81:24 刻纹骨匕，用兽类管状骨磨制而成，前端略残，没有明显的刃部，尾端有一圆孔，正面刻有斜线组成的菱形纹饰3组。长22.8、宽1.8、厚0.15厘米。

M81:25 蘑菇形玉坠，青绿色玉髓，扁榫状短把上钻小横孔。高1厘米；重0.88克。

M81:26～32 骨锥，共7件，出于死者头骨下，均呈扁平条形，一端磨出扁刃，长16.2～8.8厘米。器已朽残，无法起取。

M81:33 Ⅰ式石锛，黑灰色，硅质岩，扁平方形，正面平直，有一处打坯痕迹，背面略弧。高2.8、宽2.8、厚1.1厘米。

M81:34 Ⅰ式石锛，青灰色，角岩，扁平长条形，正面平直，有多处打坯痕迹，背面略弧，上端略薄，下端略厚。高 6.1、宽 2.7、厚 0.6 厘米。

**M82**（见第四章）

**M83**

位于 A 区 T301 东隔梁下，开口于②层下，被 M27、M30 打破，打破土台。长方形竖穴土坑墓，墓坑长 2.15、宽 0.58、深 0.47 米。填青灰色黏土。人骨仅见头骨，其余已朽，头向 178°。随葬品 13 件，为杯 2 件，盆 2 件，玉饰 2 件，豆 4 件，鼎 3 件（图一九九、二〇〇；图版一七一~一七三）。

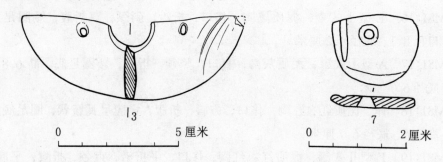

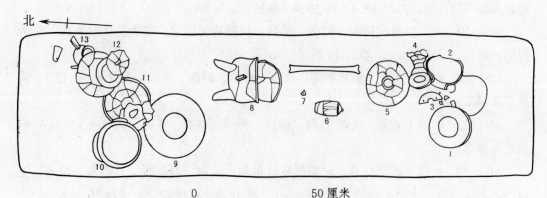

图一九九　M83 墓葬平面及随葬品图

M83:1　A 型Ⅱ式杯，泥质黑陶，带盖，盖为泥质红陶。杯敞口，筒腹，下腹部微束，有两周凹弦纹，平底。盖为柱形纽。通高 10.6、盖高 2、盖径 5.6、杯高 8.8、口径 6、底径 4.6 厘米。

M83:2　A 型Ⅰ式盆，泥质灰褐陶，侈口，宽折沿，沿上有凹弦纹，束颈，折腹，平底。高 10.4、口径 18、底径 7.6 厘米。

M83:3，玉璜，透闪石软玉，沁成白色，有黑色沁斑。宽平半璧形，中孔较小，一

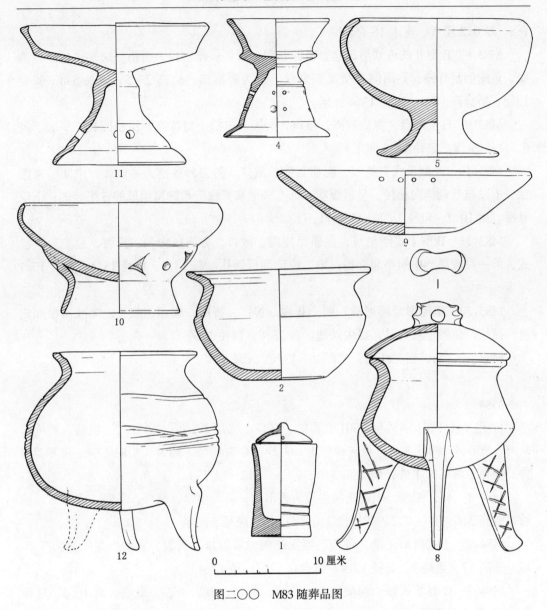

图二〇〇 M83 随葬品图

面留有切割痕迹，两端各钻一孔。宽9.4、高3.2厘米；重21.66克。

M83:4 B型Ⅱ式盉形豆，泥质灰陶，敞口，斜腹，外腹下部有一凸棱，豆把为三段式，中段有4组圆形镂孔，每组竖向上下2孔。高11.1、口径10、底径10.4厘米。

M83:5 F型Ⅰ式矮宽把敛口钵形豆，泥质黑皮陶，胎呈红褐色。敛口、深弧腹，喇叭形矮圈足。高13、口径15.2、底径13厘米。

M83:6 杯，器残未能修复。

M83:7 半圆形玉饰，沁成白色，扁平半圆片形，近直边钻一小孔。高1.45、宽

1.8、厚 0.2 厘米；重 1.18 克。

M83∶8　B 型Ⅱ式鱼鳍形足鼎，粗泥红陶，带盖。鼎侈口，折沿，束颈，折腹，圜底，鱼鳍形足外撇，足两侧有交叉刻划纹。盖为桥形纽。通高 23.5、盖高 5.4、盖径 13.8、器身高 18.1、口径 13.4 厘米。

M83∶9　B 型陶盘，泥质灰陶，敞口，斜腹，口沿上对称有两组小圆孔，平底。高 6、口径 24.8、底径 15.2 厘米。

M83∶10　A 型Ⅲ式宽把豆，泥质灰陶，敛口，斜腹，豆把为两段式，中间呈束腰状，上段与豆盘斜向相接，呈假腹状，饰有圆形和弧线三角凹窝组成的 3 组装饰；下段外撇。高 10.2、口径 18.8、底径 11.6 厘米。

M83∶11　B 型Ⅰ式细把豆，泥质黑皮陶，敞口，方唇微内勾，折腹，豆把为三段式，第一段较高，中间略起突棱；第二段饰圆形镂孔。高 13.2、口径 18.4、底径 13.1 厘米。

M83∶12　鱼鳍形足罐形鼎，泥质灰陶，侈口，折沿，束颈，鼓腹，圜底，腹部刻有凹弦纹，鱼鳍形矮扁足，足尖外翘。高 18.8、口径 14 厘米。

M83∶13　鼎，粗泥红陶，凿形足，器残，未能修复。

**M84**

位于 A 区 T201 隔梁与 T301 交界处，开口于④层下。长方形竖穴土坑墓，墓坑长 1.85、宽 0.5、深 0.3 米。填灰褐色土。人骨仅存头骨与下肢骨，头向 178°。随葬品 3 件，为杯 1 件，罐 1 件，鼎 1 件（图二〇一；图版一七四）。

M84∶1　杯，带盖，泥质灰陶。盖为兽形纽；杯为束口，鼓腹，平底，腹部饰细弦纹。盖高 3.6、直径 7.2、杯口径 3.6、高 8.5、底径 5 厘米。

M84∶2　Ⅰ式凿形足鼎，带盖，粗泥红陶。鼎敞口，折腹，扁凿形足。盖为 T 形纽。通高 17、盖高 5、盖径 12.4、器身高 12、口径 12.4 厘米。

M84∶3　B 型Ⅱ式罐，泥质灰陶，侈口，折沿，鼓肩折腹，平底。高 10.5、口径 9.6、底径 8 厘米。

**M85**

位于 A 区 T301 东部，开口于⑤层下。长方形竖穴土坑墓，墓坑长 2.1、宽约 0.53、深 0.2 米。填灰褐色土，人骨保存较好，头向 330°。肢骨似有扰动现象，头骨远离颈椎，可能原有葬具空间。经鉴定，墓主为成年人，性别不明。随葬品 2 件，为罐 1 件，豆 1 件（图二〇二；图版一七五）。

M85∶1　D 型Ⅰ式罐，泥质灰陶，侈口，折沿，斜肩折腹，平底。高 10.6、口径

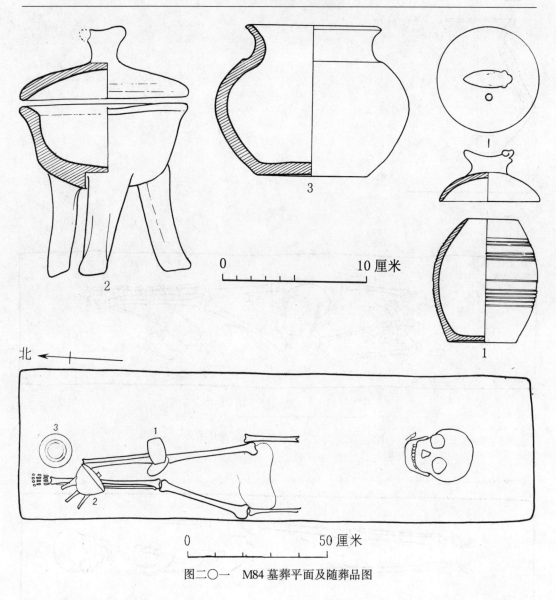

图二〇一 M84 墓葬平面及随葬品图

6.2、底径 3.6 厘米。

M85:2 豆，器残，未能修复。

## M86

位于 A 区 T202 西南角，开口于④层下，被 M82 打破，打破 H11 及 F6 基础面。长方形竖穴土坑墓，墓坑长 1.9、宽 0.45、深 0.58 米。填土灰褐，人骨架保存较好，仰身直肢葬，头向 175°。经鉴定，墓主可能为 18~22 岁的成年女性。此墓无随葬品（图二〇三）。

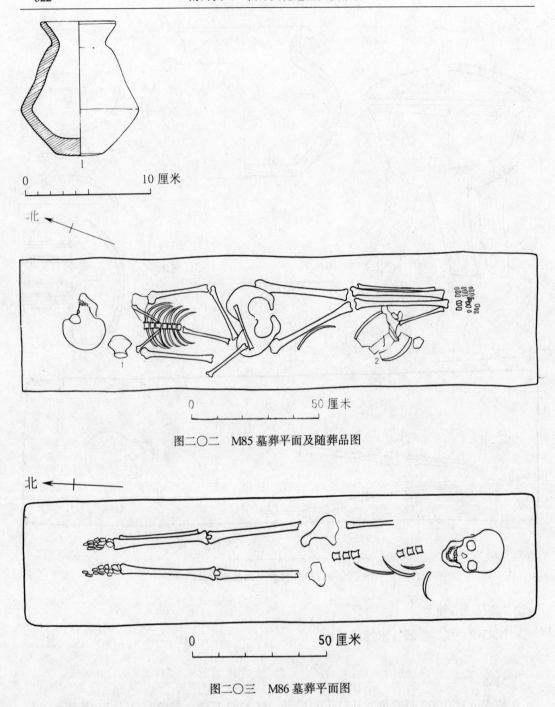

图二〇二　M85 墓葬平面及随葬品图

图二〇三　M86 墓葬平面图

**M87**

位于 A 区 T201 西南扩方处，开口于②层下，西部被 M41 打破。长方形竖穴土坑墓，墓坑长 2、宽 0.58、深 0.14 米。填灰褐色土。人骨朽尽，据随葬品判断头向北，方向 352°。随葬品 4 件，为壶 1 件，罐 1 件，玉璜 1 件，鼎 1 件（图二〇四；图版一七六）。

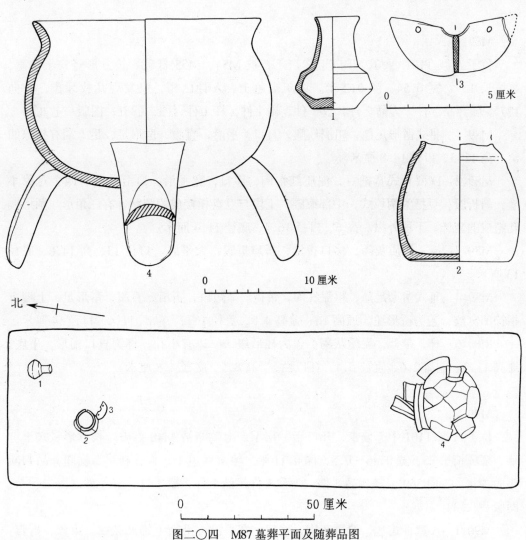

图二〇四 M87 墓葬平面及随葬品图

M87:1　A 型Ⅱ式壶，泥质灰陶，侈口，长颈，折肩，折腹，平底。高 8.6、口径 4.2、底径 4.2 厘米。

M87:2　罐，泥质灰陶，口残，斜弧腹，大平底。残高 11.2、底径 9.9 厘米。

M87:3　玉璜，沁成白色，扁平半璧形，中孔小，边缘不圆整，两端各钻小孔。高 2.8、宽 6.2、厚 0.3 厘米；重 6.4 克。

M87:4　B 型Ⅱ式铲形足鼎，粗泥红褐陶，侈口，折沿，束颈，鼓腹，凹铲形足。

高 23.2、口径 22.4 厘米。

### M88（见第五章）

### M89

位于 A 区 T101 西角，开口于②层下，被 M54、M55 打破。长方形竖穴土坑墓，墓坑长 1.9、宽 0.54、深 0.2 米。填灰褐色土。人骨已朽，仅发现几枚牙齿，头向 177°。随葬品 5 件，为鼎 2 件，豆 1 件，罐 1 件，杯 1 件（图二○五；图版一七九）。

M89:1　Ⅲ式凿形足鼎，粗泥红陶，直口，平沿，直腹，凿形足，足上端有指捺凹窝。高 11.3、口径 14.8 厘米。

M89:2　D 型Ⅱ式宽把豆，泥质红褐陶，侈口，宽平沿，口沿外侧有四个对称小鋬，斜折腹，豆把为两段式，中部束腰，上段与豆盘相接成假腹状，有三角形与圆形镂孔组成的装饰；下段外撇。高 6、口径 16.4、底径 11.4 厘米。

M89:3　罐，泥质灰陶，侈口折沿，折肩折腹，大平底。口径 13、高 14.6、底径 13 厘米。

M89:4　Ⅲ式凿形足鼎，粗泥红陶，带盖。鼎敞口，折沿，直腹，凿形足，上端有指捺凹窝纹；盖为桥形纽。通高 16、盖高 4.6、盖径 13.2、鼎高 11.4、口径 14 厘米。

M89:5　杯，带盖，泥质灰陶。盖为柱形纽，一边有小孔；杯为直口桶形，平底。通高 11.2、盖高 2.6、直径 5.4、杯口径 5、高 8.5、底径 4.8 厘米。

### M90

位于 A 区 T101 中部偏东，开口于②层下，南端略被 M48 打破。长方形竖穴土坑墓，墓坑长 1.75、宽 0.46~0.5、深 0.11 米。填灰褐色土，人骨朽尽，据随葬品判断头向在北，方向 360°。随葬品 4 件，为盆 1 件，鼎 1 件，罐 1 件，壶 1 件（图二○六；图版一八○）。

M90:1　A 型Ⅲ式盆，泥质灰陶，侈口，宽平沿，沿面上饰凹弦纹，束颈，折腹，平底。高 4.8、口径 16.8、底径 8 厘米。

M90:2　鼎，器残，未能修复。

M90:3　C 型Ⅱ式罐，泥质灰陶，带盖。罐侈口，斜领，鼓腹，平底。盖为杯形纽，中空。通高 12.9、盖高 2、盖径 7.2、器身高 11.1、口径 6.1、底径 5.8 厘米。

M90:4　C 型Ⅱ式壶，泥质红褐陶，带盖。壶直口，竖领，鼓腹，花瓣足；盖为柱形纽。通高 9.5、盖高 2.4、盖径 6、器身高 7.3、口径 4.8、底径 4.8 厘米。

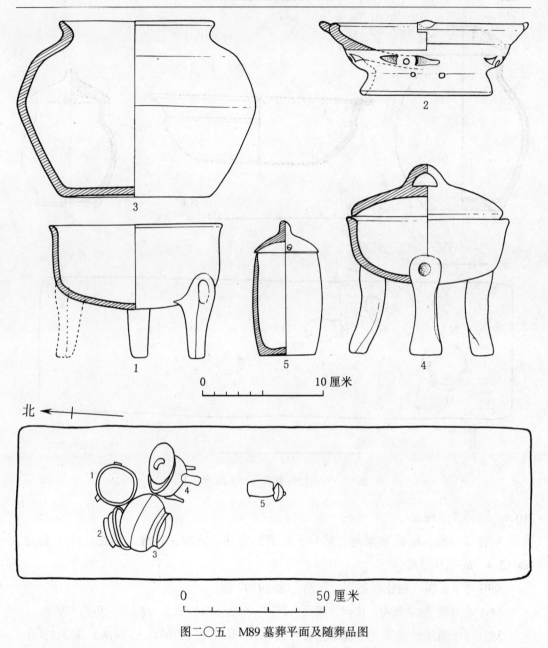

图二〇五 M89 墓葬平面及随葬品图

**M91**

位于 A 区 T101 西南部，开口于②层下，南端被 M54 打破。长方形竖穴土坑墓，墓坑长 2.25、宽 0.54~0.6、深 0.2 米。填灰褐色土，人骨朽尽，从随葬品推测头向在北，方向 355°。随葬品 8 件，为壶 1 件，罐 2 件，玉器 2 件，甑 1 件，器盖 1 件，豆 1 件（图二〇七；图版一八一、一八二）。

M91:1 A 型Ⅱ式壶，泥质灰陶，口残，细长颈，鼓肩，扁鼓腹，平底。残高

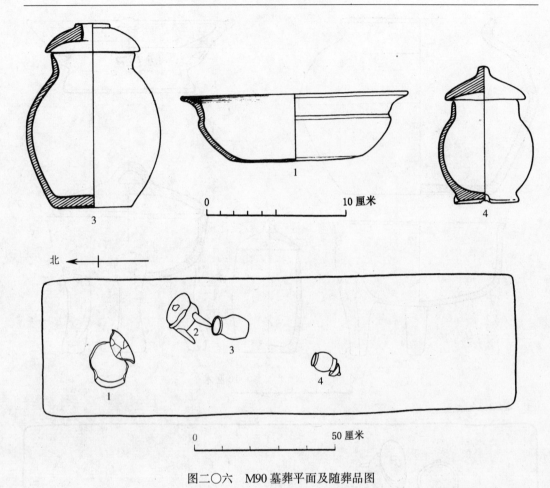

图二〇六　M90 墓葬平面及随葬品图

10.6、底径 7.2 厘米。

　　M91:2　罐，泥质灰褐陶，侈口，折沿，束颈，折肩，斜腹，平底。口径 13.2、高 12.4、底径 9 厘米。

　　M91:3　玉镯，白色石英岩，残断。重 19.07 克。

　　M91:4　罐，泥质灰陶，侈口，折沿，折腹，平底。口径 8.2、高 6.2、底径 5 厘米。

　　M91:5　圆环形玉饰，沁成白色。外径 2.5、孔径 1.4、厚 0.35 厘米；重 3.15 克。

　　M91:6　甑，粗泥红褐陶，敞口，平沿，斜腹，外腹下部有一周凸棱，底为大圆穿孔。口径 23.6、高 10、底径 10.4 厘米。

　　M91:7　器盖，残。

　　M91:8　豆，残，无法修复。

**M92**（见第五章）

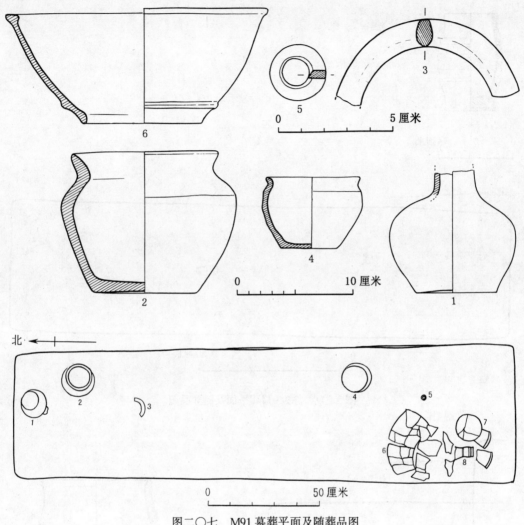

图二〇七 M91 墓葬平面及随葬品图

**M93**

位于 A 区 T101 南部，开口于②层下，南端被 M56 打破，但未及底。长方形竖穴土坑墓，墓坑长 1.7、宽 0.42～0.44、深 0.07 米。填灰黄色土。人骨朽尽，据随葬品推测头向在北，方向 352°。随葬品仅 1 件陶杯（图二〇八；图版一八四）。

M93:1 B 型 I 式杯，泥质黑皮灰陶，侈口，束颈，桶形腹，饰凹弦纹呈瓦棱状，平底微凹。高 6.4、口径 3.6、底径 3.6 厘米。

**M94**

位于 A 区 T201 南部，开口于②层下，被 M23、M44、M68 叠压或打破，其中墓北

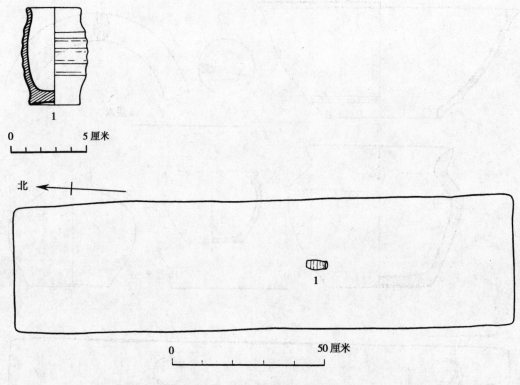

图二〇八　M93 墓葬平面及随葬品图

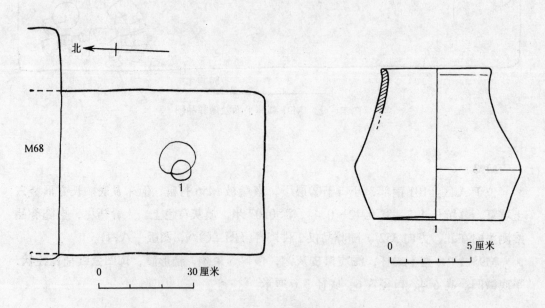

图二〇九　M94 墓葬平面及随葬品图

半部被 M68 打破及底。长方形竖穴土坑墓，墓坑残长 0.65、宽 0.5、深 0.35 米。填灰褐色土。人骨朽尽，据随葬品推测头向在南，方向 178°。随葬品仅存陶罐 1 件（图二〇九；图版一八五）。

M94:1　E 型 II 式罐，泥质红褐陶，侈口，斜肩，折腹，平底。高 9.1、口径 7、底径 8.3 厘米。

## M95

位于 A 区 T102 东南部，开口于④层下，打破 M96。长方形竖穴土坑墓，墓坑长 1.8、宽 0.54、深 0.3 米。填灰褐色土，人骨已朽，仅发现几枚牙齿，头向在南，方向 173°。随葬品仅 1 件罐（图二一〇；图版一八六）。

M95:1　圜底罐，泥质红衣红陶，侈口，折沿，束颈，圆鼓腹，肩腹部饰凸棱一周，圜底，下腹及底部遍饰斜向绳纹。高 10.8、口径 12.1 厘米。

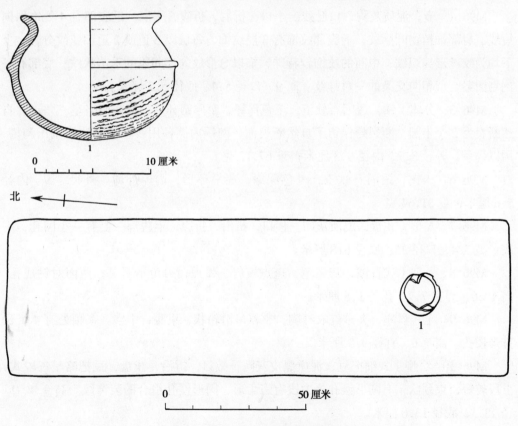

图二一〇　M95 墓葬平面及随葬品图

## M96

位于 A 区 T102 东南部，开口于④层下，被 M95 打破。长方形竖穴土坑墓，发现时墓坑被取土破坏，器物也遭一定程度破坏扰动而不全。墓坑长约 2.37、宽约 0.68、深约 0.35 米。填灰褐色土，据随葬品判断头向在南，方向约 178°。随葬品残剩 14 件，为罐 3 件，壶 1 件，玉镯 2 件，盆 1 件，石钺 1 件，器座 2 件，豆 2 件，甑 1 件，石锛 1 件（图二一一、二一二；图版一八七~一九〇）。

M96:1　A 型 I 式罐，泥质黑皮灰陶，侈口，折沿，束颈，扁折腹，折腹处有两个对称的方形小凸块，矮圈足，肩部刻划有一圈绞丝形编织纹。高 8.6、口径 11.6、底径 6.2 厘米。

M96:2　B 型 II 式罐，泥质灰陶，侈口，折沿，束颈，鼓肩，折腹，平底。高 9.6、口径 9.5、底径 6.7 厘米。

M96:3　罐，泥质灰陶，侈口折沿，折肩折腹，平底。上腹部刻划有一圈网状编织纹，折腹处饰斜向短线。口径 8、高 9.6、底径 5.6 厘米。

M96:4　壶，泥质灰陶，口已残。小口，折肩，折腹，平底。近底部有 4 处饰斜向短线，肩部饰植物叶脉纹；上腹部纹饰有 3 层纹饰，每层以 3 道或 2 道凹弦纹分隔，上下均为绞丝形编织纹；中间的纹饰较特殊，饰以 S 形纹勾连间隔的禾苗状纹；底部有一刻划图案，似相向交叉的一对蛙纹。高 9、口径 5.4、底径 5.2 厘米。

M96:5　分体玉镯，透闪石软玉，玉色深绿，窄厚圆环形，横截面略呈三角形，自然断裂为 2 个半圆，断裂处保留了自然断裂面，两端内侧各用线锯切割法切割出沟槽，用以绑系。外径 8.7、内径 6.3 厘米；重 67.12 克。

M96:6　玉镯，透闪石软玉，玉色深绿，扁平环形，内厚外薄。外径 7.9、内径 5.6 厘米；重 31.64 克。

M96:7　A 型 I 式盘，泥质灰陶，侈口，折沿，折腹，上腹部一侧有一小圆孔，平底。高 7.4、口径 25、底径 6.8 厘米。

M96:8　A 型 I 式石钺，灰黑色，斑点板岩，弧刃，刃角不明显，两面对钻成孔。高 10.6、刃宽 7.7、孔径 1.8 厘米。

M96:9　I 式器座，夹砂红衣红陶，整器呈滑轮状，束腰，中空。束腰处有 4 个长方形镂孔。高 7.6、直径 9.3 厘米。

M96:10　C 型 I 式细把豆，泥质黑皮灰陶，敞口，折沿，浅盘，豆把略呈三段式，上段较短，束颈状，有圆形镂孔；中段有三角形、圆形镂孔组合的装饰纹。高 9.4、口径 18.3、底径 13.6 厘米。

M96:11　甑，泥质红陶，有红衣，侈口，平折沿，口沿上有 4 道凹弦纹，斜腹，上腹部有 4 周凹弦纹，弦纹下有四个对称的鸡冠状耳，底部为一圆镂孔，下腹部饰绳

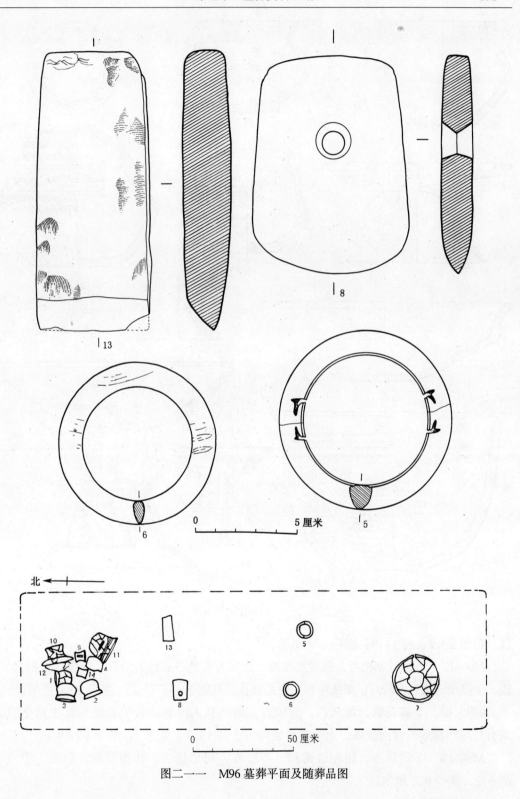

图二一一　M96 墓葬平面及随葬品图

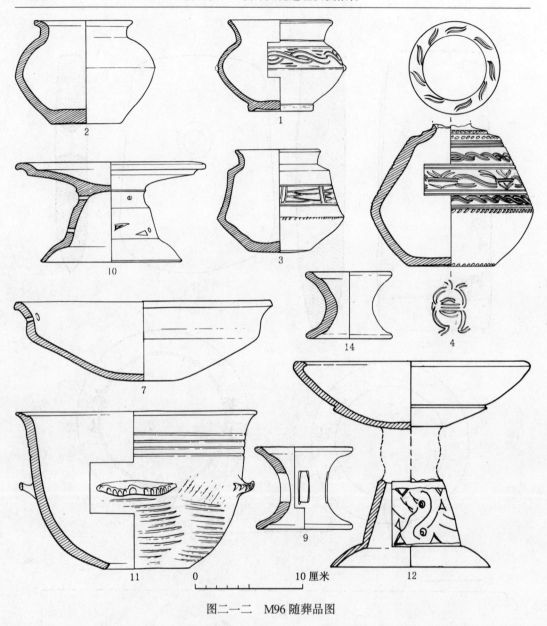

图二一二　M96 随葬品图

纹。口径 23.2、高 14.8、底径 8.4 厘米。

M96:12　A 型 I 式细把豆，泥质黑皮陶，胎质为褐色。豆盘为敛口、折腹。豆把分三段，上段残，第二段较高，饰圆形和三角形镂孔。高约 19、口径 22、底径 15.4 厘米。

M96:13　I 式石锛，黄灰色，流纹岩，器形宽大厚重，扁平长条形，正面平直，留有打坯凹窝痕，背面微弧，上下厚薄较均匀。高 13.7、宽 5.7、厚 2.4 厘米。

M96:14　I 式器座，粗泥红褐陶，有红衣，局部烧黑。状如滑轮，束腰，中空。高 6.2、直径 8.2 厘米。

附表一

# T201 陶器统计表

| 陶片 \ 地层 | | | 4 | 5 | 6 | 7 | 8 | 9A | 9B | 10 | 11 | 12 | 13 | 14A | 合计 |
|---|---|---|---|---|---|---|---|---|---|---|---|---|---|---|---|
| 泥质灰陶 | 数量比例 | 数量 | 17 | 144 | 95 | 53 | 33 | 15 | 11 | 0 | 1 | 37 | 0 | 21 | 427 |
| | | 百分比 | 23.6 | 27.1 | 11.3 | 23.8 | 7 | 8.5 | 15.7 | 0 | 1.65 | 17.5 | 0 | 11.3 | 15 |
| | 器类纹饰 | 豆 | 2 | 12 | 6 | 7 | 11 | 5 | 4 | | 1 | 6 | 0 | 3 | |
| | | 罐 | 3 | 6 | 3 | 4 | 1 | 1 | 2 | | | 2 | | | |
| | | 盆 | 1 | 2 | | | 1 | | | | | | | | |
| | | 甑 | | 1 | | | | | | | | | | | |
| | | 杯 | 1 | 2 | | | | | | | | | | | |
| | | 附加堆纹 | | 5 | 8 | 2 | | | | | | | | | |
| 泥质红陶 | 数量比例 | 数量 | 6 | 3 | 2 | 2 | 1 | 0 | 2 | 0 | 0 | 8 | 0 | 2 | 26 |
| | | 百分比 | 8.3 | 0.6 | 0.2 | 0.9 | 0.2 | 0 | 2.9 | 0 | 0 | 3.8 | 0 | 1.1 | 0.9 |
| | 器类纹饰 | 罐 | 1 | | | 1 | 1 | | 2 | | | 2 | | | |
| | | 澄滤器 | | 1 | 1 | | | | | | | | | | |
| 夹砂红褐陶 | 数量比例 | 数量 | 2 | 8 | 21 | 3 | 62 | 18 | 12 | 0 | 19 | 35 | 0 | 6 | 186 |
| | | 百分比 | 2.8 | 1.5 | 2.5 | 1.4 | 13.3 | 10.2 | 17.1 | | 29.7 | 16.5 | | 3.2 | 6.6 |

续表

| | | 地层 陶片 | 4 | 5 | 6 | 7 | 8 | 9A | 9B | 10 | 11 | 12 | 13 | 14A | 合计 |
|---|---|---|---|---|---|---|---|---|---|---|---|---|---|---|---|
| 夹砂红褐陶 | 器类纹饰 | 罐 | 1 | 2 | 1 | 1 | 1 | 5 | 2 | | | 4 | | | |
| | | 缸 | | 1 | 2 | 1 | | | 1 | | 1 | | | 1 | |
| | | 澄滤器 | | | | | 8 | | | | | 2 | | 1 | |
| | | 支子 | | | | | 3 | 1 | | | | | | | |
| | | 盖 | | | | | | | | | 1 | 1 | | | |
| | | 圆锥形足 | | | | | | | | | | | | 1 | |
| | | 绳纹 | | | | | 58 | 10 | 8 | | 17 | 15 | | 3 | |
| | | 鸡冠耳 | | | | | | | | | 1 | | | | |
| | | 牛鼻耳 | | 1 | | | | | | | | | | 1 | |
| 粗泥红褐陶 | 数量比例 | 数量 | 47 | 376 | 720 | 165 | 372 | 144 | 45 | 0 | 44 | 132 | 0 | 157 | 2202 |
| | | 百分比 | 65.3 | 70.8 | 85.9 | 74 | 79.5 | 81.4 | 64.3 | | 68.8 | 62.3 | | 84.4 | 77.5 |

续表

| 地层 / 陶片 | | | 4 | 5 | 6 | 7 | 8 | 9A | 9B | 10 | 11 | 12 | 13 | 14A | 合计 |
|---|---|---|---|---|---|---|---|---|---|---|---|---|---|---|---|
| 粗泥红褐陶 | 器类纹饰 | 釜口 | | I 2<br>II 1 | I 6<br>II 2 | I 6 | I 18<br>II 3 | | I 1 | | | | | | |
| | | 扁凿形足 | 8 | | | | | | | | | | | | |
| | | 铲形足 | 2 | 14 | 15 | 15 | 21 | 10 | 1 | | 1 | 4 | | 2 | |
| | | 鱼鳍形足 | | III 2<br>IV 4 | II 3<br>III 23 | II 5<br>II 17 | II 3<br>III 18<br>IV 3 | II 5<br>III 2 | I 2<br>II 1<br>III 1 | | II 2 | 13 | | 13 | |
| | | 三角形足 | 1 | 2 | | | | 1 | | | | | | | |
| | | 釜支子 | 1 | 2 | 3 | 1 | | | | | | 1 | | | |
| | | 器盖 | 2 | 20 | 13 | 12 | 20 | 2 | 1 | | 1 | | | 1 | |
| | | 澄滤器 | | 10 | 12 | 8 | 8 | 2 | | | | | | | |
| | | 纺轮 | | | 1 | | | | | | | | | | |
| | | 豆 | | | 1 | | | | | | 1 | 3 | | 2 | |
| | | 罐 | | | | | 1 | 1 | | | | 1 | | | |
| | | 鼎口 | 3 | 7 | 31 | 14 | 26 | 15 | 3 | | 4 | 9 | | 9 | |

续表

| 地层<br>陶片 | | | 4 | 5 | 6 | 7 | 8 | 9A | 9B | 10 | 11 | 12 | 13 | 14A | 合计 |
|---|---|---|---|---|---|---|---|---|---|---|---|---|---|---|---|
| 粗泥红褐陶 | 器类纹饰 | 鸡冠耳 | | 2 | 6 | 4 | 8 | 3 | | | 1 | 1 | | 3 | |
| | | 牛鼻耳 | | 1 | 3 | | 3 | | | | | | | | |
| | | 刻划纹 | | | 7 | | | | | | | | | | |
| | | 绳纹 | | 15 | 58 | 25 | 18 | | | | | | | | |
| 合计 | | | 72 | 531 | 838 | 223 | 468 | 177 | 70 | 0 | 64 | 212 | 0 | 186 | 2841 |

# 附表二

## T301 陶器统计表

| | | 地层 | 4 | 5 | 6 | 7 | 8 | 9 | 10 | 11 | 12 | 13 | 14 | 合计 |
|---|---|---|---|---|---|---|---|---|---|---|---|---|---|---|
| 泥质灰陶 | 数量比例 | 数量 | 249 | 0 | 64 | 152 | 80 | 12 | 14 | 4 | 2 | 4 | 13 | 594 |
| | | 百分比 | 34.5 | | 9.3 | 12.2 | 8.4 | 5.6 | 4.8 | 5.4 | 1.6 | 8.3 | 8 | 13.1 |
| | 器类纹饰 | 豆 | 14 | | 5 | 15 | 16 | 2 | 6 | | 1 | | 1 | |
| | | 盉豆形 | 3 | | | | | | | | | | | |
| | | 盆 | 3 | | | 1 | 1 | | | | | | | |
| | | 罐 | 8 | | 2 | 2 | 3 | | | 1 | 1 | 1 | 1 | |
| | | 壶 | | | | | 1 | | | | | | | |
| | | 纺轮 | | | | | | 1 | | | | | | |
| 泥质红陶 | 数量比例 | 数量 | 25 | 0 | 3 | 6 | 14 | 4 | 7 | 8 | 10 | 5 | 14 | 96 |
| | | 百分比 | 3.5 | | 0.4 | 0.5 | 1.5 | 1.9 | 2.4 | 10.8 | 8 | 10.4 | 8.7 | 2.1 |
| | 器类纹饰 | 豆 | 1 | | | | | | 2 | | 1 | | 1 | |
| | | 罐 | 1 | | | | | 1 | 1 | 1 | 1 | | | |
| | | 甑 | 1 | | | | 1 | | | | | | | |
| | | 盆 | | | | | | | 1 | | 1 | | | |
| | | 盖 | | | | | | | | 1 | | | | |
| 夹砂红褐陶 | 数量比例 | 数量 | 19 | 0 | 13 | 9 | 5 | 32 | 6 | 19 | 26 | 3 | 15 | 147 |
| | | 百分比 | 2.6 | | 1.9 | 0.7 | 0.5 | 15 | 2 | 25.7 | 21 | 6.3 | 9.3 | 3.3 |

续表

| 地层 | | | 4 | 5 | 6 | 7 | 8 | 9 | 10 | 11 | 12 | 13 | 14 | 合计 |
|---|---|---|---|---|---|---|---|---|---|---|---|---|---|---|
| 夹砂红褐陶 | 器类纹饰 | 罐 | 3 | | 1 | 1 | | | 1 | | | 1 | | |
| | | 缸 | 1 | | | | | | 1 | | | | | |
| | | 鼎釜口 | 1 | | | | | | | 4 | 5 | | 2 | |
| | | 支子 | | | | | | 3 | | 2 | | | | |
| | | 澄滤器 | | | | | | 2 | | | | | | |
| | | 豆 | | | | | | | | | 1 | | | |
| | | 鱼鳍形足 | | | | | | | | | 13 | | | |
| | | 盖 | | | | | | | | | 2 | 2 | 2 | |
| | | 绳纹 | 1 | | | | | 32 | 2 | 7 | 2 | | | |
| | | 鸡冠耳 | 1 | | | | | | | | | | | |
| | | 牛鼻耳 | 1 | | | | | | | | | | | |
| 粗泥红褐陶 | 数量比例 | 数量 | 429 | 0 | 607 | 1074 | 854 | 165 | 268 | 43 | 86 | 36 | 120 | 3682 |
| | | 百分比 | 59.4 | | 88.4 | 86.5 | 89.6 | 77.5 | 90.8 | 58 | 69.4 | 75 | 74 | 81.5 |
| | 器类纹饰 | 釜口 | Ⅰ3<br>Ⅱ4<br>Ⅲ1 | | Ⅱ10<br>Ⅲ2 | Ⅱ23<br>Ⅲ10 | Ⅱ27<br>Ⅲ8 | Ⅲ1 | | | | | | |
| | | 鼎口 | 10 | | 27 | 39 | 56 | 7 | 18 | 5 | 6 | 3 | 5 | |

续表

| 地层 | | | 4 | 5 | 6 | 7 | 8 | 9 | 10 | 11 | 12 | 13 | 14 | 合计 |
|---|---|---|---|---|---|---|---|---|---|---|---|---|---|---|
| 粗泥红褐陶 | 器类纹饰 | 扁凿形足 | 4 | | | | | | | | | | | |
| | | 铲形足 | 平22 | | 平9 | 凹5 平21 | 凹18 平12 | 凹2 | 凹6 | 凹2 | 凹1 | | 凹2 | |
| | | 鱼鳍形足 | Ⅲ14 Ⅳ3 | | Ⅲ31 Ⅳ1 | Ⅱ10 Ⅲ43 Ⅳ9 | Ⅱ4 Ⅲ27 Ⅳ2 | Ⅱ5 | Ⅱ7 | | Ⅰ2 | | Ⅰ1 | |
| | | 盖 | 17 | | 23 | 25 | 19 | | 10 | 2 | 2 | | 3 | |
| | | 支子 | 4 | | | 6 | 5 | | 1 | 1 | 5 | | | |
| | | 澄滤器 | 4 | | | 10 | 10 | | | | | | | |
| | | 盆 | | | | 3 | 3 | | | | | | | |
| | | 罐 | | | | | | | 1 | | | | | |
| | | 豆 | | | | | | | 1 | | | | | |
| | | 鸡冠耳 | 6 | | 3 | 16 | 16 | 1 | 3 | | 2 | | | |
| | | 牛鼻耳 | 1 | | 2 | 3 | 12 | 1 | 2 | 1 | | | | |
| 粗泥红褐陶 | 器类纹饰 | 刻划纹 | 4 | | 6 | 4 | 2 | | | | | | | |
| | | 附加堆纹 | 4 | | | 4 | 7 | | | | | | | |
| | | 绳纹 | 31 | | 34 | 91 | 116 | | 21 | | | | | |
| 合计 | | | 722 | 0 | 687 | 124 | 953 | 213 | 295 | 74 | 124 | 48 | 162 | 4519 |

附表三

# 典型遗迹单元陶器统计表

| 器形 \ 单元 | | | H7 | G1 | G2 | H11 | H14 | H18 | H22 |
|---|---|---|---|---|---|---|---|---|---|
| 泥质灰陶 | 数量比例 | 数量 | 1766 | 40 | 40 | 49 | 58 | 8 | 4 |
| | | 百分比 | 50 | 40 | 22.3 | 51 | 26.6 | 25.8 | 13.8 |
| | 器类纹饰 | 罐 | 27 | 4 | 3 | 2 | 2 | 3 | 2 |
| | | 壶 | 4 | | | | | | |
| | | 盆 | 11 | 1 | | 2 | 2 | | |
| | | 杯 | 12 | 1 | | | | | |
| | | 豆 | 16 | 1 | 3 | 1 | 2 | 1 | 1 |
| | | 盖 | 1 | | | | | | |
| | | 镯 | | 1 | | | | | |
| | | 澄滤器 | | | | | 1 | | |
| 泥质红陶 | 数量比例 | 数量 | 2 | 10 | 3 | 2 | | 2 | 5 |
| | | 百分比 | 0.1 | 10 | 1.7 | 2.1 | | 6.5 | 17.2 |
| | 器类纹饰 | 豆 | 2 | | | | | | 1 |
| | | 甑 | | 1 | | | | | |
| | | 罐 | | 1 | | 2 | | 1 | |
| | | 盖 | | | 3 | | | | |
| | | 绳纹 | | | | 1 | | | |
| 夹砂红褐陶 | 数量比例 | 数量 | 144 | | 2 | | | | 5 |
| | | 百分比 | 4 | | 1 | | | | 17.2 |
| | 器类纹饰 | 鱼鳍足鼎 | 3 | | | | | | |
| | | 圈足罐 | 1 | | | | | | |
| | | 盖 | | | | | | | |
| | | 缸 | 3 | | 1 | | | | |
| | | 釜 | | | | | | | 2 |
| | | 侧把盉 | | | | | | | 1 |
| 粗泥红褐陶 | 数量比例 | 数量 | 1627 | 51 | 134 | 45 | 160 | 21 | 15 |
| | | 百分比 | 46 | 50 | 75 | 46.9 | 73.4 | 67.7 | 51.8 |
| | 器类纹饰 | 凿形足鼎 | 20 | | | | | | |
| | | 凿形足 | 128 | | | 2 | 3 | | |
| | | 盖 | 18 | 1 | 2 | | 2 | 2 | 1 |
| | | 釜鼎口 | | 5 | 5 | 1 | 4 | 4 | 2 |
| | | 铲形足 | | 5 | 6 | | 4 | | |

续表

| 器形＼单元 | | | H7 | G1 | G2 | H11 | H14 | H18 | H22 |
|---|---|---|---|---|---|---|---|---|---|
| 粗泥红褐陶 | 器类纹饰 | 支子 | | 1 | | | 1 | 1 | |
| | | 鱼鳍足 | | | Ⅲ1 | | Ⅳ1 | Ⅲ1 | Ⅰ1 |
| | | 澄滤器 | | | 1 | | 1 | 1 | |
| | | 罐 | | | | | 1 | | |
| | | 绳纹 | | | 20 | | 10 | 3 | |
| 合计 | | | 3539 | 101 | 179 | 96 | 218 | 31 | 39 |

# 附表四

## 南河浜遗址墓葬登记表

| 墓号 | 层位 | 头向 | 人骨 | 随葬品 | 分期 | 备注 |
|---|---|---|---|---|---|---|
| M1 | B3 | 355 | 朽 | 杯1 豆1 AⅠ壶1 | 早3 | B表示B区 |
| M2 | B3 | 350 | 成年 | AⅡ钺1 BⅠ钺1 BⅠ罐1 AⅠ铲形足鼎1 | 早3 | |
| M3 | B3 | 350 | 残 | Ⅰ纺轮1 鼎1 钵1 | 早3 | |
| M4 | B4 | 350 | 成年 | 釜1 | 早3 | |
| M5 | B3 | 360 | 成年女性 | Ⅱ釜1 BⅠ铲形足鼎1 | 早3 | 脚右侧有一小孩骨 |
| M6 | B3 | 355 | 成年女性 | CⅠ盆1 Ⅱ釜1 | 早3 | |
| M7 | B3 | 360 | 成年女性 | 带把罐1 豆1 Ⅱ釜1 | 早3 | |
| M8 | A2 | 180 | 朽 | 珠1 小罐1 | 晚2 | 以下均为A区 |
| M9 | 2 | 175 | 儿童 | 鼎2 器盖1 BⅢ杯1 DⅡ宽把豆1 CⅡ罐1 | 晚2 | |
| M10 | 2 | 178 | 朽 | 罐1 器盖1 BⅡ钺1 鼎1 盆1 小壶1 | 晚2 | |
| M11 | 2 | 180 | 朽 | 罐1 鼎2 玦1 玉饰1 AⅡ钺1 BⅡ钺1 镰1 Ⅱ锛1 Ⅱ凿1 鹰头壶1 AⅢ壶1 BⅢ杯1 AⅢ细把豆1 | 晚2 | |
| M12 | 2 | 182 | 朽 | AⅡ钺1 BⅡ宽把豆1 | 晚2 | |
| M13 | 2 | 180 | 朽 | 盘1 鼎1 | 晚2 | |
| M14 | 2 | 170 | 朽 | 玉饰1 Ⅰ鼎1 BⅡ壶1 BⅢ杯2 AⅣ细把豆1 AⅡ中型罐1 AⅡ铲形足鼎1 | 晚2 | 被M13叠压 |
| M15 | 2 | 175 | 朽 | 鼎2 玦1 鹰头壶1 BⅢ杯1 BⅢ细把豆1 | 晚2 | 被M14打破 |
| M16 | 2 | 355 | 残 | 豆1 罐3 杯4 釜1 分体玉镯1 璜1 AⅡ钺1 砺石棒1 Ⅱ锛1 Ⅱ凿1 器盖1 甑1 擂钵1 AⅢ壶1 BⅡ壶1 DⅢ壶1 EⅢ壶1 EⅡ壶1 AⅡ盘1 FⅡ篓形豆1 AⅢ细把豆2 BⅡ盆1 BⅡ中型罐1 BⅢ罐1 BⅡ罐1 EⅡ罐1 EⅢ罐2 | 晚2 | |

续表

| 墓号 | 层位 | 头向 | 人骨 | 随葬品 | 分期 | 备注 |
|---|---|---|---|---|---|---|
| M17 | 2 | 175 | 朽 | 璜1 鼎1 AⅡ壶1 AⅢ盅式豆1 AⅢ细把豆1 BⅠ盆1 釜1 AⅠ中型罐1 | 晚2 | 被M16打破 |
| M18 | 2 | 175 | 朽 | 小罐1 BⅢ细把豆1 | 晚2 | 被M17打破 |
| M19 | 2 | 180 | 朽 | 圆形玉饰1 Ⅰ大罐1 鼎1 BⅡ盅式豆1 DⅢ杯1 AV细把豆1 AⅡ盆1 | 晚2 | |
| M20 | 2 | 170 | 朽 | 罐1 | 晚2 | |
| M21 | 2 | 178 | 朽 | 小钵1 AⅠ杯1 AⅡ罐1 | 晚2 | |
| M22 | 2 | 180 | 朽 | 罐1 鼎1 玉饰1 小杯1 FⅡ壶1 AⅢ宽把豆1 BⅡ盆1 | 晚2 | |
| M23 | 2 | 180 | 朽 | DⅡ壶2 AⅣ杯1 CⅡ杯1 CⅡ细把豆1 | 晚2 | |
| M24 | 2 | 355 | 朽 | 罐4 纺轮2 器盖1 鼎2 小罐1 CⅡ壶2 Ⅲ盅式豆1 BⅡ细把豆1 CⅡ细把豆1 AⅡ鱼鳍形足鼎1 | 晚2 | |
| M25 | 2 | 170 | 朽 | 舌形玉饰2 圆形玉饰1 杯2 鼎1 塔形壶1 夹砂缸1 珠串1 DⅢ壶1 AⅣ细把豆2 DⅡ细把豆1 BⅡ中型罐1 AⅡ鱼鳍形足鼎1 Ⅲ兽足形鼎1 | 晚2 | |
| M26 | 2 | 175 | 朽 | 器盖1 BⅢ杯1 CⅡ杯1 AV细把豆1 | 晚2 | |
| M27 | 2 | 180 | 朽 | 杯1 管1 三角形玉饰1 梯形玉饰1 玉坠饰1 璜1 Ⅱ纺轮1 小杯1 鼎2 陶龟2 AⅢ壶1 BⅢ杯6 DⅠ宽把豆1 AⅣ细把豆1 AⅢ盆1 BⅠ盆1 | 晚2 | |
| M28 | 2 | 170 | 朽 | 鼎1 豆1 CⅡ宽把豆1 | 晚2 | |
| M29 | 2 | 175 | 朽 | 杯1 梯形玉饰1 器盖1 塔形壶1 壶1 AⅣ细把豆1 Ⅲ凿形足鼎2 | 晚2 | |
| M30 | 2 | 180 | 朽 | AⅣ杯1 | 晚2 | |
| M31 | 2 | 175 | 朽 | 圆环形玉饰1 AⅣ细把豆1 BⅢ罐1 DⅡ罐1 B兽足形鼎1 | 晚2 | |
| M32 | 2 | 360 | 儿童 | AⅢ杯1 器盖1 EⅡ壶2 鼎1 | 晚2 | |

续表

| 墓号 | 层位 | 头向 | 人骨 | 随葬品 | 分期 | 备注 |
|---|---|---|---|---|---|---|
| M33 | 2 | 175 | 朽 | 杯1 罐1 Ⅰ凿形足鼎1 匜2 鼎1 AⅢ壶2 CⅡ宽把豆1 AⅤ细把豆1 CⅡ罐1 | 晚2 | |
| M34 | 2 | 175 | 朽 | 杯1 鼎1 DⅡ壶1 DⅢ壶1 AⅢ盅式豆1 BⅢ盅式豆1 AⅡ宽把豆1 AⅡ罐1 CⅡ罐1 DⅡ罐1 | 晚2 | 被M25打破 |
| M35 | 2 | 360 | 朽 | 鼎3 盆1 三角形玉饰1 纺轮1 扇贝形钵1 FⅡ罐1 罐1 小罐1 CⅡ壶1 BⅢ盅式豆1 CⅡ杯1 EⅡ宽把豆1 AⅢ细把豆1 AⅡ盆1 BⅢ罐2 CⅡ罐1 DⅡ罐2 EⅡ罐2 | 晚2 | |
| M36 | 2 | 180 | 朽 | 罐1 DⅡ杯1 | 晚2 | 被M35打破 |
| M37 | 2 | 180 | 儿童 | 盖1 豆1 杯3 Ⅱ纺轮1 罐2 AⅢ杯1 BⅡ杯1 AⅢ盆1 BⅡ中型罐1 CⅢ罐1 FⅡ罐2 | 晚2 | 被M19打破 |
| M38 | 2 | 175 | 朽 | 罐2 三角形玉饰1 璜1 器盖1 鼎1 BⅢ壶2 B盘1 AⅡ杯2 杯1 CⅠ宽把豆1 AⅣ细把豆1 AⅤ细把豆1 | 晚2 | |
| M39 | 2 | 175 | 朽 | Ⅱ凿1 DⅡ壶1 CⅢ罐1 Ⅱ鱼鳍形带甑鼎1 | 晚2 | |
| M40 | 2 | 175 | 朽 | 玉坠饰1 三角形玉饰1 鼎1 罐2 BⅠ壶1 DⅡ壶1 AⅣ杯1 BⅡ杯1 AⅢ细把豆1 AⅢ盆1 CⅢ罐1 DⅡ罐2 | 晚2 | 被M38打破 |
| M41 | 2 | 170 | 朽 | 杯2 BⅡ钺1 鼎1 壶1 AⅣ细把豆1 | 晚2 | |
| M42 | 2 | 180 | 朽 | 舌形玉饰1 BⅡ钺1 鼎2 AⅣ盅式豆1 BⅢ细把豆1 AⅡ盆1 | 晚2 | |
| M43 | 2 | 180 | 朽 | 罐1 AⅡ中型罐1 BⅢ罐1 B兽足形鼎2 | 晚2 | 被M36、M39打破 |

续表

| 墓号 | 层位 | 头向 | 人骨 | 随葬品 | 分期 | 备注 |
|------|------|------|------|--------|------|------|
| M44 | 2 | 180 | 朽 | 三角形玉饰 1 AⅡ壶 1 AⅢ盘 1 AⅢ杯 1 BⅡ细把豆 1 AⅡ鱼鳍形足鼎 1 AⅡ兽足形足鼎 1 BⅢ鱼鳍形足鼎 1 | 晚 2 | |
| M45 | 2 | 180 | 朽 | 杯 1 鼎 2 圈足罐 1 B鼎 1 钺 1 | 晚 2 | |
| M46 | 2 | 175 | 朽 | 杯 1 罐 2 豆 1 CⅠ细把豆 1 梯形玉饰 1 玉饰 1 杯 1 Ⅰ匜 1 鼎 1 AⅢ盘 2 AⅠ杯 1 CⅡ杯 1 AⅢ细把豆 1 BⅠ细把豆 1 鼎 1 CⅡ盆 1 中型罐 1 | 晚 2 | 被 M35、M40 打破 |
| M47 | 2 | 353 | 朽 | 舌形玉饰 2 三角形玉饰 1 带齿玉饰 1 半圆形玉饰 1 石钺 1 AⅢ壶 1 BⅡ中型罐 1 | 晚 2 | 被 M28 打破 |
| M48 | 2 | 180 | 朽 | 圆环形玉饰 1 豆 1 盆 1 罐 1 璜 1 玉珠 1 器盖 1 鼎 1 AⅠ中型罐 2 BⅠ盆 1 BⅡ盆 1 C盘 1 | 晚 2 | |
| M49 | 2 | 353 | 朽 | 圆环形玉饰 1 玉饰 1 BⅡ锛 1 甑 1 罐 2 带把杯 1 AⅡ盘 1 Ⅱ盅式豆 1 AⅡ细把豆 1 AⅡ罐 2 EⅡ罐 1 BⅢ铲形足鼎 1 | 晚 2 | 被 M25、M28、M34、M47 打破 |
| M50 | 2 | 360 | 朽 | 玉璜 1 罐 1 鼎 2 BⅢ罐 1 CⅡ壶 1 EⅢ罐 1 | 晚 2 | 被 M24 打破 |
| M51 | 3 | 178 | 朽 | 舌形玉饰 1 三角形玉饰 1 杯 1 豆 1 FⅠ壶 1 鼎 1 小三足杯 1 AⅡ盘 1 BⅡ杯 1 CⅢ罐 1 | 晚 2 | |
| M52 | 2 | 180 | 朽 | 三角形玉饰 1 BⅡ钺 1 鹰头壶 1 DⅡ宽把豆 1 | 晚 2 | |
| M53 | 2 | 180 | 朽 | 宽把杯 1 双鼻壶 1 罐 1 A鼎 1 B鼎 1 B豆 2 A豆 1 盆 1 杯 1 | 晚 2 | |
| M54 | 2 | 180 | 朽 | 三角形玉饰 1 AⅡ钺 1 杯 1 鼎 1 AⅠ中型罐 1 盆 1 带把杯 1 夹砂缸 1 CⅢ盆 1 | 晚 2 | |
| M55 | 2 | 176 | 朽 | 圆柱状玉坠 1 BⅡ钺 1 鼎 1 BⅢ杯 1 AⅡ罐 1 圈足盘 1 | 晚 2 | 被 M54 打破 |
| M56 | 2 | 178 | 儿童 | 杯 1 盆 1 鼎 1 罐 1 CⅡ宽把豆 1 D罐 1 | 晚 2 | 被 M55 打破 |

续表

| 墓号 | 层位 | 头向 | 人骨 | 随葬品 | 分期 | 备注 |
|---|---|---|---|---|---|---|
| M57 | 2 | 185 | 朽 | 三角形玉饰 1　鼎 1　圈足罐 1 | 晚 2 | |
| M58 | 5 | 170 | 儿童 | 罐 1 | 晚 1 | |
| M59 | 5 | 340 | 成年女性 | 玉璜 1　鼎 2　杯 1　罐 3　盆 1　兽面壶 1　壶 1　豆 2　DI 壶 1　AI 盘 1　II 盉式豆 1　AI 杯 1　DII 杯 1　AI 宽把豆 1　EI 宽把豆 1　AI 盆 1　AI 中型罐 1　AII 罐 2　CI 罐 1　FI 罐 1　FII 罐 2　BI 甗 1　I 带甑鼎 1 | 晚 1 | |
| M60 | 4 | 175 | 成年男性 | | 晚 1 | |
| M61 | 5 | 160 | 17～20 岁男性 | 牙刀 1　骨锥 1　骨镞 2　玉钺 1　玉饰 1　I 锛 2　AI 细把豆 1　EI 罐 1　铲形足鼎 1 | 晚 1 | 被 M60 打破 |
| M62 | 2 | 178 | 朽 | II 纺轮 1　三角形玉饰 1　I 匜 1　鼎 1　AII 杯 7　CI 宽把豆 1　AII 细把豆 1　AI 中型罐 1　II 兽足形鼎 1 | 晚 2 | |
| M63 | 2 | 345 | 朽 | 盖 1　II 纺轮 1　I 大型罐 1　塔形壶 1　AIII 杯 1　CI 杯 1　CII 杯 1　AII 细把豆 2　铲形足鼎 1　II 兽足形鼎 1 | 晚 2 | |
| M64 | 2 | 178 | 朽 | 罐 2　BII 宽把豆 1　C 盘 1 | 晚 2 | |
| M65 | 3 | 175 | 25～30 岁 | 罐 1　BI 宽把豆 1 | 晚 2 | |
| M66 | 2 | 360 | 儿童 | 杯 2 | 晚 2 | |
| M67 | 4 | 175 | 成年 | | 晚 1 | |
| M68 | 2 | 350 | 朽 | 骨匕 1　兽牙 1　玉珠 1　玉钺 1　AII 石钺 1　砺石 1　II 锛 1　I 锛 1　I 凿 2　II 凿 1　鼎 1　II 器座 1　AII 盉式豆 1　DIII 杯 1　AI 细把豆 1　BII 盆 1　AII 罐 1　I 带甑鼎 1 | 晚 2 | 被 M23、M36、M43、M44 叠压打破 |
| M69 | 4 | 345 | 18 岁左右 | CI 杯 1　AII 细把豆 1　AI 中型罐 1　AI 鱼鳍形足鼎 1 | 晚 1 | |
| M70 | 4 | 375 | 成年男性 | | 晚 1 | |
| M71 | 4 | 170 | 17 岁左右 | | 晚 1 | |

续表

| 墓号 | 层位 | 头向 | 人骨 | 随葬品 | 分期 | 备注 |
|------|------|------|------|--------|------|------|
| M72 | 4 | 175 | 成年男性 | | 晚1 | |
| M73 | 4 | 175 | 成年 | 鼎1 AⅡ细把豆1 | 晚1 | |
| M74 | 4 | 350 | 25～30岁 | Ⅰ凿1 壶1 AⅡ宽把豆1 AⅢ铲形足鼎1 | 晚1 | |
| M75 | 4 | 355 | 朽 | 罐1 CⅠ壶1 AⅢ细把豆1 AⅡ铲形足鼎1 | 晚1 | |
| M76 | 4 | 175 | 13岁 | BⅠ杯1 | 晚1 | |
| M77 | 4 | 170 | 40～45男性 | 随葬一个人头，年龄约13岁。 | 晚1 | 被M72、M74打破 |
| M78 | 2 | 180 | 14～16岁 | 玉璜1 分体玉镯1 Ⅱ陶纺轮1 蘑菇形玉饰1 三角形玉饰2 甗1 器盖1 罐1 圈足罐1 DⅠ壶1 CⅠ杯1 AⅢ杯1 CⅠ宽把豆1 BⅡ细把豆1 AⅡ小型罐1 AⅠ兽足形鼎1 | 晚2 | |
| M79 | 4 | 340 | 残 | | 晚1 | |
| M80 | 4 | 355 | 儿童 | BⅣ盅式豆1 | 晚1 | |
| M81 | 5 | 355 | 35～40男性 | 罐1 三角形玉饰1 蘑菇形玉坠1 骨锥7 刻纹骨匕1 Ⅰ锛3 杯2 鼎1 钵1 罐2 FⅡ罐1 小罐1 BⅠ盅式豆1 AⅠ盅式豆1 DⅡ杯1 AⅠ细把豆1 AⅠ罐1 BⅡ罐2 CⅠ罐2 EⅠ罐2 EⅠ壶1 | 晚1 | |
| M82 | 4 | 178 | 45岁左右女性 | 随葬一个人头，年龄约4～5岁。 | 晚1 | 被M74、M77打破 |
| M83 | 2 | 178 | 朽 | 玉璜1 FⅠ宽把豆1 杯1 鼎1 半圆形玉饰1 B盘1 BⅡ盅式豆1 AⅡ杯1 AⅢ宽把豆1 BⅠ细把豆1 AⅠ盆1 BⅡ鱼鳍形足鼎1 鱼鳍形足鼎1 | 晚2 | 被M27、M30打破 |
| M84 | 4 | 178 | 残 | 杯1 BⅡ罐1 Ⅰ凿形足鼎1 | 晚2 | |
| M85 | 5 | 330 | 成年 | 豆1 DⅠ罐1 | 晚1 | |
| M86 | 4 | 175 | 18～22女性 | | 晚1 | 被M82打破 |
| M87 | 2 | 352 | 朽 | 玉璜1 罐1 AⅡ壶1 BⅡ铲形足鼎1 | 晚2 | 被M41打破 |

续表

| 墓号 | 层位 | 头向 | 人骨 | 随葬品 | 分期 | 备注 |
|------|------|------|------|--------|------|------|
| M88 | 2 | 178 | 朽 | B鼎1　杯1　A鼎1　A豆1　盖豆1　盆1　罐1　双鼻壶1　锛1 | 晚2 | |
| M89 | 2 | 177 | 朽 | 罐1　杯1　DⅡ宽把豆1　Ⅲ凿形足鼎2 | 晚2 | 被M54、M55打破 |
| M90 | 2 | 360 | 朽 | 鼎1　CⅡ壶1　AⅢ盆1　CⅡ罐1 | 晚2 | |
| M91 | 2 | 355 | 朽 | 器盖1　豆1　玉镯1　圆环形玉饰1　甑1　罐2　AⅡ壶1 | 晚2 | |
| M92 | 2 | 168 | 朽 | 钺1　A鼎1　C鼎1　A豆1　双鼻壶1　B鼎1 | 晚2 | |
| M93 | 2 | 352 | 朽 | BⅠ杯1 | 晚2 | 被M56打破 |
| M94 | 2 | 178 | 朽 | EⅡ罐1 | 晚2 | 被M23、M44、M68叠压打破 |
| M95 | 4 | 173 | 朽 | 圜底罐1 | 晚1 | |
| M96 | 4 | 178 | 残 | 分体玉镯1　玉镯1　AⅠ钺1　Ⅰ锛1　甑1　罐1　壶1　Ⅰ器座2　AⅠ盘1　AⅠ细把豆1　CⅠ细把豆1　AⅠ罐1　BⅡ罐1 | 晚1 | 被M95打破 |

附录一

# 南河浜遗址地层资料

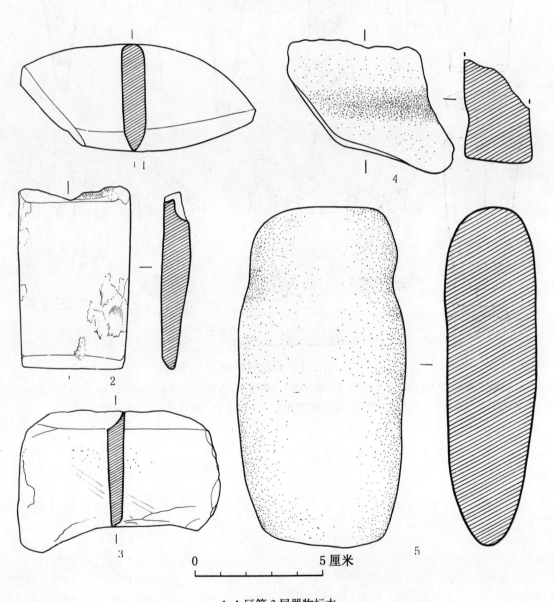

0      5 厘米

1. A区第3层器物标本

1. 石刀（T302③:1） 2. Ⅲ式石锛（T302③:3） 3、4. 砺石 5. 石斧（T302③:6）

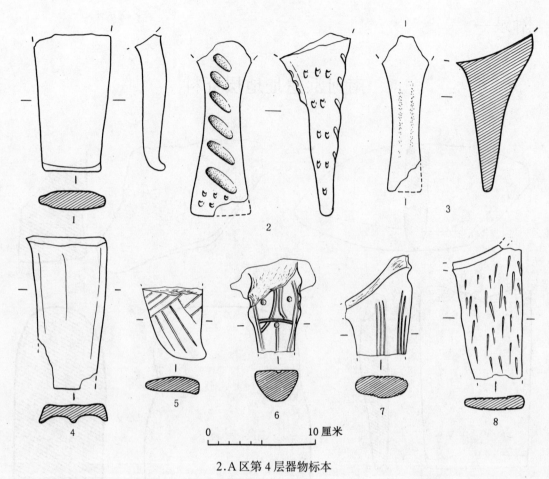

2. A区第4层器物标本

1. A型铲形鼎足（T301④A:4）　　2、3、6. 凿形鼎足（T402④B:8、T402④A:6、T402④B:6）　　4. B型铲形鼎足（T301④A:5）　　5、7. V式鱼鳍形鼎足（T402④B:9、T202④A:1）　　8. Ⅵ式鱼鳍形鼎足（T302④:5）

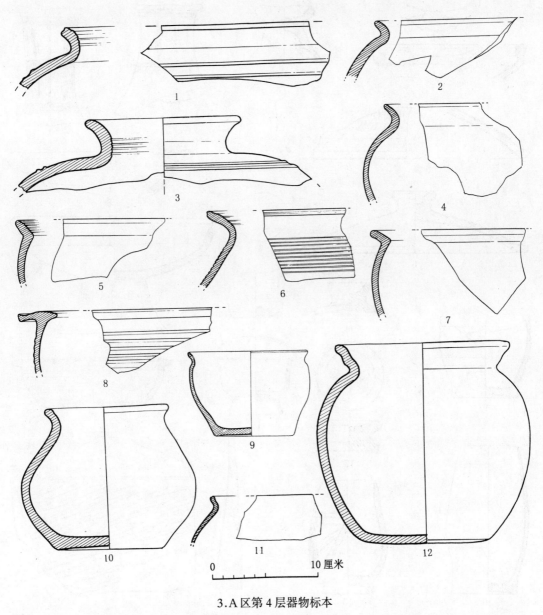

**3. A 区第 4 层器物标本**

1、2、6、11. 罐（T402④A:4、T202④B:5、T402④B:3、T402④A:5）　　3. A 型 IV 式罐（T302④:1）　4. B 型
Ⅰ式罐（T402④B:4）　5、7、8. 盆（T402④B:5、T202④B:4、T301④A:7）　9. Ⅲ式盆（T402④A:2）
10、12. B 型 Ⅱ式罐（T302④A:2、T302④A:6）

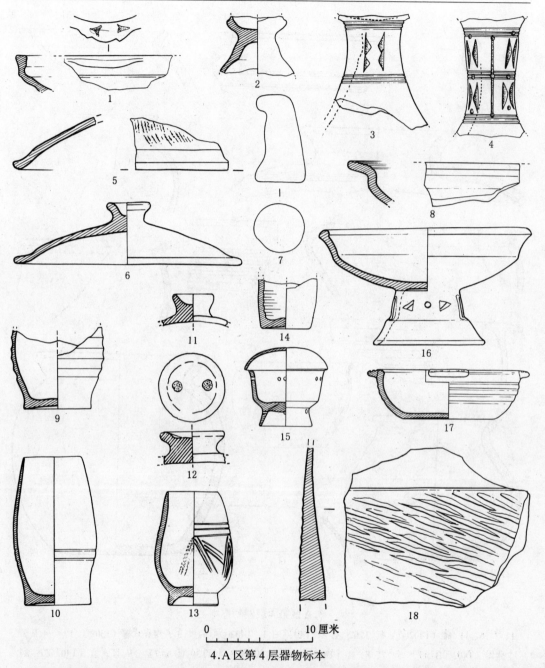

4.A区第4层器物标本

1、16.B型Ⅱ式豆（T202④B:14、T402④B:1）　2.Ⅱ式盅形豆（T301④A:21）　3、4.A型Ⅳ式豆把（T301④A:15、T301④A:16）　5、6、11、12.Ⅳ式盖（T301④A:3、T301④A:8、T302④:9、T202④A:6）　7.A型Ⅳ式釜支子（T301④:6）　8.豆盘（T201④:2）　9、10、13.B型Ⅰ式杯（T402④:7、T402④A:11、T402④A:1）　14.A型Ⅱ式杯（T402④B:11）　15.杯（T101④:1）　17.盆（T402④A:3）　18.Ⅱ式夹砂缸（T402④A:7）

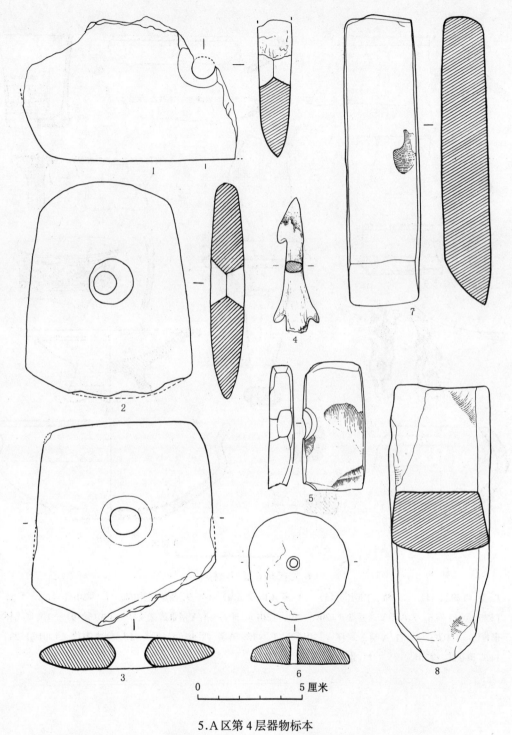

0　　　　　　　　5厘米

5.A区第4层器物标本

1~3.Ⅱ式石钺（T301④A:22、T201④B:7、T201④C:2）　4.骨镖（T201④B:5）　5.Ⅲ式石锛（T302④A:15）　7、8.Ⅱ式凿（T201④B:11、T402④A:12）　6.A型Ⅱ式陶纺轮（T302④A:21）

0　　　　　　　　　　　10 厘米

6.A 区第 5 层器物标本

1. 釜（T202⑤:1）　　2. 鼎（T201⑤:15）　　3. 罐（T402⑤:4）　　4、9. 鼎足（T402⑤:7、T201⑤:11）　　5. 钵
（T201⑤:1）　　6、7.A 型 V 式豆盘（T201⑤:20、T201⑤:30）　　8.A 型Ⅲ式釜支子（T201⑤:9）　　10.Ⅲ式杯
形盖钮（T302⑤:4）11.A 型 I 式杯（T201⑤:2）　　12. 器鋬（T302⑤:15）　　13. 刻纹陶片（T201⑤:23）
14.C 型Ⅱ式（T201⑤:8）　　15.Ⅱ式盆（T201⑤:7）

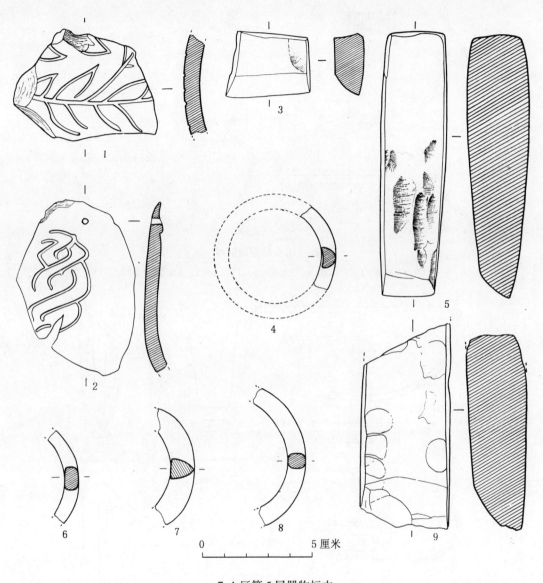

图七 A区第5层器物标本

1、2．刻纹陶片（T201⑤:24、T202⑤:25） 3．石锛（T302⑤:14） 5、9．Ⅲ式石凿（T302⑤:13、T201⑤:3） 4、7．A型陶镯（T402⑤:11、12） 6.B型陶镯（T302⑤:11） 8.C型陶镯（T302⑤:12）

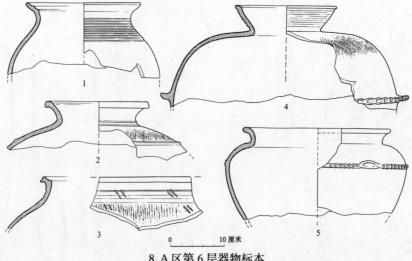

8.A区第6层器物标本

1~4.釜（T302⑥:2、T302⑥:1、T301⑥:6、T302⑥:22）　5.罐（T402⑥:1）

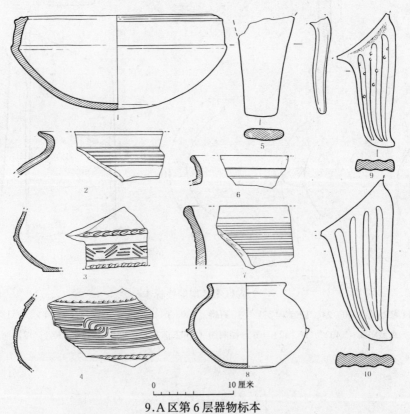

9.A区第6层器物标本

1.Ⅱ式钵（T401⑥:11）　2、6、8.罐（T201⑥:10、T201⑥:22、T401⑥:1）　3、
4.刻纹陶片（T402⑥:7、T402⑥:12）　5.A型铲形鼎足（T302⑥:19）　7.Ⅱ式夹
砂缸（T201⑥:17）　9、10.Ⅳ式鱼鳍形鼎足（T301⑥:10、T301⑥:9）

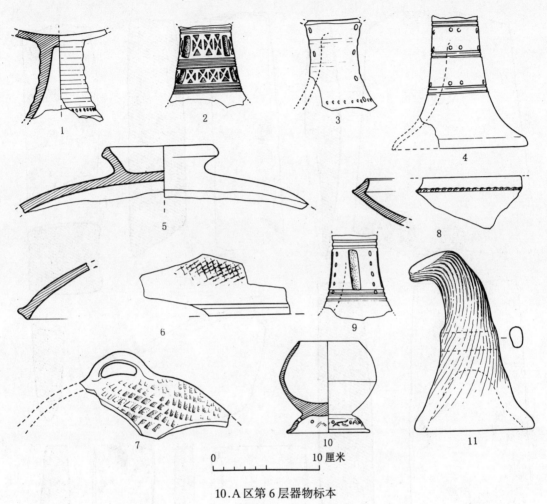

图一〇　A区第6层器物标本

1~4、9.A型Ⅲ式豆把（T301⑥:12、T302⑥:13、T302⑥:7、T302⑥:12、T401⑥:2）　8.A型Ⅳ式豆盘（T401⑥:4）　10.杯（T101⑥:1）　5、6.Ⅲ式盖（T301⑥:1、T301⑥:2）　7.器盖（T302⑥:11）　11.A型Ⅲ式釜支子（T302⑥:21）

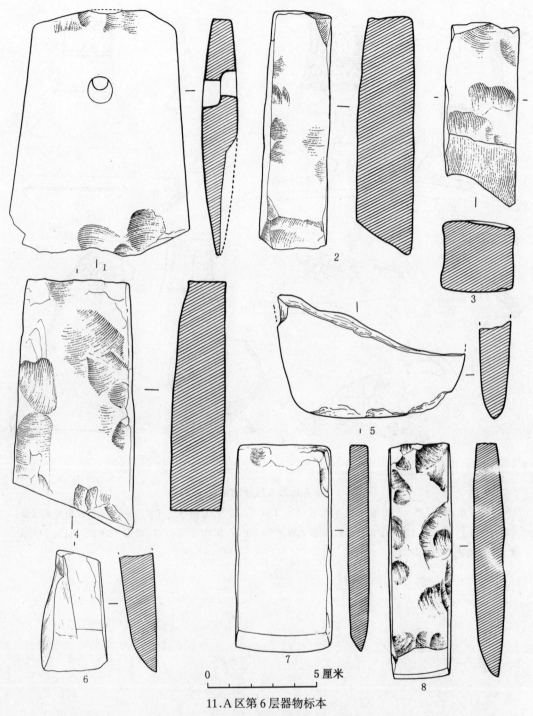

11. A区第6层器物标本

1、5. Ⅱ式石钺（T201⑥:12、T301⑥:20）　　2、3. Ⅱ式凿（T202⑥:10、T201⑥:11）　　4、8. Ⅱ式石锛（T401
⑥:12、T402⑥:13）　　6、7. Ⅲ式石锛（T302⑥:24、T401⑥:13）

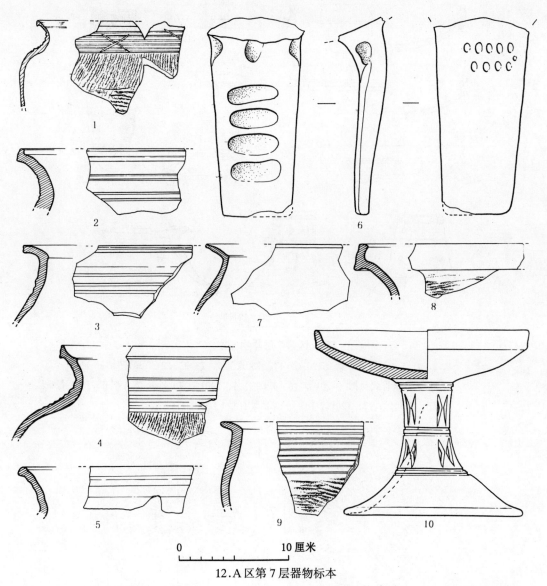

12.A区第7层器物标本

1、3、5.Ⅱ式釜（T301⑦:22、T302⑦:6、T201⑦:13）　2、4、8.Ⅲ式釜（T301⑦:17、T401⑦:6、T301⑦:
18）　7、9.鼎（T201⑦:10、T401⑦:10）　6.A型Ⅱ式铲形鼎足（T301⑦:3）　10.A型Ⅲ式豆（T302⑦:
11）

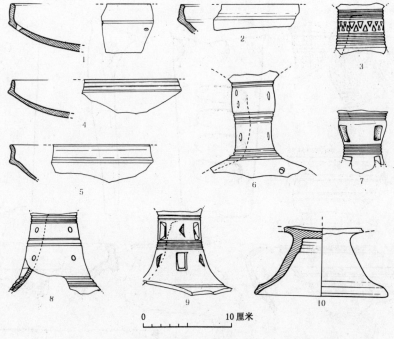

0　　　　　　　　　10 厘米

13.A区第7层器物标本

1、2、4、5.A型Ⅲ式豆盘（T201⑦：17、T301⑦：5、T302⑦：2、T301⑦：7）

3、8、9.A型Ⅲ式豆把（T201⑦：16、T302⑦：4、T401⑦：1）　6、7.A型Ⅱ

式豆把（T301⑦：12、T201⑦：15）　10.B型Ⅰ式（T201⑦：14）

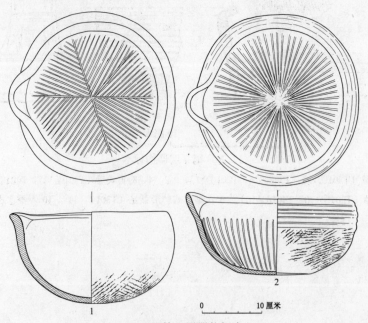

0　　　　　　　　　10 厘米

14.A区第7层器物标本

1、2.Ⅰ式澄滤器（T201⑦：2、T401⑦：20）

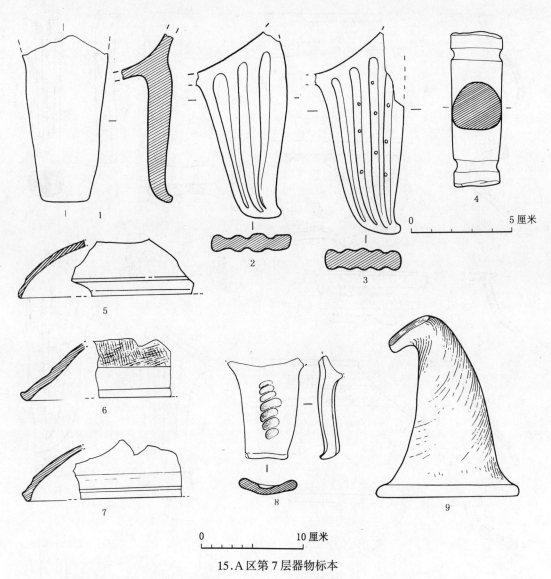

15.A区第7层器物标本

1、8.A型Ⅲ式铲形鼎足（T201⑦:1、T301⑦:4）　2、3.Ⅳ式鱼鳍形鼎足（T301⑦:1、T301⑦:2）　4.网坠
（T302⑦:12）　5、6、7.Ⅲ式器盖（T302⑦:9、T401⑦:7、T201⑦:7）　9.A型Ⅲ式釜支子（T401⑦:3）

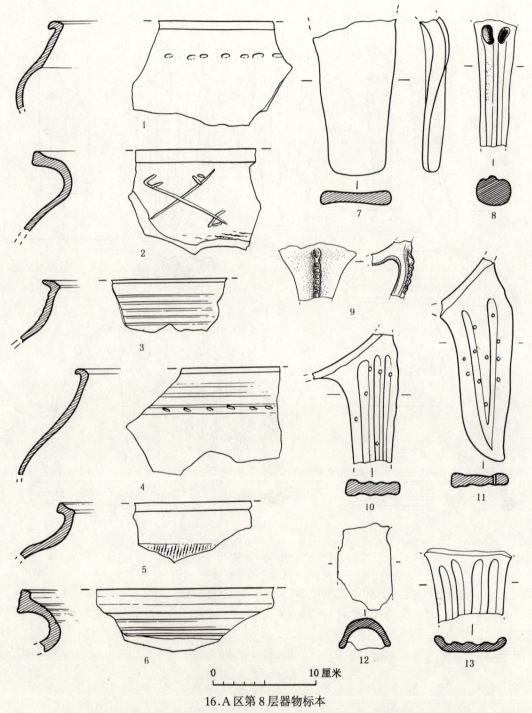

16.A区第8层器物标本

1、3、4.Ⅲ式鼎口沿（T301⑧:13、T301⑧:14、T201⑧:15）　2、5.Ⅱ式釜（T401⑧:4、T401⑧:9）　6.Ⅲ式釜（T301⑧:20）　7.A型Ⅱ式铲形鼎足（T301⑧:25）　8、9.鼎足（T401⑧:3、T201⑧:26）　10、11.Ⅲ式鱼鳍形鼎足（T401⑧:7、T201⑧:5）　12、13.B型Ⅱ式铲形鼎足（T201⑧:7、T301⑧:26）

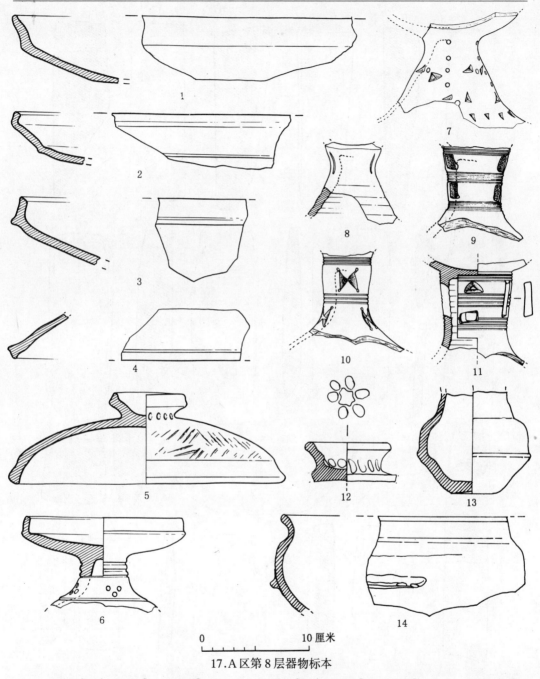

0　　　　　　　　　10 厘米

17.A 区第 8 层器物标本

1、2.B 型 Ⅱ 式豆盘（T301⑧:4、T301⑧:3）　　3、6.A 型 Ⅱ 式豆盘（T301⑧:5、T301⑧:2）　　4、5、12.Ⅱ 式盖（T401⑧:12、T201⑧:16、T301⑧:27）　　7~11.A 型 Ⅱ 式豆把（T301⑧:21、T201⑧:19、T301⑧:18、T401⑧:1、T401⑧:2）　　13.A 型 Ⅰ 式壶（T301⑧:7）　　14.Ⅰ 式盆（T201⑧:21）

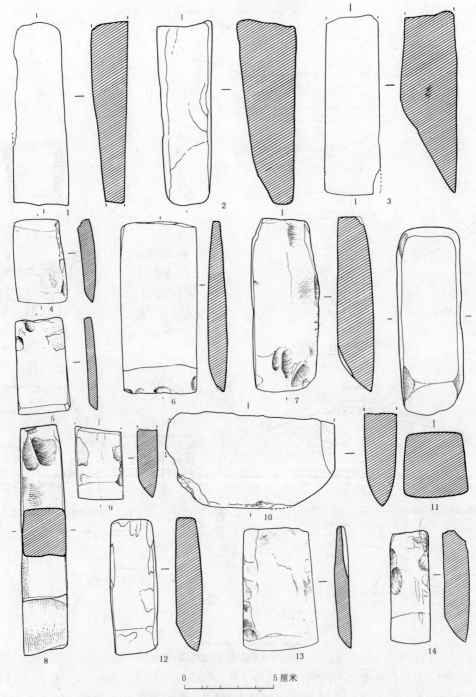

18.A区第8层器物标本

1、3、8、11、12、14.Ⅱ式凿（T401⑧:16、T401⑧:15、T201⑧:13、T201⑧:12、T301⑧:1、T301
⑧:24）　2.Ⅲ式凿（T401⑧:21）　4.Ⅲ式锛（T301⑧:23）　5、7、9、13.Ⅱ式锛（T201⑧:10、
T302⑧:2、T302⑧:3、T301⑧:22）　6.Ⅰ式锛（T302⑧:1）　10.Ⅱ式钺（T401⑧:22）

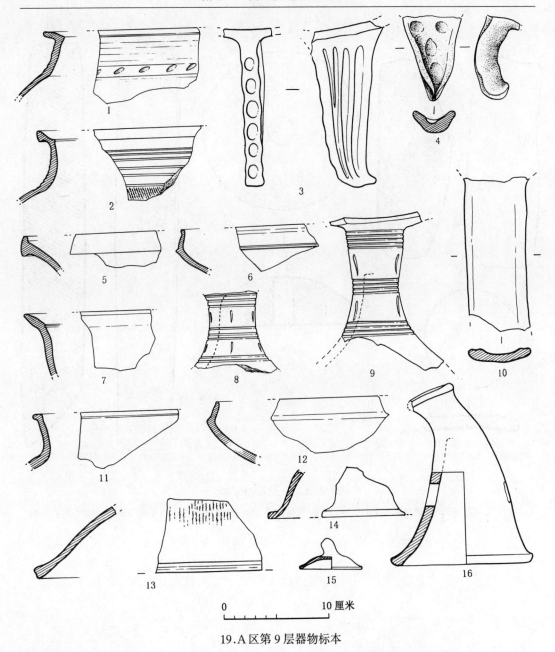

0 ————————— 10 厘米

19.A区第 9 层器物标本

1.Ⅱ式鼎口沿（T402⑨:3）　　2、5.Ⅱ式釜（T401⑨:6、T301⑨:1）　　3.Ⅲ式鱼鳍形鼎足（T201⑨B:1）　　4.
鼎足（T201⑨A:15）　　6、12.A型Ⅱ式豆盘（T201⑨A:12、T402⑨:6）　　8、9.A型Ⅱ式豆把（T201⑨A:9、
T401⑨:1）　　10.B型Ⅱ式铲形鼎足（T401⑨:5）　　7.盆（T201⑨A:4）　　11.A型Ⅱ式罐（T201⑨B:3）　　13、
14、15.Ⅱ式盖（T401⑨:7、T402⑨:2、T201⑨:11）　　16.A型Ⅱ式釜支子（T201⑨B:6）

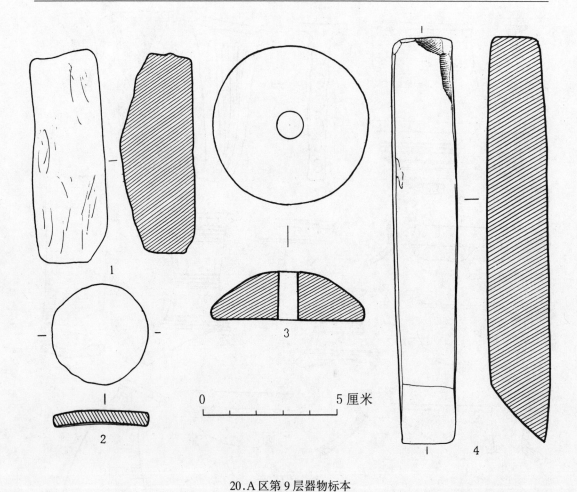

20.A区第9层器物标本

1、4.Ⅱ式凿（T201⑨A:16、T401⑨:21）　2.圆陶片（T201⑨A:17）　3.A型Ⅱ式陶纺轮（T301⑨:11）

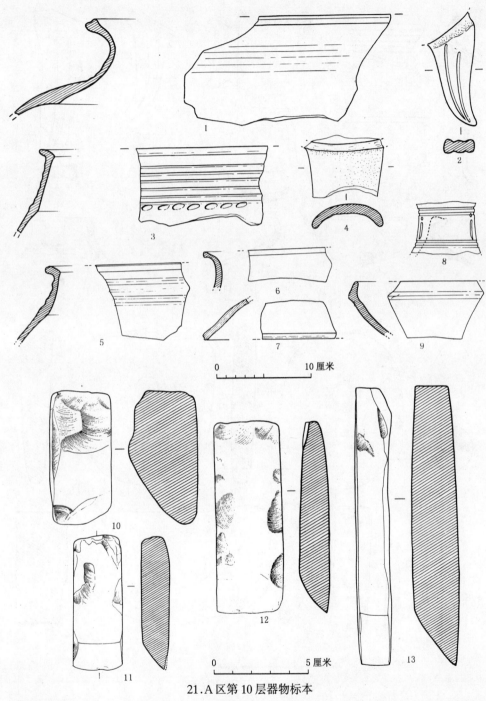

0                    10 厘米

0                    5 厘米

21.A区第10层器物标本

1、5.Ⅰ式釜（T402⑩:2、T301⑩:10）　2.Ⅱ式鱼鳍形鼎足（T301⑩:2）　3.Ⅱ式鼎（T301⑩:9）　4.B型Ⅱ
式铲形鼎足（T301⑩:4）　6.罐（T402⑩:1）　7.Ⅰ式盖（T301⑩:6）　8.A型Ⅱ式豆把（T301⑩:15）
9.A型Ⅱ式豆盘（T301⑩:8）　10、13.Ⅰ式凿（T201⑩:12、T301⑩:20）　11.Ⅱ式锛（T201⑩:31）　12.
Ⅰ式锛（T201⑩:11）

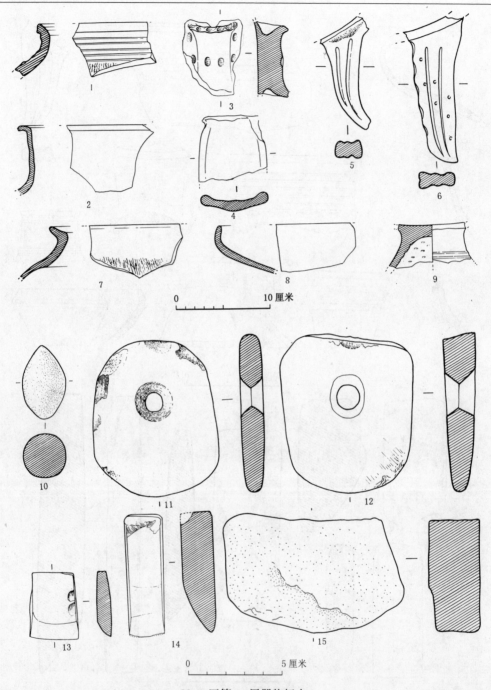

22.A区第11层器物标本

1、7.Ⅰ式釜（T201⑪:12、T301⑪:4）　2.罐（T201⑪:8）　3.器耳（T301⑪:6）　4.B型Ⅱ式铲形鼎足（T301⑪:3）　5、6.Ⅱ式鱼鳍形鼎足（T201⑪:7、T201⑪:9）　8.A型Ⅱ式豆盘（T301⑪:1）　9.A型Ⅰ式豆把（T201⑪:4）　10.陶球（T201⑪:15）　11、12.Ⅰ式石钺（T201⑪:14、T201⑪:13）　13.Ⅰ式锛（T201⑪:10）　14.Ⅱ式凿（T201⑪:11）　15.砺石（T301⑪:28）

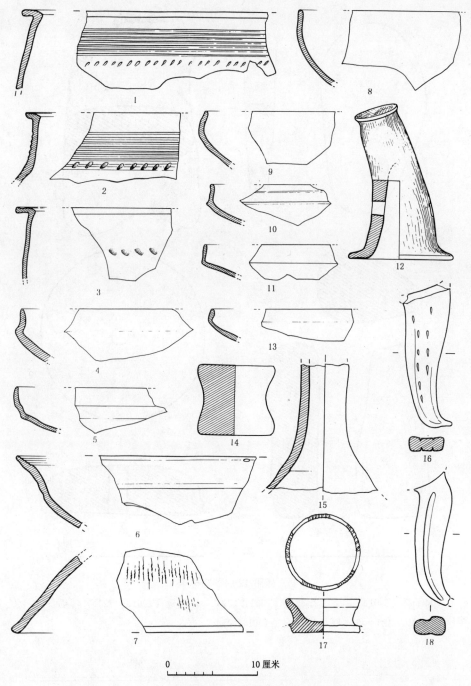

0　　　　　　　　10 厘米

23.A 区第 12 层器物标本

1～3.I式鼎（T401⑫:1、T201⑫:3、T201⑫:4）　　4、8～11、13.A型I式豆盘（T301⑫:4、T401⑫:3、
T201⑫:6、T201⑫:9、T201⑫:10、T301⑫:15）　　15.A型I式豆把（T401⑫:2）　　5.B型I式豆盘
（T202⑫:4）　　6.C型I式豆盘（T201⑫:21）　　7、17.I式器盖（T401⑫:10、T201⑫:16）　　12.A型I
式釜支子（T201⑫:1）　　14.B型I式（T201⑫:11）　　16、18.I式鱼鳍形鼎足（T401⑫:5、T301⑫:1）

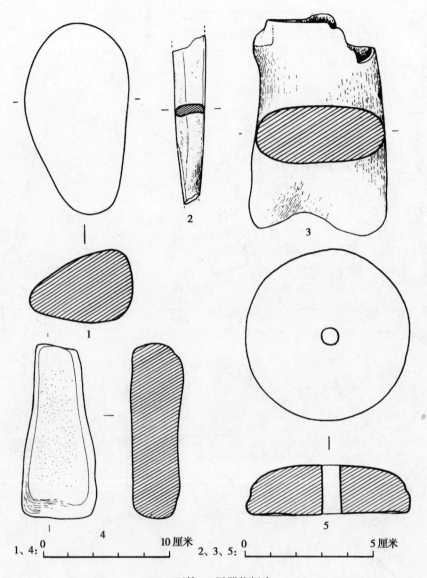

24.A区第 12 层器物标本

1.石锤（T401⑫:21）　　2.骨锥（T302⑫:21）　　3.角锄（T201⑫:22）　　4.砺石
（T201⑫:12）　　5.A型Ⅰ式陶纺轮（T301⑫:2）

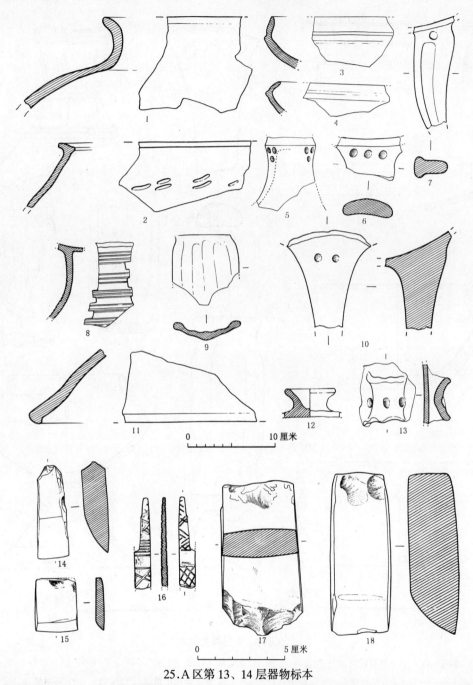

图25. A区第13、14层器物标本

1.罐（T301⑬:1）　2. I 式鼎（T201⑭A:15）　3、4.A型 I 式豆盘（T401⑬:5、T401⑬:4）　5、8.A型 I
式豆把（T301⑭:4、T201⑭A:10）　6.A型 I 式铲形鼎足（T301⑭:7）　7. I 式鱼鳍形鼎足（T301⑭:2）
9.B型 I 式铲形鼎足（T201⑭A:6）　10.双目式圆锥形鼎足（T201⑭A:8）　11、12. I 式器盖（T301⑭:3、
T201⑭A:14）　13.牛鼻形器耳（T201⑭A:13）　14、18. I 式石凿（T201⑭:16、T401⑬:2）　15、17. I 式
石锛（T401⑬:20、T401⑬:1）　16.刻纹骨片（T401⑬:6）

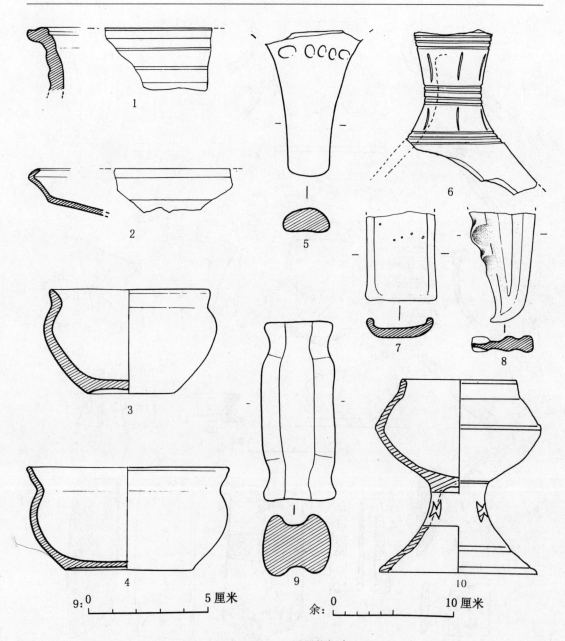

9:0　　　　　5 厘米

余:0　　　　　10 厘米

26.B 区第 3、4 层器物标本

1.罐（T1③:6）　2.B 型Ⅲ式豆盘（T2③:4）　3、4.Ⅱ式盆（T2④:3、T2③:1）　5.鼎足（T1③:2）　6.A 型Ⅱ式豆把（T1④:1）　7.B 型Ⅱ式铲形鼎足（T2④:2）　8.Ⅲ式鱼鳍形鼎足（T2④:1）　9.陶网坠（T2③:3）　10.罐形豆（T2③:2）

## 附录二

## 陶墩遗址出土陶器资料

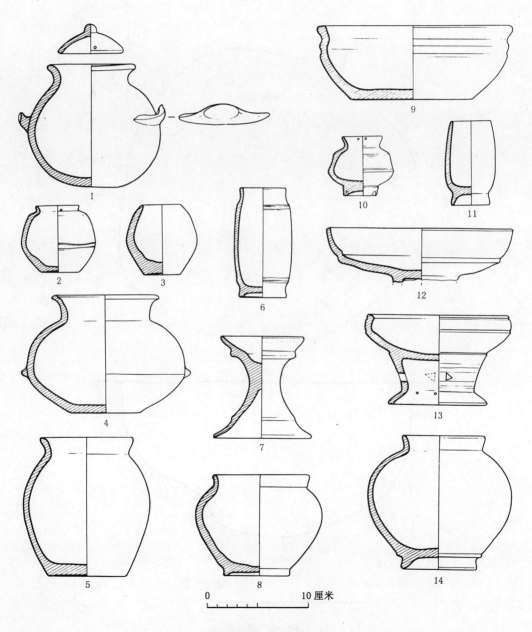

陶墩遗址陶器（采集品）

1、4、5、8、14.中型罐　2、3.小型罐　6、11.杯　7.盉形豆　9.盆　10.壶　12、13.豆（均为泥质灰陶）

附录三

# 南河浜 H2 资料

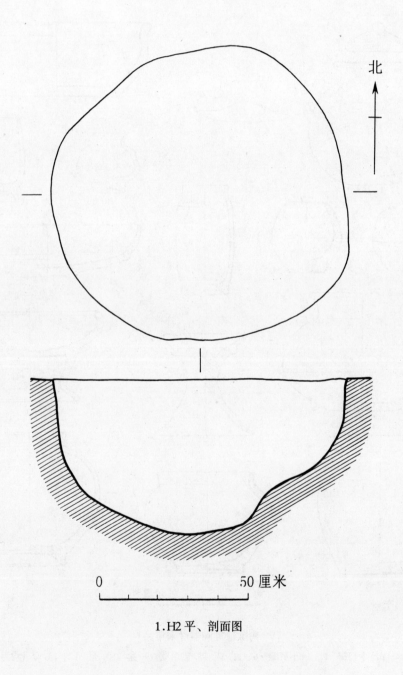

北

0                    50 厘米

1.H2 平、剖面图

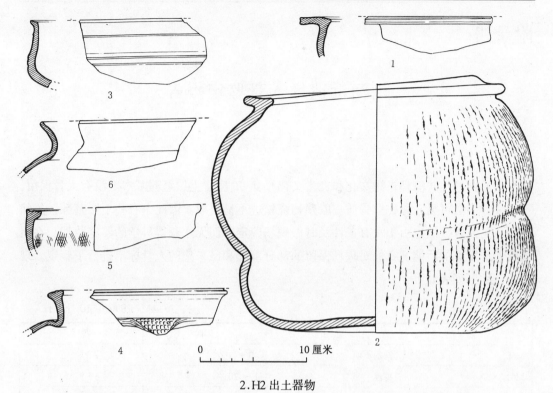

**2. H2 出土器物**

1、3. 盆　2. 绳纹瓶　4. 方格纹罐　6. 罐　5. 澄滤器　（2 为夹砂灰褐陶，余为泥质灰陶）

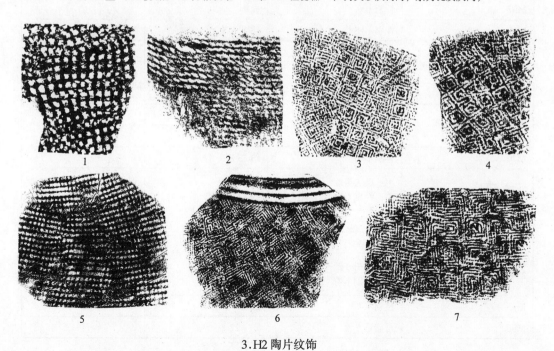

**3. H2 陶片纹饰**

1、5. 拍印方格纹　2. 绳纹　3、4. 回纹　6、7. 云雷纹

# 附录四

# 南河浜遗址人骨鉴定报告

## 韩康信

南河浜遗址共清理崧泽文化和良渚文化墓葬 96 座，上层墓葬基本上没有人骨保留，下层墓葬多数可见人骨，但骨质一般残朽疏松，不易提取。因此，有些下层墓葬，虽然现场可见人骨，但也由于没有条件及时做现场鉴定，而无法获得科学的鉴定数据。在南河浜遗址发掘的后期，我们对现场保留的部分墓葬和已采集的人骨标本进行了鉴定。现将鉴定结果列表如下：

1996 年 10 月 6 日

| 墓号 | 性别 | 年龄 | 备注 |
|---|---|---|---|
| M60 | 性别不明 | 40～45 岁 | |
| M61 | 男性 | 17～20 岁 | |
| M65 | 性别不明 | 25～30 岁 | |
| M67 | 性别不明 | 成年 | |
| M69 | 性别不明 | 18 岁左右 | |
| M70 | 男性 | 成年 | |
| M71 | 性别不明 | 17 岁左右 | |
| M72 | 男性 | 大于 25 岁 | |
| M73 | 性别不明 | 成年 | |
| M74 | 性别不明 | 25～30 岁 | |
| M76 | 性别不明 | 约 13 岁 | |
| M77 | 甲：疑为男性<br>乙：性别不明 | 40～45 岁<br>约 13 岁 | 甲为墓主人，乙为随葬之人头。 |
| M78 | 性别不明 | 14～16 岁 | |
| M81 | 男性 | 35～40 岁 | |
| M82 | 甲：疑为女性<br>乙：性别不明 | 不小于 45 岁<br>4～5 岁 | 甲为墓主人，乙为随葬之人头。 |
| M85 | 性别不明 | 成年 | |
| M86 | 可能是女性 | 18～22 岁 | |

# 附录五

# 南河浜遗址动物骨骸鉴定报告

金幸生

（浙江省自然博物馆）

　　南河浜遗址的动物遗骸不多，并且保存状态不好，鉴定比较困难。现将鉴定结果记述如下：

## 一、动物遗骸的采集地点和动物种类

| 序号 | 采集地点 | 鉴定内容 |
|---|---|---|
| 1 | 96JNT201⑨B | 鹿科颈椎一节。 |
| 2 | H18 | 无法鉴定。 |
| 3 | 96JNM95 | 猪 $M_2$，磨损度轻。 |
| 4 | 96JNT401⑫ | 鹿科碎牙，猪左下颌带 $M_3$，磨蚀轻；<br>另一猪破碎右下颌带 $M_2$、$M_3$，磨蚀轻。 |
| 5 | 96JNT402⑩ | 无法鉴定。 |
| 6 | 96JNM68 | 已经破碎，猪犬齿？ |
| 7 | 96JNT201⑫ | 一件基本完整的猪头骨，风化严重，保存左右前臼齿和臼齿，$M_3$ 基本未磨损。 |
| 8 | 96JNT301⑭ | 一段麂角尖？三枚鹿科上臼齿；<br>猪左下 $M_3$，磨损度高。 |
| 9 | 96JNT401⑧ | 鹿科上臼齿一枚，獐不完整左右上犬齿。 |
| 10 | 96JNT301⑭ | 一件不完整鹿科下颌骨，带三枚臼齿；獐上犬齿一枚；猪右下 $M_3$，磨损度轻；猪犬齿？ |
| 11 | 96T201⑫ | 猪下颌联合部，牙齿磨损度中等；猪犬齿一段，磨损度中等。 |
| 12 | 96JNT201⑭ | 碎骨，无法鉴定。 |
| 13 | H3 | 破碎的猪和鹿科下颌及牙齿。 |
| 14 | T201⑫ | 无法鉴定。 |
| 15 | 96JNT201⑫ | 肢骨。 |
| 16 | 96JNT302⑦B、⑧ | 猪右下 $M_2$、$M_3$，磨损度轻。 |
| 17 | 96JNT302⑧ | 一段破碎鹿科下颌骨，保存破碎牙齿。 |

**续表**

| 序号 | 采集地点 | 鉴定内容 |
|---|---|---|
| 18 | 96JNT201⑭ | 一段鹿科下颌骨带 2 枚臼齿，2 枚上臼齿。猪：一段右下颌骨带 $M_2$、$M_3$ 磨损度高；一右下 $M_3$ 磨损度中等；左右上 $M^3$ 磨损度轻。 |
| 19 | 96JNT401⑫ | 一段左上齿列，保存的 $M^1$、$M^2$，$M^3$ 未长出，磨损度轻。 |
| 20 | 96JNT301⑬ | 猪：一枚门齿，磨损度中等。2 枚猪臼齿，破碎，磨损度轻。 |
| 21 | 96JNT402⑩ | 无法鉴定。 |
| 22 | 96JNT301⑪ | 猪右上 $P^3 \sim M^3$，$M^3$ 未磨损；下 $M_2$ 磨损度轻。另有一件破碎头骨无法鉴定。 |
| 23 | 96JNT402⑫ | 猪：左 $M_3$ 未磨损；一段右下颌带 $M_2$，$M_3$ 未长出；一段右下颌带 $M_1$、$M_2$，磨损度中等。另有一段鹿科下颌。 |
| 24 | 96JNT301F4 垫 | 破碎鹿科牙齿。 |
| 25 | 96JNT401⑬ | 破碎鹿角和肢骨。 |
| 26 | 96JNT401⑬ | 破碎肢骨。 |
| 27 | 96JNT401 东扩部⑫ | 猪：一段保存 $M_1$、$M_2$ 的左下颌骨，牙齿磨损度中等。 |
| 28 | 96JNT401⑫ | 一段麋鹿角，角上有很多的突起。 |
| 29 | T201⑫ | 无法鉴定。 |
| 30 | 96JNT401⑫ | 猪：右 $M_3$，磨损度轻；右 $M_2$，磨损度中等。獐：下颌带三枚牙齿。 |
| 31 | 96JNT201⑫ | 猪：右上 $P^3 \sim M^3$ 带部分头骨；一段右下颌带不完整的 $P_3$、$M_3$；完整的 $M_1$、$M_2$。 |
| 32 | 96JNT401 东扩部⑬ | 鹿科上臼齿一枚。肢骨三件。 |
| 33 | 96JNH13 | 鹿科右上臼齿三枚。 |
| 34 | 96JNT201⑪ | 猪上 $M^2$ 二枚，磨损度轻。 |
| 36 | 96JN⑭A | 猪：$M_3$，磨损度高；右下 $P_3P_4$，磨损度中等。$M_2$ 二枚，磨损度轻；犬齿一段，磨损度中等。 |
| 37 | 96JNT402⑥ | 猪：二枚 $M_2$，磨损度轻。 |
| 38 | 96JNT401 东扩部⑬ | 猪：一件带部分下颌的左 $M_3$，牙齿磨损度轻；$M_2$ 一枚，磨损中等。 |
| 39 | 96JNT201⑨A | 一件破碎鹿科牙齿。 |
| 40 | 96JNH18 | 无法鉴定。 |
| 41 | 96JNH22 | 猪：一件带部分头骨的左上 $M^2$、$M^3$，牙齿磨损度高；一件左上 $P^3 - M^2$ 齿列，牙齿磨损度轻。 |
| 42 | T201⑨A | 鹿科：颈椎一节；下臼齿五枚；上臼齿五枚。<br>猪：下门齿一枚；右上 $M^3$ 一枚；右下 $M_3$ 一枚；左下 $M_2$ 一枚；牙齿磨损度高，齿脊已经磨平。 |
| 43 | 96JNT401 东扩部⑨ | 猪：左下 M3 一枚，磨损度中等。<br>鹿科：角尖一段。 |
| 45 | 96JNT301⑩ | 腕骨，牛？鹿？ |
| 46 | 96JNT402⑩ | 鹿科臼齿三枚。 |
| 47 | 96JNT401⑬ | 猪：右上臼齿二枚，左上臼齿一枚。 |

# 二、动物遗骸记述

### 1. 獐 *Hydropotes inermis*

材料共有三件上犬齿，编号为 96JNT301⑭，96JNT401⑧。

96JNT301⑭基本完整，96JNT401⑧。不完整。

上犬齿较长，而侧扁，稍向后弯曲，后缘呈一锋利的刃状，齿冠和齿根之间没有很明显的分界，齿壁薄而中空，并在牙根部封闭。由于保存不完整，长度不能测量。和浙江自然博物馆的馆藏的河姆渡及现生的獐比较，当前标本和他们基本一致。

### 2. 四不像鹿（麋鹿）*Elaphurus davidianus*

可以鉴定的材料只有一件，编号为 96JNT401⑫，是角的一段，角表面有瘤状突起，可以断定是四不像鹿。

### 3. 鹿科 *Cervidae*

鹿科的材料比较多，但不能更进一步鉴定，有牙齿，角，和下颌骨等。

### 4. 猪 *Sus domesticus*

本遗址猪的材料最多，但除了一件比较完整的头骨外，其他的都是一些齿列，牙齿，和骨骼碎片。从它大多都有 $M_2M_3$，且除了个别外都是刚长出后磨损度不高，可以断定猪的死亡年龄基本一致。应该为家养的猪。

尽管本遗址的动物群种类不多，但从猪和鹿科的动物遗骸比较多，可以判断，当时的饲养业比较发达，鹿科动物比较繁盛，狩猎是动物食物的主要来源之一。

# 附录六

## 南河浜遗址孢粉鉴定报告

### 同济大学海洋地质系孢粉实验室

嘉兴南河浜遗址发掘面积约 1000 平方米，分为 A、B 两区，其中 A 区 T301 是该遗址中文化层较为全面的探方，第 6 层以上为祭台和短时期的人工堆筑层，因此，孢粉分析土样仅取自 T301 东壁剖面第 6 层及其以下的各个文化层，共有 9 块样品，由浙江省文物考古研究所帮助采集，其岩性如下：（样品号即代表地层号）

6 号样，为灰黄色土；

7 号样，为灰黄色土；

8 号样，为灰褐色土；

9A 号样，为灰褐色土，夹有铁锈斑；

10 号样，为浅灰褐色土；

12 号样，为灰黑色土；

13 号样，为灰黑色土；

14A 号样，为浅灰黑色硬质土；

14B 号样，为灰黑色土。

孢粉样品皆以酸、碱处理，重液浮选集中，在样品中发现有一定量的孢粉。经鉴定、统计和分析，可将南河浜遗址从下到上划分为三个孢粉组合带：

1. 下部孢粉组合带（14B～12 号）

本组合以草本植物花粉居首位，为孢粉总数的 50.00～62.14%；木本植物花粉次之，占 14.29～39.66%；蕨类孢子为 8.62～32.14%。在草本植物花粉中香蒲属（Typha）最多，占孢粉总数的 8.05～26.79%；其次为禾本科（Gramineae），占 3.12～21.84%，其中直径大于 40μm 的禾本科占孢粉总数的 0.89～6.90%；百合科（Liliaceae）为 2.68～17.82%，居草本花粉的第三位；另外还有黑三棱科（Sparganiaceae）、蒿属（Artemisia）、十字花科（Cruciferae）、鸢尾科（Iridaceae）、蓼科（Polygonum）及零星的荨麻属（Urtica）、伞形科（Umbelliferae）、藜科（Chenopodiaceae）、眼子菜科（Potamogetonaceae）等花粉。木本花粉中以杉科（Taxodiaceae）占优势，为孢粉总数的 2.68～15.52%；其次为常绿阔叶的青冈栎（Quercus glauca），占 2.94～11.49%；针叶的柏科（Cupressaceae）居第三位，占 2.23～7.06%；落叶阔叶的麻栎（Quercus acutissima）数量相对较多，达 0.89~5.75％；另外还有大戟科（Euphorbiaceae）、棕榈科（Palmae）、木兰属（Magnolia）、忍冬科（Caprifoliaceae）、山茶属（Cemellia）、爵床科（Acanthaceae）、乌桕属（Sapium）、柳属（Salix）、椴科（Tiliaceae）、卫矛科（Celastraceae）、鹅耳枥属（Carpinus）、栗属（Castanea）等花粉。蕨类孢子中主要为蕨属（Pteridium）和水龙骨科（Polypodiaceae），此外还有石松属（Lycopodiaceae）、苔藓孢子、槐叶萍属（Salvinia）和环纹藻（Concentricystes）等。本层孢粉组合中木本植物花粉以喜暖的杉科和常绿阔叶的青冈栎最多，常绿的棕榈科、山茶属、爵床科、乌桕属时有出现；喜温凉的柏科及落叶阔叶的麻栎较为常见；柳属、椴科、鹅耳枥属、栗属等零星分布；草本植物中以水生、湿生的香蒲、禾本科、黑三棱、眼子菜科、百合科等和中生的禾本科花粉为主；蕨类孢子中主要为数量不多的水龙骨科、蕨属和苔藓孢子以及环纹藻。

2. 中部孢粉组合带（10~8 号）

组合中蕨类孢子及藻类占优势，为孢粉总数的 22.58~80.74％；其次为草本植物花粉，占 10.37~50.32％；木本植物花粉较少，占 8.89~27.85％。在蕨类孢子及藻类中，环纹藻占绝对优势，从下到上呈增加趋势，其中 9A 样品中数量高达 72.59％，随后数量减少；孢子属种极其单调，仍为水龙骨科、蕨属以及苔藓孢子；另外还有一些石松属和少量的水蕨科（Parkeriaceae）、凤尾蕨属（Pteris）、杪椤属（Cyathea）及金毛狗属（Cibotium）等。在草本植物花粉中，主要以禾本科占优势，占孢粉总数的 5.70~17.42％，其中直径大于 40μm 的禾本科占 0~3.23％；香蒲属的含量变化较大，占孢粉总数的 0~19.35％；蒿属含量仅次于香蒲；另有少量的黑三棱科、百合科、菊科、十字花科及零星的藜科、唇形科（Labiatae）和伞形科花粉。在木本植物花粉中，主要以喜温凉的柏科居优势，占孢粉总数的 1.90~6.45％；其次为杉科花粉，占 0.65~3.80％；另外还有松属花粉。在落叶阔叶树中主要有榆属（Ulmus）、麻栎、山毛榉属（Fagus）、柳属、栗属、枫杨属（Pterocsrya）、桦属（Btula）；常绿阔叶树有山茶属、女贞属（Ligustrum）、青冈栎、栲属（Castanopsis）、棕榈科、胡颓子属（Elaeagnus）和木犀科（Cleaceae）、柃木属（Eurya）等花粉。孢粉组合中以蕨类孢子占优势，但属种单调，仍为水龙骨科和蕨属，只是环纹藻大量繁盛；木本植物中常绿阔叶的青冈栎较少，而落叶阔叶的一些属种和针叶树中喜凉的柏科含量有所增加；草本植物中香蒲等水生植物大量减少，喜干的蒿属和藜科相对增加，表明当时附近山丘的植被转为以针叶、落叶阔叶为主的混交林森林景观，并零散夹杂有常绿阔叶树木。

3. 上部孢粉组合带（7~6 号）

此带以草本植物花粉占第一位，为孢粉总数的 32.12~75.88％；木本植物花粉和蕨类孢子分别为 18.24~24.24％和 5.88~43.64％。在草本植物花粉中，以香蒲属花粉占优势，占孢粉总数的 18.79～26.47％；其次为禾本科花粉，占 5.45～20.59％，其中直径大于 40μm 的花粉占孢粉总数的 2.42～4.71％；另外还有一定量的百合科，占 2.42～15.29％；蒿属、菊科也较常见；藜科、虎耳草科（Saxifragaceae）、十字花科、毛莨科（Ranunculaceae）、伞形科等花粉零星出现。在木本植物花粉中，常绿阔叶的青冈栎、山茶属、棕榈科数量较多，并有栲属、女贞属、胡颓子属等花粉；杉科、柏科、松属也占较大比例；落叶阔叶的花粉如柳属、栗属、桑属（Morus）等零星出现。在蕨类孢子中，主要为蕨属，占孢粉总数的 1.76～12.73％；苔藓孢子占 2.35～15.15％；水龙骨科的含量有时较高，此外还有少量的瓶尔小草属（Ophioglossum）、里白科（Geicheniaceae）等属种。本层常绿阔叶的青冈栎和喜暖的杉科花粉数量又有所增多，针叶树也有相当数量；水生植物香蒲属、禾本科数量和湿生的百合科植物也大量增加，但喜干的蒿属、藜科、菊科也占一定比例。说明当时的植被类型又转变为常绿阔叶为主的常绿阔叶、阔叶落叶、针叶混交林，气候为温热湿润的中亚热带气候，湿度比下部孢粉组合带略低，温度比目前略高或相近。

以上分析仅供参考。

**嘉兴南河浜遗址 96JNT301 化石孢粉统计表**　　　　1997 年 12 月 24 日

| 数量及百分比<br>孢粉名称 | 6号 | 7号 | 8号 | 9B号 | 9A号 | 10号 | 11号 | 12号 | 13号 | 14A号 | 14B号 |
|---|---|---|---|---|---|---|---|---|---|---|---|
| Pinus　松属 | 6 | 1 | 4 | | 4 | | | 1 | | | |
| Lars　落叶松属 | 3 | | | | | | | | | | |
| Cupressaceae　柏科 | 3 | 5 | 10 | | 7 | 3 | | 12 | 5 | 7 | 6 |
| Taxodiaceae　杉科 | 9 | | 1 | | 4 | 6 | | 23 | 6 | 12 | 27 |
| Salix　柳属 | | 3 | 2 | | | | | | 3 | | 1 |
| Pterocsrya　枫杨属 | | | 1 | | | | | | | | |
| Betula　桦属 | | | | | | 1 | | | | | |
| Carpinus　鹅耳枥属 | | | | | | | | 1 | 1 | | |
| Quercus acutissima　麻栎 | | | 1 | | | 3 | | | 2 | 3 | 10 |
| Quercus glauca　青冈栎 | 2 | 8 | 1 | | | 1 | | 5 | 7 | 21 | 20 |
| Fagus　山毛榉属 | | | 1 | | | | | | | | |
| Castanopsis　栲属 | | 2 | 1 | | | | | | | | |
| Ulmus　榆属 | | | 2 | | 1 | | | | | | |
| Morus　桑属 | 1 | | | | | | | | | | |
| Castanea　栗属 | | 2 | 1 | | | | | | | 1 | |
| Magnolia　木兰属 | | | | | | | | 2 | | | |

**续表**

| 数量及百分比 / 孢粉名称 | 6号 | 7号 | 8号 | 9B号 | 9A号 | 10号 | 11号 | 12号 | 13号 | 14A号 | 14B号 |
|---|---|---|---|---|---|---|---|---|---|---|---|
| Eurya 柃木属 | | | | | | 1 | | | | | |
| Euphorbiacea 大戟科 | 2 | 1 | 7 | | | 7 | | 2 | 5 | 5 | |
| Caprifoliaceae 忍冬科 | | | | | | | | 1 | | | |
| Sapium 乌桕属 | | | | | | | | | | 1 | |
| Palmae 棕榈科 | 4 | 4 | 1 | | | | | 9 | | | 3 |
| Acanthaceae 爵床科 | | | | | | | | | | 1 | |
| Tiliaceae 椴科 | | | | | | | | | | | 1 |
| Ligustrum 女贞属 | 1 | | 2 | | | | | | | | |
| Elaeagnus 胡颓子属 | 1 | 1 | | | | | | | | | |
| Camellia 山茶属 | 7 | 5 | 5 | | | 5 | | | | | 1 |
| Celastraceae 卫茅科 | 1 | | | | | 5 | | | 1 | 1 | |
| Cleaceae 木犀科 | | | 1 | | | | | | | | |
| Gramineae 禾本科 | 5 | 27 | 22 | | 5 | 7 | | 24 | 5 | 22 | 26 |
| Gramineae 禾本科 | 4 | 8 | 5 | | | 2 | | 10 | 2 | 5 | 12 |
| Chenopodiaceae 藜科 | | 2 | 2 | | | | | 1 | | | |
| Ranunculaceae 毛茛科 | | 1 | | | | | | | | | |
| Thpha 香蒲属 | 31 | 45 | 30 | | | 11 | | 34 | 60 | 52 | 14 |
| Potamogetonaceae 眼子菜科 | | | | | | | | 1 | | | |
| Polygonum 蓼属 | | | | | | | | | 1 | 7 | 1 |
| Compositae 菊科 | 3 | 3 | 3 | | | 5 | | | | | |
| Artemisia 蒿属 | 3 | 16 | 7 | | | 19 | | 1 | 25 | 3 | 3 |
| Urtica 荨麻属 | | | | | | | | | 4 | | |
| Umbelliferae 伞形科 | | 1 | | | | 1 | | | 2 | | |
| Labiatae 唇形科 | | | 1 | | | | | | | | |
| Cruciferae 十字花科 | 1 | | | | 1 | 1 | | 2 | 9 | 3 | |
| Sparganiaceae 黑三棱科 | | | 2 | | 7 | 1 | | 1 | 5 | 15 | |
| Iridaceae 鸢尾科 | | | | | | | | | 1 | | 3 |
| Liliaceae 百合科 | 4 | 26 | 6 | | 1 | 4 | | 11 | 6 | 21 | 31 |
| Saxifragaceae 虎耳草科 | 2 | | | | | | | | | | |
| Cyathea 桫椤属 | | | | | | 1 | | | | | |

**续表**

| 孢粉名称 \ 样品编号 | 6号 | 7号 | 8号 | 9B号 | 9A号 | 10号 | 11号 | 12号 | 13号 | 14A号 | 14B号 |
|---|---|---|---|---|---|---|---|---|---|---|---|
| Polypodiaceae 水龙骨科 | 16 | | 8 | | 2 | 2 | | 4 | 3 | 9 | 1 |
| Polypodium 水龙骨属 | 5 | | | | | | | | | | |
| Pteridium 蕨属 | 21 | 3 | 8 | | 3 | 2 | | 5 | 5 | 4 | 5 |
| Lycopodiaceae 石松属 | | | 1 | | 3 | | | 3 | | | 1 |
| Salvinia 槐叶萍属 | | | | | | | | | 3 | | |
| Ophioglossum 瓶尔小草属 | 2 | | | | | | | | | | |
| Parkeriaceae 水蕨科 | | | 2 | | | | | | | | |
| Pteris 凤尾蕨属 | | | 1 | | | | | | | | |
| Geicheniaceae 里白科 | 1 | | | | | | | | | | |
| Cibotium 金毛狗属 | | | | | | 1 | | | | | |
| Concentricystes 环纹藻 | 2 | 2 | 8 | | 98 | 55 | | 16 | 61 | 2 | 7 |
| 未定种 | | 1 | | | | | | | | | |
| 苔藓孢子 | 25 | 4 | 7 | | 3 | 2 | | 3 | | 11 | 1 |
| 孢粉总数 | 165 | 170 | 155 | | 135 | 150 | | 170 | 224 | 206 | 174 |
| 孢子比例 | 72 | 10 | 35 | | 109 | 63 | | 31 | 72 | 26 | 15 |
| 草本花粉比例 | 53 | 129 | 78 | | 14 | 51 | | 85 | 120 | 128 | 90 |
| 木本花粉比例 | 40 | 31 | 42 | | 12 | 36 | | 54 | 32 | 52 | 69 |

**嘉兴南河浜遗址 96JNT301 化石孢粉含量统计表**　　　　1997 年 12 月 24 日

| 孢粉名称 \ 样品编号 | 6号 | 7号 | 8号 | 9A号 | 10号 | 12号 | 13号 | 14A号 | 14B号 |
|---|---|---|---|---|---|---|---|---|---|
| Pinus 松属 | 3.64 | 0.59 | 2.58 | | 2.67 | 0.59 | | | |
| Lars 落叶松属 | 1.82 | 0 | 0 | | 0 | 0 | | | |
| Cupressaceae 柏科 | 1.82 | 2.94 | 6.45 | 5.19 | 2.00 | 7.06 | 2.23 | 3.40 | 3.45 |
| Taxodiaceae 杉科 | 5.45 | 0 | 0.65 | 2.96 | 4.00 | 13.53 | 2.68 | 5.83 | 15.52 |
| Salix 柳属 | 0 | 1.76 | 1.29 | 0 | 0 | 0 | 1.34 | 0 | 0.57 |
| Pterocsrya 枫杨属 | 0 | 0 | 0.65 | 0 | 0 | 0 | 0 | 0 | 0 |
| Betula 桦属 | 0 | 0 | 0 | 0 | 0.67 | 0 | 0 | 0 | 0 |
| Carpinus 鹅耳枥属 | 0 | 0 | 0 | 0 | 0.59 | 0 | 0.45 | 0 | 0 |

续表

| 孢粉名称（数量及百分比 / 样品编号） | 6号 | 7号 | 8号 | 9A号 | 10号 | 12号 | 13号 | 14A号 | 14B号 |
|---|---|---|---|---|---|---|---|---|---|
| Quercus acutissima 麻栎 | 0 | 0 | 0.65 | 0 | 2.00 | 0 | 0.89 | 1.46 | 5.75 |
| Quercus glauca 青冈栎 | 1.21 | 4.71 | 0.65 | 0 | 0.67 | 2.94 | 3.13 | 10.19 | 11.49 |
| Fagus 山毛榉属 | 0 | 0 | 0.65 | 0 | 0 | 0 | 0 | 0 | 0 |
| Castanopsis 栲属 | 0 | 1.18 | 0.65 | 0 | 0 | 0 | 0 | 0 | 0 |
| Ulmus 榆属 | 0 | 0 | 1.29 | 0.74 | 0 | 0 | 0 | 0 | 0 |
| Morus 桑属 | 0.61 | 0 | 0 | 0 | 0 | 0 | 0 | 0 | 0 |
| Castanea 栗属 | 0 | 1.18 | 0.65 | 0 | 0 | 0 | 0 | 0.49 | 0 |
| Magnolia 木兰属 | 0 | 0 | 0 | 0 | 0 | 0 | 0.89 | 0 | 0 |
| Eurya 柃木属 | 0 | 0 | 0 | 0 | 0.67 | 0 | 0 | 0 | 0 |
| Euphorbiacea 大戟科 | 1.21 | 0.59 | 4.52 | 0 | 4.67 | 1.18 | 2.23 | 2.43 | 0 |
| Caprifoliaceae 忍冬科 | 0 | 0 | 0 | 0 | 0 | 0.59 | 0 | 0 | 0 |
| Sapium 乌桕属 | 0 | 0 | 0 | 0 | 0 | 0 | 0 | 0.49 | 0 |
| Palmae 棕榈科 | 2.42 | 2.35 | 0.65 | 0 | 0 | 5.29 | 0 | 0 | 1.72 |
| Acanthaceae 爵床科 | 0 | 0 | 0 | 0 | 0 | 0 | 0 | 0.49 | 0 |
| Tiliaceae 椴科 | 0 | 0 | 0 | 0 | 0 | 0 | 0 | 0 | 0.57 |
| Ligustrum 女贞属 | 0.61 | 0 | 1.29 | 0 | 0 | 0 | 0 | 0 | 0 |
| Elaeagnus 胡颓子属 | 0.61 | 0 | 0.65 | 0 | 0 | 0 | 0 | 0 | 0 |
| Camellia 山茶属 | 4.24 | 2.94 | 3.23 | 0 | 3.33 | 0 | 0 | 0 | 0.57 |
| Celastraceae 卫茅科 | 0.61 | 0 | 0 | 0 | 3.33 | 0 | 0.45 | 0.49 | 0 |
| Cleaceae 木犀科 | 0 | 0 | 0.65 | 0 | 0 | 0 | 0 | 0 | 0 |
| Gramineae 禾本科 | 3.03 | 15.88 | 14.19 | 3.70 | 4.67 | 14.12 | 2.23 | 10.68 | 14.94 |
| Gramineae 禾本科 | 2.42 | 4.71 | 3.23 | 0 | 1.33 | 5.88 | 0.89 | 2.43 | 6.90 |
| Chenopodiaceae 藜科 | 0 | 1.18 | 1.29 | 0 | 0 | 0.59 | 0 | 0 | 0 |
| Ranunculaceae 毛茛科 | 0 | 0.59 | 0 | 0 | 0 | 0 | 0 | 0 | 0 |
| Thpha 香蒲属 | 18.79 | 26.47 | 19.35 | 0 | 7.33 | 20.00 | 26.79 | 25.24 | 8.05 |
| Potamogetonaceae 眼子菜科 | 0 | 0 | 0 | 0 | 0 | 0.59 | 0 | 0 | 0 |
| Polygonum 蓼属 | 0 | 0 | 0 | 0 | 0 | 0 | 0.45 | 3.40 | 0.57 |
| Compositae 菊科 | 1.82 | 1.76 | 1.94 | 0 | 3.33 | 0 | 0 | 0 | 0 |
| Artemisia 蒿属 | 1.82 | 9.41 | 4.52 | 0 | 12.67 | 0.59 | 11.16 | 1.46 | 1.72 |
| Urtica 荨麻属 | 0 | 0 | 0 | 0 | 0 | 0 | 1.79 | 0 | 0 |
| Umbelliferae 伞形科 | 0 | 0.59 | 0 | 0 | 0.67 | 0 | 0.89 | 0 | 0 |

**续表**

| 数量及百分比 样品编号 / 孢粉名称 | 6号 | 7号 | 8号 | 9A号 | 10号 | 12号 | 13号 | 14A号 | 14B号 |
|---|---|---|---|---|---|---|---|---|---|
| Labiatae 唇形科 | 0 | 0 | 0.65 | 0 | 0 | 0 | 0 | 0 | 0 |
| Cruciferae 十字花科 | 0.61 | 0 | 0 | 0.74 | 0.67 | 1.18 | 4.02 | 1.46 | 0 |
| Sparganiaceae 黑三棱科 | 0 | 0 | 1.29 | 5.19 | 0.67 | 0.59 | 2.23 | 7.28 | 0 |
| Iridaceae 鸢尾科 | 0 | 0 | 0 | 0 | 0 | 0 | 0.45 | 0 | 1.72 |
| Liliaceae 百合科 | 2.42 | 15.29 | 3.87 | 0.74 | 2.67 | 6.47 | 2.68 | 10.19 | 17.82 |
| Saxifragaceae 虎耳草科 | 1.21 | 0 | 0 | 0 | 0 | 0 | 0 | 0 | 0 |
| Cyathea 桫椤属 | 0 | 0 | 0 | 0 | 0.67 | 0 | 0 | 0 | 0 |
| Polypodiaceae 水龙骨科 | 9.70 | 0 | 5.16 | 1.48 | 1.33 | 2.35 | 1.34 | 4.37 | 0.57 |
| Polypodium 水龙骨属 | 3.03 | 0 | 0 | 0 | 0 | 0 | 0 | 0 | 0 |
| Pteridium 蕨属 | 12.73 | 1.76 | 5.16 | 2.22 | 1.33 | 2.94 | 2.23 | 1.94 | 2.87 |
| Lycopodiaceae 石松属 | 0 | 0 | 0.65 | 2.22 | 0 | 1.76 | 0 | 0 | 0.57 |
| Salvinia 槐叶萍属 | 0 | 0 | 0 | 0 | 0 | 0 | 1.34 | 0 | 0 |
| Ophioglossum 瓶尔小草属 | 1.21 | 0 | 0 | 0 | 0 | 0 | 0 | 0 | 0 |
| Parkeriaceae 水蕨科 | 0 | 0 | 1.29 | 0 | 0 | 0 | 0 | 0 | 0 |
| Pteris 凤尾蕨属 | 0 | 0 | 0.65 | 0 | 0 | 0 | 0 | 0 | 0 |
| Geicheniaceae 里白科 | 0.61 | 0 | 0 | 0 | 0 | 0 | 0 | 0 | 0 |
| Cibotium 金毛狗属 | 0 | 0 | 0 | 0 | 0.67 | 0 | 0 | 0 | 0 |
| Concentricystes 环纹藻 | 1.21 | 1.18 | 5.16 | 72.59 | 36.67 | 9.41 | 27.23 | 0.97 | 4.02 |
| 未定种 | 0 | 0.59 | 0 | 0 | 0 | 0 | 0 | 0 | 0 |
| 苔藓孢子 | 15.15 | 2.35 | 4.52 | 2.22 | 1.33 | 1.76 | 0 | 5.34 | 0.57 |
| 孢粉总数 | 165 | 170 | 155 | 135 | 150 | 170 | 224 | 206 | 174 |
| 孢子比例 | 43.64 | 5.88 | 22.58 | 80.74 | 42.00 | 18.24 | 32.14 | 12.62 | 8.62 |
| 草本花粉比例 | 32.12 | 75.88 | 50.32 | 10.37 | 34.00 | 50.00 | 53.57 | 62.14 | 51.72 |
| 木本花粉比例 | 24.24 | 18.24 | 27.10 | 8.89 | 24.00 | 31.76 | 14.29 | 25.24 | 39.66 |

# 附录七

# 南河浜遗址植物硅酸体分析报告

## 郑云飞

植物在生长发育过程中，需要从土壤中吸收硅元素。吸收的硅在植物体内的一些特定的组织细胞，诸如运动细胞、结合组织细胞、茧状细胞、刺状细胞等中沉积下来，这种现象在禾本科植物中尤为明显。植物死亡后，有机物质部分腐烂分解，而有大量硅沉积的细胞，理化学性质稳定，成为了土壤粒子的一部分，长期残留在土壤中。这些来自植物的粒子即植物硅酸体，也称植物蛋白石、植硅石等。

最近 30 年，许多学者就植物硅酸体的形状特点、类型、构成等进行了研究，取得了不少的成果①。研究表明，植物硅酸体不仅在土壤中能够长期保存，而且不同种属的植物有不同形态结构的植物硅酸体组合，具有分类学意义。对古地层或古代遗址进行植物硅酸体分析，在了解植被的历史演变、环境的变迁，以及农耕文化起源、发展、传播等研究方面具有重要的意义。

1997 年，在南河浜遗址发掘的过程中，我们对从遗址中采集的土壤和陶片样品进行植物硅酸体分析，现将分析结果报告如下。

---

① 吕厚远、王永吉：《植物硅酸体的研究及在青岛三千多年来古环境解释中的应用》，《科学通报》，1989，19：1485 - 1489。

藤原宏志：《プラント　オパール分析法の基礎研究（1）—数種イネ科植物の珪酸体標本と定量分析—》，《考古学と自然科学》，1976，9：15 - 29。

藤原宏志、佐々木章：《プラント　オパール分析法の基礎研究（2）—イネ（Oryza）属植物における機動細胞珪酸体の形状—》，《考古学と自然科学》，1978，11：55 - 65。

藤原宏志、佐藤洋一郎、甲斐玉浩明、宇田津徹朗：《プラント　オパール分析（形状解析法）によるイネ系統の歴史的変遷に関する研究》，《考古學雜誌》，1990，75：349 - 384。

王才林、宇田津徹朗、藤原宏志：《中国イネの亜種判別における機動細胞珪酸体の形状と籾の形態　生理形質の関係について》，《育種學雜誌》，1996，46（1）：61 - 66。

Pearsall, D. M. Paleoethnobotany, Academic Press, 2000, 355 - 497.

Zheng Y., Sun Z., Wang C., Udatsu T., Fujiwara H., Morphological characteristics of plant opal from motor cells of rice in paddy fields soil. Chinese Rice Research Newsletter, 2000, 8 (3).

# 一、材料的采集

土壤试料主要采自遗址探方 T301 的东壁。T301 探方分为 14 个堆积层。由上而下，第 1 层为近现代的堆积；第 2 层为明清时代的堆积；第 3 层为良渚文化时期的堆积，但只在部分地方局部存在；4 层以下为崧泽文化时期的堆积，其中 6 层以上属于崧泽文化时期人工堆筑的土台，属于短时期的人工搬运土，所以没有从中采样。我们从 6 层到 14 层采取了 11 份试料，从 H13、H17、H19 三个灰坑和 T201 的 9a、12 层采取了 5 份土壤试料，作为对照。

另外，采取崧泽文化的红烧土 1 份，陶片 4 份进分析。

# 二、分析方法

## 1. 试料的处理

### （1）土壤

土壤试料放在干燥箱里，在 100℃的恒温下干燥 20 小时后，用机械力粉碎。

### （2）陶器片和红烧土

用水洗去陶器片表面附着物后，在 100℃的恒温干燥箱里干燥。用钢锉和粗砂布除去分析样品的表面后，在超声波槽中清洗。在低真空的条件下，让分析样品吸水 16 小时，进行软化处理。用滤纸吸干分析样品表面的水后，在硫酸纸包裹中，用老虎钳挤压破碎。

## 2. 植物硅酸体的提取

1g 分析样品放入 12ml 的样品瓶，并加入 30 万颗粒径 40～50$\mu$m 的玻璃珠（限于土壤）。加入 10ml 的水和 5% 水玻璃溶液 1ml（分散剂）后，用超声波（38Khz、250W）振荡 20 分钟。

采用 Stokers 沉降方法除去 20$\mu$m 以下的粒子，干燥后制成玻片，供镜检。

对禾本科植物的运动细胞硅酸体进行形态特征观察，鉴定硅酸体的来源植物种类。各种植物硅酸体的密度按以下的公式进行计算。

$$D = \frac{300000 \times W1}{W} \times \frac{PO}{G} \times \frac{1}{S}$$

其中：D，1g 土壤中的植物硅酸体的个数；W，30 万粒玻璃珠的重量；W1，加入土壤中的玻璃珠的重量；G，视野中的玻璃珠个数；PO，同视野中的硅酸体个数；S，土壤样品的重量。由于采样过程中没有使用取样罐，无法计算出土壤的容重，在本文中我们把土壤容重定为1，计算出参考性的硅酸体密度。

3．形状解析

采用画像解析装置（COSMOZONE 二维画像解析系统）。显微镜下放大 400 倍后，通过 CCD 照相机投影到画像解析装置上，随机抽取 50 颗硅酸体就长、宽、厚，以及长和宽的交点到圆弧部位的长（b）进行测量，算出形状系数 b/a。

# 三、分析结果

## 1．植物硅酸体的密度

分析结果显示，遗址中采取的土壤试料中含有大量的来源于禾本科植物运动细胞的硅酸体。我们对来源于稻（*Oryza spp.*）、芦苇属（*Phragmites*）、竹亚科（*Bambusaceae*）、芒属（*Miscanthus*），以及黍亚科（*Panicum*）的运动细胞硅酸体进行了计数统计，探方 T301 东壁土壤试料分析结果如图 1 所示，探方 T201 的 5 份土壤样品分析结果如表 1 所示。

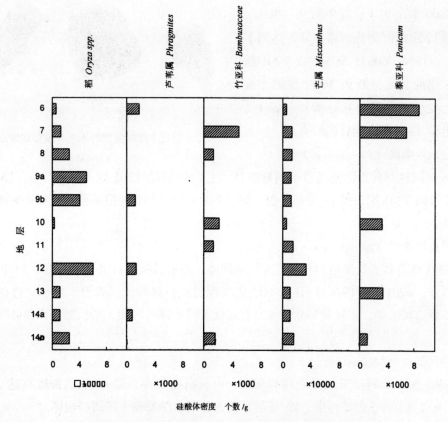

图 1　T301 探方土层中的植物硅酸体的密度及其变化（个数/g）

表1　　　　　　　　　　　　　　　T201 探方试料的植物硅酸体密度

| 试料 | 植物硅酸体的密度（个数/g） | | | | |
|---|---|---|---|---|---|
| | 稻 | 芦苇属 | 竹亚科 | 芒属 | 黍亚科 |
| H17（4层下） | 11042 | 0 | 5521 | 27605 | 3313 |
| H13（5层下） | 8010 | 0 | 801 | 4005 | 0 |
| H19（8层下） | 36024 | 0 | 0 | 10710 | 0 |
| 9a | 66503 | 0 | 0 | 0 | 0 |
| 12 | 25427 | 1211 | 0 | 15740 | 1211 |
| 平均 | 29401 | 242 | 1264 | 11612 | 905 |

（1）稻（*Orysa spp.*）

T301 探方中，除第 11 层外，其他各土层的都发现了稻的硅酸体（图 2）。如图 1 所示，第 10 层的密度为 3156 个/g,低于 5000 个/g,其他各土层的密度都在 5000 个/g 以上，其中第 9a、9b 层，以及第 12 层的密度特别高，分别达到了 50981、41384、60631 个/g。在 T201 探方第 8 层的灰坑、第 9a 和 12 层的土壤中，也发现了大量的稻硅酸体（表 1），表现出和 T301 探方同样的特点。

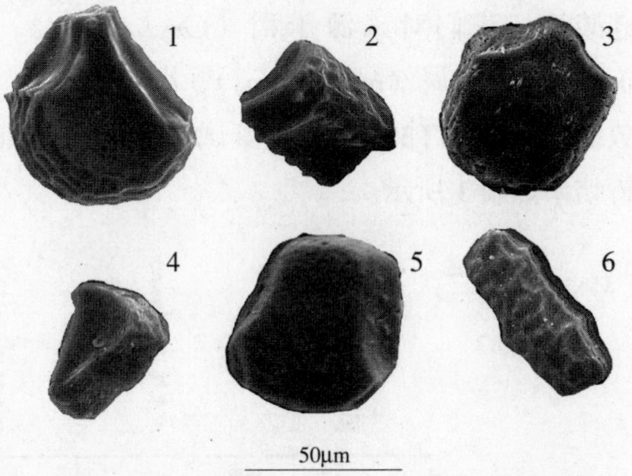

图 2　遗址土壤中发现的禾本科植物硅酸体

（2）芦苇属（*Phragmites*）

16 份试料中有 5 份发现芦苇属硅酸体，它们分别是 T301 探方第 6、9b、12、14a 层的 4 份和 T201 探方第 12 层的 1 份。如图 1 所示，芦苇属硅酸体消长和稻硅酸体有相似趋势。

（3）竹亚科（*Bambusaceae*）

T301 探方有 5 份试料中发现竹亚科硅酸体，它们分别来自第 7、8、10、11 和 14 b 层。另外，T201 探方的灰坑 H17、H13 也发现竹亚科硅酸体。如图 1 所示，竹亚科硅酸体多量出现时期，正好是稻硅酸体没有或低密度出现的时期，消长态势和稻硅酸体相反。

（4）芒属（*Miscanthus*）

T301 探方试料都发现了芒属硅酸体，而且密度较高，第 12 层的密度高达 29611 个/g。在 T201 的 5 份试料中，除 9a 层，其他各层也都发现了芒属硅酸体。

（5）黍亚科（*Panicum*）

　　T301 探方有 5 份试料中发现黍亚科硅酸体，它们分别来自第 6、7、10、13 和 14 b 层。在 T201 探方的灰坑 H17 和第 12 层也发现黍亚科硅酸体。如图 1 所示，黍亚科硅酸体多量出现时期，正好是稻硅酸体没有或低密度出现的时期，消长态势和稻硅酸体相反，和竹亚科有一定的相似性。

　　2. 陶片和红烧土中的植物硅酸体

　　采取的 5 份陶片和红烧土中，有 3 份发现了水稻硅酸体，它们分别是 1 份红烧土和 2 份陶片。在这些陶片中除水稻硅酸体外，其他的植物硅酸体，诸如芒属、竹亚科等也有发现，由于在陶片和红烧土中的植物硅酸体密度的计测比较困难，我对陶片的分析主要以研究农耕文化为中心进行。

　　3. 水稻硅酸体的形状特点

　　对采自 T301 探方的土壤样品和陶片中的水稻硅酸体进行了形状解析，结果如表 2 所示。土壤中硅酸体的长、宽、厚以及 b/ a 分别为 $40.60\mu m$、$34.19\mu m$、$29.37\mu m$、0.90，陶片和红烧土中的硅酸体的 $41.89\mu m$、$35.57\mu m$、$28.51\mu m$、0.94。结果表明，南河浜遗址中水稻硅酸体是一些比较大的类型，和粳稻中的硅酸体相近。

表 2　　　　　　　　　　　　　水稻硅酸体的形状参数

| 材料 | 土层 | 形状参数 | | | | 判别特点 [5] |
|---|---|---|---|---|---|---|
| | | 长 (μm) | 宽 (μm) | 厚 (μm) | b/a | |
| 土壤 | 6 | 41.43 | 35.58 | 31.31 | 0.91 | 1.56 |
| | 7 | 41.82 | 33.26 | 30.89 | 0.85 | 2.63 |
| | 8 | 39.61 | 34.14 | 28.27 | 0.90 | 0.73 |
| | 9a | 39.48 | 33.45 | 29.25 | 0.93 | 0.91 |
| | 9b | 40.97 | 33.45 | 29.44 | 0.89 | 1.80 |
| | 10 | 40.43 | 33.86 | 29.61 | 0.92 | 1.33 |
| | 12 | 39.99 | 34.30 | 27.99 | 0.93 | 0.71 |
| | 13 | 41.55 | 35.86 | 31.25 | 0.95 | 1.38 |
| | 14a | 39.80 | 33.79 | 28.35 | 0.88 | 1.01 |
| | 14b | 40.90 | 34.24 | 27.38 | 0.83 | 1.46 |
| | 平均值 | 40.60 | 34.19 | 29.37 | 0.90 | 1.35 |
| 陶片、红烧土 | 6 | 40.06 | 34.64 | 27.85 | 1.00 | 0.35 |
| | 6 | 41.95 | 34.89 | 29.00 | 0.89 | 1.77 |
| | 9 | 43.66 | 37.19 | 28.66 | 0.92 | 1.76 |
| | 平均值 | 41.89 | 35.57 | 28.51 | 0.94 | 1.29 |
| 现代栽培稻 [7] | 籼稻区 | 34.52 | 32.48 | 25.53 | 0.97 | −1.92 |
| | 粳稻区 | 39.39 | 34.97 | 30.58 | 0.84 | 0.92 |

# 四、考察

综合以上的植物硅酸体分析结果，下面就南河浜遗址的农耕文化特点和遗址周围的环境进行一些初步的讨论。

## 1. 遗址的环境

南河浜遗址的第6、9b、12、14a等地层中发现了多量芦苇属硅酸体，而且它们的消长与稻硅酸体的消涨趋势基本相似。芦苇属植物通常生于池沼、河旁、湖边，常以大片形成所谓芦苇荡，是湿润地区的指示植物。遗址土层中发现芦苇属硅酸体表明，南河浜遗址周围在崧泽文化时期有过水源丰富、适宜水稻栽培的时期。

分析结果还显示以干燥地带为主要生境的植物，诸如竹亚科、黍亚科等硅酸体密度的消长表现出和水稻、芦苇等硅酸体相反趋势，此涨彼消。这意味着遗址周围的自然环境在崧泽文化时期可能出现过干湿气候交替的变化过程。

芒属植物硅酸体在各土层中都有发现。此类植物适应性广，在山野、平川都有它的分布，在田边地头生长也很茂盛。从分析结果看，芒属硅酸体和稻硅酸体消长具有一定的同步性，尽管这种趋势没有像芦苇硅酸体那样明显。根据硅酸体密度，我们推测在当时的农田周围，诸如沟渠、田埂等，可能生长着比较多的芒属杂草。

## 2. 农耕文化特点

除11层外，南河浜遗址的崧泽文化各土层中都发现了来自水稻叶片运动细胞的硅酸体，另外在遗址中采取的红烧土和陶片中也有发现。结果表明，南河浜遗址崧泽文化时期农耕文化是以栽培水稻为中心。自上海青浦崧泽遗址出土了炭化米以来，尽管一些新石器时代遗址中发现了崧泽文化的地层，但尚未见到稻作遗存出土的报道，南河浜遗址中稻硅酸体的发现不仅证实了崧泽文化农耕文化的形式，也为我们进一步认识崧泽文化农耕的具体内容和发展过程创造了条件。

从稻硅酸体的密度看，南河浜遗址在崧泽文化时期曾出现两次稻作生产的高峰期，它们分别是和第8、9a、9b土层和第12土层相当的时期。如果对与这些土层相对应的遗址做进一步的发掘，找到农耕遗迹的可能性很大。第10层硅酸体密度很低，第11层没有发现水稻硅酸体，其原因可能主要是这两层土为人工搬运来的堆垫土，这些土的来源应该取自较深地层的黄色生土。

从分析结果中我们还可以看到，在稻硅酸体密度下降的时候，黍亚科硅酸体的密度却增加，这是在研究南河浜遗址的农耕文化内涵时应该引起注意的现象。在长江下游地区虽然以稻作农耕为中心，但是在早期农耕中是否还有其他杂谷类作物栽培是今后研究中需要注意的问题。

3. 栽培稻的系统特性

近几年对现代栽培稻的硅酸体研究表明，硅酸体的形状在稻的两亚种之间存在着差异，籼稻硅酸体为比较小型的、短圆的类型；粳稻硅酸体是一些比较大的、尖长的类型。南河浜遗址发现的稻硅酸体形状特点近似于现代栽培稻中的粳稻硅酸体，依据硅酸体形状的亚种判别值为正值，硅酸体的形状解析结果表明南河浜遗址稻作农耕是以栽培粳稻为中心的。研究结果为粳稻起源长江流域说提供了新的证据。

# 附录八

## 南河浜遗址出土崧泽文化陶片成分的 PIXE 分析报告

张正权　潘碧华　承焕生　高蒙河

（复旦大学应用离子束教育部重点实验室　文物与博物馆学系）

浙江嘉兴南河浜遗址是继上海青浦崧泽遗址以后，在崧泽文化区域内的一次重大发现。1996 年，浙江省文物考古研究所为配合沪杭高速公路建设工程，对该遗址进行了抢救性发掘。遗址共划分 14 个文化层，其中 4~14 层为崧泽时期的堆积。遗址出土文物 700 余件，大多属于墓葬随葬品，其中陶器最多，以鼎、豆、杯、罐等崧泽文化典型器物为主。另外，还有双口壶一类具有本地区特色的陶器。在早中期地层中，绳纹釜和绳纹支座也占有一定的比重，绳纹釜还见于东区的早期墓葬中[①]。

鉴于这些材料对于进一步探讨崧泽文化的分期、分区以及与良渚文化的关系等课题，都具有十分重要的意义，受浙江省文物考古研究所委托，该所刘斌研究员于 2002 年夏季将部分陶器标本送交我们进行检验。

## 一、样品

本次送选样品中包括夹砂陶和泥质陶两种质地，我们的分析选取了其中的 17 件陶片样品，进行检测。

## 二、实验方法

首先，用超声波在纯净水里清洗样品并在 100℃下烘干。然后，用玛瑙研钵磨细成粉，过 400 目筛。最后，将样品粉末压制成直径为 10mm，厚度为 3mm 的圆片。

PIXE 实验是在复旦大学现代物理研究所串列加速器 NEC9SDH-2 上进行的，采用外束 PIXE 技术测定样品的化学组分、微量元素的种类和含量。初始能量为 3.0MeV 的质子束经过 7.5μm 的 Kapton 膜而进入空气，继续穿越 10mm 空气层而到达待测样品。

---

① 刘斌、蒋卫东：《嘉兴南河浜遗址发掘取得丰硕成果》，《文物报》1996 年 12 月 15 日。

质子束到达样品的实际能量为 2.8MeV。样品在入射质子束轰击下激发的 X 射线用 OR-TEC Si（Li）探测器测量，测量系统对 5.9KeV 的 X 射线的能量分辨率（FWHM）为 165KeV，由测得的 X 射线能谱，采用 GUPIX－96 程序计算，即可算得样品的化学组分（Z＞11）。在测量样品中的微量元素时（Z＞23），在 Si（Li）探测器前置一厚度为 0.125mm 的铝膜，以吸收掉样品中大量的低能 X 射线，提高探测重元素的灵敏度。质子束束斑直径为 1mm，束流为 0.05nA。在测量微量元素时，为了提高 X 射线产额，束流将增加到 0.5nA。

由于夹砂陶的产地研究历来是研究中的难点，通常采取的手段是对样品进行分离处理，去掉沙子，取分离出的黏土进行稀土元素分析。

# 三、成分组成

表 1 与图 1（见图版二〇四）分别为样品的主量元素的含量数据及其柱状示意图，表 2 与图 2（见图版二〇四）分别为样品的微量元素的含量数据及其柱状示意图。

表 1　　　　　　　　　　　　　　主量元素含量（%）

| 编号 | 出土单位及陶片特征 | Al | Si | P | S | K | Ca | Ti | Mn | Fe |
|---|---|---|---|---|---|---|---|---|---|---|
| L1 | H7:59 泥质灰陶 | 18.257 | 62.937 | 5.102 | 0.054 | 3.098 | 1.735 | 0.965 | 0.107 | 6.22 |
| L2 | T301⑭:11 泥质灰陶 | 21.868 | 63.706 | 1.008 | 0.091 | 3.062 | 0.742 | 1.109 | 0.06 | 6.829 |
| L3 | T401⑫ 泥质灰陶 | 17.583 | 68.715 | 4.219 | 0 | 1.644 | 1.741 | 0.814 | 0.219 | 3.549 |
| L4 | T201⑨A:9 夹砂红陶 | 20.054 | 66.913 | 1.252 | 0 | 2.499 | 0.765 | 0.823 | 0.055 | 6.123 |
| L5 | H13:3 夹砂红陶 | 21.834 | 58.607 | 5.979 | 0.106 | 1.745 | 1.855 | 0.803 | 0.359 | 7.191 |
| L6 | T401⑦:6 夹砂红陶 | 20.17 | 64.658 | 3.018 | 0.193 | 1.617 | 1.231 | 0.815 | 0.199 | 6.554 |
| L7 | T302⑤:7 夹砂红陶 | 21.811 | 59.857 | 3.237 | 0.061 | 2.889 | 1.304 | 0.883 | 0.144 | 8.294 |
| L8 | T401⑨:6 泥质灰陶 | 19.979 | 63.203 | 5.195 | 0.105 | 1.717 | 2.017 | 0.763 | 0.217 | 5.28 |
| L9 | T201⑨A:6 夹砂红褐陶 | 19.701 | 62.479 | 6.486 | 0 | 1.789 | 1.95 | 0.751 | 0.346 | 4.982 |
| L10 | H22:4 夹砂红褐陶 | 19.58 | 52.961 | 7.434 | 0 | 1.719 | 6.903 | 0.466 | 0.474 | 8.936 |

续表

| 编号 | 出土单位及陶片特征 | Al | Si | P | S | K | Ca | Ti | Mn | Fe |
|---|---|---|---|---|---|---|---|---|---|---|
| L11 | H7:65<br>夹砂红陶 | 22.324 | 56.6 | 6.708 | 0.056 | 2.936 | 1.339 | 0.975 | 0.043 | 7.495 |
| L12 | F4:8<br>夹砂红陶 | 20.079 | 61.934 | 6.292 | 0.076 | 1.405 | 2.416 | 0.79 | 0.059 | 5.433 |
| L13 | T402⑧:8<br>夹砂红陶 | 22.64 | 55.912 | 4.322 | 0.161 | 2.731 | 1.481 | 0.923 | 0.18 | 10.118 |
| L14 | T401⑫:9<br>夹砂红褐陶 | 21.505 | 59.212 | 6.046 | 0.141 | 1.94 | 2.063 | 0.861 | 0.2 | 6.525 |
| L15 | T402⑭:8<br>夹砂红陶 | 23.643 | 53.379 | 6.677 | 0.106 | 2.79 | 1.421 | 0.953 | 0.109 | 9.399 |
| L16 | T401⑨:5<br>夹砂红陶 | 19.745 | 63.058 | 5.585 | 0.093 | 1.637 | 1.612 | 0.762 | 0.192 | 5.8 |
| L17 | T401⑫:6<br>夹砂红褐陶 | 20.303 | 61.346 | 4.782 | 0.089 | 2.133 | 2.002 | 0.796 | 0.254 | 6.786 |

　　由表1可知，南河浜遗址出土崧泽文化陶片的铝（Al）含量在17.583～23.643%之间，硅（Si）含量在52.961～68.715%之间，磷（P）含量在1.008～7.434%之间，硫（S）含量在0～0.193%之间，钾（K）含量在1.405～3.098%之间，钙（Ca）含量在0.742～6.903%之间，钛（Ti）含量在0.466～1.109%之间，锰（Mn）含量在0.043～0.474%之间，铁（Fe）含量在3.549～10.118之间。

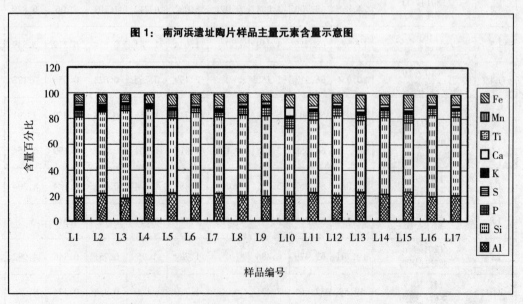

图1：南河浜遗址陶片样品主量元素含量示意图

表 2                                     微量元素含量（ppm）

| 编号 | 出土单位 | Cr | Mn | Ni | Cu | Zn | Ga | As | Rb | Sr | Y | Zr |
|---|---|---|---|---|---|---|---|---|---|---|---|---|
| L1 | H7:59 泥质灰陶 | 247.47 | 961.63 | 195 | 61.33 | 192.85 | 33.26 | 18.02 | 136.58 | 253.77 | 18.97 | 177.65 |
| L2 | T301⑭:11 泥质灰陶 | 201.97 | 463.45 | 220.63 | 50.12 | 241.58 | 36.21 | 1.54 | 174.52 | 116.69 | 41.62 | 222.74 |
| L3 | T401⑫ 泥质灰陶 | 146.99 | 2141.21 | 138.24 | 41.8 | 142.52 | 26.44 | 12.59 | 94.17 | 303.92 | 19.89 | 193.63 |
| L4 | T201⑭A:9 夹砂红陶 | 167.84 | 459.59 | 139.27 | 32.5 | 182.84 | 24.64 | 6.43 | 131.41 | 164.62 | 30 | 182.12 |
| L5 | H13:3 夹砂红陶 | 59.95 | 3877.45 | 199.82 | 43.73 | 205.33 | 36.2 | 0 | 127.42 | 312.77 | 26.93 | 249.64 |
| L6 | T401⑦:6 夹砂红陶 | 135.3 | 1446.93 | 128.87 | 61.53 | 138.66 | 30 | 2.38 | 126.11 | 169.89 | 18.37 | 231.11 |
| L7 | T302⑤:7 夹砂红陶 | 214.9 | 1254.86 | 194.06 | 102.89 | 293.04 | 42 | 0 | 186.89 | 255.92 | 24.42 | 179.73 |
| L8 | T401⑨:6 泥质灰陶 | 42.31 | 1714.46 | 126.94 | 59.69 | 170.77 | 28.34 | 15.11 | 88.78 | 279.19 | 12.47 | 236.13 |
| L9 | T201⑭A:6 夹砂红褐陶 | 24.61 | 2577.09 | 134.01 | 46.49 | 240.66 | 30.99 | 20.06 | 97.54 | 405.66 | 32.82 | 204.2 |
| L10 | H22:4 夹砂红褐陶 | 49.51 | 2909.21 | 183.19 | 128.73 | 286.17 | 45.55 | 62.38 | 125.76 | 281.22 | 49.51 | 80.21 |
| L11 | H7:65 夹砂红陶 | 218.25 | 799.6 | 117.44 | 46 | 195.74 | 31.32 | 15.66 | 124.29 | 313.18 | 32.3 | 125.27 |
| L12 | F4:8 夹砂红陶 | 86.05 | 429.16 | 81.67 | 25.21 | 149.63 | 31.79 | 11.51 | 76.73 | 240.62 | 31.24 | 156.21 |
| L13 | T402⑯:8 夹砂红陶 | 231.46 | 1382.12 | 226.16 | 85.97 | 293.62 | 71.42 | 47.61 | 216.91 | 354.46 | 30.42 | 130.94 |
| L14 | T401⑫:9 夹砂红褐陶 | 145.9 | 1434.32 | 150.24 | 67.63 | 176.33 | 23.19 | 2.09 | 105.32 | 333.82 | 19.81 | 169.57 |
| L15 | T402⑭A:8 夹砂红陶 | 101.94 | 791.37 | 190.46 | 79.58 | 225.34 | 44.71 | 4.61 | 141.28 | 332.64 | 42.92 | 160.96 |
| L16 | T401⑨:5 夹砂红陶 | 154.93 | 404.42 | 86.01 | 38.73 | 121.89 | 23.35 | 18.8 | 70.63 | 281.38 | 42.72 | 116.2 |
| L17 | T401⑫:6 夹砂红褐陶 | 211.96 | 1829.23 | 100.27 | 41.2 | 149.42 | 36.73 | 8.94 | 164.31 | 285.93 | 15.88 | 197.07 |

由表 2 可知，南河浜遗址崧泽文化陶片的铬（Cr）含量在 24.61～247.47ppm 之间，锰（Mn）含量在 404.42～3877.45ppm 之间，镍（Ni）含量在 81.67～226.16ppm 之间，铜（Cu）含量在 25.21～128.73ppm 之间，锌（Zn）含量在 121.89～293.62ppm 之间，镓（Ga）含量在 23.19～71.42ppm 之间，砷（As）含量在 0～62.38ppm 之间，

铷（Rb）含量在 70.63~216.91ppm 之间，锶（Sr）含量在 116.69~405.66ppm 之间，钇（Y）含量在 12.47~49.51ppm 之间，锆（Zr）含量在 80.21~249.64ppm 之间。

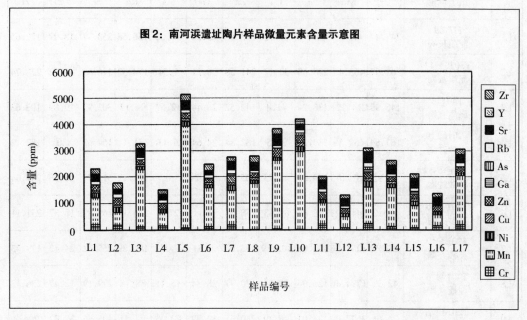

**图2：南河浜遗址陶片样品微量元素含量示意图**

# 四、小结

对经过测量的样品数据采用因子分析得到的结果显示[①]，嘉兴南河浜遗址出土的古陶黏土在元素组分上差别不明显，采用的制陶原料大体相近，就地取土的可能性比较大。

---

① 张正权：《核技术和多元统计对古陶产地的研究》，复旦大学硕士学位论文，2003 年。

# 附录九

# 南河浜遗址出土石器鉴定报告

董传万　何礼璋

（浙江大学地球科学系）

南河浜遗址出土的石器经鉴定的共95件。石器的种类包括石钺、石锛、石凿、石斧、石刀、石镰及砺石等。制作石器所用的岩石品种较多，根据岩性，可分为火成岩、沉积岩和变质岩三大类，不同种类的石器在用材上具有一定的选择（详见表2）。

火成岩类：岩性包括二长岩、闪长岩、花岗斑岩、辉绿岩等深、浅层侵入岩，也有玄武岩、安山岩及流纹岩等火山岩。火成岩类岩石总体特点是颜色鲜艳多彩，如二长岩、花岗岩为肉红色；闪长岩、辉绿岩、玄武岩等为深灰色、灰绿色，结构均一，块状构造；流纹岩常有流动构造，石质坚硬美观。它们主要被用来制作石钺，在27件石钺中，就有17件用上述火成岩制成。另有1件石斧，1件石锛和2件石凿也用火成岩制作（见表1）。

沉积岩类：岩性包括砂岩、粉砂岩、泥质岩、硅质岩等。本次鉴定的粉砂岩和泥质岩，大多为灰白色、灰色，具层理构造，由石英、长石等粉砂级（粒径<0.05mm）碎屑和黏土矿物组成。根据岩石中长石、石英等矿物碎屑和黏土矿物的不同比例，分别鉴定为粉砂岩、泥质粉砂岩、粉砂质泥岩和泥岩。它们普遍受到一些轻微的变质作用，表现为黏土矿物、硅质组分发生了重结晶，岩石变得坚硬。硅质岩通常为灰黑色、深灰色，细腻致密坚硬，有的具层理构造。粉砂岩、泥质岩和硅质岩主要被用来制作石锛和石凿，在36件石锛中，有25件，22件石凿中，有8件用这一类岩石制作。也有少量石钺和石刀用粉砂岩和泥质岩石制作。砂岩为紫灰色、红褐色，粒径0.2~0.3mm，为细粒石英岩屑砂岩。主要砂屑成分为石英、硅质岩和泥质岩岩屑，由黏土、铁质等胶结，主要用做砺石（见表1）。

变质岩类：岩性包括板岩、斑点板岩、角岩和千枚岩。它们都属浅变质岩类，普遍具有变余泥质结构、显微鳞片变晶结构和变余层理构造，由绢云母、绿泥石、碳质、铁质等组成。斑点板岩中斑点清楚，呈黑色，粒径小于1mm。显微镜下观察，它们是一些新生的绿泥石、碳质、铁质等聚集而成。石质细腻坚硬。从石器的岩石组合及岩性分析，它们可能是一些沉积岩经热变质作用的产物。用这一类岩石制作的石器主要有石锛

（10 件）、石凿（12 件）和石钺（5 件），另外有石刀 2 件和石镰 1 件。石刀和石镰主要是利用浅变质岩类的板状或千枚状构造面制作而成（见表 1）。

表 1 南河浜遗址出土石器的岩石类型统计表

| 岩类 | 岩性 | 石 器 类 型 | | | | | | |
|---|---|---|---|---|---|---|---|---|
| | | 石钺 | 石锛 | 石凿 | 石刀 | 石镰 | 石斧 | 砺石 |
| 火成岩类 | 花岗斑岩 | 2 | | | | | 1 | |
| | 二长岩 | 3 | | | | | | |
| | 闪长岩 | 1 | | | | | | |
| | 辉绿岩 | 2 | | | | | | |
| | 玄武岩 | 1 | | | | | | |
| | 安山岩 | 5 | | | | | | |
| | 流纹岩 | 3 | 1 | 2 | | | | |
| 沉积岩类 | 砂岩 | | | | | | | 2 |
| | 粉砂岩 | 1 | 2 | 5 | | | | |
| | 泥质岩 | 3 | 14 | 2 | 1 | | | |
| | 硅质岩 | | 9 | 1 | | | | |
| 变质岩类 | 角岩 | | 4 | 3 | | | | |
| | 板岩 | 3 | 5 | 7 | | | | |
| | 斑点板岩 | 1 | 1 | | 2 | 1 | | |
| | 千枚岩 | 1 | | | | | | |
| 合计 | | 27 | 36 | 22 | 3 | 1 | 1 | 2 |

表 2 南河浜遗址出土石器岩性鉴定表

| 序号 | 石器名称与编号 | 岩性描述 | 定名 | 备注 |
|---|---|---|---|---|
| 1 | 石钺 T401⑧:22 | 肉红色，斑状结构，块状构造。斑晶含量约占 8～10%，粒径 1mm 左右。成分主要是斜长石和石英。石英呈粒状，无色透明；斜长石呈板状，肉红色。基质由隐晶质长石、石英组成。显微镜下见其呈现显微花岗结构。 | 花岗斑岩 | 见显微照片 |
| 2 | 石钺 T201④:7 | 灰红色，斑状结构，斑杂状构造，斑晶含量占 20% 左右，粒径大于 1mm。成分主要为石英、钾长石等。石英呈粒状、浑圆状，无色透明；钾长石呈肉红色或砖红色。基质由长英质组成。岩石有弱风化现象。 | 同上 | |
| 3 | 石斧 T302③:11 | 灰褐色，表面粗糙，未经磨光。岩性同上。 | 同上 | |
| 4 | 石钺 T301④:21 | 肉红色，不等粒结构，块状构造。主要由二种长石组成，一种是钾长石，呈肉红色；另一种为斜长石，呈灰白色。显微镜下观察可见斜长石呈环带状，边部干净而核部常遭强的钠黝帘石化。切片中还见有一些细小的闪石类矿物，它们常呈放射状，针状集合体，交代长石。 | 二长岩 | 见显微照片 |

续表

| 序号 | 石器名称与编号 | 岩性描述 | 定名 | 备注 |
|---|---|---|---|---|
| 5 | 石钺<br>T301⑥:20 | 岩性同上。 | 同上 | |
| 6 | 石钺<br>T401⑧:20 | 岩性同上。 | 同上 | |
| 7 | 石钺<br>T201⑪:12 | 灰绿色，半自形粒状结构，块状构造。主要矿物成分为斜长石和角闪石。斜长石含量60~70%，为灰白色，呈板柱状、粒状；角闪石含量约占40~30%，黑色，呈针状、柱状，个别角闪石粒径较大。 | 闪长岩 | |
| 8 | 石钺<br>T301④:22 | 青灰色岩石，呈斑状结构，残标本上见有少量气孔构造。斑晶主要为斜长石，呈板柱状，灰白色，含量约占20%。基质成分同斑晶，由斜长石等微晶组成。岩石中有较多的绿泥石等蚀变矿物，它们充填于岩石气孔或交代长石，见有玉髓、方解石等杏仁体。 | 安山玢岩 | 见显微照片 |
| 9 | 石钺<br>T201⑪:13 | 岩性同上。 | 安山岩 | |
| 10 | 石钺<br>M55:2 | 岩性同上。 | 同上 | |
| 11 | 石钺<br>F4:14 | 岩性同上。 | 同上 | |
| 12 | 石钺<br>T201⑥:13 | 岩性同上。 | 同上 | |
| 13 | 石钺<br>M54:8 | 灰黑色夹杂灰绿色，辉绿片构，块状构造。由斜长石和辉绿石微晶组成。斜长石微晶，呈灰白色，杂乱排列，在其格架中充填辉石等。辉石等暗色矿物呈绿泥石化和绿帘石化。 | 辉绿岩 | |
| 14 | 石钺<br>M2:4 | 石器表面呈浅灰绿色，断口面呈灰黑色。<br>岩性同上。 | 辉绿岩 | |
| 15 | 石凿<br>M74:2 | 灰色，质地坚硬致密，呈流纹构造，流纹细密而连续，由长英质矿物组成。 | 流纹岩 | |
| 16 | 石钺<br>M42:4 | 表面呈土黄色，具流纹构造，流纹细密而连续，隐晶质结构，由长石、石英质矿物组成，含少量长石、石英小斑晶。 | 同上 | |
| 17 | 石凿<br>T401⑧:25 | 灰、白色条纹相间，条纹宽度1~2mm，较平直，隐晶质结构。显微镜下，呈霏细结构，由长石、石英等组成。 | 同上 | 见显微照片 |
| 18 | 石锛<br>M96:13 | 岩性同上。 | 同上 | |
| 19 | 石钺<br>M52:2 | 灰白色，隐晶质，坚硬，表面见一些小球粒，块状构造，由长英质矿物组成。 | 同上 | |
| 20 | 石钺<br>M11:3 | 岩性同上。 | 同上 | |
| 21 | 石钺<br>T201③:2 | 灰紫色，隐晶质结构，呈气孔构造，主要由斜长石微晶、辉石、绿泥石等组成。 | 玄武岩 | |
| 22 | 石锛<br>F6:13 | 灰黄色，呈斑状结构，斑晶为石英和长石，基质为隐晶质，由长石、石英等矿物组成。 | 霏细斑岩 | |

续表

| 序号 | 石器名称与编号 | 岩性描述 | 定名 | 备注 |
|---|---|---|---|---|
| 23 | 石刀<br>T302③:1 | 表面呈灰黄色，断面呈灰黑色，具变余页理构造。呈斑点状，斑点分布均匀呈黑色，粒径小于1mm。显微镜下可见岩石呈变余泥质结构，主要由水云母等黏土矿物组成，含微细粒长石、石英碎屑。一些新生的绢云母、绿泥石及粉末状铁质、碳质，呈不规则斑点状集合体，散布在变余基质中。 | 斑点板岩 | 见显微照片 |
| 24 | 石刀<br>T302③:2 | 岩性同上。 | 同上 | |
| 25 | 石钺<br>M96:8 | 灰黑色，具斑点构造，由黏土质矿物组成。<br>岩性同上。 | 同上 | |
| 26 | 石凿<br>T201⑧:12 | 黑色，隐晶质，块状。显微镜下可见其主要由绢云母、碳质、铁质组成，它们呈斑点状集合体，粒径0.1~0.2mm，均匀分布在岩石中。岩石中还见有一些细粉沙及长石、石英等碎屑，棱角状，说明原岩为粉砂质泥岩，但受变质作用，原黏土矿物结合成绢云母，并构成斑点构造。 | 同上 | 见显微照片 |
| 27 | M68:11<br>石锛 | 岩性同上。 | 同上 | |
| 28 | 石锛<br>T401⑬:1 | 黑色，隐晶质，致密坚硬，可见稀疏变余层理构造，显微镜下观察，泥质结构，主要由泥质、碳质组成，含少量微细石英和长石碎屑，并有硅质成分，后者呈分散状分布，有的重组晶成球粒状。原岩为含粉砂硅质泥质岩。 | 角岩 | 见显微照片 |
| 29 | 石凿<br>T201⑧:13 | 黑色，隐晶致密坚硬，在残件断口上呈现贝壳状断口。主要由泥质、碳质组成。 | 角岩 | |
| 30 | 石锛<br>M81:34 | 灰黑色，隐晶致密坚硬，残件断口较粗糙，说明含较多的粉砂质。其余同上。 | 角岩 | |
| 31 | 石锛<br>M61:7 | 灰绿色，其余同上。 | 角岩 | |
| 32 | 石凿<br>T301⑧:24 | 灰色，层理构造，坚硬，残件断口致密呈贝壳状。由泥质、碳质和硅质组成。 | 角岩 | |
| 33 | 石锛<br>T201⑩:31 | 岩性同上。 | 角岩 | |
| 34 | 石凿<br>T401⑧:15 | 深灰色，隐晶致密坚硬，残件断口呈现贝壳状断口。变余泥质结构，主要由泥质、硅质和碳质组成。 | 角岩 | 见显微照片 |
| 35 | 石锛<br>T301⑧:22 | 灰色，层理构造，坚硬，残件断口较粗糙，主要由泥质和一些粉砂质组成。可能受到一些轻微变质作用，使岩石变得坚硬。 | 粉砂质泥岩 | |
| 36 | 石凿<br>T302⑧:2 | 灰色，泥质粉砂质结构，层理构造，主要由泥质和少量长石、石英等细碎屑组成。 | 同上 | |
| 37 | 石锛<br>T302⑥:1 | 灰黑色，岩石坚硬致密，具层理构造，层薄而平直，断口较为粗糙，主要由粉砂质、泥质和碳质组成。 | 同上 | |

**续表**

| 序号 | 石器名称与编号 | 岩性描述 | 定名 | 备注 |
|---|---|---|---|---|
| 38 | 石凿<br>T201⑨A:16 | 灰绿色，层理构造，粉砂质结构，泥质结构，主要由细粉砂及长石、石英和一些黏土类矿物组成，细层宽度小于0.5mm。 | 泥质粉砂岩 | 见显微照片 |
| 39 | 石凿<br>T402④:12 | 灰白色，层理构造，灰白色和灰色细层相间，在白色层中有粒状斑点。显微镜下，变余泥质结构，主要由黏土类矿物组成，含少量粉砂级长石、石英碎屑。部分细小的黏土矿物聚集成小的斑点。 | 同上 | 见显微照片 |
| 40 | 石凿<br>T201⑪:11 | 灰绿色，岩石坚硬致密，泥质粉砂质结构，隐约可见变余层理构造。 | 同上 | |
| 41 | 石锛<br>T201⑩:11 | 浅灰绿色，岩石坚硬致密，具层理构造，残件断口较粗糙，主要由长石、石英等粉砂级碎屑及泥层组成。 | 同上 | |
| 42 | 石锛<br>M49:6 | 风化较强，呈土黄色，原岩具变余泥质结构，并见到有几条细小的硅质细脉穿插。 | 变质泥质岩 | |
| 43 | 石凿<br>T201④:11 | 灰白色，岩石坚硬，具有明显的层理构造，细层平直，厚度约1～4mm，残件断口较粗糙，主要由长石、石英等粉砂级碎屑组成。 | 粉砂岩 | |
| 44 | 石锛<br>F4:11 | 灰色，岩石细腻坚硬致密，隐约可见层理构造，主要由泥质组成。可能受到轻微变质作用。 | 变质泥质岩 | |
| 45 | 石锛<br>F4:12 | 灰白色，岩性同上。 | 同上 | |
| 46 | 石凿<br>T401⑬:2 | 灰色，层理明显，细层厚薄不均，厚的层约0.5～2cm左右，薄的层约0.2～0.3cm，岩石坚硬致密细腻，主要由长石、石英等粉砂级碎屑和泥质组成。 | 泥质粉砂岩 | |
| 47 | 石锛<br>F3:11 | 土黄色，有灰黑不规则条带（层理），岩石主要由泥质和粉砂质组成。 | 粉砂质泥岩 | |
| 48 | 石钺<br>T201⑥:12 | 灰白色，器表细腻光滑，断面较粗糙，岩石具变余粉砂质泥质结构，黏土矿物含量大于85%已变成绢云母。粉砂级碎屑部分主要为石英和长石，它们呈棱角状，粒径0.01～0.02mm，另有一些硅质和碳质。 | 同上 | 见显微照片 |
| 49 | 石钺<br>M10:3 | 表面呈灰白色，土状光泽，隐约可见微层理构造，主要由黏土矿物等组成。 | 泥质岩 | |
| 50 | 石钺<br>M12:1 | 器表呈灰色，断面为灰黑色，隐约可见变余层理构造，主要由泥质、碳质物质组成。 | 同上 | |
| 51 | 石钺<br>M16:12 | 器表呈灰白色，细腻光滑，具明显层理构造，细层厚约1～5mm，平行排列，主要由粉砂质和泥质组成。 | 泥质粉砂岩 | |
| 52 | 石锛<br>M61:4 | 器表呈灰色，风化较强，主要由粉砂质和泥质组成。具显微层理构造。 | 同上 | |
| 53 | 石锛<br>M81:14 | 灰黑色，岩石细腻坚硬致密，具明显的层理构造，主要由泥质和硅质组成。 | 泥质硅质岩 | |

**续表**

| 序号 | 石器名称与编号 | 岩性描述 | 定名 | 备注 |
|---|---|---|---|---|
| 54 | 石锛 T201⑪:10 | 岩性同上。具明显的泥质条带。 | 同上 | |
| 55 | 石锛 M68:10 | 灰绿色，岩性基本同上，但层理不明显。 | 同上 | |
| 56 | 石锛 T201⑧:10 | 岩性同上。具有明显的泥质条带。 | 同上 | |
| 57 | 石锛 T401⑬:20 | 灰色，岩石坚硬致密，具变余层理构造，主要由硅质和泥质组成。 | 同上 | |
| 58 | 石锛 M81:33 | 灰黑色，岩石致密坚硬，隐晶质，具变余层理构造，主要由硅质组成，残口见少量黄铁矿。 | 硅质岩 | |
| 59 | 石凿 T202⑥:10 | 灰绿色，岩石细腻致密坚硬，具变余泥质结构，板状构造，主要由硅质、泥质和少量碳质组成。 | 板岩 | 见显微照片 |
| 60 | 石锛 H7:32 | 岩性同上。 | 板岩 | |
| 61 | 石钺 M2:1 | 岩性同上，含较多的粉砂质级碎屑。 | 板岩 | |
| 62 | 石凿 T302⑤:13 | 岩性同上。 | 板岩 | |
| 63 | 石凿 T401⑨:21 | 岩性同上。 | 板岩 | |
| 64 | 石凿 M68:8 | 浅灰绿色，岩石致密坚硬，具变余粉砂质、泥质结构，板状构造和变余层理构造，由长石、石英等细粉砂级碎屑和泥质组成。 | 板岩 | |
| 65 | 石凿 M68:7 | 岩性同上。 | 板岩 | |
| 66 | 石凿 M68:9 | 岩性同上。 | 板岩 | |
| 67 | 石锛 T301⑩:20 | 灰黑色，岩石致密，具变余层理构造，主要由黏土类矿物经变质作用形成。 | 板岩 | |
| 68 | 石凿 T301⑧:7 | 灰绿色，岩石坚硬，具有明显层理构造，灰白色和灰黑色的细层相间，各层的厚度不甚均一。主要由泥质物质组成。 | 板岩 | |
| 69 | 石锛 T402⑥:13 | 岩性同上。 | 板岩 | |
| 70 | 石锛 T301⑧:23 | 灰绿色，岩石坚硬致密细腻，残件断口略具贝壳状，并可见绢云母。 | 板岩 | |
| 71 | 石锛 T401⑥:1 | 岩性同上。 | 板岩 | |
| 72 | 石钺 M11:2 | 器表呈青灰色，断面呈灰绿色，具变余层理构造，主要由粉砂质和黏土类矿物组成。 | 板岩 | |
| 73 | 石钺 M45:2 | 青灰色，器表细腻。总体硬度小于5，变余泥质结构，隐约可见层理构造，推测为碳质泥质岩经变质而成。 | 板岩 | |

续表

| 序号 | 石器名称与编号 | 岩性描述 | 定名 | 备注 |
|------|----------------|----------|------|------|
| 74 | 石钺<br>M41:4 | 表面呈土黄色，在风化表面可见圆形斑点，粒径1～5mm。 | 斑点<br>板岩 | |
| 75 | 石镰<br>M11:8 | 灰黑色，在放大镜下可见细小的斑点状构造。 | 斑点<br>斑岩 | |
| 76 | 石凿<br>T201⑩:12 | 灰白色，表面细腻光滑，结构隐晶致密，具明显的层理构造，细层厚薄不一，由灰白色和灰色的层相间而成。岩石由黏土矿物及硅质组成，具变余泥质结构。 | 硅质<br>泥质<br>岩 | 见显微照片 |
| 77 | 石刀<br>T302③:10 | 灰白色，岩石光滑细腻坚硬，层理较为明显，细层厚约1～1.5mm，平行排列，物质成分为硅质和泥质。 | 同上 | |
| 78 | 石锛<br>M88:9 | 表面呈土黄色，新鲜断面呈灰黑色，具板状构造和变余层理构造，由含泥质较多和含硅质较多的层相间而成。 | 同上 | |
| 79 | 石锛<br>T302（4A）:1 | 灰白色，岩石细腻，结构紧密，具水平层理构造，主要由硅质和泥质组成。 | 同上 | |
| 80 | 石锛<br>M16:25 | 岩性同上。 | 同上 | |
| 81 | 石锛<br>M16:26 | 岩性同上。 | 同上 | |
| 82 | 石锛<br>M39:2 | 岩性同上。 | 同上 | |
| 83 | 石锛<br>M11:6 | 岩性同上。 | 同上 | |
| 84 | 石锛<br>M11:14 | 岩性同上。 | 同上 | |
| 85 | 石锛<br>F6:11 | 岩性同上。 | 同上 | |
| 86 | 石锛<br>T401⑥:12 | 灰色与灰白色，具明显层理构造，细层较厚约1～5mm，有的层呈韵律状，即碎屑颗粒由粗到细变化。岩石主要由水云母等黏土矿物组成，含有较多的长石、石英碎屑和硅质成分，其中硅质成分已发生重结晶。 | 粉砂<br>质硅<br>质岩 | 见显微照片 |
| 87 | 石凿<br>T201⑥:11 | 岩性基本同上，但层理较薄。 | 同上 | 见显微照片 |
| 88 | 石锛<br>T302⑧:1 | 灰色，岩性同上。 | 同上 | |
| 89 | 石锛<br>T302⑧:3 | 黄灰色，岩石细腻致密，具层理构造，层理呈波状，厚薄不一，主要由硅质和泥质组成，并可见一些硅质小透明体，其长轴约8～9mm，短轴仅1～1.5mm，顺层排列。 | 同上 | |
| 90 | 石钺<br>M68:12 | 灰色，具显微鳞片变晶结构，千枚状构造，主要由绢云母等矿物组成。 | 千枚<br>岩 | |
| 91 | 砺石<br>M68:6 | 紫灰色，砂状结构，块状构造，碎屑含量大于85%，主要为石英、硅质岩（多晶石英）以及泥岩碎屑，粒径0.2～0.3mm，磨圆度中等，胶结物为黏土矿物、碳质、铁以及更小粒径的石英碎屑等，接触式和孔隙式胶结。 | 石英<br>岩屑<br>砂岩 | 见显微照片 |

**续表**

| 序号 | 石器名称与编号 | 岩性描述 | 定名 | 备注 |
|---|---|---|---|---|
| 92 | 砺石 M16:17 | 红褐色，岩性同上。 | 同上 | |
| 93 | 纺轮 M35:10 | 表面为紫红色，断面呈肉红色夹灰白色颗粒，颜色不均一，岩石细腻光滑，硬度较低，由叶蜡石、石英等组成，原岩为凝灰质火山岩。 | 叶蜡石化凝灰岩 | |
| 94 | 纺轮 M24:13 | 同上 | 同上 | |
| 95 | 纺轮 M24:14 | 紫灰色，岩性同上。 | 同上 | |
| 96 | 砂子 G2:2 陶缸内 | 0.1~0.3mm，次圆—次棱角状，主要成分为石英、长石的岩石碎屑，偶见有角闪石碎屑。 | | 见显微照片 |

附录一〇

# 南河浜玉器地质考古学研究

## ——中国古玉地质考古学研究之九

### 闻 广

浙江嘉兴南河浜是江南史前崧泽文化重要遗址，发现于 1996 年，遂即由浙江省文物考古研究所考古发掘清理，出土了许多包括玉器在内的文物[①]。

就浙江省文物考古研究所提供的南河浜玉器 14 件供基本分析研究样品（1mg±），在以往对古玉研究认识的基础上[②]，按本系列研究择定的基本研究方法[③]，进行了分析测试鉴定研究。现将研究鉴定结果及有关问题讨论，择要说明如下：

## 一、研究鉴定结果

每个样品均测定了室温红外吸收光谱[④]，包括 $200-4000\text{cm}^{-1}$ 全谱及软玉样品的 $3600-3700\text{cm}^{-1}$ 放大谱，以确定其矿物成分及计算软玉样品的 $\text{Fe}/(\text{Fe}+\text{Mg})_{\text{p.f.u.}}\%$ 以区分透闪石与阳起石，并以扫描电子显微镜[⑤] 研究其显微结构。所测得室温红外吸收光谱就不同矿物及其组合各择一例如图一至图五。又扫描电子显微镜下的显微结构照相，2 件精美的透闪石软玉器以一组 3 张不同放大倍数照片，其他诸器各择 1 张具代表

---

① 刘斌、蒋卫东：《嘉兴南河浜遗址发掘取得丰硕成果》，《中国文物报》1996 年 12 月 15 日（总第 513 期）。

② 闻广：《辨玉》，《文物》1992 年第 7 期，第 75~80 页。闻广：《中国古玉地质考古学研究的续进展》，《故宫学术季刊》1993 年第十一卷一期，第 9~30 页。闻广、荆志淳：《福泉山与崧泽玉器地质考古学研究——中国古玉地质考古学研究之二》，《考古》1993 年第 7 期，第 627~644 页。Wen, Guang et Jing, Zhichun: Mineralogical studies of Chinese archaic jade. Acta Geologica Taiwanica, 1996, No. 32 (Special Issue-Mineralogical Studies of Archaic Jades), pp. 55-83. Wen, Guang et Jing, Zhichun: A geoarchaeological study of Chinese archaic jade. Colloquies on Art & Archaeology in Asia, 1997, No. 18—Chinese Jades, pp. 105-122, Percival David Foundation of Chinese Art, SOAS, University of London. 闻广：《中国大陆史前古玉若干特征》，《东亚玉器》，1998 年第 II 卷，第 217~221 页，中国考古艺术研究中心，香港中文大学。

③ 闻广、荆志淳：《沣西西周玉器地质考古学研究——中国古玉地质考古学研究之三》，《考古学报》1993 年第 2 期，第 251~280 页。

④ Perkin-Elmer 983 室温红外光谱仪，标准称样量 1mg，样品量不够标准者于图谱中注明，尹金双测定。

⑤ Hitachi S-450 扫描电子显微镜，杨安国制样并协助观察照相。

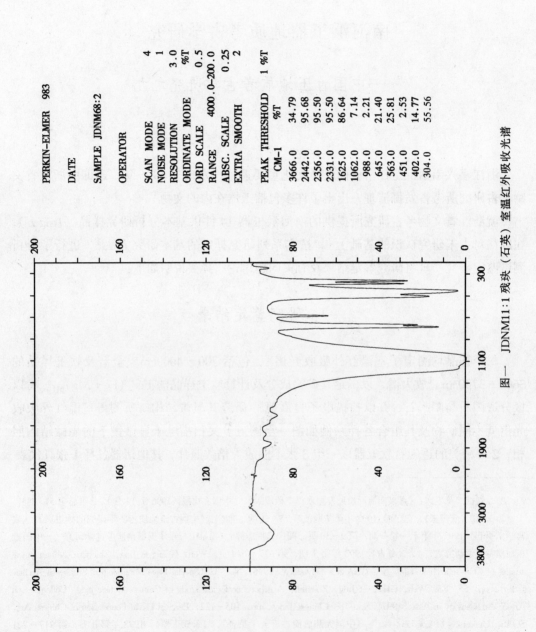

图一 JDNM11:1 残块（石英）室温红外吸收光谱

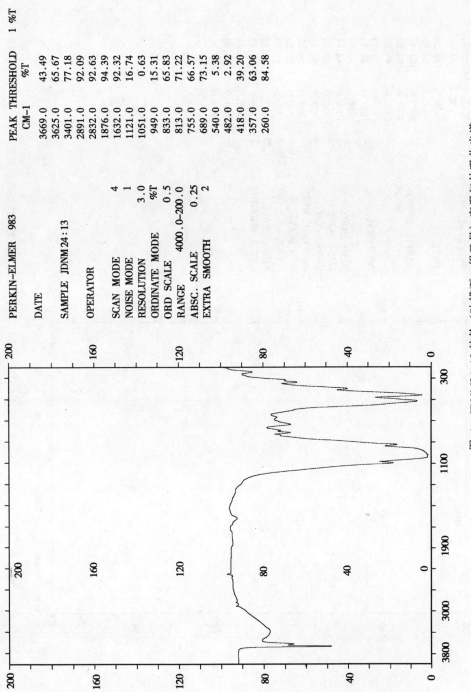

| PEAK THRESHOLD | 1 %T |
| CM-1 | %T |
| --- | --- |
| 3669.0 | 43.49 |
| 3625.0 | 65.67 |
| 3401.0 | 77.18 |
| 2891.0 | 92.09 |
| 2832.0 | 92.63 |
| 1876.0 | 94.39 |
| 1632.0 | 92.32 |
| 1121.0 | 16.74 |
| 1051.0 | 0.63 |
| 949.0 | 15.31 |
| 833.0 | 65.83 |
| 813.0 | 71.22 |
| 755.0 | 66.57 |
| 689.0 | 73.15 |
| 540.0 | 5.38 |
| 482.0 | 2.92 |
| 418.0 | 39.20 |
| 357.0 | 63.06 |
| 260.0 | 84.58 |

PERKIN-ELMER 983

DATE

SAMPLE JDNM 24:13

OPERATOR

| | |
| --- | --- |
| SCAN MODE | 4 |
| NOISE MODE | 1 |
| RESOLUTION | 3.0 |
| ORDINATE MODE | %T |
| ORD SCALE | 0.5 |
| RANGE | 4000.0-200.0 |
| ABSC. SCALE | 0.25 |
| EXTRA SMOOTH | 2 |

图二 JDNM24:13 纺轮（叶蜡石＋绢云母）室温红外吸收光谱

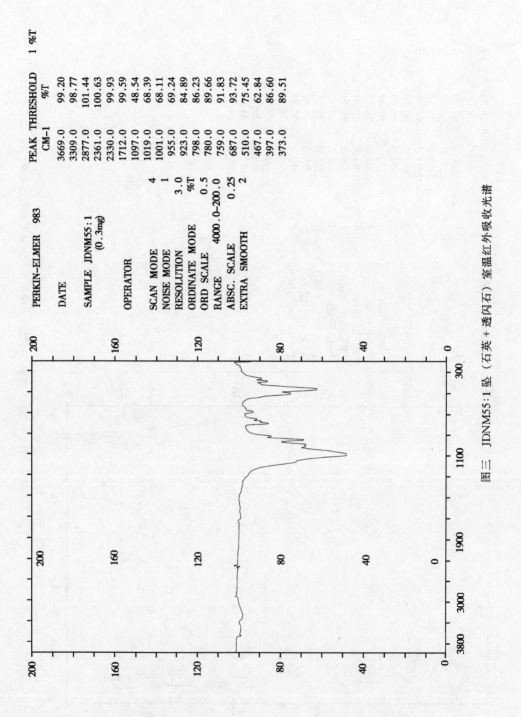

图三　JDNM55:1坠（石英＋透闪石）室温红外吸收光谱

PEAK THRESHOLD　1 %T

| CM-1 | %T |
|---|---|
| 3669.0 | 99.20 |
| 3309.0 | 98.77 |
| 2877.0 | 101.44 |
| 2361.0 | 100.63 |
| 2330.0 | 99.93 |
| 1712.0 | 99.59 |
| 1097.0 | 48.54 |
| 1019.0 | 68.39 |
| 1001.0 | 68.11 |
| 955.0 | 69.24 |
| 923.0 | 84.89 |
| 798.0 | 86.23 |
| 780.0 | 89.66 |
| 759.0 | 91.83 |
| 687.0 | 93.72 |
| 510.0 | 75.45 |
| 467.0 | 62.84 |
| 397.0 | 86.60 |
| 373.0 | 89.51 |

PERKIN-ELMER　983

| | | |
|---|---|---|
| DATE | | |
| SAMPLE JDNM55:1 (0.3mg) | | |
| OPERATOR | | |
| SCAN MODE | | 4 |
| NOISE MODE | | 1 |
| RESOLUTION | | 3.0 |
| ORDINATE MODE | %T | |
| ORD SCALE | | 0.5 |
| RANGE | 4000.0-200.0 | |
| ABSC. SCALE | | 0.25 |
| EXTRA SMOOTH | | 2 |

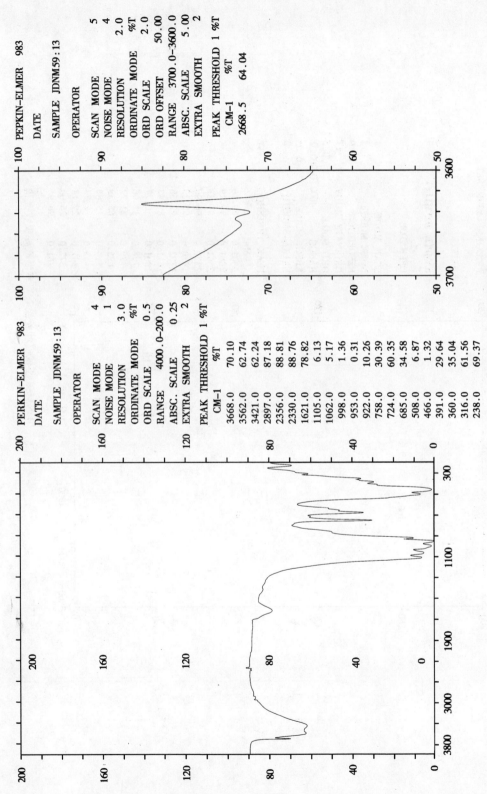

图四　JDNM59:13 宽璜（透闪石）室温红外吸收光谱

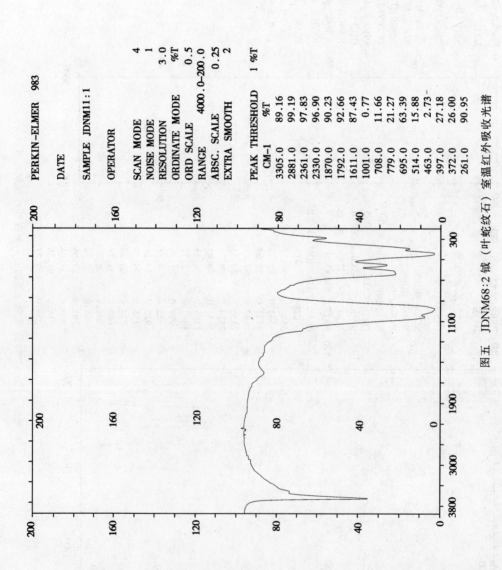

图五　JDNM68：2 钺（叶蛇纹石）室温红外吸收光谱

PERKIN-ELMER　983

DATE

SAMPLE JDNM11：1

OPERATOR

SCAN MODE　　　　4
NOISE MODE　　　　1
RESOLUTION　　　3.0
ORDINATE MODE　　%T
ORD SCALE　　　0.5
RANGE　　4000.0-200.0
ABSC. SCALE　　0.25
EXTRA SMOOTH　　2

PEAK THRESHOLD　1 %T
CM-1　　%T
3305.0　89.16
2881.0　99.19
2361.0　97.83
2330.0　96.90
1870.0　90.23
1792.0　92.66
1611.0　87.43
1001.0　0.77
708.0　11.66
779.0　21.27
695.0　63.39
514.0　15.88
463.0　2.73-
397.0　27.18
372.0　26.00
261.0　90.95

性的照片，如图版一五一及图版一九二。全部样品的上述研究鉴定结果，归纳如表一。

表一

| 遗址 | 编号 | 器名 | 矿物（玉类） |
|---|---|---|---|
| 嘉兴大桥南河浜 | JDNM11：1 | 残玦 | Qz（Pj） |
| | JDNM16：6 | 镯 | Tr（Np） |
| | JDNM24：13 | 纺轮 | Pp＋Sc（Pj） |
| | JDNM27：3 | 直条形璜 | Tr（Np） |
| | JDNM38：6 | 宽璜 | Tr（Np） |
| | JDNM55：1 | 坠 | Qz＋Tr（Hj） |
| | JDNM59：13 | 宽璜 | Tr（Np） |
| | JDNM61：8 | 钺 | Tr（Np） |
| | JDNM68：2 | 钺 | At（Pj） |
| | JDNM78：5 | 璜 | Tr（Np） |
| | JDNM78：7 | 镯 | Tr（Np） |
| | JDNM83：3 | 宽璜 | Tr（Np） |
| | JDNM96：5 | 镯 | Tr（Np） |
| | JDNM96：6 | 镯 | Tr（Np） |

At－Antigorite　叶蛇纹石　　Hj－Hemijade　半玉　　Np－Nephrite　软玉

Pj－Pseudojade　假玉　　Pp－Pyrophyllite　叶蜡石　　Qz－Quartz　石英

Sc－Sericite　绢云母　　Tr－Tremolite　透闪石

就上述研究鉴定结果，尚需说明如下：

（1）表一中的玉器，其矿物为两种矿物组合者，表中列名居前者是多数。

（2）已取样分析研究的南河浜玉器中的许多软玉制器，其软玉质量明显优于一般良渚文化的玉璧及高琮。

## 二、问题讨论

南河浜玉器所用软玉原料，由其特征可知其主体为镁质大理岩类型软玉，即中国大陆自古至今所用主要类型软玉，此类型软玉的生成过程可概括总结为表二如下：

上述认识否定了百余年来的传统认识，即因主产地昆仑软玉位于区域变质带内而当作区域变质成因[①]。不同的成因认识导向不同的找矿方向，若是区域变质成因，只应在区域变质带内寻找，而接触变质再经动力热流交代成因，则要到接触变质带中寻找。江苏溧阳小梅岭透闪石软玉的发现，当地没有任何区域变质背景，就是在上述成因认识指

---

① Stoliczka, F.: Note regarding the occurrence of jade in the Karakash Valley, on the southern borders of Turkestan. QQuart. J. Geol. Soc. London, 1874, Vol. 13, pp. 568－570.

引下实践的成果。当地的地质队发现了接触变质带中的透闪石岩，但却论证了与透闪石软玉形成环境等的不同，从而否定了存在软玉的可能（根据所存钟华邦"江苏溧阳透闪石岩研究"一文原稿复印本）。我们根据自己的上述成因认识，认为当地有发现软玉的可能，故检查此"透闪石岩"的显微结构，从而发现了软玉，由此填补了江南软玉产地的空白，为研究江南史前古玉溯源开拓了道路，也证实了上述软玉成因认识的正确[①]。

表二

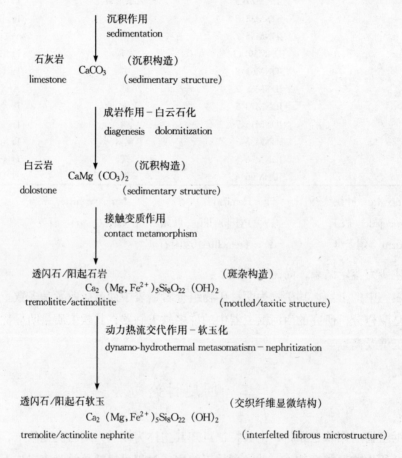

石灰岩 limestone $CaCO_3$

沉积作用 sedimentation

（沉积构造）（sedimentary structure）

成岩作用－白云石化 diagenesis dolomitization

白云岩 dolostone $CaMg(CO_3)_2$

（沉积构造）（sedimentary structure）

接触变质作用 contact metamorphism

透闪石/阳起石岩 tremolitite/actimolitite $Ca_2(Mg, Fe^{2+})_5Si_8O_{22}(OH)_2$

（斑杂构造）（mottled/taxitic structure）

动力热流交代作用－软玉化 dynamo-hydrothermal metasomatism－nephritization

透闪石/阳起石软玉 tremolite/actinolite nephrite $Ca_2(Mg, Fe^{2+})_5Si_8O_{22}(OH)_2$

（交织纤维显微结构）（interfelted fibrous microstructure）

史前古玉的软玉原料来源，最大可能是"就近取材"，充分考虑小梅岭软玉发现的成功经验，溯源问题可归纳为三级：一是寻找含镁碳酸盐岩与花岗岩类火成岩的接触变质带；二是在上述接触带上寻找透闪石/阳起石岩；三是在上述透闪石/阳起石岩中寻找透闪石/阳起石软玉。在浙江境内及江苏与安徽的相邻地区，上述接触变质带所在多有，其中亦不乏透闪石/阳起石岩的存在，故可充分利用各种已有地质资料以筛选出"靶

① 闻广：《古玉新论》，《台湾大学理学院地质科学系研究报告》2001 年，第三十三期，海峡两岸古玉学会议论文专辑，第 495～500 页。

区"，再在其中取样检查是否存在软玉。工作中必须注意：软玉在地表经次生变化，犹如古玉之受沁，往往丧失半透明度而变成不透明和褪色而呈灰白色，以致仅凭肉眼难于甚至无法与透闪石/阳起石岩相区分，故必须研究其显微结构以区分之。

二〇〇四年六月于北京

# 后　记

　　《南河浜》报告终于可以交付给出版社了。从遗址的发掘到现在，转瞬已过去了八年，而野外发掘的情形还像昨天刚刚发生的事情一样历历在目。至今让我遗憾的是考古队没能有一张全体队员的照片，作为大家对那段艰苦而快乐的日子的纪念。本来是一直记得要拍的，可考古队除了我和蒋卫东以及周建初、方忠华、葛建良自始至终参加外，田正标、赵晔和徐军则是先后交替加入的，由于总是凑不齐人，所以竟一直拖着而没能拍成。

　　八年对于人生来说是一段不短的时间，而且也正是我们考古队的许多同仁，经历而立之年，而逐渐走近不惑的人生最佳年华。我们用这样的年华去接近古人，长期生活在远离都市，远离现代物质生活的乡村，有些艰苦，有些寂寞，也有许多发现的欣喜。八年来我们中的许多人又经历了许多次的考古发掘，我们就这样一次次地闯入古人的世界，在不同的时空中，结识许多不同的人群。能做这样的工作，我常常觉得是人生的幸运和幸福，因为来去几千年，在不同的部落中穿梭，你会觉得是人生的延伸，仿佛自己活过几千年似的。

　　发掘工作结束之后，考古队人员便四散了，大家都各自去忙碌另外的事情，所以对遗址材料的整理与报告的编写主要是由我和蒋卫东完成的。当我们一遍遍地摆弄那些出土器物，进行分类、排比和分析它们的演变发展的逻辑关系时，我们常常为找出其间的规律而高兴。而每当此时我也总是为发掘队的其他同仁不能与我们一起分享这种认识的过程而感到遗憾。通过整理和编写报告，我们对于崧泽文化的认识，也仿佛是经历了从"而立"到"不惑"的成长。

　　记得先生们常说，考古学要透物见人，要替古人说话。所以客观地理解我们所获得的资料，科学地将他们记录并传达给别人，是我们工作的责任和工作的目标。因此每当我们获得一批新的资料，也便是肩负起了一次新的责任和任务，这可能是每个考古者心中的压力，一方面是新发现的愿望、惊喜和快乐，另一方面则会有新的负债。南河浜的发掘到现在，八年来未曾释怀，现在终于可以暂时放下了，就像孩子长大了终于可以让他出门了。

　　南河浜遗址包含了从崧泽文化早期到晚期连续不断的发展过程，为我们认识崧泽文化的发展演变脉络提供了很好的资料，希望我们的研究客观真实地反映了这一遗址和这一文化的真相，也希望能为今后研究崧泽文化提供一把时间的标尺。我们按照这样的愿望尽量地做了，能够做到多少，则受到知识和智慧的限制，疏漏与不足再所难免。为了更客观全面地公布资料，方便大家检索和进一步研究，弥补我们认识上的不足，除综合分析研究部分之外，我们尽量将全部资料按单元发表，其间重复冗赘之处，敬乞见谅。

本书由刘斌、蒋卫东主编，第一章至第六章及附录一、二、三由刘斌撰写，第七章由蒋卫东撰写，附表由刘斌、王宁远编制，最后由刘斌统一修改编纂。蒋卫东、郭留通在绘图与排版方面做了大量的工作。王宁远与徐军在本书的电脑输入等方面做了大量的工作。

器物的修复工作由周建初、陈孔利、魏慎玉完成。器物绘图由董红卫承担。器物照相与拓片由李永嘉完成。

碳十四标本由北京大学第四纪年代测定实验室测定。

人骨标本由中国社会科学院考古研究所韩康信先生鉴定。

动物骨标本由浙江省自然博物馆金幸生先生鉴定。

植物孢粉标本由上海同济大学海洋系孢粉研究室分析鉴定。

植物硅酸体标本由（原）浙江大学农学院郑云飞先生鉴定。

石器标本由浙江大学董传万、何礼璋先生鉴定。

玉器标本由中国地质科学院地质研究所闻广先生鉴定。

陶器标本由上海复旦大学张正权、潘碧华、承焕生、高蒙河鉴定。

日文提要由上海复旦大学高蒙河先生翻译。

英文提要由北京大学秦岭女士翻译。

在资料的整理和编写报告的过程中，多次趁张忠培先生、严文明先生来杭之际向他们请教，得到先生们的悉心指导。赵辉先生、秦岭博士以及牟永抗等先生，也为本报告的编写，提出了许多宝贵的意见。在报告的初稿完成后，又请我的老师张忠培先生审阅，并承蒙先生垂爱，为本书作序。

本书的出版，是许多人共同努力工作的结果，是在诸多单位和个人支持协作下完成的。尤其曹锦炎所长，在报告的编写和出版方面，更是给予了大力的支持。在此谨致深切的谢意。

刘　斌
2004 年春月于余杭良渚

# English Abstract

The Nanhebang site is located about 11 kilometres east of Jia Xing city, at East Longitude 120°96′and North Latitude 30°40′34″. This location belongs to the Yunxi and Nanzi villages of Daqiao township. In 1996, salvage excavation was conducted here prior to the construction of the Shanghai to Hangzhou expressway.

Nanhebang covers an area of over 20000 square meters comprising an irregular mesa about 2 meters high. The site's height above sea level is 3.5 to 4.9 meters, whereas the height of the surrounding paddy fields is about 2.3 meters. The village of Nanhebang is south of the site, while the north abuts the highway project corridor. The northern part of the site has a landscape similar to the character "回" in shape. A circular area of high ground surrounds a lower circle about 20 - 30 meters in width. The elevation difference between these two areas is about 1 meter. The high area is rectangular in shape and oriented in a north - east to south - west direction. It is about 40 meters in length and 20meters in width. According to the natural landscape and the requirements of the salvage project, we divided the excavation region into two areas: A and B. Area A is the high central area. We placed 8 10X10 excavation units in this zone. Area B is located on a high area about 30 meters east of area A. There we placed 2 excavation units. The entire excavation area comprises about 1000 square meters.

The cultural deposit of area A is very rich, about 3 meters deep from the surface to sterile soil, and can be divided into 14 layers. Excavations revealed 4 Liangzhu culture graves, 84 graves, 22 pits, and 7 houses from the Songze culture, as well as a Songze altar. The Songze period altar was the first discovered and is therefore particularly significant for research on the religious patterns of this culture. It is also helpful for understanding the unexpected rise of the advanced jade sacrifice of the subsequent Liangzhu era.

The cultural deposits of the area B are relatively simple. They reach about 2.5 meters deep from the surface and can be divided into 5 layers. The layers contain one Ming or Qing dynasty pit, one Shang - Zhou period pit, 7 graves, and one Songze culture pit.

Over 600 intact pottery objects, 64 pieces of jade, over 80 lithics, and over 10 bone or tooth objects were found from these two areas. The dominant assemblage of pottery includes *ding* tripods, *dou* stemmed — vessels, *hu* pots, *guan* pots, *bei* cups, *pen* basins, gang jars and filter vessels. In addition to the utilitarian and burial vessels, pottery tortoises, eagle — head shaped pots, animal — mask pots and other pottery artefacts related to religion and sacrifice were found. Jade objects include *yue* axes, *huang* semi — circular ornaments, bracelets, and rounded and trapeziform ornaments. The dominant lithic types are adzes and axes.

Based on the remains recovered during excavations at Nanhebang, the site is primarily associated with the Songze culture. Liangzhu culture remains and those of the Shang — Zhou period were only found in some parts of the site. Study of depositional process and the distribution of artefacts demonstrates that the Nanhebang site was formed over a long period of time by the gradual accumulation of soil. The 1000 square meters excavation area show changes of function at the site. The remains show evidence for the evolution of settlement and culture. The Songze culture deposits show continuity both in remains and artefacts. The complicated stratigraphic relationships provide a credible basis for the study of the evolutionary trajectory of the artefacts.

According to our typological study of the artefacts, the site can be traced back to the Majiabang culture, contains remnants of the whole Songze period, and continues into the period of the Liangzhu culture. Therefore, the periodization of the Songze remains from Nanhebang basically reflects the periodization of the Songze culture.

Integrating the analysis of the remains and artefacts, we divide the Songze culture on this site into two continuous periods, which can be further separated into five stages. The early period involved *ding* tripods, *fu* cauldrons, *dou* stemmed — vessels, *guan* pots, *hu* pots, colander — shaped vessels, sandy *gang* jars and cauldron props. Cattle — snout shaped and cockscomb shaped handles are found on the shoulder of many of these vessel types. The later period vessels include *ding* tripods, *dou* stemmed — vessels, *guan* pots, *hu* pots, *bei* cups, *pen* basins, colander — shaped vessels, and sandy *gang* jars. Most of these do not have handles. Cauldrons and cauldron props have basically disappeared by this period and cups and basins are new and common vessels. *Dou* and *guan* also became more common. This reflects changes in the lifeways of people at this time. In terms of surface decoration, the early period saw *ding* fish — fin shaped feet with designs formed of impressed vertical grooves and *ding* with shovel — shaped feet. In the later period, fish — fin shaped *ding* feet with incised designs and chisel — shaped *ding* feet predominate. In the earlier period tall, slender *dou*

stems that are trumpet – shaped and trumpet – shaped with smaller lower bulges are charac-
teristic. In the late period the stems are subdivided in a ladder – like fshion.

Stage 1 of the early period includes layers 12, 13, 14 of area A; layer 5 of the area B;
and H3, H20, H21, H22, H24, G7 – G11.

Stage 2 of the early period includes layers 9, 10, 11 of area A; and G3 – G6, H18,
H19, H23.

Stage 3 of the early period includes layer 6, 7, 8 of area A; layer 4 of area B; and F3 –
F7, M1 – M7.

Stage 4 of the late period includes layer 5 of area A; and most contexts below layers 4
and 5. The remains below layer 5 include G1, G2, F2, H16, M58, M59, M61, M81,
M85, M96 and the altar. The remains below layer 4 include H12, H13, M60, M67, M69
– M77, M79, M80, M82, M84, M86, M95 and the altar.

Stage 5 of the late period includes layer 4 of area A; layer 3 of area B; some contexts be-
low layer 4; and most contexts below layer 3 and 2 in area A. The remains below layer 4 in-
clude H6, H8, H9, H11, H14, H15, H17, H26. The remains below layers 2 or 3 include
F1, H4, H5, H7, H25, M8 – M44, M46 – M52, M54 – M57, M62 – M64, M66, M68,
M78, M83, M87, M89 – M91, M93, M94, M65.

The formation of the site is understood to consist of the following periods:

First, before the deposition of layers 7 and 8 in area A, the excavation area was at the
edge of the site. The main settlement at that time should be further to the south. During the
period of layer 14, area A probably was the agricultural zone. The small grid trenches (G7 –
G11) below layer 14A of the southern T201 might be features related to this cropland. Layer
12 and 9 are ash deposits containing animal bones and pottery and may be refuse deposits re-
lated to daily life. These deposits were sloped from the south to the north, which reflects the
trend of the settlement expansion to the north. G3 – G6 and the postholes below layer 10
should be remains related to structures.

Secondly, layer 7 and 8 were formed by a large expansion process. Above the surface of
layer 7, area A became the main living area of the settlement. This is where F3 to F7 were
built. Simultaneously, area B became the cemetery of the settlement. This is where we find
burials M1 to M7.

Thirdly, after the abandonment of F3 – F7, area A became the sacrificial area and the
cemetery. The altar was constructed at the eastern part of area A, F2 was built in the south
– western part. Graves were buried west of the altar and north of F2 at the same time.

Fourthly, after the abandonment of the altar and F2, another expansion both in size and in height occurred. This expansion extended down to area B. Area A filled up to the surface of the altar by layer 4. On this new platform this area once again became a cemetery, and F1 was built on the mid – southern part.

Fifthly, after the Songze culture, the edge of the settlement was associated with the Liangzhu culture. Layer 3 was only found in some small parts of area A, and several graves were scattered in the excavation area.

# 日本語要旨

　南河浜遺迹は嘉興城の東約11km離れた所に位置し、東経120°96′、北緯30°40′34″に当たる。大橋郷の雲西村及び南子村に隷属する。1996年沪杭高速道路の建設に伴い緊急調査が行われた。

　南河浜遺跡は面積が20000m²で、比高約2mの不定形の台地からなり、標高は3.5－4.9mで、周辺の水田の標高は約2.3mである。遺跡の南部に南河浜と呼ばれる村があり、北部が高速道路の工事区域である。遺跡は北部がやや回字形となっており、中央部と周辺が高地で、その間にある窪地の幅が20－30mで、周囲との高度差が約1mある。概ね長方形を呈する中央部の高地は北東－南西方向にわたり、長さ約40m、幅約20mある。遺跡北部の地形及び工事状況に従って発掘区域をA、B二区に分けることにした。A区は中央部の高地を範囲とし、10×10mのトレンチを八つ設けた。B区はA區の東30m離れた高地にあり、10×10mのトレンチを2個設けた。発掘総面積は1000m²となる。

　A区

　包含層は厚く約3mにも達し、上下14層に分けることができる。遺構として良渚文化の墓4基、崧澤文化の墓85基、灰坑22基、建物跡7ヶ所、崧澤文化の祭壇1ヶ所が確認された。崧澤文化の祭壇は初めて発見されたもので、長江下流地域における宗教信仰及び文明の起源などの研究に非常に重要だと考えられる。また、崧澤文化に引き続く良渚文化期によく見える高度に発達した祭祀用玉器や祭壇の起源問題の解決にも重要な物證を示してくれた。

　B区

　遺物の堆積が比較的薄く、約2.5mで5層に分けられる。商周時代及び明清時代の灰坑それぞれ1基、崧澤文化の墓7基と灰坑1基が確認された。

　A、B両区から600点余りの完形の土器、64点の玉器、80点余りの石器及び10点余りの骨角牙器などが出土した。土器は主に鼎、高杯、壺、罐、杯、盆、缸、擂鉢などがあり、一般的な生活用品と明器の他に、土亀、鷹頭壺、獣面壺など祭祀や信仰と関係する特殊な土器も出土した。玉器は主に鉞、璜、腕輪及び円形や台形の小型飾りがあり、石器は主に手斧と鉞がある。

　このように南河浜遺跡は主に崧澤文化に属すると共に、部分的に良渚文化と商周時代の遺構遺物を内包している。また、包含層の上下関係や各層の遺物から、遺跡は長期にわたって使用され、次第に拡大されてきたことが分かる。発掘面積は1000m²であるものの、遺跡の形成過程においてその機能は幾度も変化していたことが窺われる。

　崧澤文化期の堆積の特徴として持続性が挙げられる。包含層や遺構間の多くの切り合い関係は遺物の型式変遷の研究に重要な根拠を提供してくれた。型式学の立場から見れば、この遺跡は馬家浜文化から良渚文化にわたって、崧澤文化期を一貫したことが分かる。従ってこの遺跡における崧澤文化期を細分することは従來研究してきた崧澤文化をさらに分けることであろう。

　この遺跡の崧澤文化期は前後2期、5段階に分けられる。前期には主に鼎、高杯、壺、罐、缸、擂鉢、釜支子（釜を支える土器）などがあり、器の中腹部に牛鼻状や鶏冠状取っ手が多く見られる。後期には主に鼎、豆、壺、罐、高杯、缸、擂鉢などがあり、取っ手はあまり見られない。また、釜と釜支子もほとんど見られないが、高杯と盆の數が多く、高杯と罐の様式も多様化するなど、生活構造の細分化が窺われる。前期の鼎は細い溝状の文様を縦に押し付けた魚鰭形と鍬形の足が特徴的であるが、後期は文様を刻んだ鰭形及び鑿形の足鼎が一般的である。前期の高杯は細長いラッパ形や亞腰形ラッパ形が多いが、後期には階段状のものが多い。

　前期第一段階：A区の第12、13、14層及びB區の第5層、H3、H20、H21、H22、H24とG7からG11が含まれる。

　前期第二段階：A区の第9、10、11層及びG3からG6までの範囲とH18、H19、H23が含まれる。

　前期第三段階：A区の第6、7、8層及びB區の第4層、F3からF7、M1からM7までが含まれる。

　後期第一段階：A区の第5層及び第4、5層の下に広がる大部分が含まれる。第4層の下に広がるのがH12、H13、M60、M67、M69－77、M79、M80、M82、M84、M86、M95及び祭壇であり、第5層の下に広がるのがG1、G2、F2、H16、M58、M59、M61、M81、M85、M96と祭壇である。

　後期第二段階：A区の第4層及びその下の一部と第2、3層下の大部分とB区の第3層が含まれる。A区の第2、3層の下に広がるのがF1、H4、H5、H7、H25、M8－44、M46－52、M54－57、M62－64、M66、M68、M78、M83、M87、M89－91、M93、M94とM65であり、第4層の下に広がるのがH6、H8、H9、H11、H14、H15、

H17とH26である。

　遺跡の形成過程を次のようにまとめることが出來る。

　1.A区の第7、8層の時期以前には発掘区域はずっと遺跡の縁辺に当たり、主要な生活区域は発掘区域の南にあったと考えられる。第14層の時點で、A区は農地だった可能性高い。T201南部14A層下で発見された縦向き、横向きの溝（G7－11）は、農耕地と関連するものと考えられる。

　第9、12層は灰燼層で、中には動物の骨と土器の破片が多く含まれており、生活廃棄物の堆積だと思われる。南から北へと傾いて堆積しているため、生活区域が次第に北へと広がったように見える。第10、11層からなる生活層は、すでにT201とT301の南部までに広がっている。G3－6及び第10層下の柱穴は、家屋などの建物と関連すると推測される。

　2.第7、8層は集落の大規模な拡張によるものである。第7層ではA区が主な居住区になり、ここでF3－7が造られている。B区は墓地としてM1－7が見つかっている。

　3.F3－7の廃棄後、A区は祭祀場と墓地となった。A区の東部に祭壇が築かれた。またA区の南西部にはF2がつくられた。それと同時に、祭壇の西側とF2の北側に墓ができ、よって第5層と第4層の下部にそれぞれ墓群ができたのである。

　4.祭壇とF2の廃棄後、遺跡の範囲がさらに拡大されB区に及んだ。A区では祭壇と同じ高さの第4層が形成され、これをもとにA区が再び墓地となり、またこのA区の中南部にF1ができた。

　5.崧澤文化以後、このあたりは良渚文化の集落の縁辺と化した。A区では小規模な第3層と数基の墓だけが発見されている。

1．遗址远景（东北→西南）

2．A区发掘现场（东南→西北）

南河浜遗址远景、A区发掘现场

1. 严文明（左五）、邹厚本（左三）、张敏（左二）、刘军（左四）、王明达（右一）等现场听取汇报

2. 张忠培（左三）、刘军（左一）、高蒙河（左四）等现场指导

发掘现场考察论证

1. 严文明（左五）、关强（左二）、陈文锦（左一）、宋建（右一）等现场考察

2. 中国社会科学院考古研究所韩康信先生在发掘现场进行人骨鉴定

发掘现场考察论证、人骨鉴定

1. 祭台全景（北→南）

2. 祭台南北向剖面（东→西）

祭台平剖面

1. 祭台南北向剖面（东→西）

2. 祭台南北向剖面（东→西）

祭台剖面

1. 祭台东西向剖面（南→北）

2. 祭台东西向剖面（南→北）

祭台剖面

1. H5

2. H9

灰坑

1. F2灶面（中间有圆形凹坑）

2. F5灶面（多层叠压情况）

F2、F5 灶面

1. 罐形豆（F3：1，残）

2. 盖（F3：2）

3. 钵（F4：1）

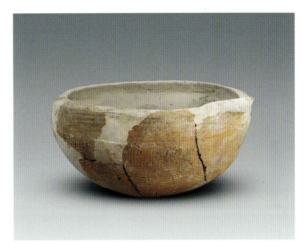

4. Ⅰ式澄滤器（F4：13）

5. Ⅲ式锛（F4：11）

6. Ⅱ式锛（F4：12）

F3、F4 出土器物

1．F6居住面铺垫黄土（东→西）

2．Ⅱ式锛（F6：11）

3．Ⅲ式锛（F6：13）

4．A型Ⅱ式壶（F6：12）

F6平面及出土器物

1. G2：1夹砂缸出土时状况，缸内盛满细沙

2. G2：1 I 式夹砂缸

3. G2出土甑口沿及鼎足

G2 出土器物

1．H7填土内器物出土情况

2．Ⅵ式鱼鳍形足鼎（H7：36）

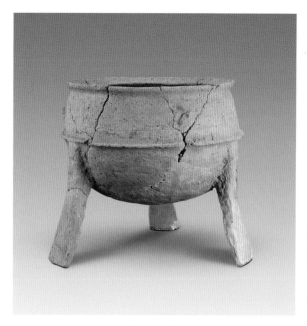

3．Ab型凿形足鼎（H7：3）

H7及出土器物

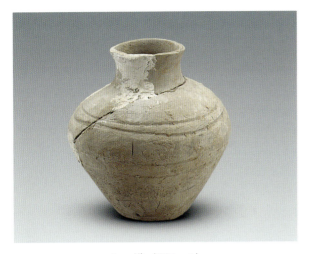

1. 罐（H7：1）

2. Ⅲ式盆（H7：2）

3. Ⅲ式盆（H7：4）

4. C型凿形足鼎（H7：5）

5. Ab型凿形足鼎（H7：8）

6. Aa型凿形足鼎（H7：9）

H7 出土器物

1. 豆（H7：10）

2. C型凿形足鼎（H7：11）

3. Aa型凿形足鼎（H7：12）

4. B型Ⅱ式罐（H7：16）

5. Ⅲ式盆（H7：15）

6. Ⅲ式盆（H7：14）

H7 出土器物

1. B型Ⅱ式罐（H7∶17）

2. B型Ⅱ式杯（H7∶19）

3. A型Ⅱ式杯（H7∶20）

4. Ba型凿形足鼎（H7∶22）

5. Ba型凿形足鼎（H7∶23）

6. Aa型凿形足鼎（H7∶24）

H7 出土器物

1．陶勺（H7：25）

2．Aa 型凿形足鼎（H7：26）

3．圈足盘（H7：27）

4．Aa 型凿形足鼎（H7：29）

5．Ba 型凿形足鼎（H7：30）

6．Aa 型凿形足鼎（H7：31）

H7 出土器物

1．Aa型凿形足鼎（H7：39）

2．Bb型凿形足鼎（H7：38）

3．B型壶（H7：35）

4．B型Ⅱ式罐（H7：42）

5．Ⅲ式锛（H7：32）

H7 出土器物

1. Aa 型凿形足鼎（H8：1）

2. Ab 型凿形足鼎（H8：2）

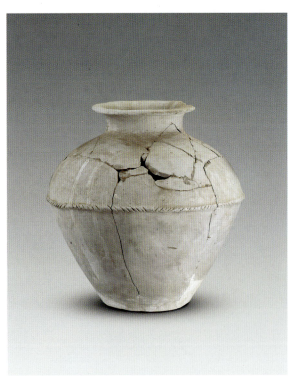

3. A 型Ⅲ式罐（H13：1）

4. Ⅴ式鱼鳍形足鼎（H13：2）

H8、H13 出土器物

1. Ⅲ式盆（H13：4）

2. Ⅴ式鱼鳍形足鼎（H13：5）

3. B型Ⅲ式铲形足鼎（H13：6）

4. Ⅰ式夹砂缸（H13：7）

5. Ⅱ式澄滤器（H13：9）

6. Ⅱ式盆（H13：10）

H13 出土器物

1. H15

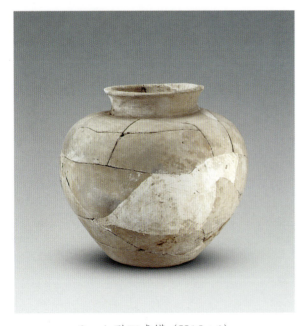

2. A型Ⅳ式罐（H15∶4）

3. 罐（H15∶5）

H15 及出土器物

1. H18

2. II式釜（H18:1）

3. III式鼎（H18:2）

4. 侧把盉（H22:1）

5. I式鼎（H22:2）

H18、H22 出土器物

1. 石斧 (T302③:6)

2. 石锛 (T302③:3)

3. A型Ⅳ式釜支子 (T301④A:6)

4. A型Ⅱ式纺轮 (T302④A:21)

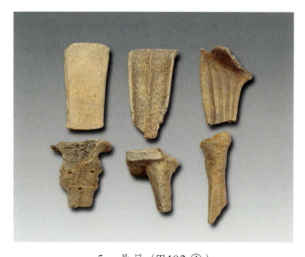

5. 鼎足 (T402④)

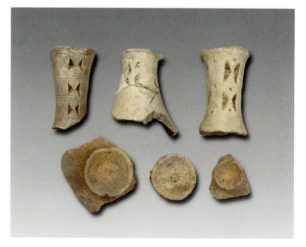

6. 豆把、器盖 (T202④、T302④)

A区第3、4层出土器物

1. Ⅲ式盆（T402 ④ A：2）

2. 钵（T402 ④ A：3）

3. B型Ⅱ式豆（T402 ④ B：1）

4. 杯（T101 ④：1）

5. B型Ⅰ式杯（T402 ④ A：1）

6. B型Ⅰ式杯（T402 ④ A：11）

A区第4层出土器物

1. Ⅱ式凿（T401④:21）

2. Ⅲ式锛（T302④A:15）

3. Ⅱ式凿（T201④B:11）

4. Ⅱ式钺（T201④B:7）

5. Ⅱ式钺（T201④C:2）

A区第4层出土器物

1. B型Ⅱ式釜支子（T201④B：1）

2. Aa型凿形足鼎（T302④A：1）

3. B型Ⅱ式罐（T302④A：2）

4. B型Ⅱ式罐（T302④A：6）

5. 骨镖（T201④B：5）

6. Ⅱ式盆（T201⑤：7）

A区第4、5层出土器物

1．A型Ⅰ式杯（T201⑤：2）

2．罐（T201⑤：1）

3．B型Ⅰ式罐（T401⑥：1）

4．圈足罐（T101⑥：1）

5．Ⅱ式凿（T302⑤：13）

6．Ⅲ式锛（T302⑤：14）

A区第5、6层出土器物

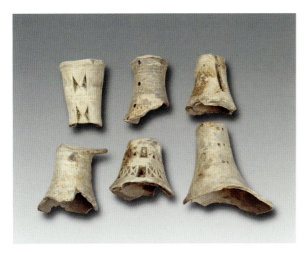

1．豆把（T301、T401⑥）

2．A型Ⅲ式釜支子（T302⑥：21）

3．鼎足、器盖（T301⑥、T401⑥）

4．Ⅱ式钵（T401⑥：11）

5．Ⅱ式钺（T301⑥：20）

6．Ⅱ式锛（T402⑥：13）

A区第6层出土器物

1．Ⅰ式澄滤器（T401⑦：20）

2．网坠（T302⑦：12）

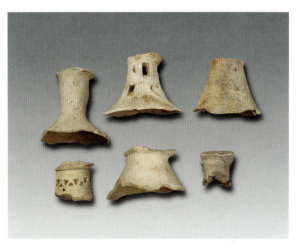

3．第⑦层豆把

4．A型Ⅲ式豆（T302⑦：11）

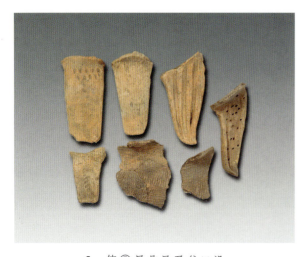

5．第⑦层鼎足及釜口沿

6．A型Ⅲ式釜支子（T401⑦：3）

A区第7层出土器物

1．A型Ⅰ式壶（T301⑧：7）

2．Ⅱ式盖（T201⑧：16）

3．第⑧层盖钮、釜口沿

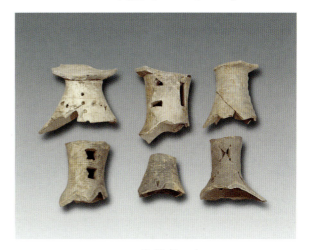

4．第⑧层豆把

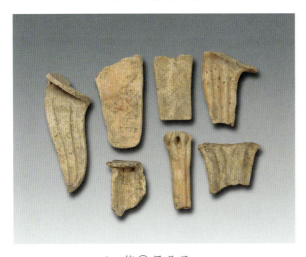

5．第⑧层鼎足

6．Ⅱ式凿（T201⑧：13）

A区第8层出土器物

1．Ⅰ式锛（T302⑧∶1）

2．Ⅱ式锛（T201⑧∶10）

3．Ⅱ式凿（T301⑧∶1）

4．Ⅲ式锛（T301⑧∶23）

5．Ⅱ式锛（T301⑧∶22）

6．Ⅱ式凿（T301⑧∶24）

A区第8层出土器物

1．A型Ⅱ式釜支子（T201⑨B∶6）

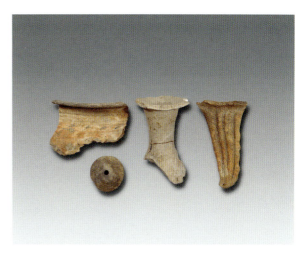

2．鼎口沿、鼎足、豆把、纺轮（T401⑨）

3．鼎足（T301⑩）

4．Ⅰ式凿（T301⑩∶20）

5．Ⅰ式锛（T201⑩∶31）

6．Ⅰ式锛（T201⑩∶11）

A区第9、10层出土器物

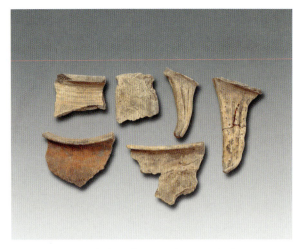

1. 鼎足及鼎口沿（T201 ⑪ ）

2. 陶球（T201 ⑪：15）

3. Ⅰ式石钺（T201 ⑪：12）

4. Ⅰ式石钺（T201 ⑪：13）

5. Ⅰ式凿（T201 ⑪：11）

6. Ⅰ式锛（T201 ⑪：10）

A区第 11 层出土器物

1. 鼎足（T401⑫）

2. 豆把、盖钮、鼎口沿（T401⑫）

3. A型I式纺轮（T302⑫：2）

4. 砺石（T201⑫：12）

5. 骨锥（T302⑫：21）

6. A型I式釜支子（T201⑫：1）

A区第12层出土器物

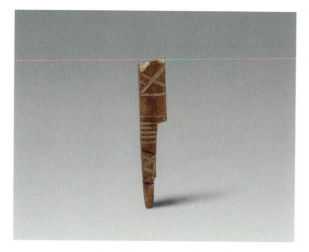

1. 刻纹骨片（T401 ⑬：6）

2. I 式凿（T401 ⑬：2）

3. I 式凿（T201 ⑭：16）

4. I 式锛（T401 ⑬：20）

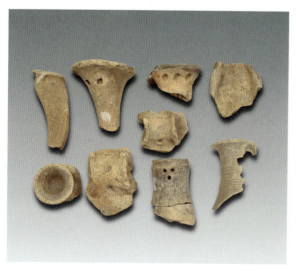

5. 第⑭层鼎足、豆把、盖纽

A 区第 13、14 层出土器物

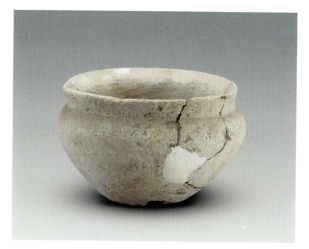

1. Ⅱ式盆（T2④：3）

2. 罐形豆（T2③：2）

3. Ⅱ式盆（T2③：1）

4. Ⅲ式钵（T2④：4）

5. T2第③、④层鼎足、豆把

6. 网坠（T2③：3）、第④层鼎足

B区第3、4层出土器物

1. M1

2. 豆（M1∶3）

3. A型I式壶（M1∶2）

M1 及出土器物

1. M2

2. B型 I 式钺 (M2∶1)

3. B型 I 式罐 (M2∶2)

4. A型 I 式铲形足鼎 (M2∶3)

5. A型 I 式钺 (M2∶4)

M2 及出土器物

1. M3

2. B型I式鱼鳍形足鼎（M3：2）

3. I式纺轮（M3：3）

M3 及出土器物

1. M4

2. M4（局部）

3. Ⅰ式釜（M4：1）

M4 及出土器物

1. M5

2. Ⅱ式釜（M5 : 1）

3. B型Ⅰ式鱼鳍形足鼎（M5 : 2）

M5 及出土器物

1. M6

2. M6（局部）

3. C型 I 式盆（M6：2）

M6 及出土器物

1. M7

2. M7（局部）

3. II 式釜（M7：1）

4. 豆（M7：3）

5. 罐（M7：2）

M7 及出土器物

1．M8

2．小罐（M8：1）

3．半球形玉坠（M8：2）

4．M8：2

M8 及出土器物

1. M9

2. B型Ⅲ式杯（M9：1）

3. D型Ⅱ式宽把豆（M9：2）

4. C型Ⅱ式罐（M9：3）

M9 及出土器物

1. M10

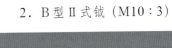

2. B型Ⅱ式钺（M10∶3）

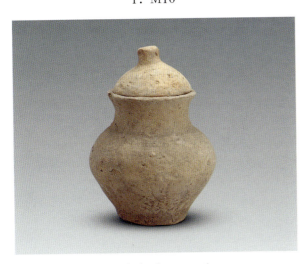

3. 小壶（M10∶6）

4. 凿形足鼎（M10∶5）

M10 及出土器物

1. M11

2. 玦(M11:1)

3. B型Ⅱ式钺 (M11:3)

4. 玉饰 (M11:4)

5. A型Ⅱ式钺 (M11:2)

M11 及出土器物

1. Ⅱ式锛 (M11:6)

2. 石镰 (M11:8)

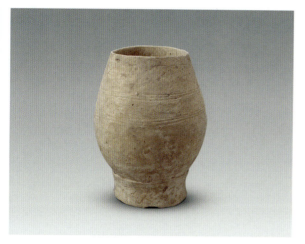

3. B型Ⅲ式杯 (M11:7)

4. Ⅱ式凿 (M11:14)

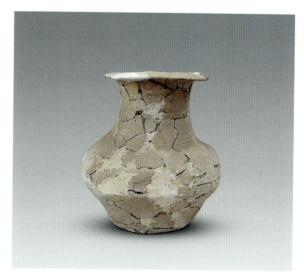

5. A型Ⅲ式壶 (M11:9)

M11 出土器物

鹰头壶（M11：5）

1. M12

3. B型Ⅱ式宽把豆（M12:2）

2. A型Ⅱ式石钺（M12:1）

M12及出土器物

1. M14

2. B型Ⅲ式杯（M14：2）

3. B型Ⅱ式壶（M14：5）

4. 梯形玉饰（M14：3）

5. B型Ⅲ式杯（M14：6）

M14及出土器物

1．Ⅱ式凿形足鼎（M14：4）

2．A型Ⅳ式细把豆（M14：8）

3．A型Ⅱ式鱼鳍形足鼎（M14：7）

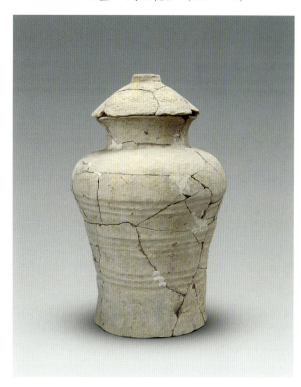

4．A型Ⅱ式中型罐（M14：1）

M14出土器物

1. M15

2. 玦（M15：1）

3. B型Ⅲ式细把豆（M15：4）

4. B型Ⅲ式杯（M15：3）

M15 及出土器物

鹰头壶（M15：2）

1．M16

2．罐（M16：3）

3．B型Ⅱ式罐（M16：4）

4．玉璜（M16：2）

5．杯（M16：5）

M16 及出土器物

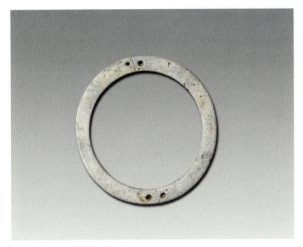

1. 分体玉镯（M16∶6）

2. 杯（M16∶7）

3. 杯（M16∶10）

4. A型Ⅱ式钺（M16∶12）

5. B型Ⅱ式盆（M16∶13）

6. D型Ⅲ式壶（M16∶14）

M16出土器物

1．E 型Ⅲ式罐（M16：16）

2．砺石（M16：17）

3．B 型Ⅲ式罐（M16：18）

4．A 型Ⅲ式细把豆（M16：21）

5．E 型Ⅱ式壶（M16：19）

M16 出土器物

1．E 型 III 式罐（M16：20）

2．釜（M16：22）

3．B 型 II 式壶（M16：23）

4．F 型 II 式矮宽把豆（M16：24）

5．II 式锛（M16：25）

6．II 式凿（M16：26）

M16 出土器物

1. E型Ⅲ式壶（M16∶27）

2. A型Ⅱ式盘（M16∶28）

3. E型Ⅲ式罐（M16∶29）

4. 甑（M16∶31）

5. A型Ⅲ式壶（M16∶32）

6. B型Ⅱ式中型罐（M16∶33）

M16出土器物

1. M17

2. 玉璜（M17∶2）

3. A型Ⅱ式盅形豆（M17∶3）

4. A型Ⅰ式中型罐（M17∶1）

M17及出土器物

1．A型Ⅲ式细把豆（M17：5）

2．蟹形釜（M17：7）

3．B型Ⅰ式盆（M17：8）

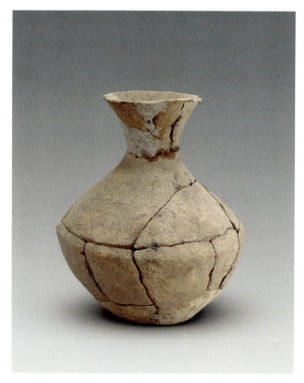

4．A型Ⅱ式壶（M17：4）

M17 出土器物

1. M18

2. B型Ⅲ式细把豆（M18：1）

3. 圈足罐（M18：2）

M18 及出土器物

1. M19

2. D型Ⅲ式杯（M19∶4）

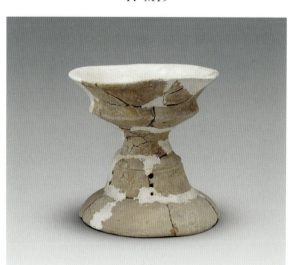

3. B型Ⅱ式盅形豆（M19∶7）

4. 圆环形玉饰（M19∶3）

M19及出土器物

1．Ⅰ式大型罐（M19：6）

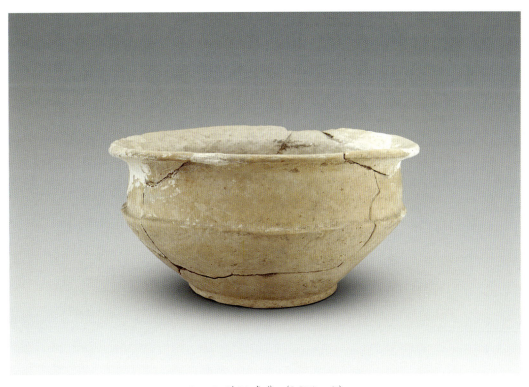

2．A型Ⅱ式盆（M19：2）

M19出土器物

1. M21

2. A型Ⅱ式罐（M21：1）

3. A型Ⅰ式杯（M21：2）

4. 钵（M21：3）

M21及出土器物

1．M22

2．方环形玉饰（M22：6）

M22 及出土器物

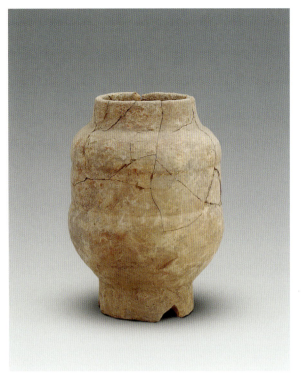

1. F 型 II 式壶（M22：3）

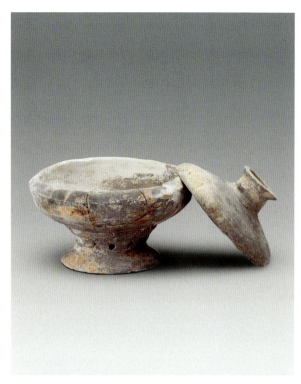

2. A 型 III 式宽把豆（M22：4）

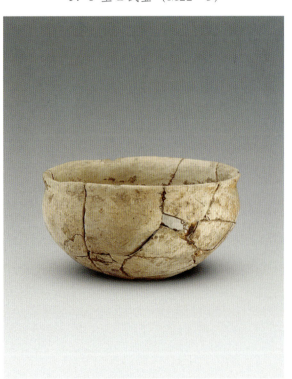

3. B 型 II 式盆（M22：5）

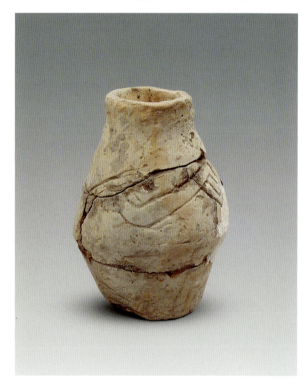

4. 杯（M22：7）

M22 出土器物

1. M23

2. D 型 Ⅱ 式壶（M23：2）

M23 及出土器物

1．D型Ⅱ式壶（M23：4）

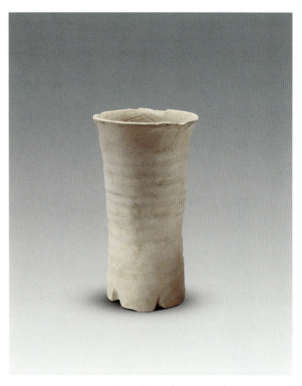

2．A型Ⅳ式杯（M23：3）

3．C型Ⅱ式细把豆（M23：1）

4．C型Ⅱ式杯（M23：5）

M23 出土器物

1．M24

2．A 型 II 式盅形豆（M24：2）

3．罐（M24：3）

4．石纺轮（M24：13）

5．石纺轮（M24：14）

M24 及出土器物

1. 壶形鼎（M24∶1）

2. 罐（M24∶9）

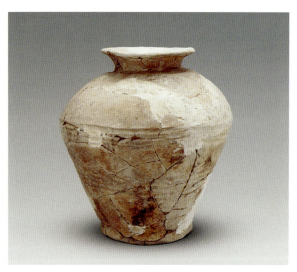

3. Ⅱ式大型罐（M24∶6）

4. B型Ⅱ式细把豆（M24∶16）

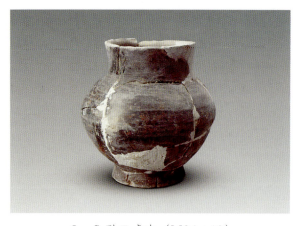

5. C型Ⅱ式壶（M24∶12）

6. C型Ⅱ式细把豆（M24∶10）

M24 出土器物

1. M25

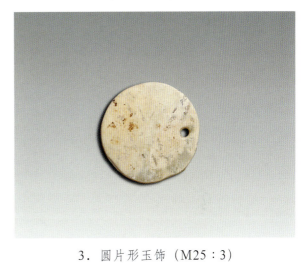

2. 舌形玉饰（M25：2）

3. 圆片形玉饰（M25：3）

4. 陶珠串（M25：8）

5. 舌形玉饰（M25：4）

M25 及出土器物

1. 塔形壶（M25：13）

2. 高把杯（M25：5）

M25 出土器物

1．D 型 Ⅲ 式壶（M25：6）

2．A 型 Ⅳ 式细把豆（M25：11）

3．D 型 Ⅱ 式细把豆（M25：7）

4．B 型 Ⅱ 式中型罐（M25：10）

5．A 型 Ⅱ 式鱼鳍形足鼎（M25：12）

6．Ⅲ 式凿形足鼎（M25：14）

M25 出土器物

1．M26

2．B型Ⅲ式杯（M26：1）

3．C型Ⅱ式杯（M26：4）

4．A型Ⅴ式细把豆（M26：3）

M26及出土器物

1．M27

2．M27（局部）

3．B 型 I 式盆（M27∶17）

4．杯（M27∶13）

M27 及出土器物

1. 玉璜（M27：3）

2. 玉坠（M27：4）

3. 梯形玉饰（M27：10）

4. 三角形玉饰（M27：6）

5. 梯形玉饰（M27：5）

M27 出土器物

1. 杯（M27:1）

2. B型Ⅲ式杯（M27:2）

3. B型Ⅲ式杯（M27:7）

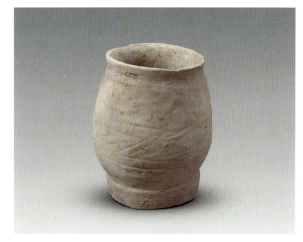

4. 杯（M27:8）

5. B型Ⅲ式杯（M27:9）

6. B型Ⅲ式杯（M27:21）

M27出土器物

1. 陶龟（M27：15）　　　　　　2. 陶龟（M27：15）

M27 出土器物

1. 陶龟（M27：14）

2. 陶龟（M27：14）

3. 陶龟（M27：14）

M27 出土器物

1．A 型Ⅳ式细把豆（M27：11）

2．A 型Ⅲ式壶（M27：16）

3．D 型 I 式宽把豆（M27：12）

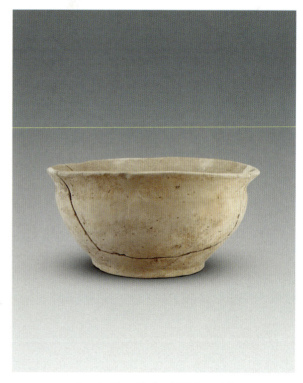

4．A 型Ⅲ式盆（M27：18）

M27 出土器物

1. M28

2. 豆盖 M28：2

3. 豆（M28：1）

4. C 型 II 式宽把豆（M28：2）

M28 及出土器物

1. M29

2. 杯（M29∶1）

3. A型IV式细把豆（M29∶4）

4. 梯形玉饰（M29∶2）

5. 壶（M29∶7）

M29 及出土器物

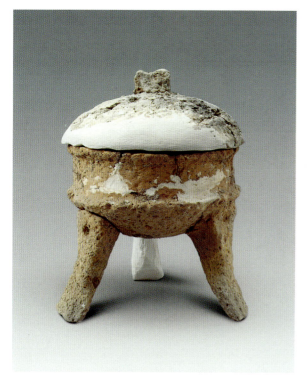

1. Ⅲ式凿形足鼎 (M29：6)

2. 塔形壶 (M29：8)

3. Ⅲ式凿形足鼎 (M29：5)

M29 出土器物

1．A型Ⅳ式杯（M30：1）

2．B型Ⅲ式罐（M31：1）

3．圆环形玉饰（M31：2）

4．鼎（M31：3）

5．D型Ⅱ式罐（M31：4）

6．A型Ⅳ式细把豆（M31：5）

M30、M31 出土器物

1. M32

2. A 型 Ⅲ 式杯（M32：1）

3. E 型 Ⅱ 式壶（M32：2、4）

4. E 型 Ⅱ 式壶（M32：3）

M32 及出土器物

1. M33

2. 杯（M33:1）

3. C型Ⅱ式罐（M33:3）

4. C型Ⅱ式宽把豆（M33:2）

M33 及出土器物

1. Ⅱ式凿形足鼎（M33：4）

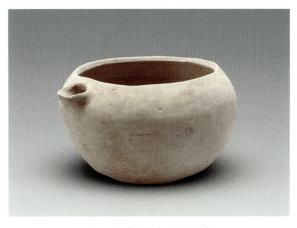

2. Ⅱ式匜（M33：5）

3. A型Ⅴ式细把豆（M33：10）

4. A型Ⅲ式壶（M33：8）

5. A型Ⅲ式壶（M33：11）

6. Ⅱ式匜（M33：7）

M33出土器物

1．M34

2．D型Ⅱ式罐（M34：1）

3．B型Ⅲ式盅形豆（M34：2）

4．A型Ⅱ式罐（M34：3）

M34 及出土器物

1．D型Ⅱ式壶（M34：5）

2．A型Ⅲ式盅形豆（M34：6）

3．D型Ⅲ式壶（M34：7）

4．C型Ⅱ式罐（M34：8）

5．杯（M34：9）

6．A型Ⅱ式宽把豆（M34：10）

M34 出土器物

1．M35

2．舌形玉饰（M35∶17）

3．石纺轮（M35∶10）

4．扇贝形钵（M35∶20）

M35 及出土器物

1．A 型 Ⅱ 式盆（M35∶1）

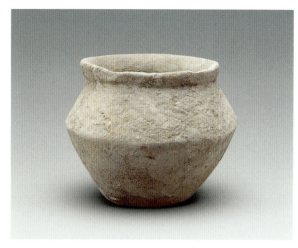

2．B 型 Ⅲ 式罐（M35∶12）

3．C 型 Ⅱ 式罐（M35∶6）

4．F 型 Ⅱ 式罐（M35∶5）

5．E 型 Ⅱ 式罐（M35∶8）

6．C 型 Ⅱ 式壶（M35∶7）

M35 出土器物

1. 小罐（M35：13）

2. E型II式罐（M35：15）

3. B型III式罐（M35：16）

4. C型II式杯（M35：19）

5. D型II式罐（M35：18）

6. D型II式罐（M35：21）

M35出土器物

1．罐（M35：4）

2．E 型 II 式宽把豆（M35：11）

3．A 型 III 式细把豆（M35：9）

4．B 型 III 式盅形豆（M35：14）

5．D 型 II 式杯（M36：1）

M35、M36 出土器物

1．M37

2．杯（M37∶4）

3．Ⅱ式纺轮（M37∶13）

M37 及出土器物

1．A 型Ⅲ式杯（M37：1）

2．B 型Ⅱ式杯（M37：2）

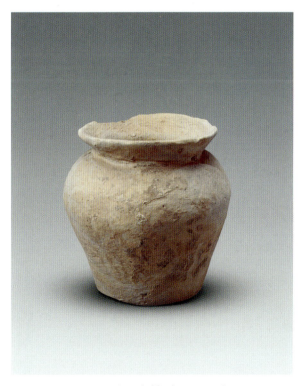

3．C 型Ⅲ式罐（M37：3）

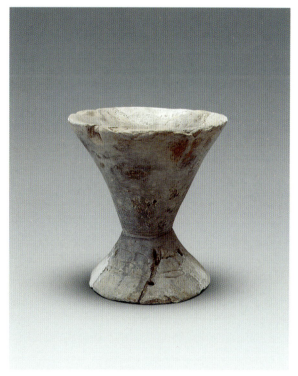

4．杯（M37：7）

M37 出土器物

1．罐（M37：6）

2．F型Ⅱ式罐（M37：8）

3．F型Ⅱ式罐（M37：11）

4．B型Ⅱ式罐（M37：12）

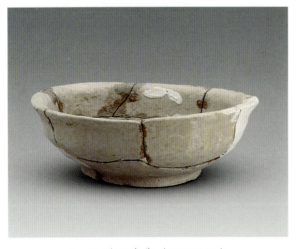

5．A型Ⅲ式盆（M37：14）

6．罐（M37：15）

M37 出土器物

1. M38

2. M38:3

3. A型Ⅱ式杯（M38:8）

4. 璜（96JNM38:6）

5. 三角形玉饰（M38:7）

M38 及出土器物

1．B 型 III 式壶（M38：4）

2．B 型盘（M38：1）

3．A 型 V 式细把豆（M38：9）

4．A 型 IV 式细把豆（M38：11）

5．B 型 III 式壶（M38：13）

6．C 型 I 式宽把豆（M38：14）

M38 出土器物

1. M39

2. D型Ⅱ式壶（M39：3）

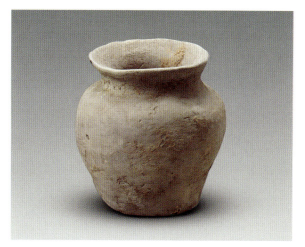

3. C型Ⅲ式罐（M39：4）

4. Ⅱ式石凿（M39：2）

M39 及出土器物

1. M40

2. 玉坠（M40：14）

3. 三角形玉饰（M40：4）

M40 及出土器物

1．A 型Ⅲ式细把豆（M40：1）

2．A 型Ⅳ式杯（M40：3）

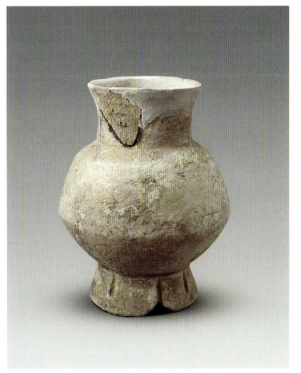

3．D 型Ⅱ式壶（M40：8）

4．B 型Ⅰ式壶（M40：12）

M40 出土器物

1. 罐（M40：2）

2. D 型 Ⅱ 式罐（M40：9）

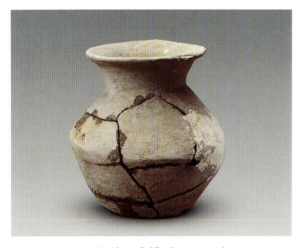

3. D 型 Ⅱ 式罐（M40：7）

4. A 型 Ⅲ 式盆（M40：6）

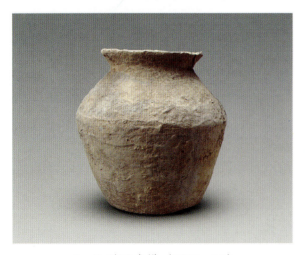

5. C 型 Ⅲ 式罐（M40：10）

6. B 型 Ⅱ 式杯（M40：11）

M40 出土器物

1. M41

2. B型Ⅱ式钺（M41：4）

M41 及出土器物

1．A 型Ⅳ式细把豆（M41：2）

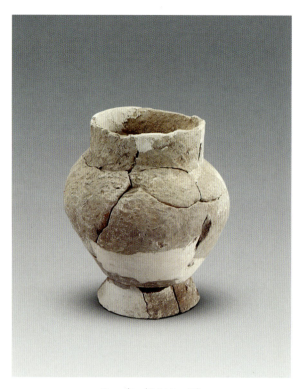

2．壶（M41：3）

3．杯（M41：5）

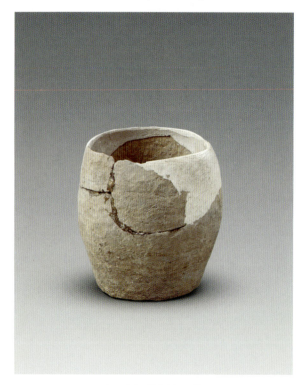

4．杯（M41：6）

M41 出土器物

1. M42

2. A型Ⅱ式盆（M42：6）

M42及出土器物

1. 舌形玉饰（M42∶1）

2. A 型Ⅳ式盅形豆（M42∶2）

3. B 型Ⅱ式钺（M42∶4）

4. B 型Ⅲ式细把豆（M42∶3）

M42 出土器物

1．M43

2．B 型Ⅲ式罐（M43：1）

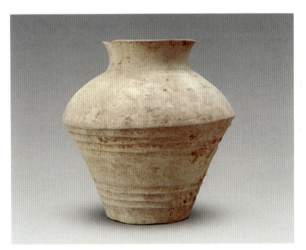

3．B 型兽足形足鼎（M43：2）

4．A 型Ⅱ式中型罐（M43：5）

5．B 型兽足形足鼎（M43：3）

M43 及出土器物

1．三角形玉饰（M44：1）

2．B型Ⅲ式鱼鳍形足鼎（M44：2）

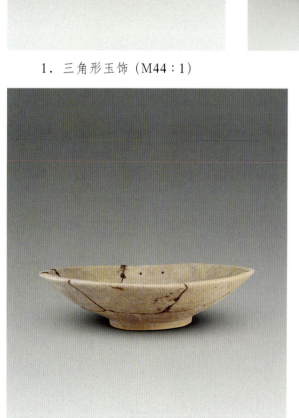

3．A型Ⅲ式盘（M44：3）

4．B型Ⅱ式细把豆（M44：4）

M44 出土器物

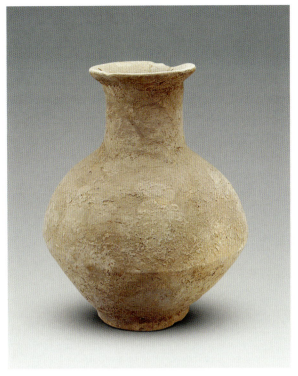

1．A型Ⅱ式壶（M44：5）

2．A型Ⅲ式杯（M44：6）

3．A型Ⅱ式兽足形足鼎（M44：7）

4．A型Ⅱ式鱼鳍形足鼎（M44：8）

M44 出土器物

1. M45

2. 石钺（M45：2）

M45 及出土器物

1. M46

2. 梯形玉饰（M46：7）

3. 玉饰（M46：19）

M46 及出土器物

1．杯（M46：5）

2．罐（M46：8）

3．A型I式杯（M46：10）

4．A型Ⅲ式盘（M46：11）

5．I式匜（M46：14）

6．C型Ⅱ式盆（M46：15）

M46出土器物

1. A 型Ⅲ式盘（M46:1）

2. C 型Ⅱ式杯（M46:6）

3. B 型Ⅰ式细把豆（M46:4）

4. C 型Ⅰ式细把豆（M46:16）

5. A 型Ⅲ式细把豆（M46:17）

6. B 型Ⅱ式中型罐（M46:18）

M46 出土器物

1. M47

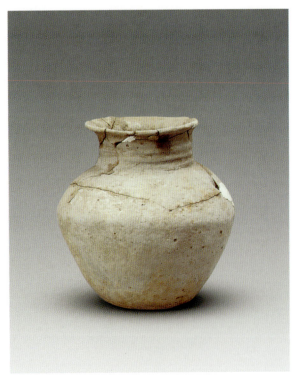

2. B型Ⅱ式中型罐（M47：2）

3. A型Ⅲ式壶（M47：7）

M47及出土器物

1. 舌形玉饰（M47：3）

2. 三角形玉饰（M47：4）

3. 玉饰（M47：5）

4. 半圆形玉饰（M47：6）

5. 舌形玉饰（M47：8）

M47 出土器物

1．M48

2．半球形玉坠（M48：1）

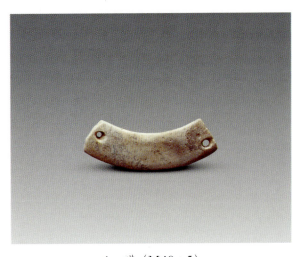

3．半球形玉坠（M48：1）

4．璜（M48：5）

5．圆环形玉饰（M48：2）

M48 及出土器物

1. B 型 I 式盆 (M48：3)

2. 鼎盖 (M48：4)

3. B 型 II 式盆 (M48：7)

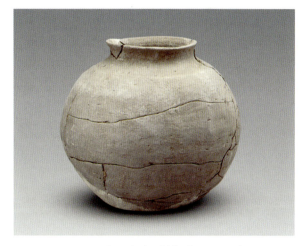

4. A 型 I 式中型罐 (M48：9)

5. A 型 I 式中型罐 (M48：12)

6. C 型盘 (M48：13)

M48 出土器物

1. M49

4. A 型 II 式盘（M49：1）

2. 圆片形玉饰（M49：3）

3. 圆环形玉饰（M49：4）

5. III 式锛（M49：6）

M49 及出土器物

1．A 型 II 式罐（M49：2）

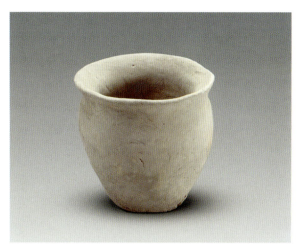

2．罐（M49：5）

3．E 型 II 式罐（M49：8）

4．A 型 II 式豆形豆（M49：7）

5．A 型 II 式罐（M49：11）

6．杯（M49：13）

M49 出土器物

1．鼎盖（M49：9）

2．B型Ⅱ式铲形足鼎（M49：9）

3．带把杯（M49：10）

4．A型Ⅱ式细把豆（M49：12）

M49 出土器物

1．C 型Ⅱ式壶（M50：1）

2．E 型Ⅲ式罐（M50：2）

3．B 型Ⅲ式罐（M50：4）

4．鼎盖（M50：7）

5．璜（M50：3）

M50 出土器物

1. M51

2. 舌形玉饰（M51∶1）

3. 三角形玉饰（M51∶2）

4. 三足杯（M51∶4）

5. 杯（M51∶3）

M51 及出土器物

1. A型Ⅱ式盘（M51：5）

2. C型Ⅱ式杯（M51：6）

3. F型Ⅰ式壶（M51：8）

4. C型Ⅲ式罐（M51：10）

5. 鼎（M51：9）

M51出土器物

1. M52

2. 三角形玉饰（M52：1）

3. B型Ⅱ式钺（M52：2）

4. 鹰头壶（M52：4）

5. D型Ⅱ式宽把豆（M52：3）

M52 及出土器物

1. M53

2. 杯（M53：5）

3. A 型豆（M53：10）

4. B 型豆（M53：7）

M53 及出土器物

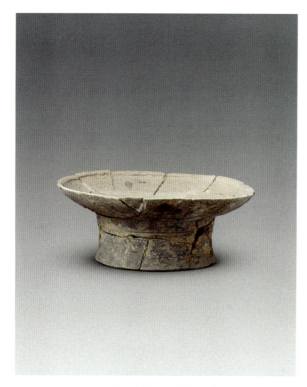

1. B型豆（M53：1）

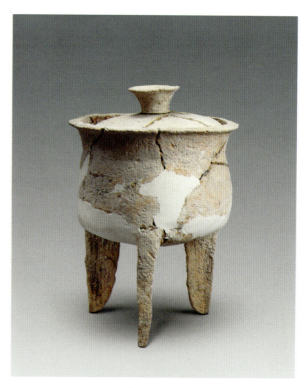

2. A型带盖鼎（M53：6）

3. 盆（M53：8）

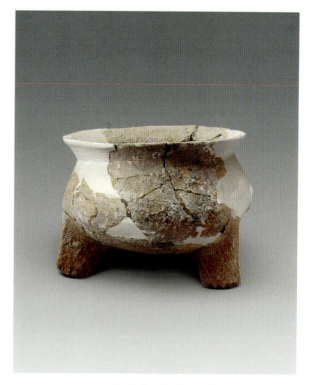

4. B型鼎（M53：9）

M53出土器物

1．M54

2．带把杯（M54：3）

3．杯（M54：6）

4．三角形玉饰（M54：9）

M54 及出土器物

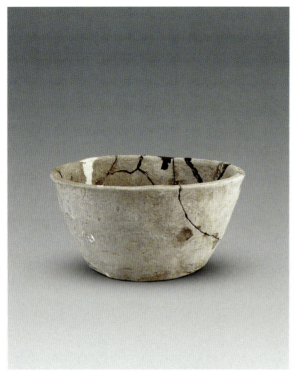

1. C型Ⅲ式盆（M54：4）

2. A型Ⅰ式中型罐（M54：5）

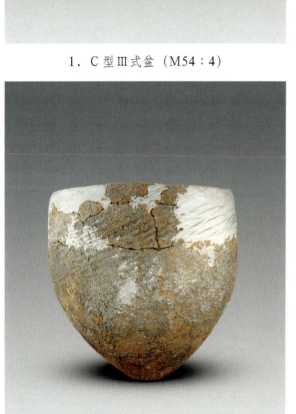

3. 缸（M54：1）

4. A型Ⅱ式钺（M54：8）

M54出土器物

1．M55

2．圆柱状玉坠（M55∶1）

3．圆柱状玉坠（M55∶1）

M55 及出土器物

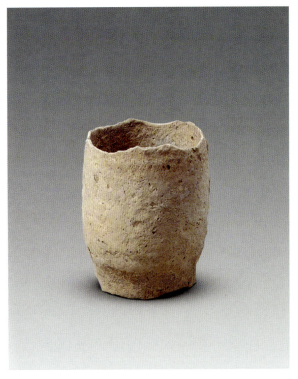

1．B型Ⅲ式杯（M55：3）

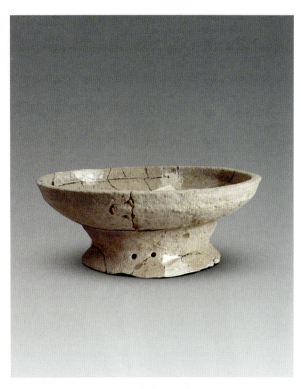

2．B型Ⅱ式宽把豆（M55：5）

3．A型Ⅱ式罐（M55：6）

4．B型Ⅱ式钺（M55：2）

M55出土器物

1. M56

2. 杯（M56：1）

3. 罐（M56：3）

4. 豆盖（M56：4）

5. C型Ⅱ式宽把豆（M56：4）

M56 及出土器物

1. 三角形玉饰（M57∶1）

2. 圈足罐（M57∶2）

3. 鼎（M57∶3）

M57 出土器物

1. M58

2. 罐 (M58:1)

M58 及出土器物

1. M59

2. D型 I 式壶（M59：1）

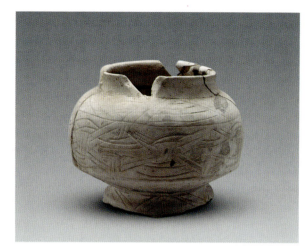

3. A型 I 式盆（M59：2）

4. D型 I 式细把豆（M59：4）

5. A型 I 式罐（M59：3）

M59 及出土器物

玉璜（M59：13）

1．B 型 I 式铲形足鼎（M59∶15）

2．M59∶15

3．I 式祭器带甑鼎（M59∶25）

4．M59∶25

M59 出土器物

1．D 型 I 式杯（M59：11）

2．罐（M59：12）

3．F 型 I 式罐（M59：14）

4．钵（M59：16）

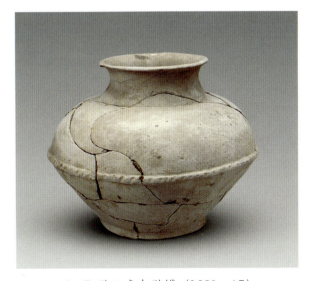

5．B 型 I 式中型罐（M59：17）

6．E 型 I 式宽把豆（M59：20）

M59 出土器物

1．A型Ⅰ式杯（M59：7）

2．壶（M59：8）

3．A型Ⅱ式罐（M59：10）

4．A型Ⅰ式宽把豆（M59：19）

5．壶形鼎（M59：27）

6．鼎（M59：18）

M59 出土器物

1. A 型 I 式盅形豆（M59：23）

2. A 型 I 式盘（M59：24）

3. 罐（M59：6）

4. F 型 I 式罐（M59：9）

5. F 型 II 式罐（M59：28）

6. F 型 II 式罐（M59：29）

M59 出土器物

1. 杯（M59：5）

2. 豆（M59：21）

M59 出土器物

1. 兽面壶（M59：22）

2. M59：22

M59 出土器物

1. M61

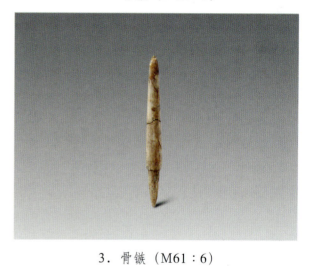

2. 骨镞 (M61：5)

3. 骨镞 (M61：6)

4. I 式锛 (M61：4)

5. I 式锛 (M61：7)

M61 及出土器物

玉钺（M61：8）

1. 玉饰 (M61：9)

2. E型Ⅰ式罐 (M61：1)

3. A型Ⅰ式细把豆 (M61：10)

4. 鼎 (M61：11)

M61 出土器物

1．M62

2．A型Ⅱ式杯（M62：2）

3．A型Ⅱ式杯（M62：3）

4．三角形玉饰（M62：7）

5．Ⅱ式纺轮（M62：9）

M62及出土器物

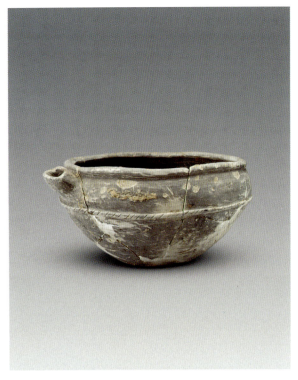

1. Ⅰ式匜（M62：10）

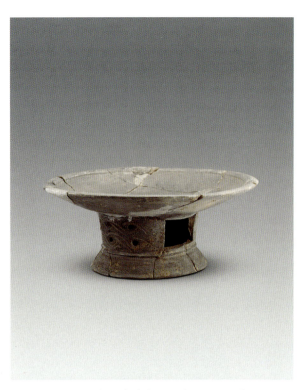

2. C型Ⅰ式宽把豆（M62：12）

3. A型Ⅱ式细把豆（M62：13）

4. Ⅱ式兽足形足鼎（M62：14）

M62 出土器物

1．A型Ⅱ式杯（M62：1）

2．A型Ⅱ式杯（M62：5）

3．A型Ⅱ式杯（M62：4）

4．A型Ⅱ式杯（M62：6）

5．A型Ⅱ式杯（M62：11）

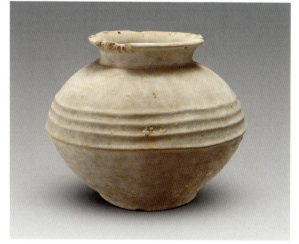

6．A型Ⅰ式中型罐（M62：8）

M62出土器物

1. M63

2. Ⅱ式陶纺轮（M63：11）

3. M63：11

4. C型Ⅰ式杯（M63：3）

5. C型Ⅱ式杯（M63：2）

M63 及出土器物

1．A 型Ⅲ式杯（M63：4）

2．A 型Ⅱ式细把豆（M63：7）

3．Ⅰ式大型罐（M63：6）

4．A 型Ⅱ式细把豆（M63：10）

5．带盖鼎（M63：8）

6．Ⅱ式兽足形足鼎（M63：9）

M63 出土器物

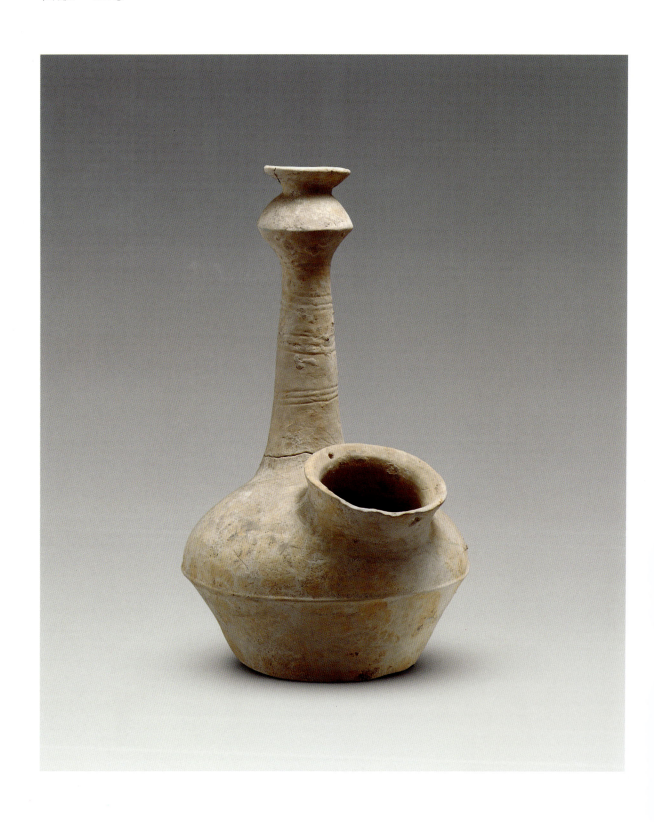

塔形壶（M63：1）

1. M64

2. C型盘（M64：3）

3. 罐（M64：2）

4. B型Ⅱ式宽把豆（M64：4）

M64 及出土器物

1. M65

2. B 型 I 式宽把豆（M65：1）

3. 杯（M66：1）

4. 杯（M66：2）

M65 及 M66 出土器物

1．M68

2．I 式凿（M68：7）

3．I 式凿（M68：8）

4．I 式凿（M68：9）

5．II 式凿（M68：10）

6．II 式锛（M68：11）

M68 及出土器物

1. B 型 II 式盆（M68：3）

2. A 型 II 式罐（M68：13）

3. A 型 II 式盉形豆（M68：14）

4. I 式带甑鼎（M68：4）

5. II 式器座（M68：15）

6. D 型 III 式杯（M68：16）

M68 出土器物

1. 玉钺（M68：2）

2. 扁珠形坠（M68：19）

3. A型Ⅱ式钺（M68：12）

4. A型Ⅰ式细把豆（M68：1）

M68 出土器物

1. M69

2. C型Ⅰ式杯（M69:1）

3. A型Ⅰ式鱼鳍形足鼎（M69:4）

4. A型Ⅰ式中型罐（M69:3）

M69及出土器物

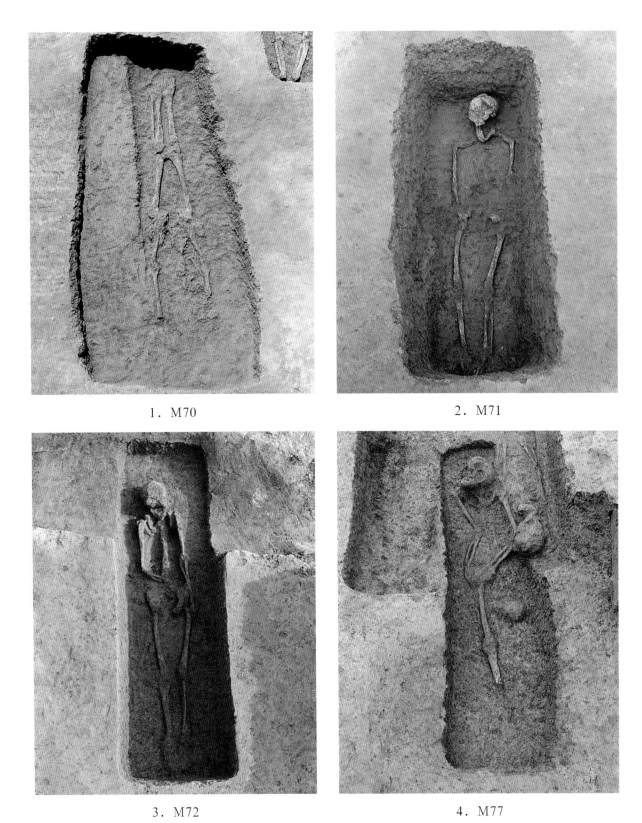

1. M70

2. M71

3. M72

4. M77

M70、M71、M72、M77

1. M73

2. A 型 II 式细把豆（M73：1）

M73 及出土器物

1. M74

2. 壶（M74：1）

3. I式凿（M74：2）

4. A型Ⅲ式铲形足鼎（M74：3）

5. A型Ⅱ式宽把豆（M74：4）

M74及出土器物

1. M75

2. C 型 I 式壶（M75:4）

3. A 型Ⅲ式细把豆（M75:3）

4. A 型Ⅱ式铲形足鼎（M75:2）

M75 及出土器物

1. M76

2. B型Ⅰ式杯（M76：1）

3. B型Ⅳ式盅形豆（M80：1）

M76 及 M76、M80 出土器物

1．M78

2．三角形玉饰（M78：6）

3．三角形玉饰（M78：16）

4．玉坠（M78：14）

5．Ⅱ式陶纺轮（M78：4）

M78 及出土器物

1. 璜 (M78:5)

2. 分体玉镯 (M78:7)

M78 出土器物

1. D型I式壶（M78：8）

2. A型Ⅲ式杯（M78：3）

3. A型Ⅱ式小型罐（M78：11）

4. C型I式杯（M78：12）

5. 罐 M78：2

6. C型I式宽把豆（M78：9）

M78出土器物

1．B型Ⅱ式细把豆（M78：1）

2．圈足罐（M78：13）

3．A型Ⅰ式兽足形足鼎（M78：15）

4．甗（M78：10）

M78 出土器物

1. M81

2. 杯（M81：3）

3. 罐（M81：2）

4. 鼎盖（M81：20）

5. 罐（M81：1）

M81 及出土器物

1．蘑菇形玉坠（M81：25）

2．Ⅰ式锛（M81：33）

3．Ⅰ式锛（M81：34）

4．Ⅰ式锛（M81：14）

5．三角形玉饰（M81：13）

M81 出土器物

1. A型I式盅形豆（M81：4）

2. B型I式盅形豆（M81：8）

3. D型II式杯（M81：5）

4. A型I式细把豆（M81：23）

M81 出土器物

1. B 型 II 式罐 (M81：6)

2. 罐 (M81：7)

3. B 型 II 式罐 (M81：9)

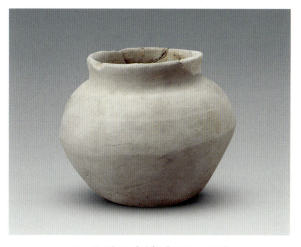

4. C 型 I 式罐 (M81：10)

5. 杯 (M81：12)

6. E 型 I 式罐 (M81：15)

M81 出土器物

1. E型 I 式壶（M81：16）

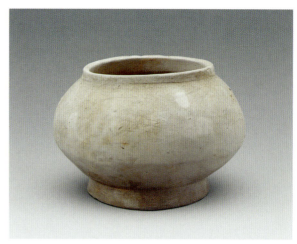

2. A型 I 式罐（M81：17）

3. 罐（M81：8）

4. F型 II 式罐（M81：19）

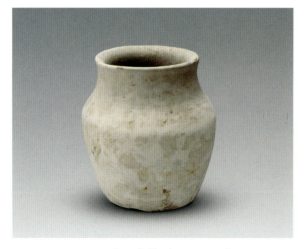

5. E型 I 式罐（M81：21）

6. C型 I 式罐（M81：22）

M81 出土器物

1．M83

1．A 型Ⅱ式杯（M83∶1）

3．A 型Ⅰ式盆（M83∶2）

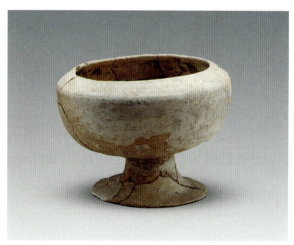

4．B 型盘（M83∶9）

5．F 型Ⅰ式宽把豆（M83∶5）

M83 及出土器物

1. B型Ⅱ式盉形豆（M83：4）

2. 半圆形玉饰（M83：7）

3. 璜（M83：3）

M83 出土器物

1. B型Ⅰ式细把豆 (M83∶11)

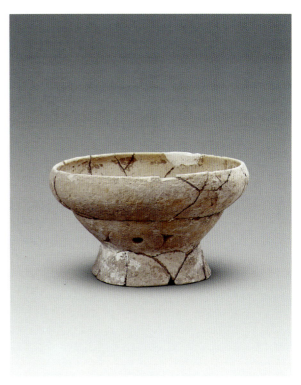

2. A型Ⅲ式宽把豆 (M83∶10)

3. B型Ⅱ式鱼鳍形足鼎 (M83∶8)

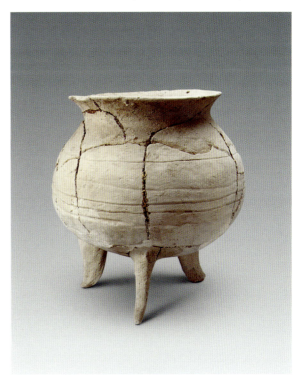

4. 鼎 (M83∶12)

M83 出土器物

1. M84

2. B型Ⅱ式罐（M84:3）

3. 带盖杯（M84:1）

4. Ⅰ式凿形足鼎（M84:2）

M84 及出土器物

1. M85

2. D 型 I 式罐 (M85:1)

M85 及出土器物

1. M87

2. 罐（M87：2）

3. A型Ⅱ式壶（M87：1）

4. 玉璜（M87：3）

5. B型Ⅱ式铲形足鼎（M87：4）

M87及出土器物

1. M88

2. 盆（M88：4）

3. Ⅱ式锛（M88：9）

M88 及出土器物

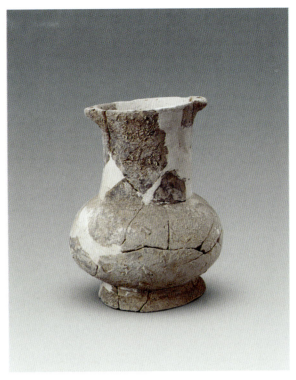

1．双鼻壶（M88：1）

2．罐（M88：2）

3．A 型鼎（M88：6）

4．A 型豆（M88：7）

M88 出土器物

1. M89

2. 杯（M89：5）

3. 罐（M89：3）

4. D型Ⅱ式宽把豆（M89：2）

5. Ⅲ式凿形足鼎（M89：4）

M89 及出土器物

1. M90

2. A 型 III 式盆（M90：1）

3. C 型 II 式罐（M90：3）

4. C 型 II 式壶（M90：4）

M90 及出土器物

1. M91

2. A型Ⅱ式壶（M91：1）

3. 罐（M91：2）

4. 甑（M91：6）

5. 罐（M91：4）

M91 及出土器物

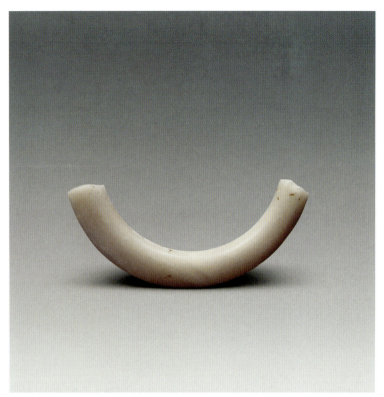

1．镯（M91：3）

2．圆环形玉饰（M91：5）

M91 出土器物

1．M92

2．双鼻壶（M92：5）

3．A型豆（M92：6）

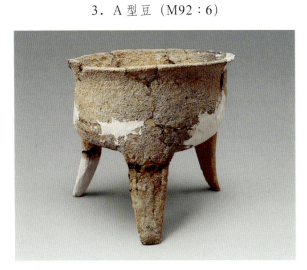

4．鼎盖（M92：2）

5．C型鼎（M92：2）

M92 及出土器物

1. M93

2. B型Ⅰ式杯 (M93:1)

M93 及出土器物

1. M94

2. E型Ⅱ式罐（M94∶1）

M94及出土器物

1. M95

2. 圜底罐（M95:1）

M95 及出土器物

1．A型Ⅰ式罐（M96：1）

2．B型Ⅱ式罐（M96：2）

3．A型Ⅰ式盘（M96：7）

4．Ⅰ式器座（M96：9）

5．甑（M96：11）

6．Ⅰ式器座（M96：14）

M96 出土器物

1. C 型 I 式细把豆（M96：10）

2. 罐（M96：3）

3. A 型 I 式钺（M96：8）

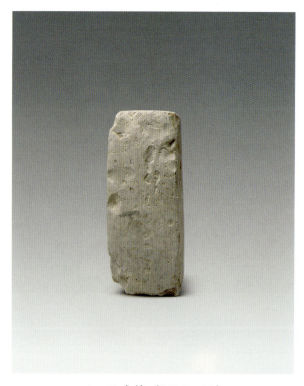

4. I 式锛（M96：13）

M96 出土器物

1. 分体玉镯（M96：5）

2. 玉镯（M96：6）

M96 出土器物

1. 壶（M96：4）

2. M96：4

M96 出土器物

1．石钺（T301④：22）

2．T301④：22　钺，单偏
　光，放大倍数×47
　岩石呈斑状结构，气孔
　杏仁构造。斑晶主要是
　斜长石。

T301 ③：2 石钺及显微照片

1. 石钺（T301 ④：21）

2. T301④：21　钺，正交偏光，放大倍数×47变余不等粒结构。主要由斜长石和钾长石组成。肉红色为钾长石，灰白色为斜长石。

T301 ④：21石钺及显微照片

1. G2：1缸及沙子

2. G2：1缸内沙子，正交
偏光，放大倍数×47
照片中白色为石英，灰
黄色为岩屑，红色者为
角闪石。

G2：1缸内沙子及显微照片

1. 砺石（M68：6）

2. M68：6 磨石,单偏光,
放大倍数×47
砂状结构,块状构造。由
石英碎屑、硅质岩岩屑
和泥岩碎屑组成。

M68：6砺石及显微照片

1. 石钺（T401⑧：22）

2. T401⑧：22 钺，正交
偏光，放大倍数×110
岩石具斑状结构，斑晶
为钾长石（右边）和石英
（左边），基质具显微花
岗结构。

T401⑧：22石钺及显微照片

2．T302 ③：1　刀，单偏光，放大倍数×47
斑点构造，由新生的绢云母、绿泥石及粉未状
铁质、碳质，呈斑点状分布于重结晶的基质
中。

1．石刀（T302 ③：1）

4．T402 ④：12　凿，正交偏光，放大倍数×104
粉砂质泥质结构，由粘土矿物及少量长石、石
英碎屑组成。

3．Ⅲ式凿（T402 ④：12）

T302 ③：1石刀、T402 ④：12石凿及显微照片

1．石锛（T401 ⑥：12）

2．T401 ⑥：12　锛，单偏光，放大倍数×47
层理明显，照片中白色者为硅质，余为水云母
等粘土矿物。

3．石凿（T202 ⑥：10）

4．T202 ⑥：10　凿，单偏光，放大倍数×47
变余泥质结构，主要由泥质、硅质和碳质组
成。

T401 ⑥：12石锛、T202 ⑥：10石凿及显微照片

1．石钺（T201 ⑥：12）

2．T201 ⑥：12　钺，单偏光，放大倍数×47
照片中白色粒状者为石英、长石碎屑。

3．石凿（T201 ⑥：11）

4．T201 ⑥：11　凿，单偏光，放大倍数×47
层理较明显，照片中白色者为硅质，余为水云
母等粘土矿物。

T201 ⑥ ：12石钺、T201 ⑥ ：11石凿及显微照片

2．T201⑧：12　凿，单偏光，放大倍数×47
斑点构造，斑点主要由绢云母等组成。

1．石凿（T201⑧：12）

4．T401⑧：25　锛，正交偏光，放大倍数×104
霏细结构，具流纹构造，由长石、石英组成。

3．石锛（T401⑧：25）

T201⑧：12石凿、T401⑧：25石凿及显微照片

1．石凿（T401 ⑧：15）

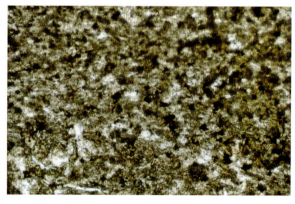

2．T401 ⑧：15 凿，单偏光，放大倍数×110
变余泥质结构，主要由泥质、硅质和碳质组成。

3．石凿（201 ⑨ A：16）

4．T201 ⑨ A：16 凿，单偏光，放大倍数×47
变余泥质结构，主要由泥质、硅质和碳质组成。

T401 ⑧：15石凿、T201 ⑨ A：16石凿及显微照片

1. 石凿（T201 ⑩：12）

2. T201 ⑩：12　凿，单偏光，放大倍数×47
层理明显，照片中白色者为硅质，余为水云母
等粘土矿物。

3. 石锛（T401 ⑬：1）

4. T401 ⑬：1　锛，正交偏光，放大倍数×110
变余泥质结构，主要由泥质、硅质和碳质组
成。含微细长石、石英碎屑。

T201 ⑩：12石凿、T401 ⑬：1石锛及显微照片

JDNM11 : 1

JDNM16 : 6

JDNM24 : 13

JDNM27 : 3

JDNM38 : 6

JDNM55 : 1

JDNM59 : 13

南河浜玉器显微结构

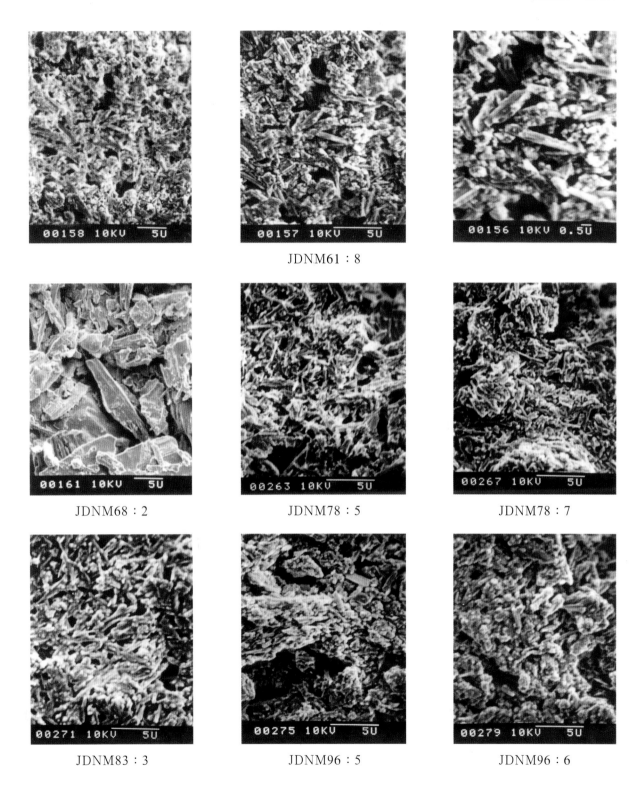

JDNM61：8

JDNM68：2　　　　JDNM78：5　　　　JDNM78：7

JDNM83：3　　　　JDNM96：5　　　　JDNM96：6

南河浜玉器显微结构

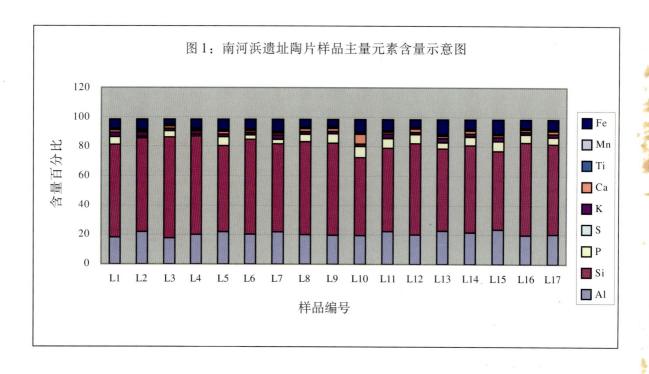

图1：南河浜遗址陶片样品主量元素含量示意图

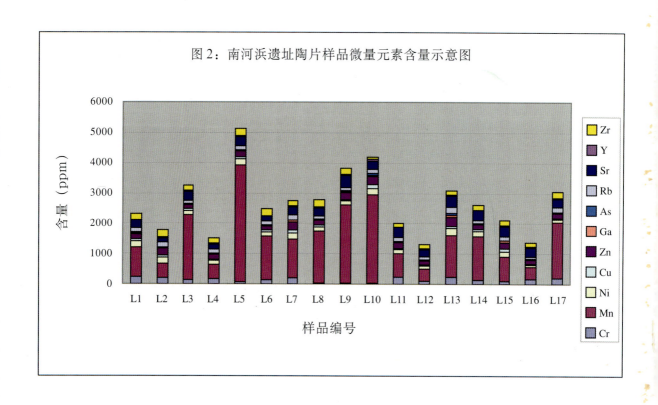

图2：南河浜遗址陶片样品微量元素含量示意图

南河浜遗址陶片样品元素含量示意图